SOCIÉTÉ DUNKERQUOISE

pour l'Encouragement des Sciences, des Lettres et des Arts

(Reconnue d'utilité publique)

CONGRÈS

DES

SCIENCES HISTORIQUES

EN JUILLET 1907

(RÉGION DU NORD ET BELGIQUE)

A DUNKERQUE

(4ᵐᵉ VOLUME)

LA DÉFENSE NATIONALE DANS LE NORD

en 1793

HONDSCHOOTE

Par le Commandant LÉVI

DUNKERQUE
IMPRIMERIE PAUL MICHEL, RUE DE LA MARINE, 2
1910

CONGRÈS

DES

SCIENCES HISTORIQUES

SOCIÉTÉ DUNKERQUOISE
Pour l'Encouragement des Sciences, des Lettres et des Arts

(Reconnue d'utilité publique)

Congrès
DES
SCIENCES HISTORIQUES

EN JUILLET 1907

(RÉGION DU NORD ET BELGIQUE)

A Dunkerque

4ᴹᴱ VOLUME

(TRAVAUX DU CONGRÈS)

DUNKERQUE
IMPRIMERIE PAUL MICHEL, RUE DE LA MARINE, 23
1910

LA DÉFENSE NATIONALE

DANS LE NORD EN 1793

(HONDSCHOOTE)

PAR

Le Commandant LÉVI

Membre Titulaire de la *Société Dunkerquoise*.

1re partie. — Situation générale.

2e   »   — Organisation générale.

3e   »   — Projets d'opérations successifs.

4e   »   — Etude des premières opérations.

5e   »   — Siège de Dunkerque.

6e   »   — Les trois journées d'Hondschoote.

LA DÉFENSE NATIONALE DANS LE NORD
en 1793
Par le Commandant LÉVI

LE MOIS DE DUNKERQUE
9 Août — 9 Septembre

HONDSCHOOTE

SOURCES

A. — Françaises.

Antoine. — *Mémoires du général baron Godart (6ᵉ du Pas-de-Calais).*
Archives du Nord. — *Nombreux documents.*
Blanc. — *Histoire de la Révolution française, tome 9.*
de Boisdeffre. — *Mémoire rédigé en 1829.*
Bonnal de Ganges. — *Les représentants du peuple en mission.*
Charavay. — *Correspondance générale de Carnot, tomes 3 et 4.*
Chassin et Hennet. — *Les volontaires nationaux de Paris.*
Carnot. — *Mémoires.*

Chefferie de Dunkerque. — *Mémoire du garde du génie Diot.*
Chuquet. — *Hondschoote.*
Delbrel. — *Tableau de sa conduite politique et militaire.*
Demeunynck. — *Note sur Bergues.*
Ducasse. — *Le général Vandamme.*
Dumolin. — *Précis d'histoire militaire, fascicule III.*
Fage. — *Le général Souham.*
Fockedey. — *Souvenirs manuscrits.*
Foucart. — *La défense nationale dans le Nord.*
François. — *Journal du capitaine (5ᵉ bataillon de Paris).*
Gay de Vernon. — *Mémoire sur les opérations militaires.*
Gay de Vernon. — *Traité élémentaire d'art militaire.*
Girod de l'Ain. — *Le général Drouot (12ᵉ batterie légère).*
Harrau (abbé). — *Rosendael.*
Histoire parlementaire.

Historiques français ci-après :

Infanterie : 1, 5, 14, 16, 18, 19, 22, 24, 25, 36, 45, 47, 49, 56, 67, 72, 78, 89, 98, 104.
Hussards : 2, 3, 4, 5.
Chasseurs : 3, 5, 12.
Dragons : 2, 3, 5, 22, 25, 26.
Cuirassiers : 1, 3, 6, 7, 8.
Artillerie : 3, 6,

Joliclerc. — *Volontaire aux armées de la Révolution (7ᵉ du Jura).*
Jomini. — *Histoire critique et militaire, tome 4.*
Jourdan. — *Manuscrit.*
Krebs. — *Note.*

Lahure. — *Souvenirs du général baron Lahure (4ᵉ bataillon belge).*

Leclaire. — *Mémoires (division Leclaire).*

Lemattre. — *Rosendael en 1793.*

Levasseur. — *Mémoires du représentant du peuple.*

Lombard. — *Un volontaire de 1792, Mireur.*

Marmottan. — *Le général Fromentin et l'armée du Nord (1ᵉʳ de l'Orne).*

Mémoires tirés des papiers d'un homme d'Etat.

Mercure français du samedi 14 Septembre 1793.

Moniteur de la Révolution française, tomes 17 et 18.

Monteuuis (abbé). — *Le Siège de Dunkerque.*

Piers. — *Histoire de la ville de Bergues-Saint-Winoc.*

Poette. — *Promenades aux environs de Saint-Quentin.*

Rougelin. — *Vie de Lazare Hoche.*

de Seilhac. — *Les bataillons de volontaires de la Corrèze.*

Société Dunkerquoise. — *Le Siège de Dunkerque.*

Soult. — *Mémoires.*

Susane. — *Histoire de l'Infanterie* — *Histoire de la Cavalerie.*

Tableau de la mairie d'Hondschoote, par Bellangé.

Tableau du musée de Lille, par Lamy.

Tableau du musée de Dunkerque.

Union Faulconnier. — *Bulletin 1898, 1899, 1900.*

Vandamme. — *Récit abrégé des campagnes des IIᵉ et IIIᵉ années républicaines.*

Vandenberghe. — *Plan des environs d'Hondschoote.*

Vandersluys. — *Recherches sur les combats de Wormhout.*

Victoires et conquêtes, tome 2.

Viennet. — *Campagnes du Nord.*

Wallon. — *Histoire du tribunal révolutionnaire.*

Wallon. — *Les représentants du peuple.*
X. — *Le général Lecourbe.*
X. — *Le général Leveneur.*

B. — **Etrangères.**

d'Arnaudin. — *Mémoires.*
British museum. — Nombreux documents.
Bulletins of the Campaign 1793. London printed by Straham.
Ditfurth. — *Die Hessen in Flandern.*
Feldzug der Preussen gegen die Franzosen in den Niederlanden i-I. 1793 vom Reichsburggrafen zu Dohna, hauptm. u gen. adj.
Fortescue. — *Histoire de l'armée anglaise.*
Freimüthige beitrage eines britischen offiziers zur Geschichte des gegenwärtigen Krieges. Aus dem englischen.
Gassmann. — *Notes sur la campagne des Alliés en Flandre en 1793.*
Gen. Stewart Sketches of the character manners and presentate of the highlanders of Scotland.
Geschichte der Kriege in Europa. Zweiter Theil.
Historiques allemands, autrichiens, anglais.
Hoyers neues militarisches magazin.
Lehmann. — *Scharnhorst.*
Moerghelinck (*chevalier*). — *Nombreux documents.*
New annual Register for the year 1793.
Récit des événements qui se sont passés en Westflandre.
Sichart. — *Geschichte der hannover. Armée.*
Vivenot. — *Herzog Albrecht von Sachsen. Teschen.*
Witzleben. — *Prinz Friedrich Josias von Coburg Saalfeld.*

PREMIÈRE PARTIE

SITUATION GÉNÉRALE

A. — FRANÇAIS.

    Situation le 9 août.
    Répartition des troupes.
    Camps et cantonnements.

B. — ALLIÉS.

    Situation le 9 août.
    Séparation des deux Ducs.
    Répartition des troupes.

PREMIÈRE PARTIE

Situation Générale

A. — *FRANÇAIS.*

Le 9 août, au moment où le général Houchard prend, à *Vitry-en-Artois*, le commandement en chef de l'armée du Nord, troupes et territoire, la situation n'est vraiment pas belle.

Une première masse ennemie (roi de Prusse), qui vient d'enlever Mayence, marche vers nos anciennes frontières ; une deuxième masse (ducs d'York et de Cobourg), qui vient d'enlever Condé, Valenciennes et le camp de César, enveloppe Cambrai de tous côtés, même par le sud, poussant des partis jusqu'aux portes de Saint-Quentin.

Rien, désormais, ne paraît pouvoir empêcher ces deux masses de combiner leurs opérations et de marcher, comme ce serait politiquement rationnel, la première sur *Reims*, la deuxième sur *Soissons*. Militairement aussi, mais leur manière de faire la guerre écarte, de prime abord, en haut lieu, toute crainte à cet égard. Rien, tout au moins, ne paraît devoir empêcher la 2e (celle seule dont j'ai à m'occuper), d'opérer en rase campagne. Mais il en est de cette masse, considérée dans son isolement, comme des deux masses prises dans leur ensemble, on n'a, pour ainsi dire, aucune crainte de la voir opérer, soit pour menacer l'une des directions ouvertes qui mènent à Paris, soit pour achever les débris de l'armée combattante dont elle ne ferait pourtant qu'une bouchée. On s'attend donc, aussi bien à Paris qu'au quartier général de l'armée du Nord, à voir les deux ducs entreprendre un nouveau siège. Comme on n'a, d'autre part, aucune inquiétude sérieuse pour Cambrai, leur premier objectif paraît devoir être : Douai-Lille.

Mais l'idée que les deux fractions de cette masse, si laborieusement réunies puissent maintenant se séparer, ne vient à personne, si bien qu'on va être doublement surpris, et de leur séparation et de la marche de l'une d'elles sur Dunkerque.

Les places de Douai, Lille, Bergues, Dunkerque, sont occupées par des garnisons suffisantes; leur défense mobile est, en outre, assurée dans d'excellentes conditions, parfois à de très grandes distances.

Les événements m'obligeront à parler en détail des deux dernières. La place de Douai a pour gouverneur le général Chaumont remplaçant le général d'Hangest qui vient d'être arrêté ; sa défense mobile s'est presque toujours tenue sur le front : *Somain, Marchiennes, Vred, Flines*, et n'a jamais été, dans les plus mauvais jours, plus reculée que sur le front : *Somain, Pecquencourt, Lallaing, Raches.* Elle a été remarquable.

La place de Lille a pour gouverneur le général Favart. La défense mobile, composée des deux divisions Béru et Lamarlière, formant le camp dit de la Madeleine, occupe le front : *Pont à Marcq, Ennevelin, Fretin, Péronne, Sainghin, Ascq, Mouveaux, Bondues, Linselles.* Nous ne ferions pas mieux aujourd'hui.

Quoi qu'il en soit, les troupes de campagne dont dispose le commandant en chef, sont réparties comme il suit, en tenant compte de quelques rectifications postérieures d'un ou deux jours, dans trois camps comme on disait alors :

1° au camp d'Hecq (intervalle Landrecies-Le Quesnoy), la division Ihler ;

2° au camp de Gavrelle (intervalle Arras-Douai), les 5 divisions qui viennent d'évacuer le camp de César ;

3° au camp de Cassel et de Bailleul et cantonnements (intervalle Lille-Dunkerque), la division Barthel.

Je vais dire quelques mots de chacun de ces camps, en m'étendant un peu sur le second qui nous intéresse plus directement.

1° Camp d'Hecq

Le camp d'Hecq couvre la forêt de Mormal.

Il est occupé par 3 demi brigades de l'armée des Ardennes, savoir :

2° demi brigade : 1er du 17e, 2e de Saône-et-Loire, 1er de la Mayenne ;

3e demi brigade : 1er du 25e, 1er de la Sarthe ;

4e demi brigade : 1er du 43e, 2e et 4e de la Meuse.

2° Camp de Gavrelle

Le camp de Gavrelle c'est la ligne de hauteurs qui s'étend entre Arras et Douai. Ses flancs sont solidement appuyés par ces deux places ; son front est couvert par la Scarpe ; les écluses lâchées depuis Lécluse-Palluel jusqu'à Férin, pour faire le versement des eaux sur Douai.

Le général Faidherbe, après Pont Noyelle, vint occuper le camp de Gavrelle.

La répartition des troupes est indiquée par le tableau ci-après :

a. — *Flanqueurs de droite* (général QUEYSSAT)

sur la Scarpe, de Saint-Laurent Blangy à Rœux, occupant : Tilloy, Feuchy, Rœux et Fampoux.

b. — *Avant-garde* (général d'HÉDOUVILLE)

sur le Cojeul, de Wancourt à Sailly en Ostrevent, occupant : Wancourt, Guémappe, Boiry Notre-Dame.

Détail de quelques cantonnements :

Monchy le Preux : 9e des fédérés, 4e hussards, Q D G,
Sailly en Ostrevent : 2e du 22e de ligne, 6e et 23e de cavalerie,
Lécluse : 2e du 1er de ligne,
Bellonne : 13e de Paris,
Etaing : X...

c. — *Flanqueurs de gauche* (général COLAUD)

en arrière du canal de la Sensée, entre Palluel et Courchelette, occupant :

Arleux : Gros et Q G D,
Palluel : X...

d. — *Réserve de cavalerie* (adjudant-général Hacquin)

Biache : 18ᵉ de cavalerie,
Hamblain les prés : 7ᵉ de cavalerie, artillerie légère, 1ᵉʳ de Molière, Q G D,
Pelve : 20ᵉ de cavalerie, 6ᵉ chasseurs à cheval.

e. — *Divisions du Nord et des Ardennes*

au camp établi sur la ligne de crêtes,
Gavrelle : 1ᵉʳ du 19ᵉ, 6ᵉ de Paris,
Montauban : 1ᵉʳ, 5ᵉ, 9ᵉ et 16ᵉ de Paris,
Plouvain : 2ᵉ du 74ᵉ,
Pelve : 1ᵉʳ du 78ᵉ.

f. — *Quartier général, à Vitry.*

3° **Camps de Cassel et de Bailleul et cantonnements**

Le mot : cantonnements s'applique aux postes occupés autour de Bergues, Cassel et Bailleul, tels que : Godewarsvelde, Steenvorde, Herzeele, Bambecque, Rexpoëde, Oost-Cappel, Killem, Hondschoote ; nous savons qu'il y avait :

à Rexpoëde, le 1ᵉʳ de l'Orne, commandant Fromentin,
à Oost-Cappel, le 5ᵉ de Rhône et Loire, commandant Ferrat,
le 5ᵉ de la Somme, commandant X.,
à Hondschoote, le 7ᵉ de la Seine-Inférieure, commandant Ferrand.

Chacun de ces bataillons a, avec lui, ses deux canons de bataillon.

J'ai quelques situations de cette époque; les doubles emplois y fleurissent à plaisir.

B. — *ALLIÉS.*

Le 9 août, après une vive discussion qui eut lieu à leur quartier général commun de Marcoing, les deux ducs commettent la faute de se séparer.

Le duc d'York, depuis la bataille de Nerwinde, s'était laissé plusieurs fois retenir par les instances du duc de Cobourg, d'abord pour prendre Condé et Valenciennes, et en dernier lieu encore pour enlever le camp de César; mais, cette fois-ci, il avait déclaré qu'il ne lui était plus possible de différer davantage d'obéir aux ordres de son gouvernement et que, dès le lendemain, il se mettrait en mouvement vers Dunkerque.

L'idée du siège de Dunkerque en 1793, comme celle du siège de Paris en 1870, comme enfin celle du siège de Port-Arthur en 1904, dérive surtout de l'ingérence d'une question d'orgueil national dans la direction des opérations.

Au même moment, le Roi de Prusse rappelle la division Knobelsdorf (qui depuis longtemps assure, à Bouvines, la liaison entre le corps hollandais immobilisé devant Lille et la masse des deux ducs), en consentant toutefois à différer son départ de quelques jours.

L'armée du duc d'York a son gros à *Bourlon*, celle du duc de Cobourg a son gros à *Thun Saint-Martin*, avec une division d'avant-garde au camp de César.

Le duc de Cobourg fait démolir le camp de César et prend dès lors pour objectif le Quesnoy.

L'armée du duc d'York occupe les positions suivantes :

1 Division Walmoden (8 B, 10 E), Orchies, Marchiennes,
2 Division Buttlar (8 B, 6 E), Saint Python,
3 Gros (18 B, 25 E), Bourlon,
4 Division Alvinzi (12 B, 8 E), en marche pour rejoindre.

L'armée du duc de Cobourg, ayant remplacé dans divers postes celle du duc d'York, occupe les positions suivantes :

1 Division Clerfayt (11 B, 36 E), Hérin, Denain,
2 Division Colloredo (6 B, 14 E), Saulzoir,
3 Division Lilien (4 B, 8 E), Saint-Python,
4 Division Wenckheim (9 B, 14 E), Villerspol,
5 Division Erbach (7 B, 6 E), Houdain,
6 Division Latour (8 B, 10 E), Bettignies.

Pour remplacer la division prussienne Knobelsdorf, le prince d'Orange fait occuper la position de Bouvines par un détachement (6 B, 6 E).

La division Beaulieu (8 B, 14 E), appelée de Namur, relève la division Walmoden à Orchies, Marchiennes, avec son gros et renforce encore la position de Bouvines par quelques bataillons.

DEUXIÈME PARTIE

ORGANISATION GÉNÉRALE

A. — FRANÇAIS.

Organisation le 9 août.
Réorganisation le 12 août.
Troupes venues de la Moselle.
Commandement.
Administration.
Tactique.

B. — ALLIÉS.

Organisation le 9 août.
Ordre de bataille le 15 août.
Ordre de bataille le 19 août.
    a *corps de siège.*
    b *corps d'observation.*

DEUXIÈME PARTIE

Organisation Générale

A. — *FRANÇAIS.*

Le général Houchard est arrivé à l'armée du Nord le 9 août, au même instant où on a destitué de cette armée vingt officiers généraux et le chef d'Etat-major.

Je ne crois pas qu'il y ait une position plus cruelle que celle où se trouvait ce général à son début à cette armée.

Aucune connaissance de sa position, une armée tout *étonnée* d'une retraite précipitée qu'elle venait de faire.

Deux jours après est arrivé le général Berthelmy pour chef de l'Etat-major (général Houchard).

A ce moment, l'armée du Nord comprenait les grandes unités suivantes, dénommées et réparties suivant les errements de l'époque; j'en indique les effectifs présents sous les armes, en hommes et chevaux.

1° *Flanqueurs de gauche*

		Hommes	Chevaux
3ᵉ régiment de chasseurs		372	403
2ᵉ hussards		261	406
5ᵉ hussards		107	111
14ᵉ d'infanterie légère		418	18
Flanqueurs d'Hasnon		68	11
1ʳᵉ demi brigade :	1ᵉʳ du 5ᵉ régiment	444	42
	2ᵒ d'Indre-et-Loire	436	52
	7ᵒ d'Indre-et-Loire	429	48
2ᵉ demi brigade :	7ᵒ du Pas-de-Calais	448	25
	2ᵒ des Volontaires nationaux	492	57
	17ᵉ des Volontaires nationaux	448	25
3ᵉ demi brigade :	1ᵉʳ du Nord	439	57
	1ᵉʳ de la Haute-Vienne	435	36
	9ᵉ de Paris	446	53
Artillerie légère		49	58
Détachement d'artillerie		94	108

Le 3ᵉ chasseurs paraît être resté au camp de Gavrelle ; les 2ᵉ et 5ᵉ hussards et le 14ᵉ d'infanterie légère passent à la division d'Hédouville ;

les 3 demi brigades d'infanterie entrent dans la division Landrin ;

2° *Avant-garde*

		Hommes	Chevaux
7ᵉ régiment de hussards		439	519
Chasseurs des 4 nations		116	2
3ᵉ bataillon franc		453	9
5ᵉ bataillon franc		380	19
9ᵉ chasseurs		463	18
15ᵉ d'infanterie légère		346	37
1ʳᵉ demi brigade :	2ᵉ du 1ᵉʳ régiment	449	26
	8ᵉ des fédérés	434	55
	9ᵉ des fédérés	446	60

ORGANISATION GÉNÉRALE

		Hommes	Chevaux
2ᵉ demi brigade :	2ᵉ du 22ᵉ régiment......	443	57
	1ᵉʳ d'Ille-et-Vilaine	428	56
	2ᵉ d'Ille-et-Vilaine	459	36
3ᵉ demi brigade :	1ᵉʳ du 83ᵉ régiment.....	467	55
	1ᵉʳ de Paris...........	451	61
	13ᵉ de Paris (Butte des Moulins)	416	12
	4ᵉ de l'Aisne..........	397	48
	3ᵉ de l'Oise...........	450	43
Artillerie légère		61	210

Les 1ʳᵉ et 2ᵉ demi brigades entrent dans la division d'Hédouville ;

la 3ᵉ demi brigade entre dans la division Landrin ;

le 3ᵉ franc, le 15ᵉ d'infanterie légère, le 4ᵉ de l'Aisne et le 3ᵉ de l'Oise passent à la division Jourdan.

3° *Division du Nord*

1ʳᵉ brigade

		Hommes	Chevaux
1ʳᵉ demi brigade :	2ᵉ du 81ᵉ régiment......	454	48
	1ᵉʳ de l'Aisne	487	42
	2ᵉ des Basses-Alpes	459	48
2ᵉ demi brigade :	2ᵉ du 74ᵉ régiment......	439	53
	2ᵉ de la Corrèze...... ...	398	49
	3ᵉ du Lot..............	412	38
3ᵉ demi brigade :	1ᵉʳ du 72ᵉ régiment	502	67
	1ᵉʳ de Seine-et-Oise......	448	63
	3ᵉ de Seine-et-Oise......	451	43
4ᵉ demi brigade :	1ᵉʳ du 54ᵉ régiment......	405	44
	1ᵉʳ de l'Oise...........	467	29
	5ᵉ de l'Oise............	468	28

2ᵉ brigade

		Hommes	Chevaux
5ᵉ demi brigade :	2ᵉ du 98ᵉ régiment......	437	42
	5ᵉ de Paris............	458	64
	1ᵉʳ des Républicains	456	49

		Hommes	Chevaux
6ᵉ demi brigade :	1ᵉʳ du 19ᵉ régiment	461	70
	1ᵉʳ de Saint-Denis	437	53
	6ᵃ de Paris	481	55
7ᵉ demi brigade :	1ᵉʳ du 104ᵉ régiment	456	50
	1ᵉʳ de l'Aube	446	49
	3ᵉ de l'Yonne	450	50
8ᵉ demi brigade :	1ᵉʳ du 78ᵉ régiment	446	67
	1ᵉʳ de la réserve	466	11
	23ᵉ de la réserve	468	56

La 2ᵉ demi brigade paraît être restée au camp de Gavrelle ;

les 3ᵉ, 7ᵉ et 8ᵉ demi brigades entrent dans la brigade Romanet ;

la 6ᵉ demi brigade entre dans la brigade Deroques, division Jourdan.

4° Flanqueurs de droite

	Hommes	Chevaux
12ᵉ régiment de chasseurs	432	546
2ᵉ dragons	382	411
5ᵉ dragons	324	440
26ᵉ de cavalerie	83	85
21ᵉ d'infanterie légère	374	21

		Hommes	Chevaux
1ʳᵉ demi brigade :	2ᵉ du 45ᵉ régiment	500	17
	1ᵉʳ de la Marne	457	55
	3ᵉ de la Marne	549	50
2ᵉ demi brigade :	1ᵉʳ du 56ᵉ régiment	444	55
	2ᵉ de la Meurthe	457	40
	3ᵉ de la Meurthe	454	39

Le 12ᵉ chasseurs à cheval et la 2ᵉ demi brigade entrent dans la division Jourdan ;

le 5ᵉ dragons, dans la brigade Romanet ;

la 1ʳᵉ demi brigade est envoyée en renfort à la brigade Romanet.

5° *Division des Ardennes*

1ʳᵉ brigade

		Hommes	Chevaux
1ʳᵉ demi brigade :	2ᵉ des Ardennes	497	77
	3ᵉ des Ardennes	501	60
2ᵉ demi brigade :	1ᵉʳ du 17ᵉ régiment	498	50
	2ᵈ de Saône-et-Loire	453	49
	1ᵉʳ de la Mayenne	449	52
3ᵉ demi brigade :	1ᵉʳ du 25ᵉ régiment	440	74
	1ᵉʳ de la Sarthe	443	54

2ᵉ brigade

		Hommes	Chevaux
4ᵉ demi brigade :	1ᵉʳ du 43ᵉ régiment	449	66
	2ᵉ de la Meuse	455	65
	4ᵉ de la Meuse	433	48
5ᵉ demi brigade :	1ᵉʳ du 45ᵉ régiment	498	39
	5ᵉ des Vosges	437	44
	10ᵉ de Paris	481	60
6ᵉ demi brigade :	1ᵉʳ du 47ᵉ régiment	459	62
	10ᵉ de Seine-et-Oise	463	46
	2ᵉ de la Vienne	444	50

Cette division est entièrement disloquée par le général Houchard.

La 1ʳᵉ demi brigade est dissoute : le 2ᵉ des Ardennes va tenir garnison à Péronne, le 3ᵉ des Ardennes à Saint-Quentin.

Les 2ᵉ, 3ᵉ et 4ᵉ demi brigades sont au camp d'Hecq.

Les 5ᵉ et 6ᵉ demi brigades forment la 2ᵉ brigade de la division Jourdan, sous les ordres du général Leclaire.

6° *Cavalerie et troupes légères*

	Hommes	Chevaux
Le 6° régiment de cavalerie	290	361
Le 7°	313	354
Le 18°	264	353
Le 20°	312	415
Le 23°	306	360
Le 4° hussards	389	244
Le détachement du 16° de cavalerie	100	109
Le détachement du 25° de cavalerie	55	57

7° *Artillerie*

	Hommes	Chevaux
Canonniers employés au parc	482	2675
Canonniers volontaires	150	17
5° de la Meurthe	453	32
1er de la Moselle	174	34
1er de Molière	686	12
11° compagnie d'artillerie légère	66	207
18° compagnie d'artillerie légère	66	86

Le 6° de cavalerie et le 4° hussards sont attachés à la division Jourdan.

Le 1er de Molière et 2 pièces de 8 à la brigade Romanet.

Notre premier soin, dit le général Houchard, fut de prendre une exacte connaissance des forces et de la position de l'armée pour l'organiser, c'est ce qui fut fait : on forma les brigades et les divisions, on y attachait les généraux qui étaient restés et les nouveaux à mesure qu'ils arrivaient.

Cette organisation est faite le 12 août ; malheureusement entre le 9 août et le 23 septembre, je n'ai pu trouver aucune situation d'ensemble.

La composition des divisions, incomplètement reconstituée, sera donnée plus loin.

Le général Houchard laisse au camp de Gavrelle la division Davaine de 7000 hommes, comprenant probablement :

1° 12 bataillons parmi lesquels je trouve :
    Le 6e du Calvados,
    Le 2e de la Corrèze,
    Le 3e du Lot,
    Le 2e des Basses-Alpes,
2° 2 régiments de cavalerie légère, dont le 3e chasseurs,
3° 1 compagnie d'artillerie légère.

Troupes venues de la Moselle

1er et 2e du 36e régiment,
1er et 2e du 67e régiment,
1er du 49e régiment,
1er du 62e régiment,
2e, 5e et 6e du Haut-Rhin,
2e et 11e des Vosges,
6e et 7e du Jura,
4e du Var,
4e de la Gironde,
7e du Doubs,
1er de la Vienne,
8e de Seine-et-Oise,
8e et 17e de cavalerie.

Troupes tirées de Douai

2e du 56e,
1er du 89e,
2e de l'Orne,
9e de la réserve,
3 (?) compagnies d'artillerie légère.

Avec les troupes dont il dispose, le général Houchard forme :
Une 1re division Jourdan,
Une division (?) de Mons en Pévèle,
Une division d'Hédouville,
La division Landrin,
La division Dumesny.

Division Jourdan

1re brigade (Deroques).
    demi brigade du 19e (1er du 19e, 1er de Saint-Denis, 6e de Paris).
    demi brigade du 56e (1er du 56e, 2e de la Meurthe).

2e brigade (Leclaire).
    1re demi brigade du 45e, (1er du 45e, 5e des Vosges, 10e de Paris),
    demi brigade du 47e (1er du 47e, 10e de Seine-et-Oise, 2e de la Vienne).

Compagnie d'artillerie légère (2 pièces de 12, 2 pièces de 8, 2 obusiers).

Cavalerie (12e chasseurs à cheval, 4e hussards, 6e de cavalerie).

Bataillons non embrigadés (3e franc, 15e d'infanterie légère, 4e de l'Aisne, 3e de l'Oise),

Division de Mons en Pévèle

Demi brigade du 72e : 1er du 72e, 1er et 3e de Seine-et-Oise,
Demi brigade du 78e : 1er du 78e, 1er et 25e de la réserve,

Demi brigade du 104ᵉ : 1ᵉʳ du 104ᵉ, 1ᵉʳ de l'Aube, 3ᵉ de l'Yonne,
2ᵉ demi brigade du 45ᵉ : 2ᵉ du 45ᵉ, 1ᵉʳ et 3ᵉ de la Marne,
5ᵉ dragons,
Compagnie d'artillerie légère (2 pièces de 8, 2 obusiers).

Division d'Hédouville

6ᵉ chasseurs,
2ᵉ hussards,
5ᵉ hussards,
9ᵉ d'infanterie légère,
14ᵉ d'infanterie légère,
Demi brigade du 1ᵉʳ : 2ᵉ du 1ᵉʳ, 8ᵉ et 9ᵉ des fédérés,
Demi brigade du 22ᵉ : 2ᵉ du 22ᵉ, 1ᵉʳ et 2ᵉ d'Ille-et-Vilaine,
9ᵉ de la réserve,
2ᵉ du 56ᵉ,
2ᵉ de l'Orne,
1ᵉʳ de la Vienne,
1ᵉʳ du 62ᵉ,
1ᵉʳ du 89ᵉ,
29ᵉ compagnie d'artillerie légère,
7ᵉ de cavalerie,
8ᵉ de cavalerie (cuirassiers),
17ᵉ de cavalerie.

Division Landrin

1ʳᵉ demi brigade du 5ᵉ (2ᵉ du 5ᵉ, 1ᵉʳ et 2ᵉ d'Indre-et-Loire),
2ᵉ demi brigade (7ᵉ du Pas-de-Calais, 2ᵉ et 17ᵉ des volontaires nationaux),
3ᵉ demi brigade (1ᵉʳ du Nord, 1ᵉʳ de la Haute-Vienne, 9ᵉ de Paris),
4ᵉ demi brigade (1ᵉʳ du 83ᵉ, 1ᵉʳ et 13ᵉ de Paris).

Commandement

Le général en chef Houchard a 55 ans.

A part le général Barthel qui a 75 ans (sic), les autres généraux de division ont : 60 ans (Davaine), 54 ans (Dumesny), 49 ans (d'Hédouville), 41 ans (Landrin), 31 ans (Jourdan).

Les généraux de brigade ont :

50 ans (Deroques), 45 ans (Romanet), 43 ans (O Méara), 42 ans (Demars), 41 ans (Leclaire et Mengaud), 39 ans (Colaud), 33 ans (Souham), 31 ans (Carrion).

Les chefs de corps :

44 ans (de la Noue), 34 ans (Lecourbe), 23 ans (Vandamme).

Les adjudants généraux :

40 ans (Ernouf), 29 ans (Berthelmy), 25 ans (Hoche) et 17 ans (Durutte).

A noter que le général en chef (55 ans), le général de brigade O Méara (43 ans) et l'adjudant général Ernouf (40 ans) passaient pour des ancêtres, et que les récits de l'époque les qualifient de vieux et même de vénérables.

Administration

Lettre du commissaire ordonnateur Petitjean à Carnot (Vitry, le 15 août) :

L'armée a quitté Cambrai, emmenant avec elle 149.000 rations de pain. C'était la subsistance de 4 jours ; mais malheureusement il en est entré 40.000 rations à Arras, qui ont été pillées par les malveillants.

Le soldat aurait mis l'administration dans l'embarras de sa subsistance s'il n'y avait pas eu tant de surveillance.

Les représentants du peuple, affectés de ce désordre, craignant de voir manquer l'armée, ont fait des réquisitions en pain qui ont leur exécution.

Aujourd'hui, l'administration a toujours dans les caissons pour deux jours au moins de pain, et l'armée ne marchera pas sans cette précaution.

Le service en foin, paille et avoine, se fait par réquisition, ayant été arrêté qu'il valait mieux employer ce moyen que de laisser les denrées à nos ennemis.

L'armée manque entièrement d'avoine dans toutes les parties, je ne prévois pas qu'il puisse être facile d'en fournir. L'administrateur prend les plus grandes mesures pour s'en procurer, mais il n'en trouve nulle part.

Je puis assurer à la Convention que je n'ai aucune inquiétude sur la subsistance de l'armée, si l'on veut laisser les administrateurs la nourrir par mes réquisitions ou par achats, et si enfin les corps administratifs ne s'opposent plus à l'envoi à l'armée des grains et farines qui lui sont destinés.

La subsistance se trouvera cependant arrêtée si la Convention ne fait point parvenir aux administrateurs les fonds dont ils ont besoin, toutes les administrations en manquent ; l'on a de la confiance en nous par l'exactitude de nos payements.

Je vous supplie, citoyen représentant, au nom du salut de la République, de nous faire fournir des fonds, sans lesquels la chose est perdue. Ne nous laissez pas manquer d'argent, nous répondons des subsistances de l'armée.

Avant votre départ, vour savez qu'une partie de notre armée a marché vers Lille, les représentants ont eu de l'inquiétude sur sa subsistance ; je la fais toujours marcher avec la troupe : cette division sera alimentée sous Lille même par l'armée de Cambrai.

Tactique

Le général Houchard se croit obligé de rédiger à l'usage de ses troupes, tout un règlement daté du 23 août 1793.

Puis comme l'esprit d'arme ne perd jamais ses droits, il y ajoute une instruction particulière pour la cavalerie.

Je n'aurais parlé ni de l'une ni de l'autre, si elles ne donnaient lieu à trois observations importantes :

1° Entre des prescriptions d'un caractère élevé et d'infimes détails de cuisine, on y trouve des conseils pratiques qui prouvent que le malheureux général en chef, la veille encore capitaine de cavalerie, ferait de nos jours encore, un excellent commandant d'escadron divisionnaire.

Le paragraphe relatif aux devoirs du commandant de la garde est un petit chef-d'œuvre ; le passage ci-après du paragraphe des patrouilles est cité comme modèle par le général Pierron :

Je suppose qu'on envoie 4 chasseurs à cheval en patrouille avec un brigadier. On fera marcher en flèche un chasseur à 25 pas en avant, qui observera toujours cette distance ; sur chaque flanc, un chasseur à la même distance. Ils marcheront dans cet ordre, regarderont bien autour d'eux ; la nuit, ils marcheront lentement et s'arrêteront souvent pour écouter.

Quand ils seront arrivés au point où ils devront prendre langue, si c'est dans un village, un chasseur s'approchera de la première maison, demandera le paysan, qu'il amènera au commandant de la patrouille, qui l'interrogera pour savoir s'il n'y a pas d'ennemis au village. Alors le brigadier gardera le paysan avec lui, ira seul chez le maire prendre langue et se fera donner un reçu. En s'en retournant, il s'arrêtera souvent pour écouter si on ne le suit pas.

Si la patrouille est obligée de passer dans un chemin creux, toute la patrouille n'y entrera pas : on fera passer d'abord un homme seul, qui aura le pistolet à la main. Il visitera tous les environs ; ensuite il avertira la patrouille de passer.

Les patrouilles arrêteront tous les gens qu'elles rencontreront, ceux qui vont du côté de l'ennemi.

On fera fouiller un bois par un ou deux cavaliers avant de s'y engager, afin de ne pas donner dans une embuscade.

2° On y rencontre aussi de ces menaces générales : «Il est temps de sortir de cette insouciance dans laquelle on voit l'armée...» ;

Puis, de ces *menaces sous condition*, qui sont l'indice des caractères faibles ;

Menaces aux généraux de division, aux généraux de brigade, aux chefs de corps, aux chefs de bataillon, aux capitaines, aux soldats, aux femmes de soldats !

3° Le général Houchard indique enfin comment il entend l'organisation d'une armée et de ses grandes unités et, dans un autre ordre d'idées, la tactique des tirailleurs : 64 hommes par bataillon, pas un de plus, pas un de moins !

Il fut le premier, avec raison d'ailleurs, à ne pas appliquer son organisation-type ; quant aux tirailleurs, au premier coup de fusil, tout formalisme s'évanouit, les bataillons se diluèrent tout entiers sur la chaîne ; et, bien qu'il soit de *bon ton* depuis quelques années, de le nier, ce fut la belle époque des *tirailleurs en grande bande*, on le verra à Hondschoote.

Quoi qu'il en soit, voici un recueil de remarques judicieuses tirées du règlement du général Houchard :

1° Rien ne fatigue plus un soldat que de sentir un cheval marcher sur ses talons ;

2° Marche réglée par un sous-officier marchant en tête des pelotons ;

3° Place des chefs de section et des serrefiles ;

4° Haltes horaires de 5 minutes, jamais dans les villages, pour ne pas donner occasion aux soldats d'entrer dans les maisons ;

5° Postes d'issue barricadés ;

6° Corvées de distribution conduites en ordre ;

7° Travaux de défense du camp ;

8° Trois appels journaliers ;

9° Officier supérieur de jour ;

10° On ne battra la générale qu'en cas d'alerte ;

11° Mesures contre l'ivresse (les ivrognes renvoyés tout nus) ;

12° Pillage puni de mort ;

13° Placement des grand'gardes et des vedettes ;

14° Service à la grand'garde ;

15° Service au piquet ;

16° Garde de police au cantonnement avec vigie dans le clocher ;

17° Prise d'armes 2 heures 1/2 avant le jour ;

18° Devoirs du commandant de la grand'garde ;

19° Devoirs du chef de la garde avancée ;

20° Ruses de guerre, indices ;

21° Patrouilles ;

22° Police de marche ;

23° Réglementation du chargement des voitures ;

24° Interrogatoire des habitants, confrontation avec la carte ;

25° Choix des habitants : paysan d'un âge avancé, chasseur, forestier, boucher ;

26° Interrogatoire des isolés aux avant-postes ;

27° Emploi de la jumelle ;

28° Recommandation de *compter* l'ennemi quand on peut ;

29° Conduite à l'égard des parlementaires, prisonniers, déserteurs ;

30° Conduite en cas d'attaque.

B. — *ALLIÉS.*

L'armée du duc de Cobourg compte 66.000 Autrichiens. L'armée du prince d'Orange compte 23.000 Hollandais et Prussiens. L'armée du duc d'York compte 37.000 Anglais, Hanovriens, Autrichiens et Hessois.

Comme c'est cette 3ᵉ armée qui va nous intéresser désormais, voici sa composition détaillée et son ordre de bataille.

Elle comprend quatre corps :

1° Anglais : 9 B (5.200), 23 E (1.300), 4 divisions d'artillerie volante,

2° Hanovriens : 15 B (9.000), 16 E (1.600), 3 divisions d'artillerie (1 volante, 2 lourdes),

3° Autrichiens : 14 B (11.000), 8 E (1.000),

4° Hessois : 11 B (5.500), 11 E (1.500).

En tout, 49 B (30.700), 58 E (5.400), 4 divisions d'artillerie (900).

Les bataillons de ligne sont à 4 compagnies, ceux de chasseurs à 2. Les régiments d'infanterie sont en général à 2 bataillons, ceux de cavalerie à 2 escadrons. L'artillerie régimentaire comprend 2 canons de 3 par bataillon. La division d'artillerie volante hanovrienne compte 4 canons de 3 et 2 obusiers de 7 ; chacune des deux divisions lourdes comprend : 10 canons de 6, 4 obusiers de 7, 2 obusiers de 30, soit 16 pièces par division, 32 pour les deux, et 38 pour les 3 divisions. Chacune des deux divisions lourdes se subdivise en 2 batteries de 8 pièces, 5 canons de 6, 2 obusiers de 7, 1 obusier de 30.

Ordre de bataille

de l'armée du duc d'York, le 15 août 1793

I. *Avant-garde*

(Général major autrichien v. Fabry)

Aile de cavalerie :
- 2 E de hussards de Blankenstein autrichiens,
- 2 E de chevaulégers de Karaczai autrichiens,

Centre d'Infanterie :
- 1 B de chasseurs tiroliens,
- 1 B de Grün Laudon autrichien,
- 1 B franc d'Adonel autrichien,
- 1 B de Loyal émigré,
- 1 B de grenadiers hanovriens,
- 1 B de chasseurs hessois.

Aile de cavalerie :
- 2 E du 9ᵉ dragons légers hanovriens,
- 2 E du 10ᵉ dragons légers hanovriens.

II *Première ligne*

(Feldmaréchal lieutenant comte Alvinzy)

Aile de cavalerie (général lieutenant v. Biela)

Brigade v. d. Busche :
- 2 E du 2ᵉ de cavalerie hanovrien,
- 2 E du régiment du corps hanovrien,
- 2 E du 5ᵉ dragons hanovriens.

Brigade v. Fabry : 4 E de chevaulégers de Karaczai autrichiens,

Centre d'Infanterie (général lieutenant v. Buttlar)

Brigade Werneck :
- 2 B de Joseph Colloredo,
- 2 B de Brentano.

ORGANISATION GÉNÉRALE

Brigade Lutzow : { 1 B de Stuart.

Brigade v. Cheinczki : { 2 B de Wenzel Colloredo,
{ 2 B de Jordis.

Brigade v. Bork : { 2 B de Kospoth hessois,
{ 2 B du Prince Charles hessois.

Brigade Lacke : { 1 B du 14ᵉ anglais,
{ 1 B du 53ᵉ anglais,
{ 3 B des gardes anglaises.

Aile de cavalerie (général lieutenant Erskine)

Brigade Hartcourth : { 2 E de Horseguards,
{ 2 E du 2ᵉ dragons guards,
{ 2 E du 6ᵉ dragons (Inniskillings),
{ 3 E du 1ᵉʳ dragons guards.

Brigade Mansel : { 2 E du 3ᵉ dragons guards,
{ 2 E du 1ᵉʳ dragons (Royals),
{ 2 E du 2ᵉ dragons (Greys).

Parc d'artillerie de réserve (8 canons de 12, X obusiers de 6, Y obusiers de 8).

III *Deuxième ligne*

(Général lieutenant v. Walmoden-Gimborn)

Aile de cavalerie et partie du centre d'infanterie (formant une division mixte sous les ordres du général lieutenant v. d. Busche).

Brigade v. Oynhausen : { 2 E du 7ᵉ dragons,
{ 2 E du 4ᵉ de cavalerie,
{ 2 E du 1ᵉʳ de cavalerie.

Brigᵈᵉ v. Hammerstein : { 2 B de la garde,
{ 2 B du 5ᵉ de ligne,
{ 2 B du 10ᵉ de ligne.

Brig.de v. Diepenbroik : { 2 B du 4e de ligne,
2 B du 6e   do
2 B du 11e do

Restant du centre d'infanterie et aile de cavalerie (formant une division mixte sous les ordres du général lieutenant v. Wurmb).

Brig.de v. Cochenhausen : { 2 B de Lossberg,
2 B du Prince héritier.

Brigade v. Dallwigk : { 3 E de gendarmes,
3 E de carabiniers.

Brigade v. Schmied : { 5 E de dragons Prince Frédéric.

Parc d'artillerie de réserve (1 division volante à 6 pièces, 2 divisions lourdes à 16 pièces.

IV *Réserve*

(Général lieutenant Abercromby)

Infanterie : { 2 B de Starray,
1 B de grenadiers Eschwege,
1 B de grenadiers v. Wurmb,
3 B de grenadiers hanovriens,
2 B de grenadiers anglais,
1 B du 37e anglais (pour mémoire : détaché).

Cavalerie : { 2 E du 7e dragons légers anglais,
2 E du 11e   do
2 E du 15e   do
2 E du 16e   do

Artillerie : { 1 division d'artillerie volante.

Ordre de bataille
de l'armée du duc d'York, le 19 août

Corps de siège (29 B, 19 E, duc d'York)

I *Avant-garde*, feldmaréchal lieutenant comte d'Alton

Brigade Ilse :
- 1 E de chevaulégers de Karaczai,
- 1 B de chasseurs tiroliens,
- 1 B franc d'Adonel,
- 2 B de Starray.

Brigade Abercromby :
- 2 B de grenadiers anglais,
- 2 B de grenadiers hessois,
- 2 B de flanqueurs anglais.

Brigade Dundas :
- 2 E de dragons légers anglais.

II *Première ligne*, général feldmaréchal comte Alvinzi

Division Wurmb

Brigade Fabry :
- 4 E de chevaulégers de Karaczai.

Brigade Werneck :
- 2 B de Joseph Colloredo,
- 2 B de Wenzel Colloredo.

Brigade v. Borck :
- 2 B de Kospoth,
- 2 B du Prince Charles.

Division Erskine

Brigade Lacke :
- 3 B de gardes anglaises.

Brigade Hartcourt :
- 2 E de Horseguards,
- 2 E de dragons légers anglais.

III *Deuxième ligne*, général feldmaréchal v. Biéla

Général lieutenant v. Buttlar

Brigade Dallvigk :
- 3 E de gendarmes,
- 3 E de carabiniers.

Brigade Cheienczki : { 2 B de Jordis.

Brig^{de} V. Cochenhausen : { 2 B de Lossberg,
2 B du Prince héritier.

Brigade Mansel : { 1 B du 51e anglais,
1 B du 14e anglais,
2 E de dragons légers anglais.

IV *Réserve d'artillerie* (8 canons de 12, quelques obusiers de 6 et de 8).

Corps d'observation

(19 B, 33 E, maréchal Freytag)

I *Avant-garde autrichienne, général Fabry*

Hussards de Blankenstein : 2 E.
Régiment Grün Laudon : 1 B, 4 P.
Régiment Brentano : 2 B, 4 P.

II *Partie de la division hessoise Wurmb*

Régiment Prince Frédéric : 5 E.
Chasseurs hessois : 1 B.

III *Division hanovrienne Busche*

Corps des grenadiers : 3 B, 6 P.

Brigade Diepenbroik { gardes : 2 B, 4 P.
5me : 2 B, 4 P.
10me : 2 B, 4 P.

Brigade Hammerstein { 4me : 2 B, 4 P.
6me : 2 B, 4 P.
11me : 2 B, 4 P.

Brigade Oynhausen { 1er de cavalerie : 2 E (grosse),
4e d^o : 2 E (grosse),
7e d^o : 2 E (dragons).

Parc d'artillerie, les 3 divisions : 38 P.

IV *Réserve de cavalerie*

Gardes du corps : 2 E,
2ᵉ de cavalerie : 2 E (grosse),
5ᵉ   dᵒ   : 2 E (grosse),
9ᵉ   dᵒ   : 2 E (dragons légers),
10ᵉ   dᵒ   : 2 E (dragons légers),
                  : 2 E,
                  : 2 E,
                  : 2 E,
                  : 2 E,
                  : 2 E.

1 division d'artillerie volante anglaise.

TROISIÈME PARTIE

PROJETS D'OPÉRATIONS

A. — FRANÇAIS.

L'indécision.
Les projets successifs : Menin ou Cassel.
Les variantes : Dunkerque ou Hondschoote.
Le projet définitif : Hondschoote.

B. — ALLIÉS.

Les tiraillements entre les deux Ducs.
Le projet du duc d'York.

TROISIÈME PARTIE

Projets d'Opérations

A. — *FRANÇAIS.*

Le 9 août, le général Houchard écrit au Ministre de la guerre, de Vitry, une première lettre qui contient les phrases suivantes :

On ne connaît pas parfaitement la position des ennemis ; ils se renforcent vers Bavai...

L'ennemi attaque surtout les communications entre Lille et Douai ; mais il y a là de bonnes troupes qui défendront bien leurs postes.

Le 10 août, à la première nouvelle de la marche du duc d'York, le nouveau commandant en chef se demanda ce que l'ennemi allait faire.

Allait-il, par un brusque à gauche, se rabattre sur Douai ou, plus loin, sur Lille, afin d'en former le siège ?

Allait-il continuer sa route et s'en prendre à la Flandre maritime ? serait-il ou non suivi par les Autrichiens ?

Autant de questions que se posait le général Houchard, tout en inclinant à croire que Lille était le point visé.

Le 11 août, certains avis lui font craindre pour Le Quesnoy et Landrecies; mais, là, il ne peut que donner des instructions à l'armée des Ardennes pour qu'elle porte des renforts de ce côté.

Le 12 août, la marche du duc d'York vers le Nord permet de supposer qu'il en veut à la communication entre Douai et Lille; pour s'enlever toute inquiétude de ce côté, il envoie le général Romanet occuper avec un détachement la charmante (sic) position de Mons en Pévèle, avec mission de maintenir cette communication et de couvrir le passage de la Deule (voir 4e partie ci-après).

Le 13 août, il fait partir le général Jourdan avec une division légère et adresse le même jour une instruction à ce général et au général Barthel pour une expédition sur Ostende.

Le 17 août, le général Houchard commence à voir clair, il écrit au Ministre de la guerre :

La masse de mon armée est derrière la Lys, 3.000 hommes à Mons en Pévèle et 7.000 entre Douai et Lille.

L'ennemi concentre ses forces vers Tournai, ce qui fait redouter que les Anglais ne combinent des attaques par mer et par terre et ne veuillent s'emparer de Dunkerque.

Le même jour, le représentant Chales écrit :

Il est presque certain que l'ennemi se porte vers la Flandre maritime;

L'adjudant général Dufresse écrit aux Représentants à Lille :

Conformément à mes engagements et pour justifier mon zèle et mon exactitude, je vous rends compte des premières opérations de l'importante mission que vous avez bien voullu me confier.

J'ai trouvé le général Houchard à Douai ; les différents rapports qui lui ont été faits et que je lui ai confirmés, l'ont engagé à retarder notre mouvement, jusqu'au moment où il sera sûr de la situation de nos ennemis.

Comme les différents rapports paraissent se réunir dans les desseins de l'ennemi qui sont de se porter sur la Flandre maritime, le général donne l'ordre à la division du général Jourdan de se porter sans délai sur le camp de Cassel et de se réunir aux troupes qui y sont déjà, ce qui nuira aux projets de l'ennemi.

Le 19 août, le général Jourdan écrit aux Représentants, du faubourg des Malades, à Lille :

J'ai l'honneur de vous prévenir que la division que je commande va camper ce soir à Armantierre, afin d'être à portée de suivre les mouvements de l'ennemi et de me porter au besoin sur Cassel, tel que j'en ai reçu l'ordre du général en chef.

Je correspondrai avec le général Béru et le général Barthel. Je désire bien sincèrement trouver l'occasion d'être utile à la République et je m'opposerai autant qu'il me sera possible aux projets de ses ennemis.

Le 22 août, le général Houchard écrit de Gavrelle :

Vous savez que l'ennemi a divisé ses forces en deux grandes armées, l'une qui est dans la Flandre maritime, et l'autre qui opère en avant du Quesnoy et dans la forêt de Mormal.

Je viens d'apprendre que les ennemis se portent toujours en force du côté de Dunkerque ; les avant postes de Bergues ont été attaqués vivement et tous repliés. Le général Barthel n'a pas eu le temps de me donner des détails, mais je sais que l'ennemi s'est porté jusque sur la chaussée de Bergues à Lille. Le général Jourdan me marque qu'il marche avec sa division légère au secours du général Barthel et j'espère qu'il rétablira les choses et repoussera l'ennemi. J'ai fait partir hier une autre division pour rester au camp de Cassel, de sorte que l'armée aux ordres du général Barthel, depuis Dunkerque jusqu'à Cassel, se trouve complète et portée environ à 20.000 hommes. Mais les places de Calais, Gravelines, Béthune et le poste de Boulogne sont pour ainsi dire sans garnisons, et il est pressant que des gardes nationales s'y portent pour y faire le service, pendant que nos troupes se battront avec l'ennemi.

Le général Jourdan ne reviendra qu'au moment où l'armée de la Moselle arrivera pour composer derrière la Lys l'armée exterminatrice qui sera directement sous mes ordres.

Maubeuge, avec ce qu'il a déjà et les 10.000 hommes de l'armée de la Moselle qui lui sont destinés surveillent l'ennemi sur le flanc droit. De l'arrivée des troupes de la Moselle dépend donc le moment de l'attaque générale, car il ne reste plus au camp de Biache qu'environ 12.000 hommes, avec lesquels je dois couvrir Douai et Arras qui sont sans garnisons.

Le 25 août, le Comité de Salut public écrit :

Nous pensons que le plus sûr moyen d'obtenir du succès serait de couper l'armée ennemie en deux en attaquant avec de grandes forces le cours de la Lys par Lille ; après quoi il serait facile de la prendre à revers, soit du côté de la Flandre maritime, soit du côté du Hainaut. Il faut surtout sauver Bergues et Dunkerque et jeter une grande quantité de subsistances dans ces places.

Le 25 août, les Représentants du peuple Bentabole et Levasseur écrivent de Lille :

Nous croyons devoir vous annoncer une nouvelle que vous aurez sans doute apprise par nos collègues Duquesnoy et Lebas.

Le général Houchard vient de nous prévenir qu'une armée de 18.000 fantassins anglais est devant Dunkerque, que le duc d'York a sommé cette ville de se rendre.

Ce général, qui a passé ici hier après dîner, nous informe qu'il part à l'instant pour Cassel, afin de secourir Dunkerque, et qu'il va s'occuper de réunir un corps de 30.000 fantassins pour combattre les Anglais.

La division de Cassel se trouve renforcée depuis huit jours de 14.000 hommes de bonnes troupes qu'y a fait passer le général Houchard, savoir 8.000 hommes sous les ordres du général Jourdan et 6.000 hommes sous les ordres du général Landrin ; notre position du côté de Lille se trouve raffermie depuis quelques jours par l'abandon total de la part des ennemis des postes de Linselles et de Blaton, dont ils avaient voulu nous chasser, et où ils ont été si maltraités dans l'affaire du 18, dont nous vous avons rendu compte.

Nous attendons le plus heureux effet des efforts que le général Houchard se propose de faire, et nous nous empressons de vous en rendre compte.

Le 26 août, à Lille, le général en chef Houchard donne l'ordre au général Jourdan de :

Se rendre de suite au camp de Cassel pour y prendre le commandement des troupes des mains du général Barthel. Le général commandera à toutes les troupes, camps, cantonnements et places depuis Bailleul jusque Dunkerque.

Le général en chef le charge de chasser les ennemis de cette partie de la frontière en employant tous les moyens que ses talents et son dévouement entier à la cause de la liberté lui suggéreront.

Le 26 août, le Représentant Duquesnoy écrit au Comité de Salut public :

Des officiers municipaux de Dunkerque me sont venus hier exposer les dangers que courait cette place. Ils me demandèrent des secours ainsi que pour la ville de Bergues (voir 5ᵉ partie ci-après).

Je fus avec eux chez les généraux et, après un conseil de guerre tenu, il fut arrêté que le général Jourdan partirait sur le champ avec toute sa division et irait s'emparer, en passant, du poste de Watten, où il laisserait un bataillon avec 2 pièces de canon et un détachement de chasseurs; qu'il filerait ensuite le long du canal de Gravelines pour rester maître des écluses; qu'il jetterait dans cette place un bataillon, deux dans Dunkerque et un dans Bergues, et qu'avec le reste de sa division il se tiendrait à peu de distance de Dunkerque où il serait à portée de faire entrer tous les secours dont cette place pourrait avoir besoin.

Les officiers municipaux de cette ville ont dit n'avoir point du tout confiance dans les talents militaires du général O Méara qui commande cette place. Le général Houchard arriva dans ce moment avec son adjudant et les rassura en leur disant qu'il allait leur envoyer un autre général et qui devait déjà s'y être rendu.

Nous eûmes un second conseil de guerre dans lequel on arrêta des mesures contre mon opinion qui, si elles ne sont mauvaises, sont au moins très hasardées; car si le général Houchard ne réussit pas son expédition, je regarde le département du Nord et celui du Pas-de-Calais comme à peu près envahis.

Voici quel est son projet : il doit attaquer demain le camp de Menin avec 30.000 hommes partant de dessous Lille ; s'il réussit, il poussera jusqu'à Ypres, Poperinghe, Furnes et coupera par ce moyen la retraite aux Anglais et à leurs alliés qui se trouvent devant Dunkerque, Bergues et ailleurs.

Si ce projet réussit, nous serons maîtres avant la fin de

septembre des Pays-Bas ; mais si, au contraire, ce coup manque, je vous le répète, les départements du Nord courent de grands dangers.

Ce fut son adjudant général Vernon, ci-devant aide de camp de Custine, qui proposa ce plan et qui le fit adopter. Il a infiniment de connaissance et d'activité dans ce qu'il fait, mais il a des yeux qui ne me plaisent pas.

Le 26 août, en effet, le général Houchard écrit au Comité de Salut public :

Je fais aujourd'hui les dispositions pour attaquer demain les troupes ennemies qui sont sur la rive droite de l'Yser devant Lille.

On lit, à ce sujet, dans l'exposé de la conduite du général Houchard :

J'avais conçu deux projets pour la levée du siège de Dunkerque ; le premier était d'aller sur Menin battre le contingent des Hollandais, de là marcher sur Ostende ou Furnes suivant les circonstances pour couper la communication de l'armée combinée des Anglais et pour la combattre. Le second était de partir de Cassel pour battre le camp sur Hondschoote.

Le 28 août, le Comité de Salut public écrit au général Houchard :

D'après les faits importants que vous nous avez communiqués sur les mouvements de l'ennemi, nous ne pouvons douter que l'ennemi n'attache la plus haute importance à la conquête des villes de Bergues et de Dunkerque.

Il est aisé de sentir, en effet, que Pitt n'a pas d'autre moyen de soutenir son crédit chancelant, de consoler sa nation des frais énormes de la guerre et de la perte totale de son commerce. Si nous sauvons ces deux villes, une révolution est inévitable en Angleterre.

Si nous les perdons, le plus affreux découragement parmi nous en sera la suite infaillible.

Ce n'est donc pas précisément sous le point de vue militaire qu'il faut envisager l'attaque dirigée sur cette partie de nos frontières ; c'est principalement sous le point de vue politique.

Il faut sauver avant tout Bergues et Dunkerque, parce qu'il faut sauver avant tout l'honneur de la nation qui est là. Portez-y des forces immenses, que l'ennemi soit chassé de la Flandre maritime, qu'il en soit chassé à quelque prix que ce puisse être.

Le 29 août, le général Houchard écrit de Gavrelle, au Comité de Salut public :

La position actuelle des ennemis demande que je change les projets d'attaque que j'avais médités.

Les forces que les ennemis ont portées devant Dunkerque me forcent à diriger ma principale attaque du côté de Menin, pour marcher de là, après avoir passé la Lys, sur le flanc gauche des Anglais du côté d'Ypres.

En conséquence, je vais porter le plus promptement possible 24.000 hommes d'infanterie et 4.000 hommes de cavalerie, pour organiser une armée de 50.000 hommes à la tête de laquelle je me mettrai moi-même, les autres 10.000 hommes de l'infanterie de la Moselle et le reste de la cavalerie seront portés sur Maubeuge et Cambrai pour attaquer Cobourg. Telles sont les dispositions que je puis vous présenter en ce moment et qui pourront varier suivant la position de l'ennemi.

On estime à 50.000 hommes les troupes qui sont devant Dunkerque et Bergues. Quant à Cobourg, il tient toujours la forêt de Mormal et enveloppe le Quesnoy.

Les Prussiens font beaucoup de mouvements, on dit qu'ils vont en Alsace, mais je me défie de ces ruses et je n'y crois pas encore.

Les Hollandais sont au nombre de 20.000 hommes devant Menin et ces parages-là.

PROJETS D'OPÉRATIONS

Le 1er septembre, le général Houchard écrit au Ministre de la guerre :

Les ennemis bien décidément ont divisé leurs forces en deux grands corps d'armée, dont l'un agit sur la Flandre maritime et l'autre sur les plaines du Hainaut.

Je vais faire filer du côté de Lille une autre division, afin que, si décidément Dunkerque est menacé, comme cela est probable, nous ayons une armée capable non seulement de résister, mais de battre les ennemis.

Nous étions extrêmement faibles dans cette partie de la Flandre maritime : depuis Bailleul jusqu'à Dunkerque, la masse totale ne va pas, y compris les garnisons, à plus de 17.000 hommes, et vous savez que Dunkerque ne peut être considéré que comme un camp retranché à la défense duquel il faut beaucoup de troupes.

La prochaine arrivée des troupes de la Moselle m'a facilité dans l'envoi des troupes nécessaires pour la défense de la Flandre maritime. J'y ai donc envoyé 3 divisions : une, commandée par le général Romanet occupe le camp de Mons en Pévèle et assure la communication de Douai à Lille ; la seconde, commandée par le général Jourdan, se porte sur tous les points menacés pour y combattre l'ennemi. Je ne puis que me louer de la conduite brave et intelligente de ces deux généraux.

La troisième va être commandée par le général Landrin ; elle se portera entre Dunkerque et Cassel.

Dans cet état de choses, il ne reste que peu de monde au camp de Biache, et il est instant que les troupes de la Moselle viennent me recomposer une armée avec laquelle j'espère marcher à la victoire.

Je pense que 10.000 hommes d'infanterie et 2.000 de cavalerie venant de la Moselle doivent rester entre Philippeville et Maubeuge pour agir conjointement avec les deux divisions du camp retranché de Maubeuge ; les autres 14.000 hommes d'infanterie et 4.000 de cavalerie me joindront au camp de Biache pour former le corps d'armée que je commanderai particulièrement. Les troupes qui sont dans la Flandre maritime formeront une masse qui agira de ce côté.

Telles sont les dispositions que j'entrevois.

Le 3 septembre, le général Houchard écrit de Lille au Ministre de la guerre :

Depuis ma dernière dépêche, citoyen ministre, il ne s'est rien passé de nouveau. Les progrès des ennemis devant Dunkerque ne sont pas considérables encore : leurs travaux consistent en une seule parallèle éloignée de 400 toises de la place, dont la droite est appuyée par une batterie. Ils n'ont pas encore tiré un seul coup de canon sur Dunkerque, de sorte que cette place ne craint qu'une attaque de vive force.

J'en ai fait renforcer la garnison par 2.000 hommes au moins.

Les représentants du peuple et le général Jourdan ont fait sortir de la place tous les gens suspects et qui cherchaient à attiédir le courage de la garnison et des citoyens ; par ces dispositions, Dunkerque ne court aucun risque jusqu'au moment où j'aurai assemblé des forces pour tomber sur les Anglais.

Dans l'intérêt que Dunkerque doit nous inspirer, vu toutes les raisons qui m'ont été données par vos lettres et par celles du Comité de Salut public, je me suis déterminé à agir directement pour délivrer cette place. Au lieu de porter mes attaques du côté de Menin, sur la rive droite de la Lys, pour de là prendre à revers l'armée qui attaque Bergues et Dunkerque, j'ai fait le rassemblement des troupes sur Cassel et nous nous porterons directement sur les ennemis.

Je ne me dissimule pas la difficulté de cette entreprise dans un pays couvert de haies, coupé par des canaux dans tous les sens, et dont tous les postes occupés par l'ennemi sont fortifiés par la nature et par l'art ; mais je compte sur l'audace des troupes de la République et je ferai tous mes efforts pour leur assurer la victoire.

Cependant, citoyen ministre, je suis cruellement entravé dans tous les détails de l'exécution...

Je crois que je serai en mesure d'agir vers le 7 : ce sera plus tôt, si je le peux.

On lit dans l'exposé de la conduite du général Houchard :

Je préférai ce dernier (le second projet), le premier demandait plus de temps pour son exécution et la ville de Dunkerque était pressée, l'artillerie des ennemis était arrivée et on la mettait en batterie. Après avoir fait lever le siège de Dunkerque, d'aller écraser les Hollandais, de là, me porter sur le camp de Cysoing, d'écraser les Autrichiens, et de là me porter sur Bouchain pour combattre Cobourg.

Fait à fait que j'avançais et que j'aurais battu tous les corps détachés des ennemis, je me grossissais et j'arrivais sur Cobourg avec 70.000 hommes.

Tout le plan aurait eu lieu sans la malheureuse affaire de Cambrai, qui devait seulement se borner à faire de fausses attaques vers le camp de Solesmes pour empêcher ce camp de secourir celui de Cysoing.

Le 5 septembre, le Ministre répond :

J'ai communiqué, général, votre dépêche du 3 au Comité de Salut public aussitôt qu'elle m'est parvenue.

Elle a fait l'objet de ses réflexions que vous trouverez dans une de ses lettres que mon courrier est chargé de vous remettre.

Il m'a semblé que le Comité pensait avec raison qu'il ne pouvait pas vous prescrire telle ou telle opération ni telle ou telle manière de l'exécuter. Il faudrait avoir des données sur la force, la position et les ressources de l'ennemi qu'il n'a pas et qui ne peuvent lui parvenir que de l'armée. Aussi il a arrêté qu'il ne vous serait envoyé que des réflexions, vous laissant du reste toute latitude possible dans vos opérations.

Le Comité avait paru fort content de votre projet de vous porter sur Menin, de couper les lignes des ennemis, et d'empêcher les secours de venir troubler vos entreprises du côté de Dunkerque lorsqu'ils auraient été pris à revers. La défaite des Anglais lui paraissait probable. Si vous prenez un autre chemin, c'est qu'il est nécessaire et il le pense aussi. Vous pouvez vous assurer que vous avez la confiance du Comité de Salut public et du Conseil exécutif, et que les patriotes comptent beaucoup sur vous.

Voici cette lettre du Comité de Salut public :

Citoyen général, le Ministre de la guerre nous a communiqué la lettre que vous lui avez adressée sur votre situation militaire.

Nous ne voyons pas sans peine que vous avez abandonné le projet d'envelopper les ennemis qui sont devant Bergues et Dunkerque. En frappant ce grand coup, la guerre eût peut-être été terminée ; mais si vous avez pensé que le succès fût douteux, nous ne pouvons qu'approuver la résolution que vous avez prise.

S'il était vrai néanmoins, comme on nous l'assure, que les ennemis eussent d'eux-mêmes abandonné leur entreprise et levé le siège, nous pensons qu'après vous être emparé du cours de la Lys, au lieu de tourner à gauche pour vous porter sur la Flandre maritime, comme les ennemis s'y attendent, vous pourriez au contraire, après avoir attiré les forces de ce côté, tourner brusquement sur votre droite pour attaquer Tournai et dégager le Quesnoy, duquel il est temps que vous vous occupiez très sérieusement.

Au reste, citoyen général, c'est à vous à juger. Pleins de

confiance dans vos talents militaires, votre civisme et votre expérience, nous ne voulons gêner aucun de vos mouvements et nous vous laissons la libre et entière disposition de vos troupes.

Evitez leur morcellement qui vous paralyse.

Tâchez de porter à l'ennemi un coup terrible, sans cependant risquer aucune action décisive, pour peu qu'elle soit douteuse.

Levasseur dit dans ses mémoires :

Notre mission principale était la délivrance de Dunkerque. Nous avions aussi à relever la gloire de nos armes, compromise par les nombreux échecs qui s'étaient succédés depuis la désastreuse bataille de Nerwinden.

Le 5 septembre enfin, le général Houchard écrit au Ministre de la guerre :

Demain matin, nous allons faire un déjeuner à l'anglaise. Je vous rendrai compte de l'issue. Nos corps de troupes se rassemblent aujourd'hui sur les différents points de départ des colonnes. Nos avant postes ont été attaqués ce matin sur tout le front. Je présume qu'on voulait nous reconnaître et prendre des notions sur nos forces et nos dispositions.

L'ennemi a été repoussé partout, à l'exception d'un poste où le 36° régiment ne s'était pas levé aussi matin qu'il en avait reçu l'ordre. Ce régiment a fait quelques pertes qui ne sont pas néanmoins très considérables. Je vais en ce moment faire sentir au chef qu'il aurait dû être plus vigilant.

Parmi les pertes de l'ennemi, on compte un colonel anglais, dont la riche dépouille a passé à nos tirailleurs.

Enfantillages que tout cela, je n'en parle que parce que je songe involontairement à certains télégrammes de Kouropatkine.

B. — ALLIÉS.

On lit dans l'ouvrage Witzleben :

Les nouvelles de l'heureux début de l'expédition du duc d'York ne purent changer les amères idées du prince de Cobourg.

Le 27 août, il fit part à l'Empereur de son peu d'espoir en un heureux succès et le pria encore au dernier moment de lui donner le pouvoir de rappeler le Duc, mais il n'y eut pas moyen d'y amener l'Empereur qui répondit, de Vienne, le 6 Septembre :

Les circonstances présentes exigent impérieusement d'écarter toute discussion désagréable avec la Cour d'Angleterre. Le moindre indice de manque de bonne volonté ferait un tort irréparable à mon service et produirait la plus mauvaise impression en Angleterre, parce que cette Cour considère l'heureux succès de l'entreprise sur Dunkerque comme étroitement lié avec l'intérêt national anglais et que le Roi serait touché à l'extrême de voir mettre en danger l'honneur des armes anglaises et la renommée de son fils.

Le plan du duc d'York était le suivant d'après Sichart :

Tandis qu'un corps d'observation sous le maréchal Freytag prendra la route principale d'Ypres par Poperinghe vers Bergues, chassera les Français du terrain compris entre le canal de Bergues à Furnes et l'Yser, et prendra ensuite, en masquant Bergues et Cassel, une position couvrant le corps de siège à la tête duquel le Duc se proposait de se porter par Furnes contre Dunkerque.

Ditfurth dit :

Le Feldmaréchal devait masquer Bergues et Cassel et couvrir ainsi le flanc gauche du corps de siège.

QUATRIÈME PARTIE

Etude des premières Opérations

(du 10 août au 5 septembre)

Il fait un temps superbe jusqu'au 31 août ; à partir du 1er septembre, il pleut.

1re phase : *du 10 au 17 août.*
2e phase : *Journée du 18 août.*
3e phase : *du 19 au 21 août.*
4e phase : *du 22 au 26 août.*
5e phase : *du 26 août au 5 septembre.*

QUATRIÈME PARTIE

Etude des premières Opérations

(du 10 août au 5 septembre)

1ʳᵉ PHASE : du 10 au 17 août

A. — *FRANÇAIS.*

Le 12 août, le général Houchard fait partir pour Mons en Pévèle le général Romanet avec le noyau d'une division. Il m'a été impossible de discerner si dans les 9 bataillons du général Romanet, se trouvent compris les 4 qui étaient déjà à Mons en Pévèle sous les ordres du général Alexandre Dumas ; je le pense, car d'après certains documents, le général Romanet serait parti avec 5 bataillons et le 5ᵉ dragons.

Quoi qu'il en soit, à ce moment la brigade Romanet a la composition suivante :

Demi brigade du 72ᵉ (1ᵉʳ du 72, 1ᵉʳ et 3ᵉ de Seine-et-Oise),
   »   »   78ᵉ (1ᵉʳ du 78, 1ᵉʳ et 25ᵉ des réserves),
   »   »   104ᵉ (1ᵉʳ du 104, 1ᵉʳ de l'Aube, 3ᵉ de l'Yonne).

le 5ᵉ dragons,
4 pièces de parc (2 canons de 8, 2 obusiers).

Le 13 août, le général Houchard fait partir la division Jourdan pour Lille; cette 1ʳᵉ division Jourdan comprend :

Brigade Deroques

Demi brigade du 19ᵉ (1ᵉʳ du 19, 1ᵉʳ de St-Denis, 6ᵉ de Paris),
»   »   56ᵉ (1ᵉʳ du 56, 2ᵉ et 3ᵉ de la Meurthe).

Brigade Leclaire

Demi brigade du 45ᵉ (1ᵉʳ du 45, 5ᵉ des Vosges, 10ᵉ de Paris),
»   »   47ᵉ (1ᵉʳ du 47, 10ᵉ de Seine-et-Oise, 2ᵉ de la Vienne).

Compagnie d'artillerie légère (2 p. de 12, 2 p. de 8, 2 obusiers), 12ᵉ chasseurs à cheval.

Le 13 août, je partis avec ma brigade sous les ordres du général Jourdan, il avait aussi avec lui une partie de la brigade du général Deroques; cette colonne bivouaqua près de Flers où elle arriva tard dans la nuit.

Le 14 août, elle se remit en marche et fut camper sur les hauteurs de Mons en Pévèle, où on trouva un camp occupé par un corps de troupes commandé par le général Romanet.

L'ennemi attaqua les avant postes vers Pont à Marque et Cysoing. (Général Leclaire).

Le 15 août, le chef de brigade Meunier, commandant à Pont à Marcq, prévient le général Béru qu'il a fait reprendre cette nuit les trois petits postes de l'Allouette, Cachomprés et Poutrin que l'artillerie ennemie avait forcés hier soir de se replier.

Ce jour là, le corps aux ordres du général Jourdan fut camper, sa droite en avant de Seclin, sa gauche vers Templemars, ayant de forts avant postes au delà de la chaussée de Lille à Douay.

Il y avait une grand garde de 50 fantassins et 20 cavaliers, à Grand Ennetières.

Le 16 août, la division Jourdan fait séjour. Elle est rejointe par le 6º de cavalerie, le 4º hussards, le 3º franc, le 15º d'infanterie légère, le 4º de l'Aisne et le 3º de l'Oise.

Le 17 août, on se mit en marche, le 12º chasseurs et le 4º de l'Aisne formant l'avant garde, et ce corps fut camper sous les murs de Lille, sur le glacis entre le faubourg des Malades et celui de Notre-Dame. Je fis le soir une reconnaissance en avant de nos avant postes qui occupaient les villages d'Hellemmes, Lezennes, Lesquin, etc. (Général Leclaire).

B. — *ALLIÉS.*

Le 10 août, le gros de l'armée du duc d'York se met en marche en 2 colonnes :

La colonne de gauche (Anglais) passe la Sensée à Aubigny au bac et va camper en 1re ligne, entre Auberchicourt et Monchecourt.

La colonne de droite (Hanovriens et Hessois) passe la Sensée à Fressies et campe en 2º ligne, à 400 pas en arrière de la 1re.

Quartier général à Monchecourt

Le service de protection, conforme à la situation, est organisé comme il suit :

Avant postes.

à Loffre : 1 compagnie et 1 escadron,
à Lewarde : 1 bataillon et 4 escadrons,
à Villers au tertre : 1 bataillon et 2 escadrons,
à Fressain : 1 escadron,
à Marcq : 1 escadron.

Arrière postes.

à Azincourt.

Le détachement hessois Buttlar, relevé à Saint Python par les Autrichiens du général v. Hütten, se porte à Douchy.

Le 11 août, le gros de l'armée se porte en une seule colonne sur Orchies et campe à l'ouest d'Orchies.

Le détachement Buttlar passe l'Escaut à Denain et campe sur le champ de bataille de 1712, ayant Escaudain devant son front.

Le 12 août, le détachement Buttlar rejoint l'armée à Marchiennes en même temps que la division Alvinzi.

Le 15 août, l'armée se remet en marche en 2 colonnes, par lignes :

Colonne de gauche (1re ligne) par Nomain, Bachy, Cysoing,

Colonne de droite (2e ligne) par Aix, Mouchin, Rumes.

Défilant derrière les Prussiens dont la droite est vers Cysoing, elle vient camper dans le même ordre, face à Lille, la droite à Baisieux, sous la protection de l'AVG qui forme les AVP.

Le 16 août, l'armée se porte sur Tourcoing, toujours en 2 colonnes. Devant défiler à proximité des postes extérieurs de Lille, l'avant-garde générale doit couvrir à la fois le front et le flanc gauche ; elle est renforcée à cet effet de deux bataillons.

L'avant-garde générale forme avant-garde de la 1re colonne.

En conséquence, cette avant-garde rompt dès la pointe du jour et occupe tous les chemins venant de Hem, Lamponpont, Croix, etc.

L'armée suit à 5 heures, en 2 colonnes, par lignes :

La 1re colonne (1re ligne) par Sailly, Lannoy, Roubaix, Tourcoing,

La 2ᵉ colonne (2ᵉ ligne) par Toufflers, Leers, Wattrelos, Tourcoing.

Les équipages suivent la 2ᵉ colonne.

Combat de Roubaix

Le colonel v. Prüschenk était posté avec son bataillon de chasseurs hessois, le 2ᵉ de Colloredo et un détachement de dragons hanovriens, à Lannoy et Roubaix, pour couvrir le flanc gauche de l'armée.

Vers 9 heures du matin, les Français attaquèrent Roubaix, mais les chasseurs s'étant portés par Croix dans leur flanc droit, ils se retirèrent poursuivis par le capitaine Flies avec 24 chasseurs comme extrême pointe, jusqu'à la Marque.

Lors donc que la 1ʳᵉ ligne de l'armée eut passé à hauteur de Roubaix, le colonel v. Prüschenk reçut l'ordre d'évacuer Lannoy et Roubaix, et de suivre en extrême arrière-garde.

A peine avait-il évacué ces localités, que d'importants détachements français se portèrent rapidement en avant et occupèrent, avec 800 hommes et quelques pièces, Roubaix d'où ils inquiétèrent la colonne de la 2ᵉ ligne qui n'avait pas fini de défiler à hauteur de cette ville.

Le colonel v. Prüschenk reçut en conséquence du duc d'York l'ordre de rejeter les Français de Roubaix ; il était avisé qu'il allait être renforcé à cet effet par un bataillon et 3 obusiers.

Ne voyant pas venir ces renforts, il prit ses dispositions avec les forces sous ses ordres :

Détachant le capitaine Ochs avec une compagnie de chasseurs et une fraction de Colloredo avec mission de contourner Roubaix par le nord et de faire irruption par la porte de Mouveaux, il attaqua en personne avec le reste de son détachement, la porte de Wattrelos.

Le capitaine v. Thümmel qui commandait son avant-garde forte de 200 hommes y entra au pas de charge. Le capitaine Ochs, ayant forcé en même temps la porte de Mouveaux, les Français, se voyant pris à dos, s'enfuirent, après une faible résistance, en désordre vers Croix, abandonnant de nombreux tués et blessés.

La perte des Alliés était insignifiante, ainsi les chasseurs hessois n'avaient que deux blessés.

Le colonel v. Prüschenk occupa Roubaix.

Le 17 août, l'armée du duc d'York fait séjour à Tourcoing, toujours flanquée par le colonel v. Prüschenk qui, lui, a d'incessantes escarmouches.

2me PHASE : Journée du 18 août

Combat de Linselles

A. — FRANÇAIS.

La brigade Romanet, à Mons en Pévèle, est encore renforcée par :
la 2e demi brigade du 45e (2e du 45e, 1er et 3e de la Marne),
le 1er de Molière,
2 p. de 8.

La division Jourdan renforcée est toujours campée sous les murs de Lille.

Le 18 août, le général Jourdan m'écrivit que l'ennemi attaquait les avant postes du camp de la Madeleine et qu'il recevait avis que le camp ennemi de Cysoing était sous les armes et paraissait vouloir faire un mouvement et que je devais donner des ordres pour que la troupe fût prête à marcher, de décacheter les avis qui pourraient parvenir à son adresse, afin de pouvoir agir plus promptement, et de lui adresser au quartier général de Lille les renseignements qui pourraient me parvenir.

Une partie de cette division marcha sous les ordres du général Deroques sur Linselles et je restai avec les troupes qui gardèrent le camp. Vers midi, j'envoyai 2 pièces de 8 et 2 obusiers, conformément à l'ordre du général Jourdan, sur Linselles. Les troupes rentrèrent la nuit dans le camp. (Général Leclaire).

B. — *ALLIÉS*.

L'armée du duc d'York se mit en marche en 2 colonnes, par lignes.

La 1re colonne marcha par Roncq, passa la Lys en amont de Menin sur un pont de pontons anglais et prit son camp entre Menin et Gheluwe.

La 2e colonne marcha par Halluin, franchit la Lys à Menin même et rejoignit ensuite la 1re colonne.

Pour mieux protéger la marche et comme les Français occupaient une forte position entre Wervicq France, Blaton et Linselles, le détachement Prüschenk, après s'être rassemblé à Roubaix, renforcé encore par 2 escadrons de dragons anglais et 1 bataillon de gardes anglaises, avait reçu la mission de former l'extrême arrière-garde de la 1re colonne. Les autres détachements de l'avant garde occupent tous les chemins conduisant vers Wervicq, Blaton, Linselles et Lille ; une batterie à cheval hanovrienne est en position sur la hauteur de Bousbecque.

Cependant les troupes eurent beaucoup de mal, à cause du terrain extrêmement coupé, à prendre les formations en ligne alors en usage, et, bien que les Français ne cherchèrent nullement à les inquiéter, il se passa un temps appréciable avant que l'on pût entamer la marche.

A peine la colonne a-t-elle passé Roncq, qu'on entend dans la direction de Linselles une violente canonnade, ce qui la fit arrêter dans une situation des plus défavorables, au milieu d'un défilé. Mais aussitôt qu'on eut appris que la canonnade provenait d'une attaque dirigée par les Hollandais sur Linselles, la marche fut reprise et l'armée prit dans l'après-midi le camp qui lui avait été assigné.

On ne sait pas au juste les raisons qui ont déterminé le prince d'Orange à attaquer ce jour là : suivant les uns, il voulait utiliser la circonstance du voisinage de l'armée du duc d'York, pour enlever avec une plus grande sécurité les postes français retranchés entre Wervicq France et Linselles ; suivant les autres, son attaque avait, au contraire, pour but de masquer le mouvement circulaire de cette armée.

Quoi qu'il en soit, il fit attaquer par 9 bataillons et 7 escadrons, Wervicq France et Blaton, en partant de Wervicq, et Linselles en partant d'Halluin.

Après s'être emparé de ces localités, en enlevant 5 canons, il se retira, ne conservant que Linselles où il ne laissait que les 2 bataillons Nassau et Waldeck, ce dont les habitants avertirent les Français.

Vers midi, les Français reprirent Linselles et détruisirent presque entièrement les deux bataillons : sur 1.000 hommes dont ils se composaient, 850 furent tués, blessés ou pris, leurs 6 canons régimentaires furent pris.

Dès que le duc d'York en fut avisé, il fit partir le général Lacke avec 3 bataillons de gardes anglaises pour reprendre Linselles. Celui-ci ne fit aucunes dispositions et s'y porta de front.

Sous la mitraille et les balles, les Anglais gravirent le mamelon avec la plus grande bravoure, escaladèrent les retranchements, et transpercèrent de leurs baïonnettes tout ce qui ne se sauva pas assez rapidement ; 12 canons de 16 furent enlevés.

Comme, au début, les Anglais ne firent pas quartier, il n'y eut que 60 prisonniers, contre plusieurs centaines de tués.

Eux-mêmes avaient eu 13 officiers et 339 hommes hors de combat; parmi les tués se trouvait le lieutenant-colonel Borville.

Vers 7 heures du soir, le général lieutenant v. Wurmb reçut l'ordre de relever les gardes anglaises à Linselles, ce qu'il fit à la tombée de la nuit, avec les 3 régiments Prince héritier, Prince Charles et Kospoth, renforcés par un faible régiment de dragons hollandais. Le général v. Wurmb passa la nuit dans sa position, peu rassuré, semble-t-il.

A 9 heures du soir, le duc d'York envoya bien encore 2 bataillons de grenadiers hessois pour renforcer les Hollandais qui occupaient Wervicq impérial, mais la liaison avec le gros de l'armée campé de l'autre côté de la Lys n'était assurée que par le pont de pontons jeté en aval de Bousbecque et faiblement gardé par un détachement. Le général v. Wurmb disposa en conséquence ses troupes presque en carré sur le terrain, les canons de bataillon disposés sur les avenues les plus praticables, les troupes passèrent la nuit sous les armes, tandis que d'incessantes patrouilles circulaient autour pour assurer la sécurité. Cependant les Français, probablement non exactement renseignés, se tinrent complètement tranquilles — il n'y eut pas un coup de feu pendant toute la nuit. Le lendemain vers midi, sur l'ordre du duc d'York, le général Wurmb fit raser les retranchements de Linselles au son de la musique. Il rejoignit ensuite l'armée tambour battant, en même temps que les deux bataillons de grenadiers hessois relevés à Wervicq par deux bataillons de Suisses hollandais.

3me PHASE : du 19 au 21 août

A. — *FRANÇAIS*.

Le 19 août au soir, les troupes du général Jourdan marchèrent sur Armentières où elles bivouaquèrent.

Le 20 août, les troupes du général Jourdan campèrent :

Le 21 août, le général Jourdan m'ordonna de partir à 4 heures du soir avec ma brigade toujours composée de la demi brigade du 45e et de celle du 47e pour me rendre à Cassel. Je bivouaquai la même nuit tout près de Bailleul. (Général Leclaire).

B. — *ALLIÉS*.

Le duc d'York possède les renseignements suivants sur les troupes des camps et cantonnements :

1° camps : à Ghyvelde 9.000 hommes, à Cassel 2.000, à Bailleul 800 à 1.000 ;

2° cantonnements : à Hondschoote 800 à 1.200 hommes avec 3 à 4 canons ; à Killem 200 ; à Rexpoëde retranchements pour 800 hommes et 2 canons ; aux 5 chemins 400 ; à Oostcappel camp retranché pour 800 à 1.200

hommes avec 5 canons ; à Bambecque 200 ; à Herzeele 400 hommes avec 2 canons ; à Houtkerque 400 ; à Steenvorde 1.200 hommes avec 6 canons.

A en juger par ce que nous savons, les renseignements ci-dessus étaient à peu près entièrement exacts.

En conséquence, le duc fractionne son armée en deux corps :

Corps d'observation, maréchal Freytag, 16.000 ;
Corps de siège, duc d'York, 21.000 (voir 2ᵉ partie ci-dessus).

Pour remplir sa mission et tandis que le corps de siège fait séjour à Menin, recueillant ses détachements de Linselles et de Wervicq, le corps d'observation se met en marche à 1 heure de l'après-midi et vient camper à Vlamertinghe.

Le 20 août, à 11 heures du soir, laissant à Vlamertinghe le colonel Bothwer avec le 1ᵉʳ bataillon de la garde hanovrienne et à Poperinghe le colonel v. Linsingen avec le 1ᵉʳ bataillon du 4ᵉ de ligne et les 2 escadrons du 10ᵉ dragons légers, le maréchal Freytag reprend sa marche.

Son corps est formé en 3 colonnes, qui doivent former autant d'attaques.

1° La 1ʳᵉ colonne, sous le maréchal en personne, comprend :

16 E (6 hanovriens, 10 anglais),
7 B (2 de Brentano, 1 garde, 2 du 6ᵉ, 2 de grenadiers),
2 divisions d'artillerie (1 hanovrienne, 1 volante anglaise).

Son avant-garde est formée par le général major autrichien v. Fabry avec les troupes légères et les 2ᵉ et 3ᵉ bataillons de grenadiers hanovriens.

La colonne doit se porter par Proven sur Rousbrugge

où les deux ponts sur l'Yser ont été rompus par les Français d'Oostcappel qui peuvent disputer le passage qu'elle doit attaquer de front.

2º La 2ᵉ colonne, sous le général comte v. Walmoden, comprend :

11 E (6 hanovriens, 5 hessois),
7 B (hanovriens),
1 division d'artillerie (hanovrienne).

Son avant-garde est faite par le général major v. d. Busche avec 2 escadrons du 7ᵉ de cavalerie, 70 hussards de Blankenstein, 50 tirailleurs impériaux, 1 compagnie de Grün Laudon et 2 bataillons du 11ᵉ de ligne.

Cette colonne doit marcher par Crombèke sur Stavèle, y traverser le pont intact de l'Yser, se diriger sur Beveren et déboucher dans le flanc gauche des défenseurs d'Oostcappel.

3º La 3ᵉ colonne, sous le colonel v. Prüschenk, comprend :

2 E (hanovriens),
les chasseurs hessois, 2 compagnies de Grün Laudon, le
1ᵉʳ bataillon de grenadiers hanovriens,
2 pièces.

Cette colonne doit marcher sur Haeringen, y traverser l'Yser et tomber dans le flanc droit des défenseurs d'Oostcappel.

Les attaques doivent avoir lieu à la pointe du jour.

JOURNÉE DU 21 AOUT

1º La 1ʳᵉ colonne dut chercher, sous la protection du feu de son avant-garde, à rétablir les ponts de Rousbrugge.

Elle y travailla fiévreusement, tandis que se livrait le combat dont il sera question ci-après, par la 3ᵉ colonne ; mais les ponts ne furent praticables qu'à 7 heures 1/2 — il est vrai, pour toutes armes.

La 1ʳᵉ colonne à la suite de la 3ᵉ, se dirigea sur Rexpoede.

2° La 2ᵉ colonne trouva dans les chemins étroits qu'elle devait suivre et particulièrement dans le détour qu'elle avait à faire, tant de difficultés qu'elle ne put pas entrer en ligne à l'heure fixée.

Elle finit par effectuer son passage et se porta sur Hondschoote.

3° La 3ᵉ colonne livra le combat d'Oostcappel, puis celui de Rexpoede.

1° Combat d'Oostcappel

Comme on l'a vu, il y a à Oostcappel et aux 5 chemins : le 5ᵉ de Rhône et Loire et le 5ᵉ de la Somme, mais ils ne se gardent pas, et cela bien que le général Barthel les ait avertis la veille qu'ils seront prochainement assaillis. Le même général écrit le lendemain qu'ils se sont laissé surprendre et forcer sans résistance.

Dans une précédente affaire d'Oostcappel, le 5ᵉ de Rhône et Loire s'était bien conduit ou du moins il le dit dans un rapport où il chante ses propres louanges. Le rapport sur l'affaire du 21 août dit qu'une colonne de cavalerie prit le bataillon en queue et causa par cette manœuvre le plus grand désordre.

Le général Houchard écrit que le poste d'Oostcappel, malgré ses superbes retranchements et son artillerie qui pouvait foudroyer toutes les avenues, a été quitté lâchement sans qu'on ait tiré un coup de canon ou de fusil, que les soldats ont, en détalant, marché sur le ventre d'un commandant qui se cachait sous des ronces dans un fossé de la route, qu'on doit arrêter cet indigne officier et l'envoyer à la barre de la Convention. Le représentant Duquesnoy écrit que les deux chefs de bataillon ont fui comme des poltrons et qu'il faut les traduire devant une cour martiale et les passer par les armes.

Quoi qu'il en soit, l'attaque eut lieu par la 3e colonne seule. Le colonel v. Prüschenk traverse l'Yser à Haeringen à 2 heures du matin, sans avoir été éventé, sur un pont de circonstance fait avec des planches et des fagots recouverts de paille.

La colonne tire d'abord un peu vers sa gauche pour gagner le chemin qui conduit de Bambecque à Oostcappel, mais on trouve ce chemin coupé et rendu impraticable pour l'artillerie.

Pendant que quelques travailleurs sont commandés pour le rétablir, la colonne se déploie à droite et à gauche sur une ligne.

Les défenseurs ont maintenant discerné l'approche des assaillants et commencent aussitôt à tirer vigoureusement à mitraille et à balles, d'un retranchement situé en arrière.

Pendant ce temps, le capitaine Ochs qui, avec ses chasseurs, a appuyé encore plus à gauche, tombe, à la faveur du brouillard, d'une façon tout à fait inattendue sur un camp d'infanterie de 60 tentes établi tout contre la sortie d'Oostcappel vers Bergues, au moment même où les premiers coups de canon sont tirés. Les hommes sortent à moitié endormis des tentes et les officiers se démènent pour former leurs fractions par rangs et par files, lorsqu'ils aperçoivent les chasseurs hessois du capitaine Ochs. Sans hésiter un instant, celui-ci attaque avec sa compagnie en poussant des cris. Les Français font une décharge lorsque les Hessois sont à 50 mètres, mais sans toucher personne puis, sans attendre l'abordage, la plupart jetant armes et équipement, se sauvent dans la direction de la route de Bergues.

Le capitaine Ochs, discernant un chemin de traverse qui lui permettra de leur couper la retraite, envoie à leurs trousses quelques hommes et s'engage rapidement dans ce chemin avec le reste de sa troupe.

Bientôt il remarque que quelques pièces se retirent par la route. Il fait prendre le pas de course pour leur couper la retraite, mais lorsque les conducteurs discernent son plan, ils prennent le galop.

Cependant quelques chasseurs particulièrement agiles réussissent encore à atteindre la route avant que toute la colonne ait passé, sautent le fossé et interceptent trois pièces.

Pendant que maintenant la tête de la colonne se précipite dans la direction de Bergues et que les fantassins français, au lieu de porter secours à leurs pièces, se sauvent dans toutes les directions, le capitaine Ochs envoie 30 chasseurs par la route vers Bergues pour assurer ses derrières.

Avec le reste de la compagnie il se dirige par la route, mais vers Oostcappel, pour s'emparer des 3 pièces coupées.

L'officier d'artillerie français, voyant qu'il ne lui est plus possible de percer, a rapidement pris sa résolution, a fait amener les avant-trains et a commencé à tirer à mitraille sur les chasseurs.

Ceux-ci utilisent comme abris les gros arbres qui bordent la route des deux côtés et se rapprochent, en courant d'arbre en arbre, et à la faveur d'un tir continu bien dirigé.

Lorsqu'enfin ils sont, de cette façon, arrivés tout près, ils font une dernière salve générale et se précipitent, le sabre-poignard à la main, au milieu des servants. Ceux-ci se défendent héroïquement avec les écouvillons. Le capitaine d'état-major Flies vient de fendre la tête à un artilleur qui se disposait à faire feu une dernière fois, lorsqu'il reçoit de l'officier un tel coup de crosse de fusil qu'il tournoie, mais au moment où l'officier veut l'achever avec la baïonnette, le capitaine Ochs arrive et lui passe son sabre au travers du corps. La mêlée continue encore un moment, 20 artilleurs français sont tués, le reste prend la fuite, abandonnant les trois pièces.

De son côté, la fraction envoyée vers Bergues, dans la poursuite menée jusqu'à Rexpoede, réussit, en tirant sur les attelages, à s'emparer de 3 caissons de munitions et d'une voiture chargée de 6 barils de poudre.

Le capitaine Ochs avait eu la précaution de laisser des sentinelles pour garder le camp lui-même, mais celles-ci ne purent empêcher les troupes qui survinrent ensuite de le piller complètement.

Cependant le colonel v. Prüschenk, dès qu'il avait remarqué que les chasseurs étaient engagés à l'ouest d'Oostcappel, avait fait avancer son gros, moins les pièces. Il fait irruption dans le village, du côté de Bambecque, y fait prisonniers 1 officier et 50 hommes et prend une pièce.

Bref, en une demi-heure, les défenseurs d'Oostcappel ont perdu 4 pièces, 4 caissons, les prisonniers précités et 60 à 70 morts ou blessés, outre leur camp de 60 tentes.

Les pertes des chasseurs hessois ne s'élèvent qu'à 4 morts et 6 blessés, le capitaine Flies s'en tire avec une forte contusion. Le gros n'a eu qu'un homme hors de combat.

Oostcappel enlevé, le mouvement général est repris : la 3ᵉ colonne suivie de la 1ʳᵉ se porte sur Rexpoede, la 2ᵉ colonne sur Hondschoote ; autrement dit, il n'y a plus que 2 colonnes qui se dirigent : l'une (3 et 1) sur Rexpoede, l'autre (2) sur Hondschoote.

2° Enlèvement de Rexpoede

Rexpoede est occupé par le 1ᵉʳ bataillon de l'Orne et probablement un certain nombre de fuyards d'Oost-cappel.

On lit dans l'ouvrage Marmottan :

Sans se troubler, Fromentin soutint fermement avec un seul bataillon, pendant trois heures, le poids d'une colonne ennemie le harcelant de tous côtés.

On croisa le fer avec un acharnement méritoire, mais les Français se débandèrent, n'étant vraiment pas en force suffisante, un homme à peu près contre dix, perdant 8 canons et 7 caissons. Le colonel Fromentin écharpé par cinq vigoureux coups de sabre et laissé pour mort sur le champ de bataille fut heureusement ramassé par des paysans qui le recueillirent chez eux, le pansèrent et le cachant jusqu'au 7 septembre, le sauvèrent.

Je passe maintenant au récit allemand :

Le général v. Fabry reprend le commandement de toute l'avant-garde et donne l'ordre au colonel v. Prüschenk de se porter avec son détachement sur Rexpoede.

Les Français saluent les assaillants à coups de canon. Le colonel Prüschenk fait répondre par les 2 pièces de 3 qui l'accompagnent, et déploie son infanterie à droite et à gauche de la route.

Bientôt après arrive une batterie à cheval hanovrienne qui ouvre le feu, particulièrement sur Rexpoede, avec ses obusiers. Après que cette canonnade a duré un certain temps on se porte à l'attaque.

Pendant que la compagnie Ochs tourne Rexpoede à droite, couverte elle-même sur sa droite par la compagnie Thümmel, le bataillon de grenadiers hanovriens se porte sur le village par la route. Les deux colonnes entrent simultanément dans le village. Les défenseurs pris entre deux feux se retirent en toute hâte vers Bergues, abandonnant 4 pièces.

La prise de ces pièces fut l'objet d'interminables contestations entre les chasseurs hessois et les grenadiers hanovriens.

Le colonel v. Prüschenk fait poursuivre les fuyards par sa cavalerie qui prend encore sur la route de Bergues 3 pièces et 3 caissons avec de nombreux prisonniers.

3° Enlèvement d'Hondschoote

Hondschoote est occupé par le 7e de la Seine-Inférieure.

On lit dans le procès-verbal du conseil général de la commune de Dunkerque, à la date du 22 août :

Vers 3 heures 1/2 s'est présenté le citoyen Herrevyn, commandant de la garde nationale d'Hondschoote, qui a dit que hier, il a dû évacuer Hondschoote pour ne pas s'exposer à la fureur des ennemis ; que le commandant du bataillon campé audit lieu, avait jugé à propos de se retirer après un conseil de guerre, prévoyant qu'il aurait été tourné par la cavalerie ennemie ;

Qu'il avait passé au camp avec une trentaine d'hommes de la garde nationale qui l'avaient suivi, et que le général O Meara lui avait conseillé de déposer leur drapeau et leurs armes à Dunkerque, d'autant plus que plusieurs étaient hors d'état de bien s'en servir.

ÉTUDE DES PREMIÈRES OPÉRATIONS

Autrement dit, la 2ᵉ colonne entre à Hondschoote sans coup férir, le 7ᵉ de la Seine-Inférieure s'étant replié à son approche sur le camp de Ghyvelde.

Résultats de la journée

La 1ʳᵉ colonne s'établit à Rexpoede, la 2ᵉ à Hondschoote, le maréchal Freytag à Oostcappel.

La journée avait coûté aux 4 bataillons postés à Oostcappel, Rexpoede et Hondschoote :
150 tués ou blessés, 150 ou 315 prisonniers (dont 15 ou 18 officiers),
11 pièces et 7 caissons.

Les Alliés n'auraient perdu que 20 hommes hors de combat.

A la nouvelle de la prise d'Oostcappel, le général Barthel avait chargé l'adjudant général Ernouf d'aller avec la 1ʳᵉ brigade du camp de Cassel au secours du commandant Fromentin et de prendre les assaillants en flanc, par Herzeele.

L'adjudant général Ernouf arriva trop tard et se replia en laissant un détachement à Wormhout.

Tous les postes avancés de la division Barthel, craignant d'être coupés, se replièrent sur Cassel ou sur Bergues.

4ᵐᵉ PHASE : du 22 au 25 août

22 AOUT : Investissement de Bergues

A. — *FRANÇAIS.*

Le 22 août à 2 heures du matin, ayant réuni à ma brigade le 4ᵉ régiment de hussards, je marchai sur Cassel, mes troupes furent cantonnées dans les environs, ainsi qu'il suit, d'après les ordres du général Barthel :

le 45ᵉ à Zutpeene,
le 5ᵉ des Vosges à Bavinchove,
le 10ᵉ de Paris à Blankape (Wemaerscappel),
le 47ᵉ à Sainte-Marie-Cappel,
le 10ᵉ de Seine-et-Oise à Saint-Sylvestre-Cappel,
le 2ᵉ de la Vienne à Oxelaere.
le 4ᵉ hussards à Hardifort.

A 4 heures du soir, je me rendis avec le général Jourdan qui était arrivé à Cassel vers midi, à Wormhout, où l'adjudant général Ernouf faisait faire une attaque sur l'ennemi qui cernait Bergues. Cette attaque ne réussit point, nos troupes furent repoussées dans Wormhout et nous retournâmes à Cassel vers 8 heures du soir. (Général Leclaire).

L'attaque dont il est question ici, fut faite sur Byssart; il n'en est fait aucune mention dans les documents hessois et hanovriens.

Le même jour, la brigade Deroques cantonne sur la route, en avant et en arrière de Bailleul, de Méteren à la Crêche.

Investissement de Bergues

1° Le maréchal Freytag conduit sa colonne d'Oost-Cappel sur les hauteurs de Socx et de Quaedypre, où elle s'installe, face au sud, couverte de ce côté par l'avant-garde sous le général Fabry qui se porte sur Byssart.

L'avant-garde de Byssart posta des détachements à Bambecque et Wylder et, dans cette situation, tint les passages de l'Yser et observa le camp de Cassel.

Le feldmaréchal établit son quartier général à Socx.

Dans la marche sur Socx et Quaedypre, on avait trouvé quelque résistance de la part des paysans qui firent mine de se défendre, à l'aide de petits canons qui leur furent aussitôt enlevés. C'était évidemment des gardes nationales.

Le détachement de Bambecque comprenait les chasseurs hessois avec 80 chevaulégers autrichiens et 124 dragons hanovriens ; il occupait le pont de la Kruystraete à 2 kilomètres à l'est par une fraction qui avait avec elle une pièce de canon.

La liaison avec Poperinghe se faisait par Proven.

2º Le général Walmoden conduit sa colonne d'Hondschoote au pont de Bentiesmeulen, où elle se fractionne en 5 détachements qui investissent Bergues en se plaçant en demi-cercle :

a le détachement Hammerstein (5 E, 2 B, 6 P) à Bierne ;
b le détachement Schmied (2 E, 1 B) à la Croix-Rouge ;
c le détachement Busche (2 E, 1 B) à Fontaine (sic) ;
d le détachement Diepenbroik (1 E, 2 B) à la Maison Blanche ;
e le détachement Strube (1 E, 1 B) à Warhem.

Dans cette situation, la place, qui avait tiré quelques coups de canon, fut sommée mais en vain.

Quelque développé que soit le présent travail, je ne reproduirai ni la sommation ni la réponse, ce sont des discours et rien de plus.

23 AOUT : Combats de Wormhout et d'Esquelbecq

A. — *FRANÇAIS.*

La brigade Deroques arrive à son tour à Cassel, la division Jourdan y est maintenant entièrement groupée.

Le général Deroques prend le commandement de l'avant-garde installée à 5 kilomètres au Nord, sur la route de Wormhout.

Lettre des représentants Billaud-Varennes, Duquesnoy et Niout, à la Convention :

Citoyens nos collègues, réunis hier pour nous procurer des renseignements utiles à nos missions respectives, nous conférâmes aussi sur l'état de choses relativement à la guerre.

Nous avons été vivement peinés de la conduite de quelques bataillons qui avaient abandonné leurs postes, notamment celui de Wouarvault (*sic*) presque sans se défendre. Les généraux et nous avons senti qu'il était indispensable de reprendre ce poste important ; en conséquence, on a arrêté de l'attaquer sur le champ, ainsi que le château d'Eskelbèque, où les ennemis avaient placé 12 à 1500 hommes avec du canon. Ces deux attaques avaient le double objet de chasser les ennemis de leurs positions avantageuses, et de faire une diversion au siège de Bergues, qu'une armée composée d'Anglais et de Hollandais a commencé depuis deux jours. Notre opération a fini à souhait. Les ennemis, attaqués à la fin du jour avec une valeur incroyable, ont été repoussés et chassés du village d'Eskelbèque et de Wouarvault (*sic*). Les troupes de la République méritent d'autant plus d'éloges dans cette circonstance, que la plus grande partie était fatiguée d'une marche de 9 lieues, et qu'elles avaient à combattre un ennemi retranché. Cette action a ranimé le courage de toute la petite armée qui défend ces contrées, et l'on doit tout attendre du témoignage de valeur et de dévouement qu'elle vient de donner.

La présence des généraux et la nôtre a eu l'effet qu'on en devait attendre, chacun a rempli son devoir.

Nous devons aussi des éloges au général Lecler (*sic*) et à l'adjudant général Manuel, qui ont développé beaucoup de connaissances et le plus grand sang froid au milieu du feu le plus vif et le plus soutenu à l'attaque d'Eskelbèque, pendant que la colonne, conduite par le général Jourdan, forçait Wouarvault (*sic*).

Nous n'avons perdu dans cette action que 5 ou 6 hommes et une vingtaine de blessés ; l'ennemi a environ 50 morts, beaucoup de blessés ; on lui a fait des prisonniers, et on lui a pris des armes dans le château d'Eskelbèque.

Billaud-Varennes et Niout, ayant terminé l'opération dont ils étaient chargés, partent pour vous rendre compte de son résultat et vous remettre les pièces qu'ils se sont procurées. Salut et fraternité.

Mémoires du général Leclaire

Dans la nuit du 22 au 23, l'ennemi enleva Wormhout mais on le reprit le soir.

Pendant que Jourdan et les autres généraux étaient occupés à cette expédition de la reprise de Wormhout, les représentants du peuple Duquesnoy, Billaud-Varennes et Niot (Niou), sachant que j'étais malade au lit, me firent demander avec instance ; je m'y traînai ; ils me parurent un peu inquiets de l'approche de l'ennemi et Duquesnoy voulait absolument attaquer Ekelsbèke. Je représentai qu'étant 4 heures du soir, nous ne pourrions guère effectuer cette attaque, qui ne pouvait rien produire de bon que vers les 8 heures du soir ; que cela pourrait même contrarier les opérations des autres généraux.

Mais Duquesnoy s'emporta, me menaça même de la guillotine. Il fut étonné de la fermeté que je mis dans ma conduite et dans mes réponses. Enfin, il persista à ce que l'on attaquât. Il fallait rassembler quelques bataillons des environs. Je lui dis que, quoique souffrant et n'ayant rien pris depuis quelques jours, je voulais bien commander cette attaque, à condition qu'il y viendrait ; il me dit que oui.

Vers les 5 heures, j'avais rassemblé le 56ᵉ bataillon *(sic)* avec les six bataillons de ma brigade.

Je partis, accompagné de trois Représentants, à la tête de cette colonne ; on marcha lestement, ne connaissant point du tout le pays, ignorant la position, la force de l'ennemi et même ce que le général Barthel qui commandait faisait exécuter soit sur Wormhout ou ailleurs.

A 7 heures, étant peu éloigné du village d'Ekelsbèke, dans

des chemins étroits, un pays coupé et couvert, je fis prendre un peu sur la droite à une colonne. Je laissai un petit corps en réserve un peu en arrière avec les caissons et les avant-trains, car il n'y avait pas moyen de manier les pièces autrement dans ce terrain. J'attaquai le village en tirailleurs. Il fut emporté dans une demi-heure, la mousqueterie était vive, le canon de notre part ronflait vivement.

Le château fut entouré, le canon n'y faisait nul effet ; nous n'avions que du 4.

La nuit devint sombre, le général Jourdan arriva, me demanda ce que diable je faisais là ; dit que j'avais pensé mettre la déroute par mon feu dans ses troupes, que cela n'avait pas le sens commun, que j'allais perdre son artillerie ; que 12.000 hommes me tomberaient dessus à l'instant.

Tout cela était vrai. J'avais fait toutes ces représentations ; je lui montrai les Représentants qui furent étonnés d'entendre Jourdan raisonner ainsi que je l'avais fait et m'ordonnèrent de songer à la retraite.

Malgré ce *mea culpa*, je dois dire qu'à part la faute de n'avoir pas prévenu la colonne voisine, je suis absolument de l'avis des Représentants contre celui du général Jourdan.

Dans ce moment, l'ennemi attaquait l'entrée du village vers Bergues. Je m'y portai : l'ennemi avait déjà enlevé une pièce de 4 ; les canons qui étaient restés sur les avant-trains ne pouvaient tourner, cassèrent leurs flèches, et je parvins enfin, à force de me démener, de mettre tout cela en retraite et dans le plus grand ordre. J'étais bien sûr que l'ennemi n'oserait nous suivre. Ce ne fut que vers dix heures que je quittai l'entrée du village vers Cassel, car il me manquait le 10e bataillon de Seine-et-Oise, et ce ne fut qu'alors que je sus que le général Jourdan l'avait envoyé à Wormhout, au moment où je commençais ma retraite.

Tant que j'avais resté en action, je ne souffrais pas beaucoup mais ayant rejoint la tête de colonne non loin de Cassel, j'étais trempé de sueur comme si on m'avait retiré de l'eau.

Je tombai de cheval de faiblesse et de douleur. Des canonniers me remirent à cheval. J'arrivai heureusement à Cassel où je me mis au lit, après avoir préalablement donné les ordres pour camper les troupes qui étaient harassées.

Je puis avoir perdu dans cette expédition 60 à 80 hommes tués ou blessés et une pièce de 4 ; on voulait encore en abandonner deux sur la place dont on avait cassé les flèches ; il fallut faire le diable pour les emmener. Je crois fermement que le château était défendu par des émigrés.

Nous avions quelques grenadiers hollandais morts-ivres et tué quelques hommes.

Le matin, les Représentants vinrent me voir et me féliciter sur ma victoire. Je crus de bonne foi qu'ils se moquaient de moi, mais je ne pus jamais persuader à Duquesnoy que j'avais perdu une pièce de 4.

B. — *ALLIÉS*.

Le 23 août arriva la nouvelle que les Français se montraient à Esquelbecq et faisaient mine de s'y retrancher. Lorsqu'on eut attaqué le village avec 2 compagnies de grenadiers, on n'y trouva que quelques soldats, mais beaucoup de paysans armés de fusils et de piques. — Comme en 1870, on affecte de prendre les Blousemänner pour des paysans armés, avec cette différence que les Alliés de 1793 se montrent plus humains que les Allemands de 1870. — Ceux-ci furent aussitôt chassés, laissant sur place 2 canons de fer. Le château fut occupé par la compagnie Hotze du 6ᵉ hanovrien. Sur un nouvel avis que les Français commençaient aussi à se retrancher sur la route au nord de Wormhout, le feld-maréchal envoya le 1er bataillon de grenadiers, 2 escadrons de dragons légers et les troupes légères impériales.

Après que ces dernières eurent canonné les Français, le bataillon de grenadiers les chassa des 3 coupures qu'ils y avaient commencées. Les Français furent poursuivis jusqu'à Wormhout, perdant 2 canons, pris, l'un par le bataillon de grenadiers, l'autre par les dragons légers, et 7 officiers et 55 sous-officiers et soldats faits prisonniers avec un drapeau.

Le même jour, du reste, la compagnie Hotze fut attaquée à Esquelbecq par des forces très supérieures : c'était, au dire d'un prisonnier, 6 bataillons et 6 pièces, sortis vers 3 heures 1/2 de Cassel sous la conduite du général Clerc (*sic*) et de 3 commissaires de la Convention.

Nous savons aujourd'hui combien tout cela était exact. Le capitaine Hotze avait voulu défendre tout le village et n'avait, par suite, laissé dans le château qu'une fraction de 20 hommes sous les ordres du lieutenant v. Ziegesar.

La supériorité numérique des assaillants et les différents chemins par lesquels ils arrivaient fut cause que Hotze fut coupé du château. Lui-même fut blessé et perdit beaucoup de tués et de blessés. Le lieutenant v. Ziegesar, bien que blessé également et n'ayant plus que 8 hommes avec lui, conserva cependant le château jusqu'à l'arrivée des secours.

Le général v. Fabry arriva en effet avec le 2e bataillon de grenadiers, 1 compagnie du 1er bataillon de grenadiers et la batterie à cheval.

Les Français furent vivement chassés, le lieutenant v. Behr, du 2e bataillon de grenadiers, réussit à prendre un canon, en tuant de sa main le servant qui allait tirer à mitraille sur les grenadiers. On fit aussi quelques prisonniers, la nuit empêcha d'en faire davantage.

ÉTUDE DES PREMIÈRES OPÉRATIONS 85

La garnison fut renforcée, le restant regagna ses cantonnements.

24 AOUT : Nouveau combat à Wormhout

Le poste d'Esquelbecq fut occupé par un bataillon de Brentano. Vers midi, les Français attaquèrent Wormhout : pendant que le colonel Mylius les occupait de front, le général Fabry tourna leur flanc gauche, et le colonel v. Prüschenk avec son bataillon de chasseurs et quelques autres fractions de troupes, les attaquait par Herzeele sur leur flanc droit. Ils furent repoussés avec de fortes pertes, entre autres 19 canons, 2 mortiers et 7 drapeaux.

Le bataillon de chasseurs fit prisonniers 1 colonel et 15 hommes.

Voilà donc une affaire assez sérieuse ; on n'en trouve trace dans aucun document français.

25 AOUT : Troisième combat à Wormhout

Le maréchal Freytag modifia ses positions, en poussant son camp jusqu'à Wylder, où il établit son quartier-général.

Dans ce but, vers 2 heures de l'après-midi, il fit attaquer le poste français de Wormhout.

Le prince Adolphe l'attaqua dans le flanc gauche avec le 2ᵉ bataillon de la garde, le major Uz dans le flanc droit avec les hussards de Blankenstein, tandis que le 3ᵉ bataillon de grenadiers s'avançait avec la batterie à cheval, par la route.

De cette façon, le village fut rapidement enlevé, avec quelques prisonniers ; le pont sur la Peene fut fortifié et muni d'un canon.

Le 6ᵉ bataillon de Paris eut, le 25 août, à Wormhout, le sergent-major Bénard tué.

5ᵐᵉ PHASE : du 26 août au 5 septembre

A. *FRANÇAIS.*

Le 26 août, les autres troupes commandées par le général Jourdan, nous avaient rejoints à Cassel, cette division qui portait alors la dénomination de 2ᵉ du Nord, fut bivouaquer à Watten. (Général Leclaire.)

B. — *ALLIÉS.*

Le 26 août on s'occupa de fortifier les avant-postes.

L'idée du feld-maréchal de rappeler le 1ᵉʳ bataillon de la garde de Vlamertinghe, dans le corps d'armée qui manquait d'infanterie ne put être exécutée parce que ce bataillon dut être employé à renforcer les troupes sous le colonel v. Linsingen à Poperinghe qui avait à occuper le secteur entre Poperinghe et Watou, ce à quoi son détachement ne suffisait pas.

Le bataillon de la garde fut en conséquence attiré à Poperinghe, tout en laissant un capitaine avec 100 hommes à Vlamertinghe. Ce renfort était d'autant plus nécessaire que le major von Hanstein à Reninghelst rendait compte que les Français sur les frontières se renforçaient visiblement chaque jour. La ligne des avant-postes courait dès lors de Vlamertinghe par Poperinghe sur Watou, où les Hanovriens se liaient aux Impériaux lesquels occupèrent le même jour Houtkerque et Herzeele en attirant à eux les 2 compagnies de Laudon vert de Rousbrugge.

ÉTUDE DES PREMIÈRES OPÉRATIONS

De Watou, la ligne se dirigeait par Wormhout sur Esquelbecq. Pour couvrir le flanc droit en même temps que pour se lier à Wamoldem, un détachement comprenant 1 bataillon du 11ᵉ hanovrien, 1 escadron du 7ᵉ dragons hanovrien, et 1 escadron hessois, fut installé à Crochte.

Le corps d'observation resta dans ces positions jusque dans les premiers jours de septembre.

Le 27 août, la brigade que je commandais fut camper à Loon, le 12ᵉ chasseurs à cheval à Mardick et le 2ᵉ de la Meurthe à Petite-Synthe.

La place de Dunkerque tira beaucoup pendant cette nuit (voir 5ᵉ partie ci-après).

Le 28 août dans la nuit, le Général Jourdan reçut une lettre du Conseil de guerre de Dunkerque par laquelle on lui donnait avis que l'on craignait une descente vers le Fort Mardick.

Je m'y portai avec ma brigade vers les 5 heures du matin. Le général Jourdan se rendit à Dunkerque avec le général Deroques.

A 9 heures, le général Jourdan m'envoya l'ordre de lui envoyer la demi brigade du 47ᵉ et, à midi, ordre d'arriver avec celle du 45ᵉ. Le général Jourdan voulait que je prenne le commandement de Dunkerque ; je lui observai que je commandais des troupes qui me connaissaient. (Général Leclaire).

A 2 heures après-midi, le général Jourdan reçut ordre de me remettre le commandement de sa division sur la Colme et de se rendre de sa personne à Cassel où arriva le général Houchard. J'établis mon quartier général à Bourbourg, voici l'emplacement des troupes :

9ᵉ : Watten ; 6ᵉ de Paris : Looberghe ; 1ᵉʳ de Saint-Denis : Lynck ; 3ᵉ de la Meurthe : Brouckerque ; 15ᵉ d'infanterie légère et 3ᵉ franc : Spicker ; 56ᵉ : Coppenaxfort ; 2ᵉ de la Meurthe et 12ᵉ chasseurs à cheval : Bourbourg. — Détachement du 26ᵉ de cavalerie et de gendarmes attachés à l'état-major : 50 hussards du 4ᵉ : Watten ; 50 chasseurs du 12ᵉ : Mardick. — Demi brigades du 45ᵉ et du 47ᵉ : Dunkerque (aussi faisant toujours partie de ma division).

Le 29 août, je devais faire attaquer l'ennemi au pont de Millebrugghe, mais dans la nuit il repassa le canal, brûla le pont et plaça sa batterie de l'autre bord du canal.

Le 30 août, l'ennemi repassa le canal sur un pont de planches à Millebrugghe et attaqua le 15ᵉ d'infanterie légère et le 3ᵉ franc qui s'étaient portés en avant de Spicker.

L'ennemi voulait aussi passer le canal à Looberghe et Brouckerque, mais il fut repoussé par le 6ᵉ de Paris et le 3ᵉ de la Meurthe et on se tirailla jusqu'au soir par dessus le canal. (Général Leclaire).

Situation à la fin du mois

B. — *ALLIÉS*.

Le corps d'observation avait conquis les trophées et prisonniers ci-après :

14 canons, 2 mortiers, 6 caissons, 17 chevaux d'artillerie, 199 fusils, 17 drapeaux et 3 étendards et, comme prisonniers, non compris ceux faits le premier jour à Oostcappel et Rousbrugge :

18 officiers, 2 chirurgiens régimentaires et 275 sous-officiers et soldats.

Ses pertes s'élevaient aux chiffres suivants :
8 officiers blessés (1 impérial, 7 hanovriens),
35 troupe tués (8 impériaux, 27 hanovriens),
158 troupe blessés (43 impériaux, 115 hanovriens),
7 troupe disparus (2 impériaux, 5 hanovriens),
33 chevaux (11 tués, 18 blessés, 4 disparus).

Le 1er septembre, j'ai reçu avis par un billet flamand jeté par-dessus le canal que l'ennemi faisait des abatis sur les chemins du côté de Steene. (Général Leclaire).

Le 2 septembre, note des postes occupés :

Watten : le 19e; Bourbourg : le 2e de la Meurthe, 3 escadrons du 12e chasseurs; Petite Synthe : 3 compagnies du 56e; Coppenaxfort : le 56e (moins 3 compagnies) ; Spicker : le 15e infanterie légère et le 3e franc ; Brouckerque : le 3e de la Meurthe ; Looberghe : le 6e de Paris; Lynck : le 1er de Saint-Denis ; Dunkerque : la brigade Deroques.

Un chasseur me rend compte que l'ennemi a reculé son poste et son canon du canal de Bergues au poste de Millebrugghe jusqu'au château et bois de Coppens, ce qui ne peut être qu'à cause de l'eau. (Voir 5e partie ci-après).

De son côté, le maréchal Freytag écrivait au roi de Hanovre le même jour :

Les Français se trouvent pour le moment encore à Cassel, Steenvorde et Bailleul et se tiennent de l'autre côté, à partir de Millebrugghe, 1/4 de mille à l'ouest de Bergues, le long du canal, par petits corps isolés.

Le 3 septembre, l'ennemi reprit Wormhout, le général Houchard me donna l'ordre de me rendre à Cassel; il m'engagea à prendre le commandement de la place de Dunkerque, ce que je refusai, ainsi que le brevet de général de division que m'envoyèrent les Représentants du peuple Duquesnoy et Billaud Varennes. (Général Leclaire).

Positions le 4 septembre

A. — *FRANÇAIS*.

Nous avons vu les positions de la division Leclaire. Les troupes de Cassel occupaient :

Arnèke, le Nouveau Monde, Oudezeele, Winnezeele et Steenvorde.

Le 9ᵉ de Paris aurait eu ce jour-là un canonnier (Mignon père) tué à Houtkerque (c'est sans doute le 6 septembre).

B. — *ALLIÉS.*

En face de ces positions, le corps d'observation était disposé de la manière suivante :

I. *1ʳᵉ fraction du corps d'observation (devant Bergues)*

Le général Walmoden, malade, étant dans l'obligation de se faire soigner au quartier général à Wylder, le commandement était réparti entre les généraux Hammerstein et Wangenheim.

Le général Hammerstein garde le secteur : Croix Rouge, Hellehouck, Steene, Grand Millebrugghe avec 3 bataillons et 4 escadrons (11ᵉ d'infanterie, 2ᵉ bataillon du 4ᵉ, 1 compagnie du Loyal émigrant, le 7ᵉ de cavalerie et 2 escadrons hessois), réserve à Crochte.

Le général Wangeheim garde le secteur : Croix Rouge, Maison Blanche, Bentiesmeulen, avec 2 bataillons et 2 escadrons (10ᵉ d'infanterie et 4ᵉ de cavalerie).

Réserve répartie entre Blaeuw Huys — S'abshof d'une part et Warhem de l'autre.

II. *2ᵉ fraction du corps d'observation (en observation) vers Cassel.*

1° Lignes de postes

à *Poperinghe*, le détachement Linsingen :
2 bataillons : I / garde, I / 4ᵉ, 2 escadrons : 10ᵉ dragons légers.

à Watou, le détachement A :

2 compagnies de Grün Laudon et 1/2 escadron de hussards de Blankenstein.

à Houtkerque, le détachement B (même composition).

à Herzeele, le détachement Prüschenk :

2 compagnies de chasseurs hessois, 2 de Grün Laudon, 1 escadron du 5ᵉ dragons.

à Wormhout, le détachement Fabry :

2 compagnies de Grün Laudon, 3 de Loyal émigrant, I/grenadiers,

2 escadrons de hussards de Blankenstein, 2 du 9ᵉ dragons légers et le 6ᵉ dragons légers anglais.

à Esquelbecq, le détachement Diepenbroik :

3 bataillons : III (grenadiers, 5ᵉ d'infanterie),

3 escadrons : 2ᵉ de cavalerie, 1 de dragons Prince Frédéric.

2° Position de repli

5 bataillons : II/Brentano, II/garde, 6ᵉ d'infanterie, II/grenadiers,

4 escadrons : hessois, savoir :

à Wylder, le détachement C (3 bataillons, 1 escadron) ;

à Bambecque, le détachement Dachenhausen (1 bataillon, 1 escadron),

à Kruystraete, le détachement D (1 bataillon, 1 escadron),

à Rousbrugge, le détachement Thanhausen, (1 bataillon, 1 escadron.

III. *En liaison*

1° Avec l'armée d'observation de Lille :

le détachement Salis, à Ypres.

2° Avec le corps de siège :

le détachement Hugo à Hondschoote, infanterie et cavalerie (force et composition inconnues).

JOURNÉE DU 5 SEPTEMBRE

Attaque générale des avant-postes français par l'ennemi. — Combat d'Arnèke

A. — *FRANÇAIS.*

A la pointe du jour, l'ennemi attaqua tous les avant-postes vers Cassel.

Dans la soirée, une patrouille du bataillon de Molière (15ᵉ de Paris), au poste de Saint-Laurent fut assaillie par l'ennemi et opposa une défense des plus vigoureuses. Le lieutenant Bouvet qui la commandait fut retrouvé le corps criblé de coups et aucun des hommes qui la composaient ne reparut au bataillon.

On trouve, aux contrôles de ce bataillon :
Bouvet, lieutenant tué,
Petitplot, volontaire disparu.

Le poste d'Arnèke fut également attaqué : c'est tout ce qu'on trouve dans les récits français au sujet d'une affaire qui, d'après les témoignages ci-après, fut assez sérieuse.

Le maréchal Freytag, pressé à diverses reprises par le duc d'York d'entreprendre quelque chose contre Cassel, fit une attaque sur Arnèke qui était occupé par environ 1.100 hommes qui depuis plusieurs jours avaient inquiété le poste de Wormhout. L'exécution fut confiée aux généraux majors Diepenbroik et Fabry.

Pendant que le général Diepenbroik partant d'Esquelbecq avec : III/grenadiers, II/5ᵉ d'infanterie, 1 escadron de dragons Prince Frédéric, et un peloton de hussards de Blankenstein, marchait contre Arnèke par Ledringhem, le général Fabry partant de Wormhout avec : I/grenadiers et le reste des troupes légères se portait à l'attaque du flanc droit des défenseurs.

Le général Fabry trouva d'abord dans le terrain coupé sur lequel elles tombèrent dans leur attaque, de grandes difficultés qui furent d'autant plus importantes que les Français étaient très forts vis-à-vis d'eux. Ce n'est que lorsque le général Diepenbroik, ayant fait avancer le II/5ᵉ d'infanterie pour soutenir le III/grenadiers et que le village fut nettoyé, que le terrain coupé fut évacué.

Les pertes des Alliés n'étaient pas insignifiantes, près de 200 hommes.

Les troupes hanovriennes perdirent un officier distingué, le capitaine Schlüter du 1ᵉʳ bataillon de grenadiers, tué d'un coup de feu.

Le général major v. Fabry fut blessé.

Les dragons du Prince Frédéric eurent 2 hommes tués et 1 officier, l'enseigne v. Hinüber et 8 hommes blessés.

Les Français eurent également environ 200 tués ou blessés et 4 officiers et 57 hommes faits prisonniers.

Pendant ce temps, les mouvements suivants se faisaient sur la Colme :

Mémoires du général Leclaire

Le général Houchard me donna l'ordre suivant :

« Le général Leclaire prendra le commandement des troupes sur la Colme ; il laissera un bataillon pour garder le poste de Watten ; il rassemblera toutes les autres troupes pour en former un corps avec lequel il ira à Dunkerque ; il est ordonné au commandant de Dunkerque de donner de bons bataillons frais en remplacement de ceux du général Leclaire, si ceux-ci sont trop fatigués pour se transporter à Bergues ; en outre, le commandant de Dunkerque jettera dans Bergues, pour être aux ordres du général Leclaire, deux bataillons et le 12ᵉ régiment de chasseurs à cheval.

» Le général Leclaire se portera avec son corps de troupes à Bergues dont il tirera toutes les troupes à l'exception de mille hommes qui resteront dans la place ».

Un ordre en conséquence fut envoyé par un courrier que l'on eut soin de faire passer par Saint-Omer, au commandant de Dunkerque, qui reçut aussi une instruction pour faire une sortie vers midi le 6.

Je me rendis de suite à Watten, craignant d'être pris, car l'ennemi était tout près du chemin ; j'en avais fait l'observation, mais on n'y fit point d'attention. Le général Jourdan que je rencontrai et qui avait avec lui des troupes, voulut me donner un régiment de hussards, mais mes ordres ne le portant point, je ne l'acceptai point.

Arrivé à Watten, je donnai les instructions nécessaires au commandant du bataillon qui y restait. J'arrivai vers les 5 heures du soir à Bourbourg d'où je dépêchai les ordres aux troupes sur la Colme de se rendre, les unes à Bergues, les autres à Dunkerque en détruisant les ponts sur le canal ; les habitants remplacèrent ces troupes.

CINQUIÈME PARTIE

SIÈGE DE DUNKERQUE

§ I. *Commandement.*
§ II. *Composition de la garnison.*
§ III. *Défense mobile.*
§ IV. *Participation de la Marine.*
§ V. *Esprit de la population.*
§ VI. *Armement et munitions.*
§ VII. *Services (alimentation, trésorerie, santé).*
§ VIII. *Mesures de sécurité intérieure.*
§ IX. *Dispositions prises par la défense.*
§ X. *Dispositions prises par l'attaque.*
§ XI. *Evénements du siège.*
§ XII. *Mesures défensives prises après le siège.*

CINQUIÈME PARTIE

Siège de Dunkerque

§ I. Commandement

Le Commandant supérieur change souvent.

1º Pendant 18 jours (du 8 au 25 août) le général de brigade O Méara ;

Pendant 10 jours (du 26 août au 4 septembre) le général de brigade Souham ;

Pendant 7 jours (du 5 au 11 septembre) le général de brigade Ferrand ;

Puis, de nouveau, le général Souham.

Mais ce n'est pas tout : dans ses mémoires, le général Leclaire rapporte que, par deux fois, le 28 août et le 3 septembre, il a refusé le commandement de Dunkerque.

2º Le commandant effectif du camp de Ghyvelde est le général O Méara.

3° Le commandant temporaire est jusqu'au 25 août le lieutenant-colonel Bourg, du 16e de ligne, puis le commandant Hudry, chef de bataillon de la 31e division de gendarmerie.

4° Le général O Méara créa de suite un conseil de guerre où il appela :

le commandant de l'artillerie (lieutenant-colonel Hennet de Lambresson),
remplacé le 5 septembre par le commandant Laprun,
le chef de la 32e division de gendarmerie (X),
le chef de la 34e division de gendarmerie (Laroche),
le commandant du 5e chasseurs à cheval (colonel Lanoue),
les chefs des bataillons (Y Z),
l'ordonnateur de la marine (M. Toustain),
les commissaires des guerres (MM. Hébert et Bourrot),
ceux de la municipalité (les citoyens Duriez et Camus),
le chef du génie militaire (capitaine Farconnet),
l'adjoint du génie (M. Diot).

§ II Composition de la garnison

Le 30 juillet, je trouve les corps et présents sous les armes ci-après :

Une demi brigade	1er du 16e de ligne	114
	2e des fédérés	352
	6e des fédérés	468
Dépôt du 78e de ligne		186
4e des volontaires nationaux		469
Dépôt du 1er du Pas-de-Calais		214
Canonniers du 3e et du 6e		66
Canonniers de Bonne Nouvelle		57
5e régiment de chasseurs à cheval		335
		2.261

Le 22 août, la situation est la même avec cette différence que le 5ᵉ chasseurs à cheval est à peu près en entier au camp de Ghyvelde. Il faut y ajouter les 9 bataillons de garde citoyenne, soit 2.000 hommes.

Il est formé un bataillon des 9 compagnies de grenadiers de ces bataillons ;

300 hommes de cette garde sont exercés au canon et destinés à seconder les canonniers de ligne ;

200 hommes enfin sont exercés comme pompiers.

Bref, les 9 bataillons sont composés d'une centaine d'hommes sous les armes en moyenne.

La garnison est renforcée ce jour-là par le citoyen Herrevyn, commandant de la garde nationale d'Hondschoote avec 30 hommes et son drapeau.

Le 23 août, le commandant temporaire écrit que la garnison n'est composée que de 14 à 1.500 hommes, le camp de Ghyvelde à peu près de 4.000 hommes.

Le 24 août, on lit dans le procès-verbal du conseil général de la commune :

Cette ville actuellement en état de siège et sommée de se rendre n'a en force militaire que 1.000 hommes de garnison dont 420 à l'hôpital, 3.600 provenant du ci-devant camp de Ghyvelde replié devant la place, et sa garde nationale citoyenne.

De son côté, l'ordonnateur civil écrit :

Nous n'avons pas 6.000 hommes de troupes, il nous est promis des secours et il est temps qu'ils arrivent.

La garnison est renforcée par une brigade de gendarmes venant de Calais à l'aide de la ville.

Le 25 août, l'ordonnateur civil écrit :

Non seulement la garnison est faible, mais il y a ici peu de canonniers. J'ai en conséquence mis les marins en réquisition et ils sont d'une très grande utilité sur les batteries.

D'autres marins, organisés en corps franc, battent les abords de la place, leur vilain vêtement ordinairement de la couleur du sable mouillé, les fait appeler Capucins.

C'était, dit le capitaine Hane, des garçons de 10 à 16 ans et dont généralement les plus âgés étaient d'aussi petite taille que les plus jeunes. Ils n'avaient d'autre instrument de mort qu'un couteau et une carabine de la longueur et du calibre d'une espingole. Avec cette arme, ils faisaient un mal incroyable aux straglers des Anglais et des Alliés lorsqu'ils les rencontraient dans les Dunes.

L'ordonnateur civil écrit de son côté :

Les Matelots sortent et parcourent les Dunes avec le sabre et les pistolets seulement et font face aux chasseurs, tirailleurs et aux tirailleurs impériaux.

Je trouve à Dunkerque le 1er des Bouches du Rhône.

Le 26 août, il arrive 1.000 hommes de l'armée et des volontaires de Calais.

Le 27 août, le général Jourdan se présente et annonce qu'il vient avec des troupes au secours de la place. Il entre, en effet, 1.800 hommes de l'armée, parmi lesquels il semble qu'il y a le 2e bataillon de la Vienne (?). Par contre, le 2e bataillon de la 32e division de gendarmerie a dû être envoyé ce jour-là à Bergues.

Le 28 août, d'après les mémoires du général Leclaire :

A 9 heures du matin fait entrer la demi brigade du 47e à Dunkerque, et entré à midi avec celle du 45e (effectif le 6 août : 2.782). La demi brigade du 47e comprend : le 1er du 47e, le 10e de Seine-et-Oise et le 2e de la Vienne. Celle du 45e comprend : le 1er du 45e, le 5e des Vosges et le 10e de Paris.

Le 30 août, d'après une lettre de l'adjudant général **Hoche, la garnison est de 8.000 hommes.**

Le 31 août, il y a 8.319 hommes sur lesquels il faut compter 6.000 hommes disponibles pour la défense, mais vu l'étendue immense de terre à défendre, il en faudrait 4.000 de plus, au dire des gens de l'art.

Le 1er septembre, il arrive un bataillon venant de Gravelines.

Le 2 septembre, on lit dans les mémoires du général Leclaire :

A Dunkerque, la brigade aux ordres du général Deroques.

L'ordonnateur civil dit qu'il est entré 3 bataillons de volontaires.

Le capitaine Hane dit de son côté :

Pendant cette journée, 2.600 hommes de troupes françaises, cavalerie et infanterie, arrivent ici, commandés dit-on par le général Ferrand. C'est un renfort pour Dunkerque dont le nombre de troupes s'élève actuellement en tout à 7.400 hommes.

Le même jour, le citoyen Joseph Durre, général de brigade, commandant à Montreuil, écrit aux citoyens composant le Comité de Salut public :

Je m'empresse de vous faire part que les citoyens d'Abbeville, brûlant du désir de voler au secours de la ville de Dunkerque, viennent de former un bataillon composé de 5 à 600 braves républicains, bien armés et équipés.

Sur la réquisition d'André Dumont, représentant du peuple dans le département de la Somme, je viens d'expédier à cette troupe un ordre de route pour la frontière ; bientôt elle sera suivie de plusieurs autres bataillons qui ont juré de ne rentrer dans leurs foyers qu'après avoir exterminé les tyrans et leurs infernales cohortes.

Le 3 septembre, je trouve les ordres suivants :

Au commandant de la demi brigade du 56e régiment d'infanterie de partir sur le champ de son cantonnement avec armes et bagages pour se rendre à Dunkerque.

Même ordre au commandant du 12e régiment de chasseurs à cheval.

Le 4 septembre, je trouve les ordres suivants :

Au commandant du 1er bataillon de Saint-Denis, du 19e régiment d'infanterie, du 6e bataillon de Paris et du 15e bataillon d'infanterie légère, de se rendre de suite à Dunkerque.

On trouve au procès-verbal du conseil général :

Il arrive des troupes, entre autres des chasseurs qui sont logés à la Citadelle.

Le 5 septembre, le général Leclaire écrit dans ses mémoires :

J'arrivai vers les 5 heures du soir à Bourbourg d'où je dépêchai les ordres aux troupes sur la Colme de se rendre, les unes à Bergues, les autres à Dunkerque (sauf un bataillon laissé à Watten).

Il écrit à 6 heures du soir au commandant de Dunkerque :

Comme les bataillons que je fais partir pour Dunkerque, qui sont : le 6e fédérés, le 3e franc et la 3e (*sic*) division de gendarmes, n'arriveront que très tard à Dunkerque, je vous prie de me donner quatre bataillons frais parmi lesquels je demande le 15e d'infanterie légère.

Vous voudrez bien y joindre les deux bataillons prescrits par l'ordre du général Houchard, ce qui fera six bataillons, et le 12e chasseurs à cheval.

Vous voudrez bien leur donner l'ordre d'être prêts et les faire mettre en marche pour se rendre à Bergues, partant à minuit précis.

Le 10ᵉ bataillon de Paris a campé sur les glacis de Dunkerque pendant le blocus de cette ville et a perdu beaucoup de monde dans les sorties auxquelles il s'est trouvé.

On lit dans le manuscrit Diot :

Les renforts de troupes arrivaient journellement à Dunkerque et on les campait au fur et à mesure dans toute la partie intérieure de l'enceinte depuis le redan 2 à l'Est jusqu'au canal de Furnes.

Quant aux troupes qui ont quitté Dunkerque, outre le bataillon de gendarmerie déjà cité, on peut indiquer avec certitude :
le bataillon de grenadiers réunis,
le 6ᵉ du Pas-de-Calais.

A la fin du siège, dit Diot, on y comptait environ 9 à 10.000 hommes.

Le capitaine Hane dit : 10.160 hommes ; il doit avoir raison.

A la date du 30 juillet, la garnison de Bergues comprenait :

le 8ᵉ des volontaires nationaux	329
le 4ᵉ du Nord	455
le dépôt du 14ᵉ d'infanterie	43
Détachement du 5ᵉ chasseurs à cheval	36
dº du 3ᵉ d'artillerie	26
Dépôt du 6ᵉ du Pas-de-Calais	165
dº du 6ᵉ de la Seine-Inférieure	43
dº du 14ᵉ *(sic)* de la Seine-Inférieure	33
Compagnie de Santy (Saulty ?)	47
	1.177

Le 31 août, la garnison est de 2.300 hommes dont 120 chasseurs à cheval.

La garnison de Gravelines comprenait :

Bataillon du Pas-de-Calais....................... 419
8e du Nord...................................... 192
3e chasseurs français........................... 100
Détachement du 6e d'artillerie................... 12
    dº   du 16e chasseurs.................... 50
                                                    773

La garnison de Calais :

2e du Pas-de-Calais............................ 730
Gendarmerie nationale.......................... 414
Détachement du 7e d'artillerie................... 18
    dº   du 6e chasseurs à cheval............. 20
                                                   1.182

§ III Défense mobile

Pendant l'été de 1793, un petit corps de troupes campait à Ghyvelde, sur le canal de Furnes, sous les ordres du général Paschal, et depuis, sous ceux du général O Méara ; son but était de couvrir le pays contre une invasion que l'ennemi eût pu former en arrivant par la Moëre sur Furnes et Dunkerque; quelques ouvrages de campagne en avant de ce camp servaient à le protéger et à lui donner la facilité de se replier, à l'approche de l'ennemi, par le Rosendael, sur Dunkerque. (Manuscrit Diot).

Le front de bandière fortifié de ce camp s'étendait entre le Ringslott et le canal de Furnes, suivant à peu près le chemin actuel de Ghyvelde à la station de Bray-Dunes. Plusieurs de ses redoutes sont encore, l'une surtout, parfaitement visibles dans les pâtures de Ghyvelde.

On ne possède malheureusement pas de situation d'effectifs du camp à la date du 22 août ; on en a une du 15 et une du 30 juillet ; cette dernière indique un renforcement considérable sur la précédente (11.256 contre 4.065).

Camp de Ghyvelde, à la date du 30 juillet

Désignation des Corps	Présents sous les armes
32ᵉ division gendarmerie nationale........	265
34ᶜ dᵒ (Laroche)........	380
1ᵉʳ du Pas-de-Calais....................	551
6ᵉ (Godart)........................	669
8ᵉ du Pas-de-Calais....................	417
1ᵉʳ des Bouches-du-Rhône..............	330
16ᵉ régiment d'infanterie...............	221
6ᵉ de la Seine-Inférieure	700
Bataillon de grenadiers des différents corps.	532
9ᵉ de la réserve.......................	331
8ᵉ d'infanterie (1ᵉʳ bataillon).............	750
2ᵉ de l'Orne.........................	868
2ᵉ de Paris..........................	815
96ᵉ d'infanterie.......................	1.040
1ᵉʳ de la Gironde......................	836
5ᵉ du Nord...........................	494
89ᵉ d'infanterie.......................	465
4ᵉ de la Somme.......................	626
Bataillon permanent de Valenciennes	224
25ᵉ d'infanterie.......................	509
Bataillon de Cambrai..................	236
	11.256

A la date du 22 août, les évaluations varient entre 3.500 et 4.000 ; l'effectif généralement admis est de 4.000. On voit que les troupes du camp ont été considérablement réduites dans la 1er quinzaine d'août, surtout si l'on tient compte des renforcements ci-après qu'elles ont reçus au moment même de l'approche de l'ennemi :

le gros du 5e chasseurs à cheval envoyé de Dunkerque,
le 7e de la Seine-Inférieure, réfugié d'Hondschoote,
un bataillon, envoyé par le général Barthel.

J'arriverai tôt ou tard, par élimination, à trouver la composition du camp le 21 août.

J'ai déjà trouvé que :

le 1er bataillon du 8e de ligne ne s'y trouvait plus,
le 16e d'infanterie et le 6e de la Seine-Inférieure ne s'y trouvaient probablement plus.

Les éléments ci-après s'y trouvaient encore certainement :

32e division de gendarmerie	265
34e division de gendarmerie	380
1er du Pas-de-Calais	551
6e du Pas-de-Calais	669
8e du Pas-de-Calais	417
1er des Bouches-du-Rhône	330
Grenadiers réunis	532
	3.144

§ IV Participation de la Marine

La Marine se donna toute entière, sans réserve.

Je crois que le fait vaut la peine d'être signalé. Il est tout à l'honneur de l'ordonnateur civil M. Toustain et du Ministre de la Marine qui approuva toutes les mesures prises par ce fonctionnaire digne d'admiration et surtout d'imitation.

1° *Flottille du lieutenant de vaisseau Castagnier*

Cette flottille paraît s'être effectivement composée de 4 canonnières armées chacune de 12 canons dont 2 de 24.

L'ordonnateur civil écrit le 21 août :

Le général commandant le camp de Zuydcote m'a envoyé avant midi une estafette pour me faire connaître que son camp pouvait être incessamment attaqué, celui d'Ostcappel à une lieue et demie de Bergues ayant été enlevé ce matin à force ouverte.

Il m'a demandé de faire passer l'ordre au citoyen Castagnier de prendre avec les 5 batteries flottantes la position la plus avantageuse pour la défense de la grève ou estran à l'est du port.

J'ai fait porter sur le champ cet ordre en rade où le citoyen Castagnier a ordonné toutes les dispositions nécessaires pour la marée de ce soir.

J'ai fait porter à bord de la batterie flottante un supplément suffisant de poudre, de grappes de raisin et de boîtes à mitraille et, par précaution, un mois de vivres afin qu'à tout événement ces bâtiments puissent tenir la mer et même faire voile pour un autre port si le cas l'exigeait.

Je vous tiendrai exactement informé de tout ce qui se passera dans ces cantons et je prends des mesures pour faire évacuer s'il en est besoin, les principaux objets qui sont actuellement en magasin.

2° *Concours du personnel*

Il y a ici peu de canonniers, j'ai en conséquence mis les marins en réquisition et ils sont d'une très grande utilité sur les batteries.

On a vu d'autre part les services rendus par les Capucins.

3° *Prêt de matériel*

Le 23 août. Le citoyen Toustaint trouvant quelques ressources en armes dans les magasins de la marine, offre de les fournir et qu'il a donné des ordres pour les délivrer. (Procès-verbal).

Le 25 août. L'ordonnateur écrit : Je procure à la place et sur la réquisition du conseil de guerre tous les fusils, pistolets, sabres dont elle a besoin, ainsi que des boîtes à mitraille et grappes de raisin de différents calibres dont l'artillerie aurait pu manquer d'un instant à l'autre. Ces objets me seront remplacés.

J'ai aussi fait porter à l'hôpital tous les matelas du magasin. Nous avons beaucoup de blessés au secours desquels il a fallu venir. J'ai pensé, citoyen Ministre, que ma conduite mériterait votre approbation et je m'estime heureux que les approvisionnements dont je n'avais cessé de m'occuper aient pu procurer des ressources au département de la guerre.

4° *Service des signaux*

Le 27 août. L'ordonnateur écrit : J'ai été chargé par le conseil de guerre des dispositions de sûreté. J'ai en conséquence établi sur la côte des signaux de nuit au moyen de lanternes et de fusées, j'ai placé des gardiens sûrs.

§ V Esprit de la population

Pour se rendre compte de l'esprit de la population d'une place assiégée, il est une série d'indices qui sont :
1° l'ardeur à *renseigner* l'autorité militaire,
2° les offres de service, les dons de toutes sortes,

3° l'assistance aux blessés,

4° la pression exercée sur les autorités dans un sens ou dans l'autre,

5° la bonne volonté à se prêter aux sacrifices, destructions, etc.

6° la constance à subir les privations,

7° le courage à supporter les dangers.

Les indications que l'on possède sur tous ces points peuvent être et sont le plus souvent contradictoires.

Il y a encore :

8° l'attitude de la garde nationale qui est la pierre de touche des populations. — Sur ce point la plupart des documents sont d'accord pour témoigner que les gardes nationaux de Dunkerque se distinguèrent pendant le siège par leur bravoure, leur courage, leur zèle et leur activité.

Mais là encore, il y a une ombre au tableau : Tout en faisant la part de l'exagération coutumière à cette mauvaise langue de Hane, on ne peut méconnaître qu'un cinquième au moins de ces gardes nationaux se composait, à son image, de « guerriers malgré eux ».

9° Mais il est un dernier point qui ne trompe jamais, c'est l'attitude du Conseil municipal, le Conseil général, comme on disait alors, et là, il y a unanimité pour reconnaître que les conseillers municipaux de 1793, sans aucune exception, se montrèrent les dignes fils de Jean Bart !

Dans la chute de nos petites places en 1870, les municipalités eurent, au contraire, une influence souvent prépondérante.

Les procès-verbaux du Conseil général forment comme la substance de la présente partie de mon travail et sont des modèles de sens pratique, de dévouement à la chose publique, et de patriotisme éclairé.

§ VI Armement et munitions

1° BOUCHES A FEU

La place avait environ 80 bouches à feu de bronze parmi lesquelles il y avait quelques mortiers et des obus. (Manuscrit Diot).

Il convient d'ajouter que presque tous les bataillons avaient leurs 2 canons de 4, ce qui en fait 20 au moins, et qu'on ramena du camp de Ghyvelde, 2 canons de 8.

Les 4 batteries flottantes donnaient 48 canons dont 8 de 24.

A la date du 30 août, on trouve une lettre de l'ordonnateur civil relative à 3 canons de 24 livres de balles avec leurs boulets que le Ministre de la guerre autorise le directeur de l'artillerie de Saint-Omer à faire passer à Dunkerque.

2° POUDRE

La place manquait de poudre, on fit les plus grands efforts pour s'en procurer :

A la date du 24 août, le citoyen Gourdin notable est chargé de se transporter à Gravelines, Calais, Saint-Omer et partout ailleurs pour requérir des poudres pour la place en exposant la pénurie de cette munition.

Le 26 août, le citoyen Gourdin fait rapport qu'arrivé à Gravelines, il avait demandé à la Municipalité en permanence 50 milliers de poudre, qu'on le lui avait promis, mais qu'il avait appris qu'on n'avait envoyé que 5 milliers parce que l'administration de Calais avait refusé d'en verser ; qu'il a été ensuite à Saint-Omer et à Cassel où il a trouvé des représentants du peuple qui lui ont fourni différents mandats pour avoir des poudres et cartouches, à Aire, Saint-Omer, Béthune et Calais.

Sur l'observation faite qu'il est urgent de se procurer des poudres de guerre, le citoyen Gourdin a été chargé de partir sur le champ pour les faire amener et requerra les municipalités de lui fournir assistance pour la prompte expédition.

Il arrive, en effet, 5 milliers de poudre le 25 et 25 milliers le 30.

3° Plomb

Le conseil requiert aussi 30 milliers de plomb pour faire des balles à fusil.

4° Atelier de chargement

Le conseil établit un atelier de chargement.

§ VII Services

1° Service d'alimentation

a Approvisionnements de blés et fourrages

Le 22 août, les approvisionnements en blé étaient faibles, à en juger par les extraits ci-après :

Le 27 juillet, le conseil général avait exposé que les provisions de la ville en blé suffisaient à peine pendant un mois aux besoins des habitants de la garnison et des troupes campées à Ghyvelde.

Le 19 août, à l'annonce du siège, il ne craignit pas de résister à un ordre du pouvoir exécutif exigeant un envoi de 10.000 quintaux de blé à Lille.

Le 22 août, s'est présenté le citoyen Hardy, préposé aux subsistances auquel il a été dit que n'aiant pas reçu des bleds de Bergues pour la consommation des habitants, il devait en fournir des magasins.

Un officier du Fort Français s'est présenté et a dit qu'il n'y avait point de vivres pour demain quoique l'ennemi soit autour du fort, il a été renvoié au commandant temporaire en lui observant cependant qu'il trouvera toujours dans le conseil les secours qu'il demande de lui.

A été annoncé au commandant temporaire qu'il se trouve chez Vanhille 400 livres de pain cuit qu'il offrait.

Le 23 août, à la demande du conseil de guerre de fournir une bélandre avec un cheval pour transporter des vivres au fort de la Liberté le long du chemin de Bergues, les bélandriers sont requis de fournir sur le champ la bélandre.

On n'est pas plus riche en fourrages, on en jugera ci-après :

Par cet extrait du procès-verbal du 23 août :

Il se trouve aux barrières plusieurs voitures attelées dont les chevaux n'ont pas eu à manger depuis plus de 12 heures faute de fourrages.

Par ce fait qu'on dut réexpédier vers Gravelines les bestiaux amenés en prévision du siège — uniquement de crainte de ne pouvoir les nourrir.

b Rentrée des ressources situées sous le canon de la place

On enleva sous le feu de l'ennemi tous les grains encore en gerbes qui se trouvaient dans plusieurs fermes et censes qui environnaient la place en avant de la Basse-ville et on les rentra dans l'intérieur de la ville. (Manuscrit Diot.)

On lit à ce sujet dans les mémoires de Fockedey, au titre du 24 (mais l'erreur est évidente) :

Dans la matinée, un officier de la gendarmerie à pied vint demander au poste où j'étais, 12 hommes de bonne volonté (notez que dès 6 heures du matin les postes avaient été triplés) pour aller sauver les bleds qui se trouvaient dans les deux moulins situés à 100 pas du poste que nous occupions. Les tirailleurs ennemis étaient à proximité, dans le Rosendael; dès qu'ils virent des hommes armés, ils tirèrent sur nous et 6 d'entre nous ripostèrent tandis que les 6 autres déchargeaient les moulins de toute la farine et des bleds qu'ils contenaient et que des chariots les recevaient et les transportaient en ville. Nous nous remplacions de demie heure en demie heure, de sorte que, de médecin, j'étais devenu garçon meunier. La besogne terminée, on mit le feu aux moulins et nous rentrâmes en ville sans le moindre accident.

c Rentrée manu militari des ressources de la zone investie

Le 22 août, une ordonnance apporte au conseil général une lettre du général O Méara marquant d'envoyer des commissaires dans la campagne pour faire entrer dans la place des vivres et des bestiaux. Cette lettre est communiquée au conseil de guerre qui répond par un arrêté :

D'envoyer 15 chasseurs à cheval et 15 cavaliers de la garde nationale accompagnés d'un commissaire dans les fermes depuis Ghyvelde jusqu'à Dunkerque pour faire amener les bleds et fourrages.

En conséquence de cet arrêté, le conseil général a nommé pour commissaire le citoyen Vandewalle officier municipal, et l'autorise à faire au besoin toutes les réquisitions qu'il jugera nécessaires, aux municipalités de l'arrondissement et de protéger avec la force armée les opérations qui lui sont confiées et pour les accélérer, le citoyen Thiéry ancien maire, a été requis de fournir son cheval de selle.

A la date du 22 août, le citoyen Wattel, cavalier de la garde nationale annonçant l'arrivée d'une partie de blé en gerbes et bestiaux venant de la frontière, il est pris des dispositions pour mettre ces objets à couvert.

Le citoyen Vandewalle, officier municipal, de retour de sa mission a dit qu'il a fait tous ses efforts pour obliger les paysans à rentrer tout ce qu'ils pourraient, que déjà des voitures devaient être arrivées et qu'il avait suivi l'armée dans sa retraite.

Aiant remarqué qu'il y avait apparence de pluie, le citoyen Hardy a été requis d'enlever et de faire mettre en magasin les bleds en herbes qui se trouvent sur la place de l'Egalité.

d   Rentrée des ressources de la zone non investie

Le 23 août, Le citoyen Josselin a observé qu'il croyait à propos d'envoyer les voitures du côté de Grande Sainte et Tornegat pour ramasser des fourrages et vivres.

Le 24 août, Arrêté de faire entrer sans délai de la campagne tous les fourrages et vivres qu'on pourra amasser. En conséquence le citoyen Vandewalle, officier municipal a été chargé de se transporter aux villages de Petite Sainte, Grande Sainte, Mardick, Loon, etc.

Le citoyen Vandewalle de retour, a dit qu'il s'est rendu aux municipalités de Petite Sainte etc..., auxquelles il a fait connaître sa mission, qu'il a trouvé des personnes de bonne volonté et d'autres récalcitrans, qu'on doit amener demain matin plusieurs voitures.

Le 25 août, la municipalité de Grande Sainte envoie 22

razières de bled, 150 gerbes de bled, 350 gerbes d'avoine, 500 bottes de foin blanc, 100 bottes foin de trefile et 500 bottes de paille, a été ordonné de conduire le bled au magazin des subsistances et les fourrages au magazin à ce destiné.

Le citoyen Laroche commandant de la 34e division de la gendarmerie nationale est venu annoncer qu'aiant été informé qu'il se trouvait des bleds dans une ferme au delà de la Basseville, il avait fourni des chevaux pour les transporter en ville.

Ayant été fait rapport qu'il se trouve chez Charles Louis Pieus, meunier le long du chemin de Bergues, une partie de 6.000 pesant d'orge perlé, considérant que cet objet est de première nécessité et que dans les circonstances présentes, on ne peut trop se précautionner, a été arrêté d'enjoindre au dit Pieus de faire transporter à l'hôpital de cette ville son orge perlé pour y rester à la disposition du conseil général de la Commune.

Le 26 août, la municipalité de Grande Sainte s'informe de la situation de la ville et fait offre de service et de fournir les fourrages et grains qui sont en leur possession, a été arrêté de leur répondre, de leur marquer toute la reconnaissance du conseil et d'en faire mention au procès-verbal.

Le 2 septembre, le général Leclaire écrit :

On a fait repasser 13 voitures chargées de grains et d'avoine en gerbes, et, de plus, remplir une bélandre à Coppenaxfort par le moyen des mêmes chariots. Tout cela va partir pour Dunkerque.

e Dons et offres de particuliers

Le 26 août, le citoyen Coffyn, agent des Etats Unis de l'Amérique fait offre de 28 barils de fleur de farine, arrêté de l'accepter.

Le 27 août, le citoyen Pollet demeurant le long du chemin de Bergues, offre 10.000 bottes de foin de trèfle et de 20 à 30 razières de sucrion pour servir à l'approvisionnement de la place. — Arrêté d'accepter et d'envoyer sur le champ des voitures pour faire l'enlèvement et le transport.

f Appel aux villes voisines

(Ardres, Gravelines, Calais, Bourbourg)

Le 23 août, arrêté d'écrire à la municipalité d'Ardres pour avoir des avoines et d'y députer le citoyen Chartier, officier municipal.

Le 24 août, une ordonnance apporte une dépêche du citoyen Chartier annonçant l'envoi de 150 boisseaux d'avoine et 600 bottes de paille et foin.

On est venu annoncer 4 voitures de fourrages de Gravelines.

Le 25 août, un citoyen venant de Gravelines remet une lettre de la municipalité du dit lieu annonçant un envoi de fourrages.

Des officiers venant de Gravelines annoncent l'arrivée des fourrages.

Le 26 août, arrivée de 46 voitures chargées de farines escortées par des volontaires de Calais.

Le 27 août, les citoyens Michaud et Harte, députés du district de Calais se présentent et déposent un arrêté de ce district qui propose d'aviser aux moyens de fournir à Dunkerque des approvisionnements de subsistances. — Le conseil général accepte avec reconnaissance et prie le district de lui faire parvenir promptement et abondamment du foin, de la paille et de l'avoine dont la place a le plus grand besoin.

Le 28 août, la municipalité de Bourbourg donne avis d'un

envoi de fèves et sucrion, a été arrêté de voter des remerciements.

Le 30 août, le citoyen Chartier annonce l'envoi de fourrages.

Le 31 août, les Représentants Duquesnoy, Collombet et Hentz s'étant rendus à l'assemblée, le citoyen maire leur rend compte des efforts qu'on a faits pour ramasser des vivres et fourrages, qu'actuellement même il se trouve en route différents commissaires pour engager les municipalités voisines au secours de la ville et des habitants, que toutes s'y prêtent et spécialement celles de Calais, Gravelines, Bourbourg et Saint-Omer, que même elles ont déjà fait passer des vivres et fourrages considérables.

g Concours des autorités administratives

Le 23 août, le procureur sindic dit, que n'ayant pu fournir à Dunkerque le bled promis, le district a écrit de tous côtés et commis le citoyen Marin, l'un des administrateurs, de faire faire diligence pour la fourniture du bled.

Le 6 septembre, le citoyen Vermersch, administrateur du département du Nord, vient dire qu'il est chargé de procurer à la commune des subsistances.

h Bétail sur pied

Le 23 août, plusieurs habitants des campagnes ayant amené des bestiaux en ville n'ont pas de fourrages pour les nourrir et demandent à les transporter du côté de Gravelines.

Le 24 août, a été ordonné de conduire à la campagne du côté de Gravelines, les bestiaux qui sont aux Capucins, le citoyen Leroy a été chargé de l'exécution.

Le 30 août, les bestiaux venant de Dunkerque ayant

été arrêtés à Mardyck, considérant qu'on les a fait évacuer par le défaut de fourrages, les maire et procureur de cette commune sont requis de ne plus s'opposer au passage des bestiaux.

i Fabrication du pain

Le 23 août, réquisition au citoyen Hardy, de délivrer ce jour aux boulangers 300 razières de blé des magasins d'approvisionnements pour la consommation des habitants.

A la date du 1er septembre, plusieurs boulangers se sont présentés au préposé des subsistances pour avoir du blé pour fournir le pain aux habitants, a été arrêté de présenter une pétition au général en ces termes :

« La commune de Dunkerque tirait habituellement ses approvisionnements en bled du marché de Bergues ; ce marché n'étant plus praticable et depuis longtemps nous n'avons d'autre ressource que les approvisionnements de la place que nous partageons avec l'armée qui nous défend, de sorte que le préposé aux subsistances fournit pour chaque semaine environ 17 à 1.800 quintaux de bled pour la subsistance de la commune.

» Aujourd'hui citoyen général, la régularité du service exige qu'il vous soit rendu compte chaque jour de l'état des subsistances et le préposé ne veut remettre à nos boulangers le contingent indispensable que sous votre autorisation.

» Dans ces circonstances, le conseil général réclame de votre justice comme de votre autorité que le préposé aux subsistances soit autorisé à fournir à nos boulangers, non 17 ou 1.800 quintaux de bled comme il leur était fourni avant que la garde nationale citoyenne recevait le pain, mais seulement 900 quintaux par semaine. »

j Comestibles de la banlieue sud et ouest

Le 23 août, le citoyen Salomez, officier municipal est nommé pour conférer avec la municipalité de Coudekerque pour qu'elle engage les jardiniers à apporter en ville *toutes* les légumes possibles.

Réquisition aux commandants des postes des barrières de laisser entrer et sortir de la ville toutes les personnes apportant des comestibles.

A la date du 28 août, sur le rapport fait que les troupes de garde aux barrières s'avisent de mettre à contribution les jardiniers et laitiers à leur entrée en ville, considérant que cette conduite pourrait les éloigner d'apporter des vivres, a été arrêté de dénoncer ces abus au général et de le prier de prendre des mesures pour les faire cesser.

2º Service de la trésorerie

Dès le 26 avril 1793, la Convention nationale, sur la proposition de Cambon, avait décrété qu'il serait mis à la disposition du Ministre de l'Intérieur, une somme de 200.000 livres, pour fournir aux besoins de la ville de Dunkerque, qui était alors menacée d'un siège.

Le 22 août, un courrier extraordinaire du Comité du Salut Public apporte un mandat sur le payeur de la guerre qui met à la disposition de la municipalité une somme de 100.000 livres pour continuer les travaux pour l'équipement des troupes et effets de campement.

Le 29 août, le conseil général désigne les citoyens Dauchy et Lieven pour se rendre :

a D'abord à Cassel, auprès des Représentants du peuple pour solliciter un secours provisoire (ils accordent 300.000 livres le 31 août) ;

b Ensuite à Lille, auprès du payeur de la guerre, pour percevoir les 100.000 livres dont il est question ci-dessus (le mandat est envoyé le 3 septembre) ;

c Enfin à Paris, auprès de la Convention nationale pour en obtenir un secours d'un million (le comité de Salut Public l'accorde le 7 et il arrive le 8 sous bonne escorte) — et, en outre, pour conférer avec le citoyen Thélu, membre du Conseil actuellement à Paris, sur l'échange de 80.000 livres d'assignats à l'effigie du ci-devant roi, pour pareille somme en assignats républicains (l'échange est fait le 6).

Le 30 août, une lettre du Ministre de l'Intérieur annonce à l'hôpital de la Charité l'envoi de 274.600 livres.

3° Service de santé

a Personnel titulaire et auxiliaire

Le citoyen Macnamara est médecin chef de l'hôpital militaire.

Le citoyen Duponchel est directeur de cet hôpital.

Le personnel qui comprenait en outre, plusieurs médecins et chirurgiens parmi lesquels le chirurgien major Hecquet, devint, naturellement, bien vite insuffisant.

Le 23 août, rentré au poste, dit Fockedey, le capitaine Hubert me remit une lettre à mon adresse, c'était une réquisition de M. Bonard commissaire des guerres, pour me rendre de suite à l'hôpital militaire nouvellement établi dans le couvent des dames bénédictines anglaises pour y faire le service de médecin.

Le 24 août, le commissaire des guerres Bourrot vient demander de la part des médecins et chirurgiens de l'hôpital militaire surchargés de besogne par la quantité des blessés, que les médecins et chirurgiens civils soient priés de prêter leurs soins et de les assister. En conséquence, les médecins et chirurgiens ont été invités de se rendre à l'hôpital et d'aider leurs confrères.

Le 6 septembre, sur le rapport fait que la quantité de blessés demandait des prompts secours, de l'avis et en présence des administrateurs du département et du district de Bergues, a été arrêté d'employer le citoyen Cumming. En conséquence, lui a été enjoint de se rendre à l'hôpital pour y prêter ses soins aux malades et blessés, auquel effet sera élargi des prisons, à charge de se représenter toutefois et quand il en sera requis.

Le capitaine Hane écrit à la date du 2 septembre :

Je suis heureux de dire que le docteur Cummins et sa famille ont obtenu de ne pas être envoyés à Arras, avec les autres infortunés anglais. Sur l'observation que je fis qu'il pourrait rendre de grands services aux blessés dans les hôpitaux français, le docteur Cummins reçut l'enceinte de l'hôpital militaire pour prison.

b Locaux

Le 24 août, le médecin chef Macnamara représente que l'hôpital est trop petit pour contenir les blessés, et qu'il est urgent de choisir un local propre.

En conséquence, le citoyen Coppin a été dénommé pour procurer le local.

Le 25 août, le médecin chef Macnamara annonce qu'après examen des locaux, il a reconnu que celui des Pénitentes est convenable. En conséquence, a été arrêté d'y faire sur le champ les dispositions nécessaires.

Le 7 septembre, les officiers de santé de l'hôpital annoncent qu'ils ont pris la résolution d'établir l'hôpital principal à la Paroisse, où tous les blessés seront portés sur le champ.

c Matériel

Le 24 août, le conseil de guerre requiert le conseil général de procurer des matelas et draps pour les blessés. — Des commissaires ont été nommés pour aller chez les citoyens les engager à les fournir.

Le 25 août, l'ordonnateur civil écrit :

« J'ai fait porter à l'hôpital tous les matelas du magasin ».

Le 26 août, les officiers de santé de l'hôpital demandent un charpentier et mandellier pour être employés aux hôpitaux à fabriquer les machines nécessaires pour le pansement des blessés.

A été arrêté de requérir les citoyens Grujot, charpentier et Dams, mandellier, de se transporter sur le champ à l'hôpital pour être aux ordres des officiers de santé.

Le 7 septembre, les officiers de santé de l'hôpital demandent 100 paires de draps de pansement. — Arrêté de charger différents commissaires pour aller en prévenir les citoyens.

Le citoyen Jaccaud a rendu compte que s'étant rendu à la Pauvre École, les citoyens et citoyennes ont apporté quantité de draps, pour servir au pansement des blessés, et qu'une douzaine de femmes travaillent à couper des bandes.

Le 8 septembre, les officiers de santé de l'hôpital se plaignent que les salles ne soient pas préparées, qu'il manque des commis pour annoter la réception des malades, a été arrêté d'enjoindre au directeur de l'hôpital de pourvoir à tout, et de le faire venir sur le champ à l'Assemblée.

S'est rendu à l'Assemblée le citoyen Du Ponchel, directeur de l'hôpital militaire, à qui le maire a observé que l'hôpital devait être pourvu des objets nécessaires pour le soulagement des malades et blessés, qu'il est étonnant qu'il se soit adressé à la municipalité pour lui faire fournir des pots de chambre, pots à tisane et autres ustensiles, qu'il doit se les procurer, à quoi le citoyen Du Ponchel a répondu que depuis la réquisition qu'il avait faite, il était parvenu à se procurer les objets qu'il avait demandés et que le tout était préparé.

d Transport des blessés

Le 29 août, a été arrêté de prendre des précautions pour faire enterrer les cadavres qui se trouvent épars dans Rosendael, de prendre à cet effet des ouvriers suffisants et qu'on priera le conseil de guerre de faire couvrir les travailleurs.

Le 6 septembre, les citoyens non armés ainsi que les citoyennes aident à transporter les blessés et à leur donner des secours.

Le 7 septembre, a été fait rapport que le général Ferant faisait des dispositions pour une sortie, a été arrêté en conséquence de commander sur le champ des ouvriers pour les répartir aux portes pour le transport des blessés, d'y faire trouver des civières et échelles avec de la paille pour les transporter.

Les officiers de santé demandent qu'il soit établi une garde pour empêcher que les troupes qui apporteront les blessés ne puissent entrer et ne vexent les officiers de santé commes elles ont fait hier.

e Soins donnés aux blessés

Le 25 août, le médecin chef Macnamara annonce que les citoyennes de cette ville donnent les plus grands soins aux blessés qui se trouvent à l'hôpital en leur procurant tous les secours dont ils peuvent avoir besoin.

Le 26 août, le Maire dit qu'il vient de visiter l'hôpital, qu'il a vu les blessés qui sont traités avec tous les soins, que plusieurs citoyennes travaillent à donner tous les secours nécessaires, qu'il a aussi remarqué que tous les officiers de santé travaillent avec toute l'activité dont ils sont susceptibles, tant de nuit que de jour, qu'il leur a promis une récompense.

Le conseil ajourne de prononcer sur la gratification aux élèves en chirurgie, puis, sur une nouvelle proposition, arrête que la gratification aura lieu et qu'elle sera fixée au premier jour.

Le 6 septembre, le citoyen Hecquet, chirurgien-major des hôpitaux dit que tous les blessés sont pansés et qu'on en a le plus grand soin.

Le 8 septembre, des officiers municipaux font rapport qu'ils viennent de visiter les hôpitaux, qu'ils y ont trouvé les malades très contents des soins qu'on prend d'eux, et que tous les secours y sont très abondants.

f Ensevelissement des morts

Le 29 août. — A été arrêté de prendre des précautions pour faire enterrer les cadavres qui se trouvent épars dans Rosendael, de prendre à cet effet des ouvriers suffisants et qu'on priera le conseil de guerre de faire couvrir les travailleurs.

Le 9 septembre, dit Hane, l'armée de Dunkerque fut employée à enterrer les morts trouvés dans les Dunes ; ils étaient en grand nombre ainsi que dans les environs de Rosendael.

Le 17 septembre, sur le rapport fait qu'on a remarqué dans les Dunes que le changement de vent a découvert une quantité de cadavres, le conseil général, considérant qu'il est urgent de les enterrer assez profondément pour empêcher que le vent ne les découvre à l'avenir, a été arrêté de commettre le citoyen Bernard Jolly, qui s'est offert volontairement, pour surveiller les ouvriers qui seront employés à enterrer les cadavres et qu'il fera travailler sur le champ.

§ VIII Mesures de sécurité intérieure

1° Contre l'incendie et les explosions

Le 22 août, l'ordonnateur civil représente que n'ayant que 4 hommes de garde pour les magasins de la marine qui sont mal armés, il serait à propos de renforcer cette garde ou au moins de faire patrouiller très fréquemment dans les environs des magasins de la Corderie, s'y trouvant des chanvres et matières combustibles ; a été arrêté de recommander aux chefs de la force armée d'y faire patrouiller fréquemment, tant de jour que de nuit.

A la date du 23 août, a été arrêté de requérir le chef de la Légion de former un corps de réserve d'au moins 200 hommes non armés pour être employés au besoin aux pompes.

Le capitaine du port vient observer qu'il est à propos de placer une pompe aux incendies sur le port. En conséquence a été arrêté d'ordonner aux citoyens Morel de fournir sur le champ une pompe à feu.

Sur réquisition du conseil de guerre de faire fabriquer des cuillères pour ramasser les boulets rouges, le conseil général donne des ordres pour la fabrication et le citoyen Le Roy notable, a été chargé de l'exécution.

A la date du 25 août, l'ordonnateur civil écrit :

J'ai fait établir des bailles remplies d'eau à des distances très rapprochées le long des bâtiments de l'Arsenal et de tous les magasins.

J'ai fait évacuer tous les câbles et autres cordages, les chanvres et autres matières combustibles.

J'ai établi aussi des gardes assez nombreuses dans l'intérieur de l'Arsenal pour en assurer la conservation.

Le 28 août, le maire observe que précédemment il a été arrêté de dépaver la place de la Liberté et différentes rues pour éviter l'effet de la bombe, que cependant les ingénieurs ont dit qu'il serait préférable de laisser le pavé parce que sur 5 bombes qui tomberaient, 3 s'écraseraient et ne feraient point d'effet, qu'au contraire le sable ou la terre empêchant qu'elle se brise donne le temps d'allumer la poudre et de faire éclater la bombe, ce qui occasionne ordinairement de grands dégâts. Considérant la justesse de ces observations, a été arrêté de suspendre tout dépavement.

Le 30 août, l'ingénieur ayant jugé à propos de dépaver en partie la place de la Liberté, a été arrêté de donner le dépavement à la toise, que les pavés seront mis dans les fosses que l'on fera à cet effet et qu'on couvrira de sable.

Le 5 septembre, a été arrêté d'établir un corps de pompiers et ouvriers qui sera soldé et le citoyen de Baecque chargé de la formation.

Le 13 septembre, les rues de la ville se trouvant encombrées par la quantité de fumier qui a été versée pour être placée sur les entrées des caves, et les dangers du bombardement étant passés, a été arrêté de mettre à la disposition du procureur de la Commune tous les tombereaux de l'entrepreneur de l'enlèvement des boues. 12 voitures et 100 hommes pour faire enlever tous les fumiers qui seront déposés à l'île Jeanty ou derrière le bassin. (PVCG).

2° Evacuations

On prit la précaution de faire transporter à Saint-Omer, etc... par les canaux les approvisionnements immenses de sucre, cafés, tabacs, cotons, eaux-de-vie, etc... qui se trouvaient dans les entrepôts. (Manuscrit Diot.)

L'ordonnateur civil donne les détails suivants :

A la date du 21 août, les inquiétudes où l'on est que cette place soit attaquée si l'ennemi force le camp de Zudcoote comme il a pris celui d'Oostcappel m'ont déterminé à faire partir aujourd'hui les 104 prisonniers de guerre qui étaient détenus dans la maison d'arrêt de cette ville. Je les fais transporter à Saint-Omer sur une bélandre et ils seront de là transférés à Doulens où le citoyen Pigeon leur avait fait préparer un emplacement prêt à les recevoir.

A la date du 25 août, j'ai fait évacuer tous les câbles et autres cordages, les chanvres et autres matières combustibles. Elles ont été chargées à bord de 2 grandes bélandres propres à la navigation du petit cabotage et que je tiens prêtes à partir de moment en moment. Elles seront conduites en rade et mises sous la protection des batteries flottantes et, dans le cas où la ville serait en danger, les bâtiments qui ne tirent que 3 pieds d'eau au plus se rendront le long de la côte soit au port de Gravelines soit à celui de Calais. Je n'ai osé les confier sur le canal de l'intérieur qui peut être coupé par l'ennemi d'un instant à l'autre.

J'ai également fait mettre à bord de ces bâtiments un objet précieux, les cuivres envoyés de la manufacture de Remilly et les mêmes inquiétudes sur la liberté de la navigation du canal de Saint-Omer m'ont déterminé à donner l'ordre au citoyen Delattre que j'avais envoyé dans cette ville pour l'expédition par bateau de 300 barriques de vin venant de Saint-Valery, d'en arrêter le chargement et de se procurer à Saint-Omer des caves pour y emmagasiner ces vins jusqu'à des temps plus heureux.

A la date du 26 août, tous les objets précieux des magasins sont à bord des bélandres, mais j'ignore encore où les faire passer ; j'attendrai le moment favorable pour leur départ soit par mer, soit par les canaux. Celui qui conduit à Saint-Omer et à Calais n'est pas sûr, l'ennemi y fait des incursions fréquentes et suffisantes pour s'assurer leur conservation.

A la date du 28 août, les 6 bélandres chargées des munitions qui se trouvaient dans les magasins de la Marine sont prêtes à partir au premier instant et je suis sûr au moins de sauver ces objets précieux. J'ai aussi renfermé dans des caisses les papiers de l'Administration qui m'est confiée et les ai embarqués sur ces bâtiments qui sont destinés à se rendre à Calais.

A la date du 29 août, les 7 bélandres chargées des effets et marchandises les plus précieuses qui se trouvaient dans les magasins de la Marine sont sur le canal de Bourbourg et prêtes à partir au premier danger.

3° BOUCHES INUTILES

On prit aussi la précaution d'envoyer à Gravelines et à Calais les femmes et les enfants que l'approche du siège effrayait. (Manuscrit Diot.)

Le 23 août, arrêté de proposer au Conseil de guerre de faire une proclamation et d'y annoncer que les femmes, enfants et vieillards pourraient sortir de la ville et qu'il leur serait fourni des passeports et voitures.

A la date du 26 août, a été arrêté que toutes les femmes et enfants pourront sortir indistinctement de la ville par le pont rouge et barrière du Tornegat sans être pourvus de permissions.

A été arrêté que les fermiers qui apporteront des grains et fourrages pourront se charger du transport des femmes, enfants et vieillards, ainsi que de leurs effets.

4° ETRANGERS SUSPECTS

Le 31 août, les Représentants Duquesnoy, Collombet et Hentz donnent l'ordre de faire sortir de la ville tous les étrangers.

Le 1ᵉʳ septembre, arrestation en bloc de 252 étrangers, dont 233 Anglais et 19 Hollandais :

211 furent remis en liberté, 41 furent conduits à Arras.

§ IX Dispositions prises par la défense

1° **Travaux de fortification et d'armement**

Après bien des recherches, j'ai fini par trouver deux plans *encadrant* l'époque du siège, que j'ai la satisfaction de joindre au présent volume. Quant à l'état des fortifications, je le trouverai un jour. Ce qu'il y a de certain, c'est que si Dunkerque, qui était alors une ville de 24.000 habitants, n'était entouré que de fortifications en *terre*, élevées sur l'emplacement des anciens chemins couverts de 1748, celles-ci avaient reçu de sérieuses améliorations.

Je demande la permission de reproduire ici ce que je disais à ce sujet dans « La garnison de Dunkerque » :

C'est de 1756 que date l'enceinte à redans dont parlent tous les historiens du siège de 1793.

Le front Est de cette enceinte, ou front de Nieuport, a toujours été le véritable front d'attaque de la place ; aussi fut-il organisé plus complètement que les autres : il reçut des ouvrages extérieurs, ses chemins couverts furent palissadés.

Ce front n'avait pas changé en 1793 et est resté le même, contrairement à ce qu'on croit généralement, de nos jours : Dunkerque ne s'est jamais étendu de ce côté là, la poussée se fait vers l'*Ouest*.

Quoi qu'il en soit, le front Est qui nous intéresse le plus, se composait d'une série de redans. Il y avait, en avant, 2 lunettes, l'une au square Rombout, l'autre au square Jacobsen ; celle qui est dans l'angle de l'avenue de la République et de l'avenue du Kursaal, est postérieure au siège.

Le capitaine Farconnet décrit comme il suit l'état de la place en 1792 :

Dunkerque a pour toute défense des retranchements en terre d'un très mauvais tracé et d'un aussi mauvais relief.

Le front des Dunes a peu de commandement, par suite d'un vice primitif de construction et du voisinage de la mer, dont les vents impétueux déterrivent tout, applanissent tout, creusant des vallons pour former ailleurs d'autres monticules.

L'adjoint Diot indique les améliorations faites en 1792-1793 :

On s'était occupé en 1792 et 1793 à mettre cette place à l'abri d'un coup de main. On avait construit, dans deux redans du front à l'Est (redans 5 et 6), deux grands cavaliers en terre très élevés, afin de la couvrir du feu des Dunes en cas d'attaque, de pouvoir même les battre.

On avait aussi construit dans l'intérieur du rempart un mur crénelé qui embrassait les redans 4, 5 et 6, dont le but était de ménager, après la prise du corps de place, à l'assiégé, les moyens de capituler.

Des poternes furent construites pour communiquer aux ouvrages extérieurs.

On répara ces ouvrages et le chemin couvert dans toute la partie des fronts du côté de Nieuport.

La place avait environ 80 bouches à feu de bronze parmi lesquelles il y avait quelques mortiers et des obus (sic), on les avait disposés principalement sur les parties du corps de place où était présumé le point d'attaque à l'Est, depuis la porte de l'Estran jusqu'à l'embranchement entre les canaux de Furnes et des Moëres, et les ouvrages extérieurs.

On avait aussi garni de mortiers deux batteries établies sur deux buttes de moulins dans l'intérieur de la place.

On établit de hautes traverses à l'extrémité des rues qui aboutissaient vers les remparts afin d'empêcher leur enfilade par le canon.

Enfin, d'après Ditfurth :

La défense avait élevé au Moulin à vent entre Rosendael et le glacis une *batterie* d'où elle inquiétait énormément le front de bandière du camp.

Le 24 août, la situation était la suivante, d'après le capitaine Hane :

Dunkerque pouvait être pris d'assaut dans un état de très faible défense. Entourée par un fossé en partie pourvu d'eau mais en plusieurs endroits parfaitement sec, la ville avec des palissades très basses et ses remparts très faciles à gravir, ne pouvait opposer une résistance sérieuse si elle avait été vigoureusement attaquée.

Le 30 août, l'adjudant général Hoche pouvait écrire :

Si l'on examine que la garnison a deux forts à garder qui sont très éloignés de la place, qu'en outre elle doit garder un poste extérieur éloigné d'une lieue, qu'elle doit pourvoir à la sûreté du port et qu'enfin, le développement des fortifications est plus considérable que ne l'est celui de Lille, que cette place n'a que de forts mauvais ouvrages et qu'en plusieurs endroits le fossé n'est même pas revêtu, l'on se convaincra que, sans un nombreux secours, elle ne pourra résister longtemps aux efforts des nombreux ennemis qu'elle a devant elle.

Le représentant Levasseur, qui a *vu* les fortifications de Dunkerque, pendant les journées critiques, dit que c'étaient des remparts en terre.

Voici maintenant, sous forme d'une lettre du Comité de Salut Public au général Souham, le 29 août, une cloche qui tinte plus clair que les précédentes :

Il paraît, citoyen, que vous ignorez complètement les propriétés du poste que vous avez à défendre ; vous dites que le chemin couvert est très mauvais lorsque tout le monde sait qu'il est parfaitement palissadé ; vous dites qu'il n'y a que des ouvrages en terre, mais vous ne dites pas que ces ouvrages en terre sont aussi très bien palissadés et enveloppés d'un double fossé plein d'eau avec un mur crénelé par derrière.

Il ne faut pas songer d'avance à vous en prendre aux buissons du Rosendael; ils ne sauraient couvrir la trahison ni la lâcheté de ceux qui rendraient la place ; il n'y a ni arbres ni buissons sur vos glacis, dans vos chemins couverts, dans vos fossés, sur vos cavaliers, sur votre esplanade ;

C'est là ce qu'il faut défendre,

C'est là que vos sorties seront efficaces,

C'est là que votre poudre ne sera pas consommée à tirer des coups incertains, à grande portée.

Tout ce qui vient d'être dit appelle quelques explications :

a les deux grands cavaliers se trouvaient aux bastions 32-5 actuels, à peu de chose près ;

b au sujet du mur crénelé, j'ai trouvé ce certificat du capitaine Farconnet, en date du 28 juin 1793 :

Nous capitaine du génie, chargé en chef des fortifications de Dunkerque, certifions qu'il est dû à la municipalité de cette ville la somme de 5.265 livres 10 sols, pour le montant d'une partie de briques qu'elle a fait fournir pour la construction d'un mur crénelé ordonné par les commissaires de la Convention sur les fronts du côté des Dunes de cette susdite ville qui lui sera payée sur les fonds extraordinaires destinés à cet objet.

c Les 2 buttes de moulins intérieurs se trouvaient au bas de la rue Emmery et de la rue des Vieux-Remparts. Ce mur correspondait aux fronts 5-7 actuels.

d Le Moulin à vent extérieur entre Rosendael et le

glacis se trouvait dans l'angle de la rue Nationale et de la rue des Corderies.

e Les 2 forts sont les forts Louis et François. — On possède un plan du Fort Louis de l'époque, je n'en ai pas trouvé du Fort François.

f Au sujet du poste extérieur, on lit dans le manuscrit Diot :

On crut devoir aussi établir un poste de 300 gendarmes avec 2 pièces de campagne au pont de Petite-Synthe sur le canal de Bourbourg, afin d'empêcher les postes ennemis, en tournant Bergues par la Colme, de pénétrer dans cette partie et d'inquiéter les convois soit de poudre soit de munitions qui eussent pu arriver et qui arrivaient de Gravelines et de Calais et rassurer les habitants des campagnes voisines.

g En résumé, les emplacements et l'armement de batteries étaient à peu près les suivants :

au N.O. de la porte de Nieuport (Rosendael) : x canons,
à la porte de Nieuport (Rosendael) : 8 canons de 24,
dans le vieux fort Risban : 4 canons,
dans la batterie Est : 18 canons de 18 et de 24,
dans la batterie Ouest : 12 canons,
dans les 2 cavaliers 5 et 6 : x canons,
sur les 2 buttes de moulins intérieurs : x mortiers,
dans la basse ville : quelques canons,
à la batterie du moulin extérieur : x canons,
sur les 4 batteries flottantes : 48 canons dont 8 de 24.

2° Dégagement du champ de tir

(*Maisons, arbres*)

Le dégagement du champ de tir consista à peu près exclusivement à détruire Rosendael situé entre le front d'attaque et les lignes ennemies.

Rosendael se composait alors d'une longue rue principale se dirigeant obliquement sur le front de bandière du camp des Alliés avec deux rues secondaires parallèles et une rue transversale. (Ditfurth.)

Une des extrémités de ce long village est située sur une hauteur à plus de 1.500 toises de Dunkerque, tandis que la partie basse où se retirèrent nos troupes, se trouve à une portée de canon.

Au Nord s'éparpille le premier groupe de Rosendael pêcheur ; à proximité du canal de Furnes le quartier des jardiniers s'étend avec nombre de potagers et de vergers entourés soit d'un mur, soit d'une haie vive ou d'un fossé assez profond. (abbé Harrau.)

Ditfurth s'était exprimé en termes à peu près identiques :

La plupart des maisons étaient solidement construites en pierre appartenant à de riches marchands de Dunkerque. Au reste beaucoup de jardins d'utilité et d'agrément entourés partie de murs, partie de haies épaisses et de larges fossés.

Ditfurth conclut :

Par suite, très propre à une défense opiniâtre.

Ce qui est la condamnation de ces incendies volontaires, chers aux savants, ces béotiens de l'art militaire, et dont Carnot a dit : Les ignorants sont grands destructeurs de faubourgs.

Incendie des maisons

Au premier avis qu'on eut de l'arrivée de l'ennemi près de Ghyvelde, on prit le parti d'abattre les arbres et haies de Rosendael qui approximitaient la place, afin de lui ôter les couverts dont il eût pu profiter de l'empêcher (*sic*).

On continua de la part de l'assiégé à éclairer la place, tant du côté de Rosendael qu'entre les canaux de Furnes et des Moëres, soit en détruisant les maisons, corderies, moulins, etc..., soit en abattant les haies et les arbres qui pouvaient favoriser les approches.(Manuscrit Diot).

Après le 7e jour d'incendies, on lit dans le procès-verbal :

Sur la dénonciation faite que plusieurs propriétés et fermes sont incendiées sans prendre même les précautions pour en retirer les subsistances et sans les ordres précis des généraux, et que ces incendies sont provoqués par l'appât du pillage, arrête que le Conseil de guerre sera prié d'indiquer les propriétés dont la démolition est nécessaire à la défense de la place, que les incendies s'opéreront sous le commandement d'un officier supérieur qui répondra des délits des troupes qui lui sont subordonnées.

Quoi qu'il en soit, voici, d'après Hane, le relevé des incendies :

23 août : quelques maisons	28 août	: 8 maisons
24 » : 106 »	29 »	: 5 »
25 » : 27 »	31 »	: 6 »
26 » : 18 »	4 septembre	: 15 »
27 » : 13 »	7 »	: 11 »

Soit en tout 209 maisons au moins.

Abatage des arbres

Le 24 août, le citoyen Farconnet a requis de réunir le plus de charpentiers possible pour couper les arbres.

Un cavalier est venu demander des charpentiers pour faire un abatti dans le Rosendael (Procès-verbal).

Le 25 août, le citoyen Laroche commandant de la 34e division de gendarmerie nationale est venu annoncer qu'ayant remarqué que les arbres vis à vis la batterie près le Pont Rouge nuiraient beaucoup s'ils restaient sur pied, il avait donné des ordres pour les faire abattre.

Le 31 août, ce qui restait des arbres plantés dans les allées entre la barrière de Nieuport et le Rosendael fut coupé pour empêcher les troupes alliées de s'approcher sous leur couvert de la porte de Nieuport (Hane).

3° Inondations

Il est nécessaire, je crois, de présenter quelques considérations générales sur les inondations. — Je demande la permission de les résumer ici d'après « le 22e corps à Dunkerque et la garnison de Dunkerque ».

Il faut distinguer, dans notre région, trois espèces d'inondations :

celle des places fortes ;
celle de la région inondable, de Saint-Omer à Dunkerque, à l'eau douce ;
celle de la même région, à l'eau salée.

La 1re, tendue par décrets au fur et à mesure que les différentes places sont menacées, fut la seule employée en 1870. Quant à la 2e, elle peut être obtenue au moyen des retenues d'eau et du gonflement des watergangs ; c'est celle qui fut tendue en 1814.

La mise en état de siège eut alors ce résultat remarquable de fournir une preuve complète de la possibilité de former les inondations autour de la place au moyen des eaux douces lorsque les eaux de l'Aa sont suffisamment élevées, et de se dispenser, dans ce cas, de recourir à la fatale ressource des eaux de mer qui ruinent le pays pour un grand nombre d'années.

Enfin, la 3ᵉ est un moyen *héroïque* qui peut être employé d'emblée, comme en 1793 ou comme adjuvant de la 2ᵉ, c'est ce qui devait être fait en 1871, si la guerre avait continué, (le mal aurait d'ailleurs été bien moins grand qu'en 1793, parce que le sol aurait déjà été saturé d'eau douce).

Mais, même à cette époque héroïque, il y eut des accommodements avec…l'eau ! On lit dans diverses histoires de Dunkerque :

L'inondation d'eau de mer n'atteignit pas les Moëres, grâce à un batardeau que les habitants des Moëres établirent dans le canal.

On lit, sur le même sujet, dans un rapport du chef du génie de Dunkerque, en date du 29 septembre 1870 :

En 1793, les Belges craignant les effets de l'inondation salée, construisirent avec l'aide des Anglais une digue qui reliait Hondschoote à la mer. Cette digue existe encore et n'est interrompue qu'à ses extrémités Nord et Sud, au passage du canal de ceinture commun aux Moëres belges et françaises.

Quoi qu'il en soit, en 1793, outre la *grande inondation*, on chercha à obtenir l'*inondation partielle* de Rosendael. Je vais examiner les deux ordres de mesures qui furent prises à cet effet :

a GRANDE INONDATION

Le 22 août, comme on pouvait craindre que l'ennemi ne tentât d'arriver sur plusieurs points à la fois et surtout par la Basse ville, en passant entre le Fort Louis et le canal des Moëres, que la sûreté même de Bergues exigeait cette mesure, on prit le parti d'introduire les eaux de mer dans le pays (Manuscrit Diot).

On lit, à ce sujet, dans le procès-verbal du conseil général :

A 10 heures, le commandant temporaire communique une réquisition du commandant de Bergues de lâcher les eaux de mer pour former une inondation ; a été observé que le conseil n'ait rien à y opposer, que c'était au commandant à prendre ses mesures.

Vers 11 heures, la Municipalité reçoit du général Carrion, commandant à Bergues, une lettre par laquelle il annonce que l'ennemi marche sur cette ville, et une réquisition par laquelle il demande de laisser entrer les eaux de mer pour inonder le pays et empêcher l'ennemi d'approcher de la place. Il avait envoyé à Wattendam et à Lynck, pour faire arriver plus abondantes les eaux de l'Aa dans le bassin de la Colme mais, craignant qu'elles ne fussent insignifiantes, il réclamait l'intervention des eaux de mer.

Le commandant temporaire exécuta l'ordre que lui transmit le Conseil de guerre.

A 11 heures du matin à la marée montante, on enleva les écluses pour inonder les environs de Bergues et l'on continuera la grande inondation ce soir.

Ce fut le *23 août à minuit*, que l'ordre du Conseil de guerre s'exécuta et ce fut par le moyen de l'écluse de Bergues côté 61 dans l'arrière-port.

La marée était très forte : on introduisit les eaux à pleine voix, toutes les portes busquées ouvertes ; en moins de deux heures elles montèrent de 6 à 7 pieds au-dessus du point où elles étaient dans le canal de Bergues avant l'opération et se répandirent dans la partie entre le Fort Louis, le pont de Stendam, en avant du canal des Moëres, à la gauche du canal de Furnes, dans la partie entre ce fort et le Fort Français, sur le canal de Bergues, de manière à rendre les approches pour ainsi dire impossibles, on avait fait quelques coupures dans les digues qui bordent les canaux afin de favoriser l'effet de cette inondation.

Vers 2 heures du matin, le citoyen Wattel, cavalier de la garde nationale, rapporte que le batardeau de Zuydcoote est rompu, il en est aussitôt donné avis au Conseil de guerre qui ordonne l'ouverture de l'écluse Kesteloot afin de profiter du restant de la marée de cette nuit.

Vers 10 heures du matin, le citoyen Duflos vient annoncer qu'il a visité les écluses, que l'eau est montée.

Vers les 4 heures, le citoyen Deconinck, éclusier de l'écluse de Bourbourg fait observer que les eaux ont passé par-dessus les portes de l'écluse et qu'on pourrait empêcher le mélange des eaux en plaçant des poutres, il lui a été dit de se concerter soit avec le citoyen Farconnet ou Verbrugge, éclusier de l'écluse de Bergues.

Le 29 août, le colonel Leclaire écrit :

Ce matin, le commandant du 19e infanterie cantonné à Watten, m'écrit que le conseil de guerre de Bergues a envoyé l'ordre de lâcher les écluses à pleines eaux, afin de porter l'inondation à Bergues depuis Bierne jusqu'au bastion Saint-Pierre, ce qui m'obligera peut-être à retirer ou à déplacer mes postes qui occupent la rive gauche du canal de Bergues.

Le 31 août, le même écrit :

Les informations prises encore pour l'inondation sont que, si les paysans ne sont pas forcés à relever les digues, ce pays ci sera inondé à la première pluie ; les deux côtés du canal de Bergues commencent à déborder, ce matin, du côté de Looberghe jusque vers Watten, et l'inondation de Bergues en deviendrait plus difficile, l'eau se répandant hors du canal.

Il fait encore la remarque que les inondations sont déjà sensibles et qu'en plusieurs endroits des chemins il y a un pied d'eau ; le long du canal, elle déborde dans plusieurs endroits, mais de notre côté.

Le 2 septembre, l'ordonnateur civil écrit :

Nous espérons dans deux ou trois jours faire usage de la grande marée de la nouvelle lune pour achever l'inondation qui n'a pu s'opérer complètement pendant le dernier quartier.

Le général Leclaire écrit :

Les inondations deviennent fortes du côté d'Armboutscappel. Un chasseur me rend compte, écrit, de son côté, le colonel Leclaire, que l'ennemi a reculé son poste et son canon du canal de Bergues, au poste de Millebrugghe, jusqu'au château et bois Coppens, ce qui ne peut être qu'à cause de l'eau.

b Inondation partielle de Rosendael

On tenta aussi, par le moyen du canal de Furnes, de jeter des eaux dans le Rosendael ; mais ce point étant plus élevé, l'effet n'y fut pas le même, et cette partie s'en ressentit faiblement. (Manuscrit Diot.)

L'ordonnateur civil écrit à ce sujet :

Le 4 septembre, la marée qui montera aujourd'hui extrêmement haut va inonder la majeure partie du Rosendael ;

Le 6 septembre, la marée a monté à 16 pieds et demie au-dessus du radier de l'écluse de Bergues et l'eau a infiniment gagné dans le Rosendael entre la place et les retranchements ennemis.

On verra ci-après que, d'après Ditfturth, ce fut la saignée du canal de Furnes qui empêcha les assiégeants d'amener leur matériel de siège.

§ X Dispositions prises par l'attaque

On lit dans l'ouvrage récemment paru de Fortescue :

Après le combat du 24 août (voir ci-après) le duc d'York se retrancha dans la position qu'il avait choisie, sa droite s'appuyant sur la mer et sa gauche à Téteghem, faisant en plein face à la partie est de la ville et à environ 2 milles de distance des murs.

Le champ d'opérations de l'armée du Duc peut être à peu près désigné comme un quadrilatère dont la mer forme le nord, le canal de Dunkerque à Bergues l'ouest, le canal de Bergues à Furnes le sud et une ligne tirée de Furnes jusqu'à la mer l'est. De l'est à l'ouest le terrain ainsi entouré était divisé à peu près en deux bandes parallèles, la partie Nord consistant en collines de sable connues sous le nom de Dunes avec une bande étroite de terrain sablonneux plat au milieu d'elles ; la partie sud consistant en un vaste marais appelé la grande Moëre composée en partie d'eau stagnante, en partie de terrains détrempés, le tout étant susceptible d'être inondé en laissant passer la marée par les écluses de Dunkerque.

Téteghem qui constituait la gauche de la position du Duc s'appuyait sur ce marais et commandait la seule route qui le traversait pour conduire à la Maison Blanche et ainsi à l'armée de Freytag.

La position elle-même était à beaucoup de points de vue désavantageuse. Le terrain était fort découpé par d'innombrables petits fossés, haies et parties de broussailles, toutes choses à travers lesquelles les troupes durent se frayer un passage avec leurs armes blanches en raison du manque d'outils.

Le pays était complètement sans eau potable, celle dans

les canaux étant salée et celle provenant des puits désagréable au goût.

De plus, de la tour de la cathédrale de Dunkerque on pouvait se rendre compte de tout ce qui passait.

Mais tout cela n'était pas ce qu'il y avait de pis. Le duc d'York comptait avoir une flotte pour couvrir son flanc droit qui avait été éprouvé par les canonnières de l'ennemi dès le premier jour, et recevoir des transports apportant de la grosse artillerie et d'autres objets nécessaires pour le siège et jusqu'ici rien n'arrivait. La première chose est d'avoir ce qu'il faut et de l'avoir en temps avait écrit Murray à Dundas en juillet.

Le 25 août, les ingénieurs anglais opèrent le piquetage de la ligne de circonvallation.

Le 26 août, commence la construction des tranchées, mais comme le sol était de sable mouvant et que, dans le voisinage on ne trouvait guère de quoi faire des fascines, les travaux se firent très mal et en maints endroits, ils étaient si maigres que le parapet put être traversé même par des coups à mitraille. Les tranchées furent occupées de plus en plus fortement par des piquets d'infanterie en soutien desquels le régiment de carabiniers hessois fut campé un peu en arrière dans les Dunes.

Comme on manquait d'ingénieurs, on invita tous les individus de l'armée possédant des connaissances en fortification, à se présenter pour être employés aux travaux. Pour les encourager, on leur assura des indemnités particulières.

Le 27 août, les transports arrivèrent avec des canonniers mais pas de canons. (Fortescue).

Le 29 août, une frégate, le « Brillant » et quelques cotres armés apparurent au large.

Le 30 août, l'amiral Macbride arriva pour se concerter au sujet des opérations mais sans sa flotte.

En vertu d'un arrangement qui se reproduisit au moins une fois encore durant la guerre, l'escadre de Macbride, devant agir conjointement avec l'Armée, avait été retirée du contrôle de l'Amirauté et placée sous les ordres de Dundas, de sorte que ce dernier était seul responsable de cette inexécution du plan.

Pourquoi ne m'avez-vous pas suggéré plus tôt une coopération de la flotte à Dunkerque ? écrivait-il avec colère à Murray le 29.

— Je m'étais toujours imaginé que cela serait utile, mais n'avais aucune autorité pour le proposer.

Voilà un exemple frappant des méthodes de Dundas en tant que Ministre de la guerre. Le projet d'assiéger Dunkerque émanait de lui-même et de ses collègues du Cabinet et d'eux seuls, aucun militaire ne l'approuvait, bien que le duc d'York, par esprit de loyauté envers ses supérieurs, le soutînt par devoir ; et Dundas n'invoquait jamais d'autre autorité que la sienne propre pour cette entreprise, ni pour son intervention constante dans la conduite des opérations qui le précédèrent.

A la vérité, il avait dans la tête un certain nombre d'idées dont la plus fâcheuse était qu'il savait conduire une campagne et il avait, déjà en avril, adressé en secret de vagues demandes à Murray concernant le besoin d'une coopération navale. Mais cette question n'était pas de celles qui peuvent être résolues de suite par un général, car la question n'était pas de savoir si une flotte serait utile mais bien si elle serait à même d'agir par tout temps et cette question purement maritime ne paraît pas avoir été envisagée du tout. Le 15 août, alors que l'armée n'était pas encore occupée au siège, le général Ainslie, commandant à Ostende, avertit Dundas qu'il ne s'était pas rendu compte des difficultés qui pourraient résulter d'un temps défavorable à Dunkerque et de fait, le « Brillant » et sa petite flottille n'avaient pas été trois jours sur la côte avant d'être chassés de leur station.

C'est évidemment en raison de l'incertitude d'une coopération navale que Murray émit l'opinion apparemment étonnante qu'il considérait une escadre comme utile, mais pas très importante pour le siège. En outre, Dundas avait si souvent pressé le duc d'York de ménager ses 8.000 Hessois, qui formaient presque un tiers des forces qu'il commandait, en vue d'un autre service, qu'il était impossible pour le Duc de deviner si les Ministres avaient réellement l'intention de poursuivre leurs desseins contre Dunkerque ou non. Dans l'affirmative, on avait le droit de s'adresser à eux pour un train de siège et pour l'assistance navale qui lui était nécessaire et dont ni l'un ni l'autre n'usaient, en partie parce que Dundas ne savait pas ce qu'il voulait, en partie parce qu'il s'était occupé d'un tas d'opérations dont l'exécution était au-dessus des forces soit de l'Armée soit de la Marine, et ce après dix années de négligence persistante.

Cependant, en compensation des navires et des canons dont il était tant besoin, il envoya à Murray un plan pour le siège de Dunkerque émanant de la main tout à fait experte du Lord Chancelier Loughborough, espérant peut-être que les erreurs de Downing Street seraient réparées par la valeur du Lord Chancelier.

Il y a des cas où les actes des politiciens anglais deviennent franchement ridicules (Fortescue).

Dans les derniers jours d'août, la ligne des ouvrages étant terminée, elle fut armée et occupée. Elle comportait 14 batteries (voir le tableau ci-après).

L'occupation fut réglée comme il suit :

Aile droite (Mer — canal de Furnes)

Il était commandé chaque jour 1.800 fantassins ainsi répartis :

Droite (Autrichiens) : 825 piquet, 392 réserve.
Centre (Hessois) : 409 piquet.
Gauche (Anglais) : 156 piquet.

1.390 piquet, 392 réserve.

En outre, un escadron de soutien était fourni alternativement par les chevaulégers de Karaczai et par les carabiniers hessois.

Il y avait un général-lieutenant et un général-major du jour (*sic*).

Aile gauche (canal de Furnes — canal des Moëres)

Il était commandé chaque jour 1.400 fantassins ainsi répartis :

Droite (Autrichiens) : 400 piquet.
Centre (Hessois) : 350 piquet, 242 réserve.
Gauche (Anglais) : 250 piquet, 161 réserve.

1.000 piquet, 403 réserve.

Le service de la cavalerie était assuré par un escadron de dragons anglais. Il y avait un général-major du jour.

En arrière se trouvait l'armée campée sur deux lignes dans l'ordre de bataille indiqué plus haut, avec la modification suivante : à la suite de batailles sanglantes entre eux et le régiment autrichien Starray, les bataillons de grenadiers réunis anglais étaient rentrés à leurs corps respectifs.

A leur place, le 1er bataillon de Lossberg vint camper sur la rive droite du canal.

D'autre part, le général v. Buttlar, malade et évacué sur Bruges où il mourut bientôt, était remplacé par le général lieutenant v. Wurmb.

Dès le début, le front de bandière du camp fut vivement inquiété par la batterie du moulin à vent entre le glacis et le Rosendael.

Le Duc se rendait compte, en outre :

d'abord, que Souham avait ouvert les écluses et que l'accroissement continu de l'inondation romprait bientôt ses communications avec Freytag ;

de plus, que son flanc droit était sans cesse exposé aux coups des canonnières françaises ;

en troisième lieu, que son arrière n'était pas en sécurité, puisqu'il n'y avait rien pour empêcher les Français de déplacer des troupes par mer.

Dans cette situation, il essayait de prendre une place qu'il n'était pas assez fort pour entourer et que les Français pouvaient par conséquent renforcer à tout moment, en l'attaquant seulement d'un côté sans grosse artillerie. (Fortescue).

Contre l'inondation, il n'y avait pas à lutter.

Tout le terrain depuis l'aile gauche et au sud de Téteghem était mis sous l'eau et la liaison directe avec le corps de Freytag à peu près coupée.

Mais ce qui gênait le plus l'attaque, c'était les chaloupes canonnières. A chaque marée, elles s'avançaient le long du rivage et canonnaient le flanc droit et les derrières des détachements postés dans les dunes. Ceux-ci, en cherchant à se protéger au moyen de tranchées enterrées rencontrèrent bien vite, dès la profondeur de deux pieds, la nappe d'eau souterraine.

Bien que, de la cathédrale de Dunkerque, tout le

camp fût, pour ainsi dire, percé à jour comme je l'ai dit, toutes les relèves avaient lieu à 3 heures du soir, comme si on avait voulu renseigner exactement la défense sur les mesures prises.

Chaque jour à 3 heures, dès que les relèves se mettaient en marche, sur un signal donné du haut de la Cathédrale, plusieurs chaloupes canonnières sortaient du port et canonnaient de la mer tous les postes avec des pièces de 36 et leur causaient le plus souvent des pertes sensibles. Même après que l'on eût pris le parti de ne faire les relèves qu'à l'entrée de la nuit, ce genre d'inquiétude n'en continua pas moins.

Pour empêcher l'arrivée journalière de la flottille des chaloupes, l'ingénieur en chef anglais, colonel Moncrieff, commença l'établissement à la droite de la batterie n° 1, sur le rivage même, d'une batterie qui devait être armée avec quelques-unes des pièces de gros calibre dont il va être question ci-après.

Chaque nuit, on entendait distinctement le roulement des pièces et des caissons qui entraient à Dunkerque.

Toutes les nuits aussi, comme on vivait dans la crainte continuelle d'un débarquement de nuit sur les derrières du camp, le bord de la mer était soigneusement fouillé par des patrouilles.

Le Duc ne cessait d'envoyer en Angleterre des aides de camp pour presser l'arrivée de la flotte, qu'on s'attendait si bien à voir apparaître chaque jour, qu'on construisit tout exprès dans les dunes, pour annoncer son arrivée, un véritable observatoire — à l'emplacement de la batterie de Zuydcoote actuelle.

En attendant, pour pouvoir bombarder Dunkerque avec quelque succès, le Duc fit ramener par le canal de Furnes, 30 pièces de marine de gros calibre avec leurs munitions tirées d'une frégate échouée à Nieuport (Witzleben dit : 24 pièces).

Chaque nuit, souvent aussi le jour, les troupes de tranchée étaient tenues en haleine par de petites sorties et subissaient constamment des pertes, ce à quoi contribuait le faible profil des ouvrages.

On se décida à amener de loin par le canal de Furnes des matériaux plus sérieux et à constituer un dépôt de fascines.

Mais bientôt les défenseurs, ayant enfin reconnu de quelle utilité le canal de Furnes était pour l'armée de siège en lui permettant d'amener tout ce dont elle avait besoin, lui coupèrent toute alimentation du côté de Dunkerque. Par suite, le niveau d'eau dans ce canal devint si bas que tous les fardeaux lourds durent être amenés par essieux.

Quoiqu'il en soit, au commencement de septembre, le Duc fut à même de faire commencer le feu.(Fortescue).

D'une façon générale, la ligne de circonvallation part de la dernière grande dune du côté de l'Estran que nous avons tous connue (et sur laquelle on érigea, par la suite, une batterie pour répondre au feu des batteries flottantes). Elle traverse le canal de Furnes à peu près au pont du chemin de fer actuel et suit ensuite le chemin vert jusqu'au pont du grand Steendam (pont de Steendam actuel).

Elle devait être armée de 14 batteries.

Il est à peine besoin de dire que le croquis de l'ouvrage Ditfurth est inexact.

On arriverait à identifier les 14 batteries comme il suit :

N°s 1 et 2. — *A l'extrême droite sur les Dunes, se trouvaient les batteries 1 et 2, redoutes ouvertes à la gorge, assez solidement construites en fascines et gabions.*

Elles étaient armées au moyen de canons de bataillon tirant à barbette. Elles se trouvaient sur les deux grandes dunes (2ᵉ rangée) que nous avons tous connues.

N° 3. *Au Nord de Rosendael, se trouvait la batterie n° 3, dite principale, la plus importante en effet, redoute construite comme les deux premières, mais fermée à la gorge.*

Elle était armée de 3 pièces (2 pièces de 12 autrichiennes et 1 obusier) tirant également à barbette, balayant Rosendael. Elle se trouvait sur une dune que nous avons encore connue près de la route stratégique.

Ces 3 batteries étaient à 1.000 mètres des ouvrages extérieurs et à 1.400 du corps de place.

Nᵒˢ 4, 5 et 6. *Entre cette batterie principale et le canal de Furnes se trouvaient 3 batteries, nᵒˢ 4, 5 et 6, armées, savoir : les nᵒˢ 4 et 6, de canons de bataillon, le n° 5 de 2 pièces de 3 autrichiennes ; toutes trois sont masquées par des arbres.*

Ces trois batteries balayaient les rues traversant Rosendael, savoir :

n° 4 : la Vischerstraete (rue des Pêcheurs).
n° 5 : la rue de la Chapelle.
n° 6 : la Leenstraete (rue Nationale).

Elles se trouvaient à hauteur de l'église actuelle de Rosendael ; elles sont encore plus éloignées que les trois premières : de 1.400 à 1.800 mètres.

N° 7. *La batterie n° 7, tout contre la rive Nord du canal était armée de 2 pièces de 6 anglaises.*

Une longue courtine, sorte de levée ou chaussée en zigzags, partant de la batterie n° 1, reliait entre elles toutes ces batteries, traversant le Rosendael et allait s'appuyer sur la rive gauche du canal de Furnes, à la batterie n° 7.

Elle avait environ 5 pieds d'épaisseur au sommet avec un

petit fossé de 6 pieds de largeur et elle était élevée de 4 à 5 pieds au-dessus du niveau du terrain.

La construction de cette chaussée ou levée, outre qu'elle servait de liaison entre les batteries et les autres ouvrages, était vraisemblablement nécessitée par les eaux qui filtraient à travers les digues du canal de Furnes ou par les coupures que les assiégés y avaient faites ou par la nature du terrain, et avaient mouillé le Rosendael ; on en jugea ainsi par les petites flaques d'eau qui se trouvaient répandues çà et là au pied de cette levée.

N° 8. — *La batterie n° 8 tout contre la rive sud du canal à hauteur de la précédente, était armée de 3 pièces de réserve autrichiennes.*

Les deux batteries n°s 7 et 8, enfilant dans toute leur longueur les deux chaussées aux digues du canal de Furnes, rendaient les approches du pont tournant du canal très dangereuses.

Elles mirent, par deux fois, à mal, des colonnes françaises qui essayaient de s'avancer de ce côté.

Ces deux batteries se trouvaient au débouché de la rue du Four à Chaux.

N°s 9, 10, 11, 12, 13. *De la batterie n° 8 courait jusqu'à Téteghem une longue courtine où se trouvaient les batteries n°s 9, 10, 11, 12, 13, redoutes à flancs, distantes l'une de l'autre d'environ 100 toises, ayant leurs saillants tournés vers la place.*

Chacune avait 2 embrasures vers son saillant, mais d'après l'ordonnateur civil, il ne s'y trouvait qu'un canon.

C'était des canons de bataillon d'après Ditfurth ; elles paraissent du calibre de 12 d'après l'ordonnateur civil et sont montées sur affût de campagne,

N° 14. *La batterie d'aile gauche n° 14 se trouvait exacte-*

ment devant Téteghem, sur le chemin de Coudekerque (Ditfurth) à peu de distance du canal des Moëres, en arrière du pont du grand Steendam, dit au contraire Diot et il est bien évident que c'est lui qui a raison.

Il est à remarquer que si les batteries 1, 2, 3 pouvaient causer quelque dommage à la ville, les autres batteries étaient absolument hors de portée.

Cette ligne était couverte du côté de la place par une ligne concentrique d'avant-postes de combat, nettement déterminée sur le terrain et parfaitement marquée également sur la carte d'état-major (à condition de se servir d'une édition ancienne). — C'est sur cette ligne qu'on se battait tous les jours : elle partait du Vischer Morne pour aller aboutir au point où se trouve maintenant le passage à niveau sur le chemin de Coudekerque.

On lit dans le procès-verbal du conseil général du 23 août :

Le citoyen Le Noue est convenu que la position des ennemis est celle qu'aurait dû prendre notre armée et que c'avait avait été son intention.

On peut, de même, identifier les deux lignes du camp:
1e ligne : Tente-Verte, Betford (petit Dunkerque) Téteghem.
2e ligne : Corps de garde de Leffrinckoucke, pont de Leffrinckoucke, Tleegervelt.

§ XI. Evénements du siège

Les détails qui vont suivre, pour tout ce qui concerne la défense, sont tirés :

1° de l'ouvrage publié, il y a 15 ans, par la *Société Dunkerquoise* et renfermant les procès-verbaux du Conseil Général, la correspondance de l'ordonnateur civil et le journal du Capitaine.

(L'exactitude des détails donnés dans cet ouvrage se vérifie chaque jour davantage).

2° du manuscrit de l'adjoint du Génie Diot qui existe aux archives du Génie de Dunkerque ;

3° d'un autre manuscrit de Diot, absolument inédit et qui a été mis à ma disposition ;

4° des archives du Nord, liasses diverses ;

5° de nombreux documents m'appartenant.

C'est ainsi qu'au détail de la composition de la garnison de Dunkerque, approximativement connu, j'ai pu en ajouter d'inédits relatifs à la place de Bergues et aux préparatifs de défense du groupe Dunkerque-Bergues, ainsi que deux plans fort rares.

Pour l'attaque, j'ai trouvé au British Museum des documents inédits.

Composition de la Légion de la garde nationale sédentaire de Dunkerque :

   Chef de Légion : Vausse,
   1er Bataillon : Manotte,
   2° Bataillon : de Baecker Lhermit,
   3° Bataillon : X...,
   4.° Bataillon : Tilloy,
   5° Bataillon : Brown,
   6° Bataillon : Villepré,
   7° Bataillon : Mascard (?)
   8° Bataillon : Lefebvre,
   9° Bataillon : Mazuel,
   Grenadiers : Maurin,
   Cie de Caval^ie : Marescaux.

D'après un état de situation daté du 24 mai 1793, l'effectif sur le papier était le suivant :

230 officiers (1 chef de légion, 1 adjudant général, 1 sous-

adjudant général, 9 commandants de bataillon, 9 commandants en second, 9 adjudants, 50 capitaines, 50 lieutenants, 100 sous-lieutenants) ;

2770 troupe (100 sergents, 200 caporaux, 450 grenadiers, 1900 fusiliers, 120 canonniers). — La compagnie de cavalerie comptait 3 officiers, 2 maréchaux des logis, 2 brigadiers, 30 cavaliers.

Le Commandant de place de Bergues, est le citoyen Carrion de Loscondes.

Commandant temporaire : le citoyen Joseph-Louis Ribotty, chef de brigade, venu du camp de Ghyvelde.

Adjudant de place : le citoyen Ferret.

Adjoint : le citoyen Traverse.

Commandant de l'Artillerie : le citoyen Kurtz, officier d'artillerie.

Commandant du Génie : le citoyen Ruel Belleisle, capitaine du Génie.

Commandant du Fort Français : le citoyen Chambellan.

Commandant de la garde nationale sédentaire : le citoyen Houze.

Le 19 août, le citoyen Kurtz fait part qu'il a fait transporter des munitions au Fort Français.

Le citoyen Ruel Belleisle dit qu'il y a lieu de donner des ordres pour approvisionner promptement la ville de Bergues et qu'il en a donné lui-même à ses piqueurs pour mettre les fortifications en bon état, les retranchements, palissades, etc., et qu'il serait nécessaire de mettre les eaux à la hauteur et prêtes à inonder le pays en cas d'attaque.

Enfin, il demande 600 corps d'arbres pour blindages et autres objets à transporter de Dunkerque à Bergues.

(Le 22 août, 2 bélandres requises à Dunkerque transportent ces bois à Bergues).

Pour mémoire : le commandant temporaire de Gravelines est le citoyen Peterinck, commandant le 10ᵉ Bataillon du Pas-de-Calais.

D'après un mémoire très détaillé du Général O Méara, daté du 1ᵉʳ mai 1793, que je ne reproduis pas en entier, en raison de sa date très antérieure au siège, il existait à cette date :

à Dunkerque : 177 bouches à feu, dont 133 canons.
à Bergues : 68 bouches à feu, dont 49 canons.

Un état de situation, daté du 20 mai, donne :
à Dunkerque : 93 canons,
à Bergues : 45 canons,
au Fort Français : 8 canons.

FORTIFICATIONS

DUNKERQUE
1793

DÉPARTEMENT DU NORD

Mémoire sur la fortification de Dunkerque et ses dépendances

La Fortification de Dunkerque consiste en de simples retranchemens de campagne composés d'un corps de Place avec fossés plein d'eau, et un chemin couvert palissadé. Plusieurs parties de l'enceinte de cette place se trouvent de plus renforcées de demi-lunes, contregardes et même de cavaliers. La masse d'obstacle que cet ensemble présente, jointe aux localités que nous avons détaillés, rendent la ville de Dunkerque susceptible d'une bonne défense.

Cette ville, distante de Bergues de deux lieues, y communique par un canal large et profond, dont les digues forment un retranchement naturel et ayant en avant deux forts à environ 800 toises l'un de l'autre et à 1200 toises de chacune des deux places, l'ennemi seroit donc forcé de cerner en même tems Dunkerque et Bergues, si, comme on a lieu de l'espérer, on lui empéchoit de rompre cette communication, dont la force se trouve être encore augmentée, tant par les inondations partielles des deux forts que par la possibilité de mouiller tout le terrein qui se trouve entre Furnes, Dunkerque et Bergues.

Cette ligne de défense s'étendant jusqu'à la mer par la rive droite du chenal, n'offre de véritable point d'attaque que la partie qui traverse les dunes, aussi les commissaires de la Convention ont-ils jugés à propos d'y faire construire intérieurement un mur crénelé arrangé de manière à permettre de reprendre la brèche un certain nombre de fois, si l'ennemi entreprennoit le passage du fossé. Cet ouvrage tire à sa fin, ainsi que tous les autres ordonnés jusqu'à ce jour.

Les canaux de Bourbourg et de Mardick joints à la fortification de la partie de l'enceinte qui se trouve entre le canal de Bergues et la rive gauche du chenal forment une défense suffisante même contre une descente telle qu'on peut l'exécuter sur une côte platte et remplie de bancs. aussi n'a-t-on rétabli que la seule batterie du Risban, qui défend l'entrée du chenal et couvriroit les corsaires qui seroient en rade.

Le grand développement des retranchements de Dunkerque exige des forces considérables, il faudroit une armée de 20.000 hommes d'infanterie et 20 escadrons pour résister contre un ennemi fort de 60.000, mais 5.000 hommes ne pourraient y tenir contre 10.000 hommes.

Tels sont les moyens de défense de cette partie de frontière dont le sol est si riche en grains et autres objets de première nécessité. Il est par cette raison extrêmement précieux dans la guerre présente de s'occuper de sa conservation.

A Dunkerque, le 18 mai 1793, l'an deux de la République.

FARCONET.

FORTIFICATIONS

BERGUES
1793
L'an 2ᵐᵉ de la République française

Mémoire demandé par les Représentans du Peuple, députés de la Convention sur la Place de Bergues.

Bergues est le plastron de Dunkerque et ces deux villes ensemble font la gauche de la frontière de la République, il seroit possible, que leur prise et celle des places que baignent l'Aa et la Canche fassent le prix promis aux Anglais pour entrer dans l'alliance qu'ils ont contractée avec nos ennemis. Ce seroit pour les Anglais, un beau moyen d'augmenter leurs rapports commerciaux avec les Belges et de s'étendre à leur droite dans les fertiles départements de la Somme et de la basse Seine.

Bergues demande donc la plus sérieuse attention pour sa deffense dont on va parcourir les principaux points.

Accessible sans passer de canaux, la corne de Cassel a demandé et obtenu nos premiers soins, son front trop petit pour des parapets en terre est bientôt crénelé, par dessus son parapet de cinq pieds d'épaisseur. Au moins, on pourrait avoir un second étage de mousqueterie, une palissade en fraise en deffend l'escalade.

En arrière on achève deux cavaliers dont le commandement de neuf pieds permettra de deffendre victorieusement l'approche par la chaussée de Cassel à l'aide de 12 pièces de canons qui l'enfileront tandis que l'innondation ou le peu de hauteur des terres au-dessus des eaux empêcheront l'ennemi de s'étendre à la droite ou à la gauche de la chaussée pour se rendre supérieur en nombre de canons.

Le nôtre aura l'avantage qu'en le retournant sur les branches de cette corne, il flanquera les fronts de Bierne à droite et surtout à gauche il deffendra la droite de la couronne de Saint-Winox, et principalement les approches de la grande brèche dont nous parlerons.

Nous profiterons de la nécessité des communications sous les cavaliers pour loger à l'abri des pierriers, des obus et même de la bombe sous les parapets, les poudres et les deffenseurs de cette corne qui deviendrait un aussi bon ouvrage qu'il était mauvais.

Négligée pendant 40 ans une brèche de 54 toises causait l'an dernier des inquiétudes aussi vives que fondées. Nous y proposâmes des deffenses puissantes de flanc et de revers, nous en allons adjouter encore. Mais l'idée d'une brèche double le courage de l'assaillant et double de moitié celui de l'assiégé. Ces considérations morales nous font regarder comme indispensable de couvrir cette brèche, par un retranchement en ligne droite qui fera courtine entre la corne de Cassel et la demi lune des jésuites qui la flanqueront bien, un large fossé plein d'eau, un chemin couvert en ligne droite et sans traverses pour qu'il devienne inhabitable à l'ennemi, plusieurs rangées de palissades deffendront victorieusement cette partie la plus faible de Bergues, qui deviendra un équilibre de force avec le reste et qui ne coutera qu'une trentaine de mille livres suivant le projet envoyé le 30 avril.

Bergues, plus qu'aucune place se ressent de la disette de bons ingénieurs ; beaucoup de ses tracés sont bons, mais aucun de ses détails n'est fini, nous nous contenterons, cette année, de doubler les flancs de la couronne St-Winox et de disposer ses fossés de manière qu'ils soyent pour nous au lieu qu'ils sont contre nous.

On a achevé le plus essentiel à la porte d'Hontschoote en rendant sa couronne presqu'inaccessible.

On ne négligera pas quelques détails nécessaires aux parties les plus foibles.

Pour profiter des eaux au lieu de pont sur lequel l'ennemi pourrait nous suivre pêle-mêle on a des radeaux tournants autour d'un pivot pour les faire entrer dans l'échancrure ménagée à notre rive de la cunette de même pour les grands fossés, on s'est ménagé de grands radeaux, capables de porter plus de trente hommes d'aller en flotille et de couvrir la tête de la colonne par un parapet de planches au travers duquel on fusillerait et qu'on pourrait ensuitte abaisser pour faciliter la deffense.

On arrange les souterrains pour en tirer l'humidité et l'air méphitique, mais il faudrait des lits de camp, il faudrait même rendre les caves de l'abbaye habitables et à l'abri de la bombe à l'aide d'étançons et de terre sur les voûtes.

Il n'y a aucun bois de blindage, il n'y a aucune fascines et peu de bois dans la place capables d'en pouvoir fournir.

La place paraît mal approvisionnée en outils. En général, Bergues n'était pas de la cinquième force il y a 13 mois, il va bientôt être de la 3e force et si l'on y dépensait 400.000 francs, si en sus on profitait de l'élévation naturelle et des murs de St-Winox pour faire une espèce de citadelle, Bergues deviendrait une place de la 2e force ce qui serait essentiel puisque cette place est de la 1re importance.

Bergues, 18 may 1793, 2e de la République française.

Le capitaine du génie. Ingénieur en chef,
Ruel-Belleisle.

Agd n° 832 2 B n° 592

A Dunkerque, le 20 août 1793.
L'an 2 de la République Française.

Citoyens,

La Municipalité de Dunkerque vous a fait passer copie de la lettre du Général Houchard où il témoigne ses craintes sur la marche de l'ennemi dans la Flandre maritime. Dans ma réponse à ce général, concertée avec l'officier du génie de Calais, je lui confirme le peu de danger que nous courrons contre une attaque combinée de terre et de mer, par la forme plate de cette côte qui n'en permet pas assez l'approche pour porter le désordre dans cette ville.

Quant aux inondations dont parle le Général, j'espère qu'il ne les ordonnera pas, par les raisons que je lui ai détaillé, ne les considérant que comme mesure extrême et jamais complettement efficace. Je lui propose, après lui avoir rendu compte de nos manque de subsistances, pour un surcroît de force de douze mille hommes nécessaire à cette partie, de vous engager à faire portér le plus de grain possible en gerbes de tout ce qui se trouve en avant de Dunkerque et Bergues sur la rive droite de la Colme jusques à la hauteur de Watten. Il serait même essentiel de forcer la moisson dans cette partie afin d'être prêt à tout événement.

Le Capitaine du Génie,
FARCONET.

B. — ALLIÉS.

Le corps de siège dont on a vu la composition à la 2ᵉ partie, se porte de Menin par Ypres (où il laisse un bataillon) à Elverdinghe-Boesinghe. Son avant-garde prend une position de flanc sur la R. D. du ruisseau d'Elverdinghe, la droite au ruisseau. — Séjour le 21.

Mercredi 21 Août

Du côté de la défense, je trouve, à Dunkerque, la mesure ci-après qui eut, sur les opérations, une influence décisive :

C'est le 21 août, à la marée du soir, que le Capitaine Castagnier va prendre, à l'est du port, avec ses batteries flottantes, la position reconnue la plus avantageuse pour la défense de l'Estran.

J'ai eu la bonne fortune de trouver les deux pièces ci-après, concernant les affaires d'Oostcappel et d'Hondschoote.

La 1re indique que l'arrivée des fuyards et des blessés jeta un certain émoi à Bergues.

Dès 7 heures du matin, le bruit se répandit dans la ville qu'il y avait eu au point du jour une affaire au poste d'Oostcappel, où les ennemis paraissaient avoir le dessus.

Vers 8 heures, il arrive 12 ou 15 blessés.

A 9 heures, les citoyens Ferré, adjudant de la Place et un aide de camp du Général Carrion, rapportent que cette nuit l'ennemi ayant passé l'Yser, a cherché à envelopper les postes et s'est emparé de vive force du poste d'Oostcappel, où il s'est emparé de 2 pièces de canon du bataillon de la Somme, qu'enfin l'ennemi s'est replié sur Rexpoede.

A 10 heures, le Général commandant les cantonnements fait rapport de la déroute de nos troupes en cantonnement ; il dit que le poste important s'est laissé surprendre ; que ce n'est pas la première fois que le citoyen Ferrand qui le commande, aurait bien dû ne pas rester commandant de ce poste si important, qu'il a bien des louanges à donner à la bravoure du 1er bataillon de l'*Orne*, qui seul a contenu l'ennemi et protégé la retraite de nos troupes.

Le général ajoute que la déroute a été si complète qu'on s'est vu forcé à faire retraite sur la ville, qu'il est question actuellement de prendre de grandes mesures pour arrêter l'ennemi dans sa course ; qu'il va provisoirement faire porter de l'artillerie sur le rempart du côté d'Hondschoote, pour protéger et assurer la retraite sous les murs des remparts.

Il y a 25 blessés à l'hôpital et on en amène encore. En conséquence, la générale est battue.

Le conseil général prend des mesures absolument analogues à celles que nous avons vu et verront prendre à Dunkerque, savoir :

1° Un tourier est établi à la tour Saint-Winoc ;

2° Le citoyen Balde maréchal des logis de la cavalerie de la garde nationale est chargé de faire avec 2 de ses cavaliers des patrouilles extérieures pour prendre tous les renseignements sur la marche de l'ennemi ;

3° Les commandants des gardes nationales du district reçoivent l'ordre de rassembler leurs troupes prêtes à marcher ;

4° Le citoyen Belleisle, ingénieur en chef, ayant reçu son changement, il est écrit au général Barthel pour demander à le conserver en même temps que son successeur, le citoyen Lauwereyns, déjà arrivé et qui, avec une abnégation digne de l'époque, consent à lui servir d'adjoint.

Le citoyen Balde, de retour de patrouille, rapporte que l'ennemi ne paraît pas, mais qu'il occupe Rexpoede.

Le citoyen Vandenheede, curé de Rexpoede, a été blessé en chargeant bravement l'ennemi, à la tête de 15 de ses paroissiens, tandis que nos troupes fuyaient en désordre.

Exposé de la conduite révolutionnaire depuis le 1er mai 1789 du citoyen Schadet, ancien maire de la commune d'Hontschoote destitué, mis en état d'arrestation le six brumaire avec les officiers municipaux de la même commune, ses alors collègues et transférés en la ville de Bergues sur Colme, à cause de leur soi disant conduite, lors de l'invasion de l'ennemi audit Hontschoote.

....

Le 21 août dernier, *style esclave*, jour cruel et abominable pour les habitans d'Hontschoote, jour de calamité et d'horreur, auquel vers les sept heures du matin les hordes ennemies satelites des Despotes sanguinaires envahirent à l'improviste notre commune qui a été la proie de ces tigres jusqu'au 8 septembre suivant, séjour horrible de souffrance pour moi, mes alors collègues et autres bons républicains.

A l'époque du 21 août susdit, il y avoit à Hontschoote sept cent cinquante hommes de troupes : vers les six heures du matin l'on batoit la générale (chose qui s'étoit faite fréquemment pendant cette campagne à cause de bien des alertes qui ont eu lieu) je me rendis à l'instant sur la place, le bataillon y étoit sous armes ; peu après l'on vit arriver de côté et d'autre, quelques volontaires qui paroissoient en déroute venant d'Oost-Cappel distant d'Hontschoote d'une forte lieue ; ces volontaires rapportèrent que l'ennemi, au nombre de plusieurs mille, avoit forcé le poste et étoit à leur poursuite : j'avois fait avertir la Garde nationale sédentaire de se rendre dans l'instant en armes sur la place, ainsi que les employés de la Douane en grand nombre alors à cause de la frontière. Des ordonnances expédiées apportèrent successivement des nouvelles ou avis au Commandant du Bataillon, commandant aussi la place, j'avois en même tems fait avertir les officiers municipaux et notables de se rendre incontinent à la maison commune où je me rendis aussi. Le commandant y vint paroissant inquiet, il demanda ce que nous pensions et ce qu'il lui restoit à faire, cette demande nous parut embarassante. Enfin, je répondis qu'il devoit s'attacher à sauver l'honneur de son bataillon et le sien, et que s'il s'agissoit de se bâtre que nous irions tous, proposant de faire sonner l'alarme ; dans le moment que je parlois encore, l'on vint d'une manière très empressée chercher le commandant, il rejoignit son bataillon sur la place et apparemment sur des avis ultérieurs, il fit bâtre la retraite et se portoit avec le bataillon sur la petite chaussée du bourg qui conduit au chemin vers Bergues et Dunkerque : à peine hors de la ville, l'on entendit crier de toute part que l'ennemi paroissoit ; nous étions occupés alors à cacher et dérober nos Loix, registres et papiers. Quelques officiers municipaux ou notables, coururent avec précipitation à la porte de devant de la maison commune pour voir si c'étoit vrai ; rentrent aussitôt disant que l'ennemi étoit là.

Les hordes des tirans sanguinaires arrivèrent déjà sur la place par toutes les rues qui y aboutissent, une cavalerie immense la remplissoit avec une artillerie volante et extrêmement nombreuse. Enfin, quinze mille esclaves sur différentes colonnes, croiant de surprendre nos troupes, entouroient Hontschoote et y entroient ; nous cherchions à nous esquiver, il étoit impossible, nous fûmes arrêtés en sortant de la maison commune ; un chef de ces brigands vint aussitôt à nous avec plusieurs des siens et nous dit, par forme de demande : où sont vos troupes ? Je répondis aussi fermement que je pû, qu'elles étoient parties depuis longtemps, qu'elles devoient être à Bergues ou dans les environs : comme tous se disposoient à la poursuite de nos défenseurs, cette réponse les fit changer d'avis, et jurant dans leur langage, ils restèrent sur la place ; aussi l'avois-je dit exprès, car nous étions dans une crainte mortelle pour le bataillon qui ne venoit que de partir et que les satelites des despotes auroient pu facilement atteindre et le tourner même avec leurs nombreuse cavalerie et canons s'ils avoient été en avant et si nous eussions pu goûter alors quelque satisfaction, c'eût été d'avoir préservé ainsi le bataillon de la poursuite de ces tigres, en l'annonçant bien loin, sans quoi sa destruction totale en auroit probablement été la suite, vu le nombre prodigieux des ennemis. La place et les rues d'Hontschoote regorgeoient déjà tellement de troupes qu'il ne restoient de passage nulle part, chacun de nous s'est sauvé alors le mieux qu'il pouvait, dans les premières maisons qui s'offroient à notre vue et que l'on pouvoit approcher.

Les satelites des tirans sanguinaires furent bientôt instruits du patriotisme et de l'attachement du maire et des officiers municipaux à la République, par nos ci-devant vils prêtres réfractaires, émigrés et déportés, qui accouroient de la Belgique avec d'autres de leurs complices à qui nous avions fait la chasse auparavant : l'on formoit des listes de proscription contre nous et plusieurs autres bons républicains, je fus ainsi que mes alors collègues, consigné dans le bourg ; l'on m'arachoit de ma maison par la force armée, mes collègues eurent le même sort, l'on nous menoit comme des brigands, la baïonnette dans les reins, tantôt à la maison commune, tantôt ailleurs, l'on nous prescrivoit des ordres sanguinaires de toute espèce ; les tigres pillèrent nos maisons, insultèrent nos femmes ! Lorsque la horde ennemie avoit tout ravagé, que tout fut pris et enlevé, ces féroces ennemis trainèrent par force plusieurs de mes collègues jusques dans les paroisses voisines pour transmettre des ordres tiranniques de leurs chefs, et toujours par les menaces de la vie et celle de la déportation en pays ennemi, qui étoit la plus cruelle et la plus affligeante pour nous tous, vu qu'outre les cruautés incalculables dont nous eussions été les victimes, l'on nous auroit compris au nombre des émigrés. Enfin nous avions beau dire que nos qualités cessoient, que nous n'étions plus en place, c'étoit égal ; par des f : des b : de sacré patriotes, des coups de plat de sabre et de crosse, il falloit marcher.

Tout étoit occupé et servoit de logement à la horde d'esclaves, la maison commune en étoit remplie de haut en bas, tout y fût forcé et rompu nos lois et papiers que nous avions pris soin de cacher furent trouvés, déchirés et jettés au vent. Un commandant de la place, fléau des patriotes, prit son logement chez le nommé Martin Sapelier, chef de la ville avant la révolution, maintenant émigré, et qui pour cause d'incivisme avoit avec plusieurs de ses complices, été incarcéré quelque tems avant l'invasion des troupes ennemies : il se revengeoit sur nous par toutes sortes de manières avec ses prêtres survenus et leurs complices. Enfin, un ancien cachet ou scel avoit été trouvé quelque part, soit à la maison commune qui est très vaste et alors entièrement occupée par les soldats ennemis qui s'étoient fourés dans tous ses coins et recoins, soit que ce scellé venoit de chez Sapelier même ; du moins nous en ignorions l'existance, avec d'autant plus de raison que dans le tems prescrit par la loi, tous ces objets et autres rappelant ce régime esclave avoit été brisés et anéantis. Enfin ces antirévolutionnaires excitèrent ce lâche commandant ennemi de nous en faire servir par force et contrainte ; tandis que de l'autre côté, ils travailloient de concert, à nous rendre personnellement responsables et moi surtout, de l'argenterie des ci-devant églises que nous avions envoiée au district en exécution de la loi.

Pour comble d'horreur, la horde d'émigrés survenue au nombre de mille à douze cent bandis commettoient partout des atrocités et forfaits de toute espèce ; une foule de ces gueux vinrent m'arracher de chez moi, me trainèrent vers leur chef sur la place, celui-ci me demanda la route de la paroisse d'Uxem; je répondis que j'ignorois ce chemin : comme un tigre en furie, il me dit que j'étais un f: menteur, qu'il savoit bien que j'étois un f: b: de patriote, et criant aux siens qu'il falloit pendre ce jeanf: à l'arbre, l'on me prit par le col, l'on avançoit avec des cordes, des aristocrates m'insultèrent, je perdis la tête de frayeur et de saisissement, quelques bons citoyens s'intéressèrent à mon sort, me délivrèrent et je fus porté par eux dans une maison voisine où j'ai reçu des secours. Ces faits et autres sont prouvés par les pièces jointes.

Jeudi 22 Août

I. — *Approche du corps de siège*

A. — DÉFENSE.

A 7 heures du matin, un chasseur à cheval estafette annonce que le général O Méara craint de devoir abandonner le camp de Ghyvelde.

A 8 heures 1/2, en conséquence, le conseil général se déclare en permanence et sa première mesure consiste à envoyer 2 cavaliers citoyens au camp pour avoir des nouvelles. De ce moment, datent les procès-verbaux dont j'ai parlé ci-dessus.

A 10 heures 1/2, nouvelle estafette annonçant que les tentes sont abattues et apportant d'autre part une réquisition de 10 chariots de fourrages (on les lui envoie par bélandres au moyen du canal de Furnes).

A 11 heures 1/2, troisième estafette venant demander des effets de campement — ce qui indique que tout est tranquille au camp.

A midi, un des cavaliers citoyens annonce que les avant-postes se sont fusillés.

A 3 heures 1/2, l'autre cavalier citoyen annonce que le citoyen Lanoue se dispose à se rendre en ville et que le général O Méara vient de convoquer le Conseil de guerre.

C'est à ce moment que se présente le citoyen Herrevyn, commandant de la garde nationale d'Hondschoote avec son drapeau et ses 30 gardes nationaux — venant d'Hondschoote par Ghyvelde, (on lui fit faire le service d'adjoint aux états-majors).

A 5 heures, le Conseil décide la réquisition de tous les chevaux de la ville pour la mise en sûreté des effets des habitants de Rosendael.

SIÈGE DE DUNKERQUE 167

A 6 heures, quatrième estafette apportant une lettre du général O Méara qui marque d'envoyer des commissaires dans la campagne pour faire entrer dans la place des vivres et bestiaux.

A 7 heures, il est rapporté que le général O Méara croit qu'il devra lever le camp, pour l'approcher de Dunkerque.

A 8 heures 3/4, les citoyens Petit, Bon et d'Augustin, sont députés par le Conseil de guerre pour faire part que la ville est déclarée en état de siège.

B. — *ATTAQUE*.

Le corps de siège se porte d'Elverdinghe-Boesinghe, sur Furnes, en 3 colonnes.

L'avant-garde (Réserve), part à 4 heures du matin, suit la grande route par Woesten, Oostvleteren, Elsendamme, Hoogstaede et, arrivée à Furnes, prend son camp à l'ouest de la ville, face à Dunkerque.

La 1re colonne (1re ligne) suit l'avant-garde à une heure de distance et prend son camp immédiatement derrière le sien.

La 2e colonne (2e ligne) part à 5 heures, marche par Zuydcoote, Nordschoote, passe l'Yser près du fort Knoque, sur un pont jeté par elle au moyen de 4 pontons anglais, partis à 4 heures du matin, gagne Loo et longe le canal jusqu'à Furnes où elle prend son camp.

La 3e colonne (artillerie de réserve et gros bagages) pour qui les chemins des deux premières n'étaient pas praticables, marche sous l'escorte des 3 régiments (Gendarmes, Carabiniers, Erbprinz) aux ordres du général Cochenhausen, faisant un vaste détour par Lizerne, Steenstraete, Merckem, Woumen, Dixmude, et gagne, à Pervyse, la chaussée qui conduit à Furnes où elle n'arriva qu'à 1 heure du matin.

Dans l'après-midi, le corps de siège campe au nord ouest de Furnes, la droite vers l'abbaye des Dunes, la gauche au canal de Furnes — à peu près à une lieue et demie de Ghyvelde où il y avait un fort camp français.

II. — *Attaque du camp de Zuydcoote-Ghyvelde*

A. — *DÉFENSE.*

Le camp de Zuydcoote fut attaqué le premier, ce qui était assez habile — cela ressort de l'avis suivant donné par le tourier, vers 6 heures du soir :

Le camp de Zuydcoote est levé et les troupes de ce camp sont aux prises avec l'ennemi.

Le camp de Ghyvelde paraît encore dans l'état où il était hier soir.

Le premier coup de canon paraît n'avoir été tiré que vers 8 heures 1/2 du soir.

La fusillade au camp de Ghyvelde paraît n'avoir commencé que vers 10 heures 1/2 :

L'action ne commença que vers le soir, et fut soutenue vigoureusement par nos compagnies de grenadiers et un régiment de chasseurs à cheval.

Vers les 9 heures du soir, nous allâmes prendre position à une lieue à peu près en arrière du camp, derrière un fort armé de 4 mauvais canons en fer (Mémoires de Godart).

Hane dit que c'était des canons de 8, mais il n'y était pas.

A minuit, 2 blessés du camp arrivent à Dunkerque.

B. — *ATTAQUE.*

Tant pour faire faire les reconnaissances spéciales de la région que pour attendre le matériel de siège, le duc décida d'attendre quelques jours dans son camp de Furnes. Mais presqu'aussitôt la vigie installée dans le clocher de l'église principale de Furnes annonça que, dans le camp de Ghyvelde qu'on distinguait nettement, il se produisait un grand mouvement, comme si les troupes françaises qui s'y trouvaient étaient en train de se battre entre elles. Une chose aussi extraordinaire ne sembla pas invraisemblable, étant donné ce qu'on savait de ce qui se passait alors dans l'armée française. Pour utiliser cette circonstance, le duc d'York, à qui l'on représentait d'autre part qu'en s'attardant à Furnes il donnait aux Français le temps de s'organiser à Dunkerque, se décida à faire continuer sans délai la marche. Toute l'armée de siège se remit donc en marche, en 3 colonnes.

On possède trois récits de cette partie du mouvement; ils sont très différents l'un de l'autre. Ce qui paraît en ressortir, c'est que :

1° à gauche, l'avant-garde sous les ordres du général d'Alton, avec laquelle le feld maréchal lieutenant marche en personne, se porte sur Adinkerque, suivie par la colonne de la 2ᵉ ligne.

2° au centre, la colonne de la 1ʳᵉ ligne se porte sur Ghyvelde.

3° à droite, la majeure partie de la cavalerie, sous les ordres du général major Dundas, suit d'abord la chaussée de la Panne, puis se rabat à gauche le long de l'Estran, pour empêcher un mouvement tournant qu'on craint dans une certaine mesure, de ce côté.

A mesure que les 1ʳᵉ et 2ᵉ colonnes s'avancent, les avant-postes des Français se replient.

Au coucher du soleil, elles arrivent devant le front du camp occupé par environ 4.000 hommes.

Les Français commencent à tirer de la batterie située à la gauche de leur camp, où il y a 2 pièces de position et aussi de celle qui suit immédiatement la précédente, à la gauche du village, où il y a 2 pièces de bataillon.

Les 3 autres batteries du camp ne sont point armées.

Il s'en suit aussitôt des deux côtés une vive canonnade et un violent feu de tirailleurs qui continue sans résultat décisif jusqu'à la nuit et qui se prolonge ensuite par intermittences jusqu'à 11 heures du soir.

Les Républicains qui ont mis bas leurs tentes pendant la matinée et fait filer leurs équipages, profitent du reste de la nuit pour faire leur retraite en arrière de Leffrinckoucke où ils se trouvent couverts par une redoute armée de 4 pièces en fer de gros calibre qui enfile la route de Furnes.

Les 3 colonnes du duc d'York passent cette nuit, au bivouac, à l'emplacement où elles se trouvent.

Les 2e et 3e colonnes furent signalées, vers 6 heures du soir, par le tourier qui distinguait l'infanterie en bataille et les manteaux blancs de la cavalerie. — Le mouvement de la 1re colonne, qui se fit dans l'obscurité, ne fut naturellement pas signalé.

III. — *Du côté de Bergues*

Dans la matinée, une patrouille ennemie apparaît à Hoymille et se heurte à une patrouille du dépôt du 6e du Pas-de-Calais. Ensuite, un détachement ennemi entre à Quaedypre ; il est retardé et annoncé par une patrouille commandée par le citoyen Carpentier.

(L'ennemi paraît avoir commis beaucoup d'excès à Quaedypre ; le citoyen Maes âgé de 42 ans et son fils âgé de 20 ans, furent littéralement hachés).

Le général Carrion fait sortir 2 pièces de canon du côté d'Hondschoote, déclarant qu'il ne peut faire sortir les troupes qui se trouvent dans la place parce qu'il n'a pas d'artillerie et qu'elles sont réduites à défendre les remparts. — Le citoyen Coulier est chargé d'en rendre compte aux généraux Barthel et Houchard.

SIÈGE DE DUNKERQUE 171

A 9 heures, le citoyen Lauwereyns, ingénieur, dit que l'ennemi étant à Quaedypre, se dispose à cerner cette place, et qu'il est essentiel d'opérer l'inondation du pays.

Le Conseil général du district ne peut se dissimuler son étonnement de ce que le canal de Bergues se trouve presque à sec dans le moment où l'ennemi dirige ses opérations contre le pays ; il croit que c'est l'effet d'une malveillance du citoyen Farconnet, ingénieur à Dunkerque, qui a éludé l'effet de la lettre du général Houchard qui lui prescrivait l'inondation.

Délibéré que le citoyen Coulier en rendra compte aux généraux.

A 10 heures, l'ennemi occupe la route de Wormhout. Les citoyens de Socx soutiennent à Claphouck le feu de l'ennemi.

Seul, le nommé Ricard ou Richard cadet paraît avoir pactisé avec l'ennemi.

Délibéré d'écrire aux municipalités de sonner le tocsin, de les prévenir que les eaux de la mer vont être déversées dans le canal, de rendre compte de notre position...

La conduite du citoyen Farconnet paraissant de plus en plus suspecte, on fait la motion de le dénoncer et requérir son arrestation.

Après une discussion assez vive sur la conduite de cet ingénieur, il a été arrêté que les citoyens Coulier et Macton se rendront de suite à Dunkerque pour se concerter avec la municipalité, les ingénieurs, les chefs militaires et autres corps constitués, et déterminer ce qu'ils trouveraient convenir pour le bien commun des deux places.

Un peu plus tard, l'ennemi est à la vue des remparts, le feu de l'artillerie commence, la ville de Bergues est déclarée en état de siège.

A 1 heure de relevée, le feu des remparts continue, on aperçoit de la Tour de l'Abbaye une affaire au petit Millebrugghe.

On fait lecture d'une lettre de l'ingénieur Farçonnet. Il se disculpe des soupçons portés contre sa conduite, et demande réquisition expresse de verser les eaux de la mer dans le canal ; cette réquisition ayant été faite ce matin, on passe à l'ordre du jour motivé sur ladite réquisition.

Le tourier rapporte que tout est tranquille et que l'ennemi semble vouloir se replier.

Une ordonnance venant de Dunkerque rapporte que la route est libre, sauf qu'il y a quelques tirailleurs sur cette route venant du côté droit.

Une lettre du citoyen Farçonnet annonce qu'il avait fait entrer l'eau par les vannes à cause de la grande hauteur des eaux dans le port, et qu'il ne tiendra pas à lui de donner le plutôt possible beaucoup d'eau.

Par une confusion assez étrange à première vue, un officier du Fort Français (dépendance de Bergues) se présente à 10 heures du soir au conseil général de Dunkerque, pour demander des vivres car, dit-il, il n'y en a pas pour demain, quoique l'ennemi soit autour du fort, — il a été renvoyé au commandant temporaire en lui observant cependant qu'il trouvera toujours dans le conseil les secours qu'il demandera de lui. — Le boulanger Vauhille offre 400 pains cuits.

Tous ces incidents se retrouvent dans le procès-verbal du Conseil Général de Dunkerque :

A 10 heures du matin, on apprend que l'ennemi marche sur Bergues.

A 11 heures 1/2, que l'ennemi s'est porté sur le pavé de Cassel par Claphouck, qu'il est passé à Socx et est passé à côté de Bierne et s'est dirigé du côté de Millebrugghe.

A midi, que l'ennemi (troupes habillées en rouge) a paru en force à Socx,

Que, d'autre part, il est campé du côté de la Maison Rouge.

A midi 1/2, un cavalier envoyé à Bergues apporte la réponse que la route de Cassel est occupée par l'ennemi, et demande des canons pour la défense de la place. (Le 23, le Conseil Général de Dunkerque répond qu'il est impossible d'envoyer les pièces de 4 demandées mais qu'on enverra les affûts et autres objets).

A 5 heures, on apprend que 2 trompettes ennemis sont entrés dans Bergues, probablement pour sommer la ville, que les ennemis se sont avancés jusqu'à la ferme Crayhof le long du pavé de Bergues.

A 7 heures, on apprend que l'ennemi est en bataille au delà de la Maison Rouge avec des tirailleurs à Téteghem ; puis, qu'il a fait sommer la ville de Bergues et que le commandant a répondu à la sommation par un refus.

A 11 heures 1/2 du soir, le citoyen Courtin, contrôleur à Millebrugghe rapporte qu'il est arrivé à Millebrugghe environ 300 à 400 Anglais, qu'ils traitent les citoyens très humainement, et que s'il avait 300 hommes, il les prendrait tous.

Dunkerque, le 22 Août 1793
Agd n° 830 2 B n° 591 *l'an 2 de la République française*

Les Maire et officiers municipaux
aux administrateurs du district de Bergues

Citoyens,

Au moment même le Commandant temporaire de la place, accompagné des Chefs des Corps de la garnison se rend à notre séance et exhibe l'ordre dont copie est ci-inclus.

Nous ne doutons pas que vous n'ayez connoissance de cette

opération et que vous n'ayez pris toutes les précautions quelle nécessiteroit pour la conservation des denrées, bestiaux et subsistances.

Nous sommes néanmoins étonnés de n'avoir pas reçu de vous les ordres en ce qui peut vous concerner dans ces dispositions.

Réponse s'il vous plait, et réglez votre conduite, la Municipalité est déterminée à faire son devoir, mais ne veut avoir rien à se reprocher.

Nous comptons invariablement sur la promesse du procureur sindic relativement à nos subsistances.

Les Maire et officiers
Municipaux de Dunkerque

Louis Dusaecque		Emmery
B. Gerbidon	H. Coppin	Maire

Vu de notre camp aux prises nous attendons des nouvelles donnés nous en de votre situation de ce qui concerne vos environs ou de Honschoote repris, nous ne croirons que ce que vous nous indiquerés.

Emmery.

Copie de l'ordre arrivé au Commandant
temporaire à 10 h. et demie du matin

Il est ordonné au Commandant de Dunkerque, de faire ouvrir à l'instant les écluses à la mere pour former une inondation contre l'ennemi qui approche pour attaquer notre place.

Berghes ce 22 août etc.   une et indivisible
Pressée.

Signé Le Blond, aide de camp
Cap^e faisant les fonctions
d'adjudant général
à Berghes

Dunkerque, le 22 Août 1793
l'an 2 de la République une et indivisible

                                    reçue à trois
Citoyen,   *heures après midy*

J'ai reçu votre dernière lettre étant au Conseil de guerre, je l'ai lu a haute voix et lui ai communiqué ma correspondance avec vous. Vous avez dû recevoir de moi une première lettre à dix heures, à cette époque nous ne connaissions point vos dangers, depuis ayant reçu un dernier courrier avec ordre de mettre les eaux de la mer dans le canal de Bergues, à cette heure on a pu les faire entrer que par les vannes à cause de la trop grande hauteur des eaux dans le port. Il ne tiendra pas à nous de vous donner le plutôt possible beaucoup d'eau.

                    Le cap. du génie Farconet.

                         reçue à midy et demi par le
                              citoyen Faulconnier.

Je soussigné éclusier de l'écluse de Bergues à Dunkerque certifie que le citoyen Farconet Commandant du génie en cette place, m'a donné l'ordre de baisser les eaux du canal à six pieds pendant trois marées à compter du 20 de ce mois au matin pour qu'il fut possible d'extirper les batardeaux des avants fossés du fort Louis ce que j'ai exécuté. Il m'a de plus consulté sur le tems qu'il faudroit pour remettre les eaux à leur plus grande hauteur, ce que je lui ai annoncé pouvoir être fait pour la fin de cette semaine avec les eaux douces seulement.

A Dunkerque le vingt deux août 1793.
L'an 2 de la République française.

                                   J. B. Verbrugghe
                                       Eclusier.

Soit communiqué au Conseil de guerres de cette Ville pour sur ses observations être statuée quidèdroit.

Fait au Directoire du district le 3° de Septembre 1793 2° de la République française.

Decarren   Coulier

Le Quesne
président   (Berrier ?).

Aux Citoyens

Membres composant le Conseil de guerre en la ville de Bergues.

agd : n° 409 — 3 : B : n° 651.

Expose le citoyen Benoit Carpentier, habitant du faubourg de Cassel près cette ville, que le *vingt deux août* dernier ayant apperçu l'ennemi qui approcha de Quaetipre, il s'est rendu aussitôt en cette ville l'annoncer au district que le général Carrion y ayant été appelé ordonna que l'exposant marcheroit de suite à la tête d'un détachement de troupes pour aller à la découverte, qu'y ayant employé presque ladite journée du vingt deux il est devenu impossible à l'exposant comme tous les autres habitans du faubourg ont fait pendant cet intervalle de sauver ses meubles et ustensiles de sa profession, de sorte citoyens que l'exposant en rendant ce service à la République, a été forcé d'abandonner à la merci de tout le monde une grande partie de sa fortune, mais connoissant votre équité et bienveillance il ose se persuader que vous voudrez bien accorder une gratification proportionné, il l'attend avec d'autant plus de confiance que le général Carrion a une parfaite connoissance des faits ci-dessus.

Bergues ce trois septembre 1793 l'an 2 de la République française une et indivisible.

benedictus Carpentier.

SIÈGE DE DUNKERQUE 177

Approuvé cette pièce ci dessus comme ayant connoissance de cause.

Le Général de brigade
Comm^t à Bergues
CARRION.

Lui avoir donné le sept septembre vingt francs.

CARRION.

SOMMATION DE RENDRE LA VILLE DE BERGUES A L'ANGLOIS

Une députation de la Municipalité de Bergues est venu faire part de la sommation du Général ennemi de rendre la ville et de la réponse qui lui a été faite par le Général Carrion dont la teneur suit :

Copie de la lettre du Général Walmoden

Maison Blanche 22 août 1793.

MONSIEUR,

Vous êtes sûrement informé des différents corps de troupes de sa Majesté Britannique qui ont passé l'Yser et s'avancent de ce côté sur Bergues, et vous ne pouvez vous cacher, Monsieur, le sort qui attend la ville et la garnison que vous commandez et que vous pouvez lui éviter encore dans ce moment. C'est par les ordres de son Altesse Royale le duc d'York, que je dois vous demander, Monsieur, si vous ne prefferez pas d'éviter les suites funestes d'un siège, dont l'issue ne peut pas vous paraître douteux, en acceptant les termes d'une capitulation parfaitement honorable et dont les conditions avantageuses ne pourront plus être les mêmes si vous ne les acceptez pas dans ce moment-ci.

J'ai l'honneur d'être, Monsieur, votre très humble et très obéissant serviteur.

Signé: Le Général Ch. WALMODEN.

Réponse du Commandant a la sommation

Copie de la lettre du Général Carrion, Général de Brigade et Commandant la Place de Bergues, le 22 Août 1793 à 3 heures après-midy.

Général,

Le Général français qui commande à Bergues est un franc et fier Républicain, ses camarades qu'il commande lui ressemblent, ils ont fait serment de vaincre ou de mourir, et ils ont en horreur le parjure, en conséquence tant en leur nom qu'au sien, il déclare au Général ennemi qui le somme de se rendre, que lui et ses Républicains sont tous disposés à montrer l'exemple du véritable héroïsme.

Signé le Général Commandant la Place Bergues.
pour Copie conforme à l'original Signé : Carrion.

Vendredi 23 Août

I. — La défense mobile se retire de Leffrinckoucke

A. — DÉFENSE.

La question des heures peut être établie comme il suit :

A 1 heure 1/2 du matin, le capitaine Farconnet annonce que le camp est levé et qu'il se trouve présentement devant la campagne du citoyen Devinck ;

A 2 heures 1/2, branle-bas de combat dans la place ;

A 3 heures, dit Godart, une partie de nos troupes alla prendre position en avant de Rosendael, dans les jardins et promenades, afin de couvrir la place.

A 4 heures, tandis que l'arrière-garde faisait tête, se

battait et se retirait enfin sans être pressée, les troupes en question paraissaient sur les glacis, s'y accumulaient et cherchaient ensuite à entrer de force dans la place.

Voici à ce sujet quelques témoignages intéressants :

Vers 4 heures, le conseil général, avisé qu'il se trouve une grande quantité de soldats à la barrière de Nieuport, en fait part au Conseil de guerre qui fait renforcer le poste de la dite barrière pour empêcher toute entrée.

Un instant après, le commissaire des guerres Hébert vient annoncer que les équipages de l'armée sont à la barrière pour entrer en ville, qu'il y a aussi de l'artillerie ; en conséquence, et pour prévenir les troubles, ordre est donné à un bataillon de la garde nationale citoyenne de prendre les armes pour renforcer ce poste.

Enfin, sur un nouvel avis qu'il se trouve une colonne de l'armée devant la barrière de Nieuport avec 3 à 4 pièces de canon et que les hommes murmurent sous prétexte qu'ils n'ont pas de pain, alors que c'est plutôt l'envie d'entrer en ville que le manque de pain puisqu'il ne leur a pas encore manqué et qu'il va leur en être fourni à l'instant, le Conseil fait réquisition au général O Méara de les faire aller au camp.

On n'y réussit pas du premier coup, puisque d'après Fockedey :

Les soldats faisaient du tumulte et voulaient à tout prix entrer dans la ville, bien qu'on leur eût ordonné d'aller prendre position entre le canal de Furnes et le canal des Moeres.

Si l'on s'en rapporte au capitaine Hane, c'est lui qui aurait eu raison d'eux :

Les Français firent leur retraite sur la porte dont j'avais le commandement et insistèrent pour que la porte fût ouverte ; mais, comme notre Conseil de guerre m'avait envoyé l'ordre le plus formel de ne pas permettre aux 1600 hommes ou à une partie d'entre eux, du camp de Ghyvelde, d'entrer en ville, ceux-ci, avec leur désordre ordinaire, s'écrièrent : Trahison ! Trahison ! et jurèrent avec menaces de défoncer les portes si elles n'étaient immédiatement ouvertes.

Alors, voyant qu'il n'y avait pas moyen de faire respecter l'ordre que j'avais reçu, mon devoir m'obligea à faire pointer sur eux 8 pièces de 24 préparées avec double charge de mitraille. Lorsque les mèches furent aperçues et les canons pointés, leurs menaces et leur turbulence furent changées et ils devinrent paisibles.

Extrait des souvenirs manuscrits de Fockedey

Le 24 (sic) étant de service à la barrière de Nieuport et de garde sur le rempart je vis au lever de l'aurore briller des fusils sur le sommet des Dunes et des soldats habillés en rouge. J'appellais quelq'un du poste afin qu'il en prévint le capitaine (Hubert) qui vint aussitôt reconnaître le fait et en fit prévenir le commandant de la place.

Vers 5 heures du matin, le camp sous Ghyvelde commandé par le général O'Méara se replia sur Dunkerque et parut sur le glacis, il reçut l'ordre de se porter en avant et de prendre position entre le canal de Furnes et celui des Moeres : dans la matinée, un officier de gendarmerie à pied vint demander au poste où j'étais 12 hommes de bonne volonté (notez que dès 6 heures du matin les postes avaient été triplés) pour aller sauver les bleds qui se trouvaient dans les deux moulins situés à 100 pas du poste que nous occupions : les tirailleurs ennemis étaient à proximité dans le Roosendal, dès qu'ils virent des hommes armés, ils tirèrent sur nous et 6 d'entre nous ripostâmes, tandis que les 6 autres déchargeaient les moulins de toute la farine et des bleds qu'ils contenaient et que des chariots les recevaient et les transportaient en ville ; nous nous remplacions de 1/2 heure en 1/2 heure, de sorte que de médecin j'étais devenu garçon meunier. La besogne terminée, on mit le feu aux moulins et nous rentrâmes en ville sans le moindre incident.

Vers 8 heures du matin, on voit l'ennemi descendre dans le camp de Ghyvelde.

Le fort de Leffrinckoucke tire quelques coups de ses 4 pièces sur les têtes de colonnes qui s'avancent le long du canal de Furnes, mais sans les arrêter.

A cette nouvelle, on sonne le tocsin et on bat la générale à Dunkerque.

L'action de la flottille qui était venue mouiller à hauteur de Leffrinckoucke est plus efficace : la colonne de cavalerie ennemie rétrograde et rejoint les deux colonnes d'infanterie.

A 11 heures, notre arrière garde se retire et le fort de Leffrinckoucke est abandonné à lui-même.

J'étais resté pour soutenir l'arrière garde, dit Godart, et, vers les 11 heures du matin, nous fûmes attaqués vigoureusement. Nous battîmes en retraite jusqu'à la ville. Mon cheval fut tué sous moi ; sa chute me fit une entorse au pied gauche, qui ne m'empêcha point cependant de continuer mon service.

Les troupes légères de l'ennemi seules suivirent, heureusement.

A 11 heures, le citoyen Josselin écrit de Dunkerque à Bergues qu'un corps de cavalerie vient de traverser le pont de Leffrinckoucke, qu'un autre corps de troupe paraît vouloir s'approcher vers l'Est de la dite ville.

Vers midi, le capitaine Farconnet annonce qu'ayant été au dehors, il a appris qu'il n'y avait qu'environ 1500 chevaux et de l'infanterie.

Vers 2 heures 1/2 de l'après-diner, un autre officier de gendarmerie vint au poste demander quelques hommes de bonne volonté pour escorter, de quoi remplacer 2 pièces d'artillerie démontées et des munitions à une demi lieue de la ville où se trouvait un corps de gendarmes à pied : je fus une seconde fois désigné et nous partîmes et arrivâmes sans autre rencontre que des tirailleurs avec lesquels nous échangeâmes quelques coups de fusil. (Souvenirs de Fockedey).

La garnison rentrée fut destinée à la défense des ouvrages extérieurs et du chemin couvert, aux sorties ; la garde nationale, à la défense du corps de place, à la police intérieure, à veiller aux incendies, et enfin à tout ce qui pouvait assurer la tranquillité des habitants.

Nos tirailleurs seuls restent à Rosendael, disputant aux troupes avancées de l'ennemi les enclos et les jardins.

Vers 6 heures, à la nouvelle que l'ennemi s'avance jusqu'à la corderie, le conseil de la commune fait battre la générale.

La soirée et la nuit se passent tranquillement.

En fin de compte, les avant-postes ennemis ne sont guère qu'à 600 mètres du pied des glacis, à l'abri des maisons, des enclos, des dunes.

B. — *ATTAQUE.*

De très bonne heure la marche en avant est reprise.

L'armée marche le long de la digue (les généraux Werneck et Dundas toujours sur les flancs).

Mais tandis que les 2 colonnes principales se dirigent ainsi sur le fort de Leffrinckoucke, par les 2 rives du canal de Furnes, la marche de la colonne de cavalerie sur l'Estran fut interrompue par le feu de quelques petits vaisseaux français qui étaient en rade de Dunkerque. Elle se vit forcée de gagner les Dunes et de reprendre sa marche par la route de Zuydcoote.

Vers 8 heures, tandis que la colonne de cavalerie revient suivre le sillage de l'infanterie, les 2 autres colonnes descendent dans le camp de Ghyvelde. Il semble bien que l'avant-garde de ces colonnes soit entrée sans coup férir dans le fort de Leffrinckoucke.

Le fort fut noblement pris par un coup de main d'un petit nombre de chevaulégers anglais, desquels plusieurs furent tués après en avoir pris pleine possession, à travers les intervalles des palissades de la porte. (HANE).

C'est alors seulement que les troupes françaises se seraient retirées en grand désordre et avec précipitation, suivies de près par les troupes alliées.

En réalité, l'avant-garde seule suit et mène les troupes avancées seulement, à peu près certainement. En effet, d'après Ditfurth, le corps franc d'Odonel et les chasseurs tirailleurs seuls, auraient engagé avec les Français qui avaient fortement occupé le village de Rosendael, situé sous le canon de Dunkerque et devant le front du camp, un combat de tirailleurs assez vif qui dura sans résultat jusqu'à l'entrée de la nuit.

Pendant ce temps, leurs soutiens, signalés à 3 heures par le tourier, auraient pris position : 3 bataillons habillés en gris, derrière les Dunes, et d'autres troupes derrière la campagne du citoyen Devinck à la droite du canal de Furnes.

Couvert par le détachement avancé, le corps de siège prit le camp déjà prévu savoir :

La droite aux Dunes et la gauche s'étendant face aux villages de Téteghem et de Leffrinckoucke, soit :

L'avant-garde, entre les Dunes et le canal de Furnes ;

Le corps principal, sur 2 lignes, entre le canal de Furnes et Téteghem ;

Un détachement d'aile droite comprenant 1 bataillon de Starray et 1 escadron de carabiniers hessois était poussé dans les Dunes ;

Un détachement d'aile gauche comprenant 3 bataillons de gardes anglaises et 1 escadron de dragons anglais était poussé vers le Galghouck, ce détachement, à son tour, poussa en avant de forts postes munis de canons, savoir :

a) le long du canal des Moëres ;

b) vers Coudekerque ;

c) vers Notre Dame des Neiges.

Ce dernier ouvrait la liaison avec le poste d'extrême droite du corps d'observation qui se trouvait à Benties-meulen.

Son altesse royale établit son quartier général dans une ferme en face de Leffrinckoucke à peu près à 2 milles de Dunkerque.

Vers le soir, le camp est dressé, mais l'emplacement est extrêmement défectueux, pour trois raisons :

a) il est percé à jour par la tour de la cathédrale de Dunkerque ;

b) il est coupé à l'extrême par des watergangs, des haies et des bosquets ;

c) il manque absolument d'eau potable.

On mit du temps pour parer au premier inconvénient; quant au deuxième, on se mit de suite à combler les fossés et à abattre les haies et les bois, mais ce fut d'autant plus difficile qu'en fait d'outils les troupes ne disposaient que de leurs sabres baïonnettes qui se montrèrent de si mauvaise qualité que presque toutes les lames cassèrent au niveau de la poignée.

Ce ne fut donc qu'au prix d'efforts inouïs qu'on put quelque peu nettoyer l'emplacement du camp.

En fait d'eau, il n'y avait que celle des canaux et des watergangs dont la plupart contenait de l'eau de mer, et celle des puits qu'on put trouver ou creuser, mais qui était trouble et d'une saveur repoussante.

Dès le lendemain, Murray écrivait :

On manquera probablement d'eau potable.

II. — *Sommation*

Il est nécessaire que je parle de la sommation qui fut envoyée suivant l'habitude des Alliés, en double expédition, l'une au Conseil de Guerre, l'autre au Conseil Général.

A. — *DÉFENSE.*

Vers 1 heure 1/4, a apporté par un adjudant de la 32e Division de gendarmes une lettre qu'il a dit lui avoir été remise par un général anglais ainsi qu'une lettre pour le général O Méara, ouverture faite d'ycelle, a été reconnu qu'elle était du duc d'York, datée du Quartier Général de l'Armée combinée devant Dunkerque, le 23 Août...

Aiant été fait lecture de la lettre du duc d'York portant sommation rendre la ville, le Maire a dit qu'il s'agissait de délibérer si l'on y répondrait ou non, si on rendrait la lettre publique, ou si on la renverrait au Conseil de Guerre.

A été arrêté qu'avant de discuter les points, le Maire se rendrait au Conseil de Guerre pour demander son opinion.

Le Maire a dit qu'il a communiqué au Conseil de Guerre la lettre du duc d'York et aiant eu lecture de celle adressée au

Commandant temporaire qui est dans les termes plus impératifs il a déclaré que le Conseil de Guerre étant investi de tous les pouvoirs il avait remis la lettre sur le Bureau et demandé que le Conseil délibérât et donnât réponse au conseil de la commune dans l'heure.

Le citoyen Lanoue commandant des chasseurs s'est présenté au Conseil et a rapporté la lettre en disant que le Conseil de Guerre avait décidé qu'on devait la rendre publique qu'il serait injurieux à la Commune de la tenir secrète, en même tems a communiqué la lettre du duc d'York adressée au Commandant temporaire dont lecture a été faite.

Sur la proposition faite de délibérer sur la lettre du duc d'York a été arrêté de suspendre toute discussion jusqu'à ce qu'on sera informé de la réponse du Conseil de Guerre.

A été arrêté que la lettre ne serait rendue publique, que lorsqu'on connaîtrait la réponse du Conseil de Guerre, et néanmoins *a été arrêté d'opposer la résistance la plus vive aux armes des ennemis.*

Vers 4 heures 1/4, le Maire s'est rendu au Conseil de Guerre pour communiquer l'intention du Conseil relativement à la sommation faite à la Ville qui est de se référer à la réponse du Général O Méara.

Vers 7 heures 1/2, lecture faite de la réponse du Général O Méara à la sommation conçue en ces termes :

« Investi de la confiance de la République Française, j'ai reçu votre sommation de rendre une ville importante, j'y répondrai en vous assurant que je saurai la défendre avec les braves Républicains que j'ai l'honneur de commander. »

D'après cette réponse, a été arrêté de ne pas répondre par la Municipalité motivé sur ce que *la réponse faite par le Général O Méara s'accorde avec les sentiments des citoyens de cette commune.*

B. — *ATTAQUE.*

Le même soir encore, Dunkerque fut sommé.

Cette place n'était nullement en état de soutenir un siège, et, de plus, il semble qu'il ne s'y trouvait même pas à ce moment un chef décidé, car ce furent les généraux de brigade présents, O Méara, Deroques et Duhesme, qui tinrent Conseil et, après un court conciliabule rejetèrent la sommation. (Ditfurth).

III. — *Du côté de Bergues*

Le tourier de Saint-Winoc annonce que l'on se fusille vivement à la porte de Bierne.

La brigade à cheval des douanes de Bourbourg (1 lieutenant, 1 caporal et 3 cavaliers) viennent faire le service de découverte à Bergues.

Une lettre du citoyen Josselin, de Dunkerque, annonce que le Conseil de Guerre va s'occuper de la demande qui leur a été faite d'artillerie volante.

En même temps, une autre lettre du Conseil Général annonce l'impossibilité de faire passer à Bergues les pièces de 4 demandées, mais qu'on est occupé à expédier des affûts et autres objets.

La Place de Bergues continue à dégager ses abords :

Le tourier de Dunkerque annonce que 3 maisons brûlent du côté de Bierne — un chasseur d'ordonnance venant de Bergues rapporte que des canonniers ont mis le feu à plusieurs maisons autour de Bergues.

Le citoyen Victor, tapissier, est cité plus tard comme ayant été un des premiers, sous le feu ennemi, à sauver les meubles, effets et bestiaux du maire de Bierne.

On lit dans les mémoires de Fockedey :

Pendant que j'étais aux remparts et que je faisais des sorties, l'ennemi tant intérieur qu'extérieur dévastait ma compagnie à Quaetyper et enleva tout ce qui s'y trouvait, et le lendemain un commissaire du district commis à cet effet, fit abattre dans deux bois taillis et sur la ferme Haute et Basse-Seigne environ 400 arbres ainsi que ceux du verger par la raison qu'étant trop rapprochés du Fort-Diable et des fortifications, cela pouvait compromettre la sûreté de la place.

Toutes les archives et pièces importantes de Bergues sont mises en lieu sûr au Mont de Piété.

On lit dans le procès-verbal du Conseil Général de Dunkerque :

A 10 heures 1/2 du matin, on apprend que le passage entre Bergues et Dunkerque est encore libre et que les ennemis occupent Bierne, Steene, grand et petit Millebrugghe.

A 5 heures du soir, on apprend que les volontaires de Bergues font des sorties fréquentes.

A 8 heures du soir, le citoyen Courtin venant de Grand Millebrugghe dit que les forces ennemies n'y sont pas augmentées, si ce n'est de 12 hommes de cavalerie.

Le Général Leclaire note : « Bergues tirait beaucoup. »

Dans la soirée du 24, en présence des citoyens Warin et Josselin, administrateurs et Brassart procureur sindic du district, le Conseil Général considérant que :

a) Cette ville actuellement en état de siège et sommée de se rendre n'a que 1000 hommes de garnison dont 420 à l'Hôpital, 3600 hommes provenant du ci-devant camp de Ghyvelde replié devant la place, et sa garde nationale citoyenne ;

b) Elle est sans une quantité suffisante de subsistances et notamment sans fourrages ;

c) Elle a à repousser une armée conséquente et d'une force

SIÈGE DE DUNKERQUE 189

disproportionnée à celle de la place si on a égard à la faiblesse de ses fortifications ;

d) La ville de Bergues qui est sa forteresse, est attaquée et presque totalement cernée ;

e) Le Conseil de Guerre formé en exécution de la loi est composé de militaires qui peuvent avoir de bonnes intentions, mais dont plusieurs et notamment le Général ne paraissent pas avoir les connaissances nécessaires de la défense d'une place...

Arrête que :

a) Le Conseil de Guerre sera impérativement invité à prendre toutes les mesures utiles à la défense de la place et à sa conservation ;

b) Sur le moment, 2 députés du Conseil Général (Dauchy, officier municipal et Blaise, notable) se rendront près des Représentants, près du Général Barthel et du Général Houchard, même du Comité de salut public à l'effet de présenter l'état de nos forces et la position actuelle et fâcheuse de la ville.

Samedi 24 Août

I. — Direction de la défense

De ce jour commence une série de sorties ayant pour objet de débusquer l'ennemi des maisons qu'il occupait dans Rosendael, d'où il tirait continuellement sur les ouvrages avancés ; ces sorties, dit Diot, se faisaient par les troupes de la garnison auxquelles se joignaient les gardes nationales qui demandaient à en être.

Entre les rapports officiels d'après lesquels elles auraient été toutes victorieuses et le journal du capitaine Hane qui va jusqu'à les représenter comme de petits désastres, nous avons une version raisonnable, celle de Godart :

Dans les différentes sorties que nous fîmes, nous eûmes plus ou moins de succès. Je reçus un coup de sabre au genou dans une de ces sorties.

On ne trouve pas trace d'une direction quelconque de la part du général O Méara qui semble n'être sorti de son inertie qu'une seule fois, dans l'alerte de nuit qui eut lieu dans la nuit du 25 au 26 août.

Tel il se montra alors, tel je l'ai retrouvé, dans sa correspondance quand, quelques années plus tard, il fut commandant de place à Dunkerque. Par contre, le colonel de La Noue put dire, avec raison, dans un état justificatif de ses services :

A Dunkerque, je fus chargé par le Conseil de guerre de commander toutes les sorties ; j'allai tous les soirs aux avant postes des ennemis pour reconnaître leurs mouvements et présumer les opérations du lendemain.

Et, de fait, on va voir que c'est lui qui mena la 1re sortie et qu'il dut se multiplier pour entraîner successivement les deux colonnes qui en étaient chargées.

Le siège de Dunkerque fut le point de départ de la fortune militaire du général Hoche.

Adjudant général chef de bataillon, il avait été dénoncé le 6 août, arrêté le 8 à Saint-Quentin et traduit le 20 devant le tribunal criminel de Douai pour avoir pris la défense de son général (Leveneur).

Je reproduis ci-après la dénonciation et le jugement d'acquittement rendu en sa faveur.

Quoi qu'il en soit, il semble être arrivé à Dunkerque le 23 ; tout ce qu'on sait c'est qu'il y arriva à peu près nu, sans porte manteau, sans bagages. Dans sa lettre du 1er septembre, au citoyen Audouin, il précise un point important :

Je suis arrivé ici avec le général de brigade Souham.

*Cambray 6 Août 1793 l'an 2º de la
République française une et indivisible*

Les Représentans du peuple à l'armée du Nord
au Général Kilmaine.

(*Expédié*)

CITOYEN,

L'indignation qu'ont inspiré les propos indiscrets de l'adjudant général Auch lors de l'arrestation du général Leveneur, nous force à exiger de vous que vous le suspendiez de ses fonctions, et fassiez conduire au Tribunal de Douai. Nous joignons les dénonciations; l'une du 4 du courant, signée Bigame nº 1; l'autre du 5 signée Galaix nº 2 et la 3ᵉ de ce jour signée Morvaise. Toutes ces pièces que nous vous envoyons devront accompagner l'accusé et être remises par les gendarmes qui seront chargés de le conduire à l'accusateur du tribunal. Il est douloureux pour des hommes sensibles d'user de sévérité. Ce n'est point comme individus que nous demandons punition mais au nom du peuple qui ne peut et ne doit vouloir être insulté dans la personne de ses représentans.

Sig. DELBRET, LETOURNEUR et COCHON.

TRIBUNAL RÉVOLUTIONNAIRE DE DOUAI

Vu par le Tribunal Criminel révolutionnaire du département du Nord, la réquisition en copie des citoyens LE TOURNEUR, COCHON et DELBREL, représentants du peuple auprès de l'armée du Nord, du 6 du présent mois d'Août, l'ordre d'arrestation du citoyen Louis-LAZARE HOCHE, adjudant général de ladite armée du Nord, au bas de ladite réquisition dudit jour, l'ordre de translation dudit HOCHE, en la maison de justice du département, du même jour.

Ouïs à l'audience en leurs dépositions orales :

Jean-Baptiste GALLOIS, Louis-François MITRE, François BIGARne et Théodore Morvaise, témoins bien et dûment assignés. L'interrogatoire ainsi subi à l'audience par ledit Louis-Lazare Hoche, l'accusateur public entendu en ses conclusions verbales, et l'accusé sur ses moyens de défense par l'organe du citoyen de Bavay, homme de loi en cette ville, son conseil.

Considérant que le délit dont Hoche est prévenu n'est pas prouvé, que les quatre témoins produits racontent diversement les propos qu'il a tenus le 31 Juillet dernier, les uns dans un sens qui rendrait ces propos coupables, les autres dans le sens le plus innocent et les feraient considérer comme l'expression de l'indignation que ressentait ce militaire des perfidies et des trahisons auxquelles la France est journellement exposée, que, dans cette variété de témoignages, il est de la justice de se décider pour l'accusé, surtout lorsque, comme au cas présent, cet accusé a fait preuve de patriotisme et de valeur ;

Le tribunal déclare que le délit n'est pas constant ; en conséquence, acquitte Louis-Lazare Hoche de l'accusation intentée contre lui, ordonne au gardien de la maison de justice du département de le mettre sur-le-champ en liberté ; ordonne qu'à la diligence de l'accusateur public, le présent jugement sera mis à exécution ; permet au dit Hoche de faire imprimer le présent jugement.

Fait à Douay, en l'audience du Tribunal Criminel révolutionnaire du département du Nord, le vingt aoust mil sept cent quatre-vingt-treize, l'an second de la République française, une et indivisible.

Béthune,   Granger   Hannoye
Président.

Contrairement à la légende, il est assez difficile de trouver une trace de direction d'ensemble de la part du commandant Hoche, pendant les opérations de l'investissement de Dunkerque.

Il avait assez à faire dans son rôle de chef d'état-major de généraux qui ne faisaient que passer.

C'est dans ce rôle que, par son initiative, son activité, son énergie, sa résolution un sens tactique qui se développait chaque jour, il fut véritablement l'âme de la défense.

La multiplicité des premières sorties et surtout l'âpreté des trois dernières doit lui être justement attribuée.

Son panégyriste, Rousselin, écrit :

A peine est-il arrivé qu'on ressent les effets de son active prévoyance. Il est chargé des reconnaissances, des attaques ; il harcèle l'ennemi, il culbute ses avant-postes, il court, il visite les grand'gardes, il ne dort plus ; il est partout et partout il est terrible ; à sa voix tout devient énergique. Il a fait passer le feu de son patriotisme dans l'âme de ses troupes ; il n'est pas jusqu'aux mots d'ordre qu'il donnait tous les jours alors, dans lesquels on ne retrouve son empreinte républicaine ; voici quelques-uns de ces mots :

Cassius — Sparte.
Montagne — Postérité.
Despotes — Mort.
Pitt — Néant.
France — Exemple.
Liberté — Univers.

II. — Bergues et la Colme — Secours de l'armée

a) A 4 heures 1/2 du soir, le tourier de Saint-Winoc rapporte qu'il entend tirer du canon du côté de Socx.

D'après le procès-verbal du Conseil général de Dunkerque, il serait entré des troupes à Bergues, venant de Cassel et de Gravelines. Celui du Conseil général de Bergues n'en parle pas ; par contre, il constate qu'il est obligé de faire l'avance des appointements des officiers et de la solde de la troupe au 4e bataillon du Nord, au 1er du Calvados et au 2e bataillon du 24e.

Extrait du registre aux délibérations du Conseil de guerre de Bergues, séance du 24 août 1793 :

Le Conseil de guerre assemblé a déclaré que conformément à la loi du 18 mai 1793, les gardes nationaux en activité de service seront soldés comme les autres troupes de la République et auront part aux mêmes distributions.

b) Le tourier de Dunkerque constate que des troupes venant de la direction de Gravelines circulent le long de la Colme.

(Il s'agit, sans doute, d'un bataillon dont le mouvement est signalé dans un autre document).

c) Il entre à Dunkerque une brigade de gendarmes venant de Calais.

On apprend à Dunkerque que 10.000 hommes de l'armée sont arrivés à Cassel.

III. — *Remparts et batteries*

La place tire vigoureusement. Le citoyen Philippe, canonnier citoyen, dirigeant la batterie du cavalier, aurait démonté une batterie ennemie.

IV. — *Travaux de siège*

Le duc d'York reconnut de suite qu'il ne pouvait ni investir Dunkerque-Bergues, ni se glisser entre ces deux places, à cause des forts Louis et Français. Il ne lui restait donc qu'à attaquer le front Est.

On n'avait pas de temps à perdre, car on apprit de façon certaine que, sous peu, l'armée française du Nord allait recevoir d'importants renforts et que ceux-ci commençaient déjà à se concentrer dans les camps de Cassel, Steenvorde et Bailleul.

L'engagement dont il va être question ci-après, n'empêcha pas l'armée de prendre ce même jour sa position de siège.

Dès la pointe du jour, dit le capitaine Hauc, je trouvai que les forces alliées avaient grandement augmenté en nombre et s'étaient fort rapprochées des remparts. Nos avant-postes nous dirent que ces forces entouraient presque toute la ville, excepté à l'Ouest et au Nord.

On s'occupa de déterminer une *ligne de circonvallation* pour s'assurer contre les sorties, en attendant qu'on fût à même de procéder à l'ouverture de la tranchée.

(Pour le tracé de cette ligne, se reporter aux dispositions de l'attaque).

On engagea, pour aider aux travaux préparatoires du siège, 2500 paysans des Flandres autrichiennes.

Le soir, on commença un retranchement qui allait des Dunes jusqu'à l'extrême gauche de l'armée, avec des batteries pour pièces de campagne. (Calvert).

La construction des batteries et l'établissement de la ligne de circonvallation vont absorber toute l'activité du corps de siège pendant plusieurs jours.

Dès lors seuls, les avant-postes chargés de protéger les travaux échangeront journellement des coups de fusil avec les tirailleurs français.

Il n'y eut pas de bombardement à proprement parler, mais les assiégeants se trouvant très près des glacis, ce jour-là, des boulets tombent dans la place.

Vers 10 heures, des boulets de 16 et d'autres, de 2 et de 3, tombent sur le port, dans la journée, quelques boulets provenant des pièces de campagne que l'ennemi avait dans les Dunes, atteignent plusieurs maisons, vers 7 heures 1/2 du soir, des boulets tombent dans le jardin de l'arsenal.

Le même soir, à 7 heures 1/2, le tourier de Dunkerque

annonçait que les ennemis avaient dressé à la hauteur de Leffrinckoucke 2 batteries qui tiraient sur les batteries flottantes.

V. — *Défense extérieure*

Au lever du soleil, un engagement remarquable commença et jusqu'à la nuit, le canon et la mousqueterie ne cessèrent de se faire entendre. (Hane).

La nature de l'action est ainsi définie par nos deux principaux témoins :

Il n'y a point eu d'action, si ce n'est des attaques de postes. (Ordonnateur civil).

Il s'agissait non d'un engagement régulier, mais plutôt d'un combat d'embuscade derrière les Dunes (Hane).

A 9 heures 1/2, eut lieu la sortie proprement dite qui se fit sur 2 colonnes :

a) Colonne de droite, 1200 fantassins soutenus par l'artillerie de la place — attaque de front par la chaussée pavée de Rosendael.

b) Colonne de gauche, 1000 fantassins et 50 chasseurs à cheval, avec l'appui de la flottille — mouvement tournant sur la droite des assiégeants par les Dunes.

A la même heure, le bataillon de grenadiers de la garde nationale commandé par le citoyen Maurin se disposait aussi à sortir.

Rapport du Général O Méara

Enlevés par la Noue, grenadiers et chasseurs, chargeant avec une grande vigueur, broussant les haies et jardins en suivant la chaussée pavée de Rosendael, repoussent les ennemies jusqu'au delà de leurs positions.

Ce fut un peu moins simple si l'on s'en rapporte

au rapport que le chef de brigade Lanoue fit le jour même dès midi, au Conseil Général :

Étant sorti de la ville avec les compagnies de grenadiers des différents corps pour déloger l'ennemi établi à l'entrée de Rosendael, ceux-ci ont d'abord hésité longtemps d'exécuter les ordres qu'il donnait, mais s'étant mis à leur tête avec quelques uns de ses chasseurs, ils ont attaqué avec vigueur et ont repoussé l'ennemi après lui avoir tué ou blessés 50 ou 60 hommes. Ayant ordonné à cette colonne de garder son poste, tandis qu'à la tête d'une autre, il allait faire une attaque sur un autre point, toute cette colonne a abandonné son poste, s'est dispersée et a gagné le chemin couvert, malgré les ordres et les efforts de son Lieutenant-Colonel qui la commandait. Ce désordre l'a empêché de repousser les ennemis plus loin, et de faire couper par les charpentiers de navire commandés à cet effet les arbres qui couvraient et offusquaient les remparts (vers 10 heures 1/2 en effet, un cavalier citoyen était venu demander au Conseil Général des charpentes pour faire un abatti dans le Rosendael).

Ces fameux grenadiers étaient sous les ordres du Commandant Coindon, du 3º des fédérés ; il faut croire qu'ils eurent chaud, car une heure après leur sortie, ils réclamaient de la bière.

Ils combattirent dans les Dunes, de 10 heures à la nuit.

Quoi qu'il en soit, si les abatis ne réussirent pas, l'incendie dut être formidable : 106 maisons, à 200 yards de la porte de Nieuport, si l'on s'en rapporte au capitaine Hane. Malgré tout, la journée eut pour résultat de donner de l'air à la garnison.

A 4 heures 1/2 du soir, le tourier de Bergues rapporte que le feu est très vif au Roozendaele.

Copie de la lettre du citoyen Dusse, Payeur particulier de la Guerre à Dunkerque en datte du 24 Août 1793 au citoyen Martin, Payeur Général de la 1re Division du Nord.

CITOYEN,

Voila deux jours que nous sommes dans le combat, cependant Dieu nous a favorisé jusqu'à l'heure où nous sommes. L'ennemi cesse son feu. J'ai envoyé des fonds à Bergues, il m'en faut pour ici pour la Municipalité ainsi que pour les fournisseurs. Faites adresser vos fonds au citoyen Boher à Gravelines et je les envoyerai prendre sous bonne escorte. Adieu, le temps me presse, Etant fidèlement

Votre très humble serviteur,
Signé : DUSSE.

Citoyen Martin, Payeur Général des Dépenses de la Guerre à Lille. Dunkerque 24 Août 1793 l'an 2e de la République française une et indivisible.

Situation de la Caisse du Payeur Général de la Première Division du Département du Nord, à l'époque du 26 août 1793

NUMÉRAIRE	ASSIGNATS
122.800^f	1.714.935^f
(comme le 16 août)	(contre 5.461.000 le 16 août)

P. S. La Caisse de Dunkerque doit avoir besoin de fonds mais le payeur ne sait quel moyen employer pour y en faire parvenir, la communication de Lille avec cette place étant interrompue.

Certifié véritable par le payeur général de la première Division du Département du Nord soussigné.

Lille, le 26 Août 1793.
MARTIN.

Du côté des Alliés

Avant de pouvoir diriger une attaque directe sur les fortifications de Dunkerque, il fallait d'abord chasser les troupes françaises qui s'étaient maintenues dans les jardins et les maisons qui précèdent le chemin couvert, autrement dit de s'emparer de l'agglomération de Rosendael située sous le canon du front Est et fortement occupé. Telle était l'intention de son Altesse Royale.

Peu après 8 heures, on observa que les Français sortaient en forces de la ville, sans doute avec l'intention d'attaquer nos avant-postes.

Soit qu'il en ait reçu l'ordre (Ditfurth) soit de sa propre initiative (Calvert) le Général d'Alton fit prendre les armes à son corps pour les soutenir.

Quoi qu'il en soit, le Général d'Alton fit l'opération avec : les troupes légères de l'avant-garde soutenues par 5 bataillons (1 de Starray, 2 de grenadiers anglais et 2 d'infanterie légère anglaise).

Le combat fut très vif ; les Français supérieurs en nombre et favorisés par le feu d'artillerie des remparts de Dunkerque, reprirent maintefois les parties du terrain que les alliés avaient enlevées d'assaut.

A ce qu'il semble, d'Alton aurait commis la faute de ne pas attaquer dès le début avec toutes ses forces, mais de les engager successivement, faute qui se commet du reste toujours, dans les combats de localités. C'est ainsi que la lutte se continua pendant plusieurs heures sans résultat décisif.

Vers 9 heures du matin, les 2 bataillons de grenadiers hessois Eschwege et Wurmb reçurent l'ordre de se porter à la rescousse. Le général d'Alton, un héros chevaleresque, encore jeune d'allure, mit pied à terre et marcha en tête des deux bataillons. En peu de mots bien sentis, il les adjura de mettre fin par une attaque vigoureuse au combat meurtrier qui durait depuis trop longtemps.

De joyeuses acclamations répondirent à son appel et, avec des cris vigoureux et un élan irrésistible, les deux bataillons formés en rangs épais, entrèrent au pas de charge dans Rosendael.

Les Français furent complètement bousculés et le bataillon Wurmb leur enleva un canon.

A la sortie du village du côté de Dunkerque, les Français avaient placé des pièces dont le tir à mitraille fit reculer les bataillons à une certaine distance.

De nouveau rassemblés, ils réussirent, après des attaques renouvelées à rejeter complètement les Français de Rosendael.

D'Alton, l'épée nue, partout le premier à la tête des grenadiers, mena la poursuite jusqu'au pied des glacis de Dunkerque.

Mais, dans cet instant, déboucha des dunes, une colonne française de 4.000 hommes (sic), soutenue par une nombreuse artillerie qui attaqua vivement le village du côté nord : le petit paquet des grenadiers hessois, à peine fort de 700 hommes, ne put pas résister à cette nouvelle attaque. D'Alton fut mortellement blessé à leur tête, d'une balle de mitraille (perte irréparable pour l'armée, dit Calvert), et les grenadiers complètement chassés de Rosendael.

Sur ces entrefaites toutefois, le général lieutenant Wurmb avait reçu l'ordre de se porter, avec les régiments Prince Charles et Kospoth, au secours des troupes engagées et il entrait en ligne au moment même où les français venaient de reprendre Rosendael.

Il prit aussitôt le commandement à la place de d'Alton et se prépara à un nouvel assaut.

Cependant les Français avaient aussitôt évacué le village rempli de cadavres et n'avaient conservé que la ligne de maisons la plus rapprochée de Dunkerque, d'où malgré tous les efforts on ne put les chasser, à cause de l'appui que leur donnait le feu des remparts.

Le combat se termina en conséquence vers le soir, les Alliés conservant le reste du village qui resta occupé par les régiments Prince Charles et Kospoth et les deux bataillons légers anglais.

Les Alliés avaient eu 13 officiers et 351 hommes hors de combat. Le bataillon de flanc perdit le lieutenant-colonel Eld, tué et le capitaine Williams, blessé. Le duc d'York fit enterrer le corps du chevaleresque d'Alton, rejeton d'une des premières familles des Pays-Bas, après une grande revue de toute l'armée, devant le front de bandière.

Des grenadiers anglais, hongrois et hessois creusèrent la tombe et portèrent la bière.

D'après Calvert les mêmes honneurs auraient été rendus aux restes du lieutenant-colonel Eld.

*Bulletin extraordinaire de la « London Gazette »
du 28 Août 1793*

Whitehall, 28 Août 1793.

La dépêche suivante a été reçue ce matin du Colonel sir James Murray, Adjudant-général des troupes sous le commandement de son Altesse Royale le duc d'York, dans les bureaux de l'hon. Henry Dundas, premier secrétaire d'Etat de sa Majesté à l'Intérieur.

Lefferinckoucke, 26 Août 1793.

Monsieur,

J'ai l'honneur de vous informer que son Altesse Royale avait l'intention de prononcer le 24 un mouvement contre l'ennemi, toujours posté à quelque distance de Dunkerque, dans le but de prendre possession du terrain qu'il était nécessaire d'occuper préalablement au siège. Ce projet fut exécuté sans délai par l'attaque des avant-postes entre le canal de Furnes et la mer ; le Lieutenant-Général Dalton avança avec la Réserve qui était campée de ce côté, pour appuyer le mouvement. L'ennemi fut repoussé avec pertes jusque dans la ville. Une pièce de canon et quelques hommes furent pris. L'ardeur des troupes les entraîna à la poursuite de l'ennemi plus loin qu'il n'était prévu, de sorte qu'elles tombèrent sous le canon de la place qui leur fit subir des pertes considérables. Ceci était plus facile à prévoir qu'à empêcher, à cause de la nature du pays, qui est couvert d'arbres et de fortes barrières. Le Lieutenant-Général Dalton fut tué d'un coup de canon vers la fin de l'attaque. La perte de cet excellent officier doit être déplorée : le courage et l'habileté qu'il déploya au cours de nombreuses campagnes l'ont élevé au plus haut rang dans l'estime de l'armée où il servait.

Son Altesse Royale a également à regretter la perte du Colonel Eld, du Coldstream Régiment, et de plusieurs autres hommes de valeur. Les troupes déployèrent leur courage ordinaire. Les deux bataillons anglais qui furent engagés étaient commandés par le Colonel Leigh et le Major Mathews, et le bataillon de grenadiers Hessois, par le Lieutenant-colonel Wurmb. Son Altesse Royale a été particulièrement sensible aux efforts du Major-Général Abercrombie et du Major-Général Verneck qui étaient avec l'avant-garde, ainsi qu'à ceux du Lieutenant-Général Wurmb.

L'armée a pris le terrain que son Altesse Royale avait l'intention de faire occuper. Les avant-postes sont à peu de distance de la ville.

J'ai l'honneur, etc.

MURRAY.

P. S. Dans la hâte de la rédaction de la précédente dépêche, les noms des deux postes pris par le Maréchal Freytag, et du pont, n'ont pu être insérés : les deux premiers sont Warmarthe et Eckelbech, et le dernier Leffrinckoucke.

Le rapport du nombre des Autrichiens tués ou blessés n'a pas encore été reçu, mais il est supposé d'environ 170 hommes.

Rapport des pertes des troupes Anglaises et Hessoises dans l'action du 24 Août 1793

Anglais :

Bataillon de flanc des Gardes à pied : 1 Capitaine, 1 Sergent, 8 hommes tués ; 1 lieutenant, 25 hommes blessés.

Bataillon de flanc de l'Infanterie : 5 hommes tués ; 25 blessés; 1 disparu.

Artillerie : 3 hommes tués ; 1 lieutenant et 7 hommes blessés.

Total : 1 Capitaine, 1 sergent, 16 hommes tués ; 2 lieutenants, 57 hommes blessés ; 1 manquant.

Hessois :

1 capitaine, 2 lieutenants, 13 hommes tués ; 1 lieutenant-colonel, 2 lieutenants, 36 hommes blessés.

Noms des officiers tués et blessés :

1er Régiment de Gardes à pied : Capitaine Williams, blessé.

Coldstreams : Lieutenant-colonel Eld, tué.

Artillerie : Lieutenant Wilson, blessé.

VI. — *Flottille-Escadre*

Les batteries flottantes viennent enfin de prouver leur utilité. J'avais fait passer en rade l'ordre au citoyen Castagnier de prendre une position tout à fait à l'Est de la rade. Cet officier s'est porté avant le jour le plus près de terre possible, à peu près sous le fort de Leffrinckoucke et, par la vivacité de son feu, il a forcé à rétrograder une colonne de 4000 hommes de cavalerie qui sans doute masquait la grosse artillerie. Pendant tout le jour, il a empêché le passage des détachements de cavalerie qui, étant sur l'Estran, auraient coupé la retraite à nos tirailleurs et, sur les 5 heures du soir, il a arrêté une pièce de grosse artillerie et un mortier que l'ennemi n'a pu faire rétrograder qu'avec perte de chevaux. (Ordonnateur civil).

Dimanche 25 Août

1. — *Direction de la défense*

Dans la soirée, le général Barthel annonce que le général Houchard arrive à Cassel et qu'il fera passer le résultat de la conférence.

Le Conseil de guerre requiert le Conseil général de s'adjoindre à lui pour former divers comités qui seraient chargés de prendre connaissance de toutes les mesures et détails particuliers des différents services afin de laisser une forte partie du Conseil à aviser aux grands moyens de la défense de la place,

CONSIDÉRANT QUE :

(a) aux termes de la loi le Conseil général n'a pu prendre une délibération fixe sur la nature de cette réquisition sans y être autorisé par l'administration supérieure et sans le consulter, l'administration du district son procureur sindic entendu a reconnu que le danger éminent de la ville exigeait tout ce qui peut sauver la chose publique,

(b) il est interdit par la loi aux corps administratifs de se mêler en rien des opérations militaires pour la défense des places et postes attaqués et lorsqu'ils se déterminent à aider de leurs soins et de leurs services le Conseil de guerre sur sa réquisition, ce ne peut être que pour opérer la célérité dans l'exécution de ses délibérations,

ARRÊTE

de se rendre près du Conseil de guerre permanent séant dans la place sur la réquisition expresse pour l'aider de ses soins et de ses services mais sans aucunement délibérer ni y avoir aucune prépondérance d'administration et sans être tenu en quoi que ce soit et sans aucune modification d'aucune responsabilité quant aux voies et moyens de défense qui pourraient être arrêtés par le dit Conseil de guerre.

Le Conseil de Guerre surchargé de besogne arrête d'établir 3 comités, le 1er pour l'artillerie et le génie, le 2e pour les subsistances, fourrages, comptabilité, payements, hôpitaux, prisons, le 3e de police et de passeport, et requiert le Conseil Général de nommer un nombre de membres pour composer les dits comités. En conséquence, et obtempérant à la dite réquisition, ont été nommés pour le 1er comité, 5 membres, pour le 2e, 4 membres, et le travail du 3e comité se fera par le Conseil Général auquel s'adjoindront les juges de paix pour la police, et, quant aux passeports et permis de sortir, par une Commission du Conseil, de 3 membres choisis tous les 3 jours.

II. — *Bergues et la Colme — Secours de l'armée*

a) Le tourier de Bergues rapporte :

A 3 heures 1/4 du soir, qu'il parait qu'on se bat du côté de Cassel.

A 4 heures 1/2, qu'on ne tire plus si fort du côté de Cassel et qu'il n'aperçoit aucune troupe ennemie dans les environs.

A 6 heures 1/4, qu'il a vu passer vers le Pont à poissons, 2 escadrons de cavalerie et environ 300 hommes d'infanterie qui se retirent vers Quaedypre.

b) Il n'y a pas trace de mouvement sur la Colme.

c) Il entre à Dunkerque un bataillon de volontaires nationaux.

*Au Fort Français le 25 Août 1793 L'an second
de la République une et indivisible*

Police et Sûreté

CITOYENS,

J'ai l'honneur de vous prévenir qu'en vertu d'un ordre du Général de brigade Carrion en date du 20 août, je viens de suspendre de toutes fonctions le nommé François Duliger, casernier, éclusier, portier du Fort. Cet homme excessivement suspect pour son incivisme avait excité le mécontentement général par les propos qu'il tenait, indépendament des plaintes particulières que j'ai à faire sur la manière dont il s'acquittait de son service, je recevois encore à chaque instant celles des officiers du Bataillon qui est en garnison ici. Sa conduite est tellement connue de ses concitoyens que la Municipalité de Coukerque lui.... constamment son certificat de civisme; un homme qui n'a pas la confiance publique ne doit pas recevoir un salaire qui, payé par la République ne doit être accordé qu'aux bons citoyens.

Je l'ai fait remplacer par intérim par le citoyen Labory, passager du fort qui réunit la probité, l'activité et le patriotisme le plus ardent, si le District après avoir pris les informations nécessaires désapprouve mon choix je le prie d'en nommer tout autre. Je ne désire que le bien de la République et ne protège personne.

Le Commandant du Fort Français,

CHAMBELLAN.

Nous vous prions de nous faire parvenir un entonnoir de fer blanc pour emplir les barils qu'on nous a envoyé vu que sans cette précaution l'on perdrait beaucoup d'eau et que dans cette circonstance elle peut devenir très précieuse.

III. — *Remparts et batteries*

Les batteries de la place font un feu terrible jusqu'à 9 heures du soir. Les forces alliées ne répondent pas un seul coup de canon. Toutefois, les détachements chargés de protéger les travaux, ayant du canon, l'un d'eux s'approcha au point d'envoyer des boulets dans la ville.

A 11 heures du soir, les batteries de la place rouvrent brusquement un feu également qualifié de terrible — secondé, d'une part, par les batteries flottantes et de l'autre, par la mousqueterie.

Tout ce tapage avait été provoqué par des détachements ennemis qui s'étaient avancés jusqu'aux remparts (Godart).

L'un de ces détachements, fort de 60 hommes, aurait été pourchassé jusque dans les Dunes par le bataillon du commandant Lermit et aurait perdu du monde (Hane).

Quoi qu'il en soit, ce feu, qui dura 45 minutes, paraît avoir eu pour résultat de repousser les forces alliées davantage dans les Dunes.

C'est à cette occasion que le général O Méara accabla d'injures des volontaires qui tiraient sur l'ennemi, croyaient-ils, mais qui, probablement, faisaient feu plus ou moins inconsidérément : « Vous tirez après la lune, vous ne tuez que des grenouilles », leur criait-il.

Comme un officier objectait que si l'on ne tirait pas, les ennemis entreraient dans les retranchements, il le fit mettre au cachot, parlant de le faire fusiller.

Il aurait été insulté par les soldats (lettre de Delforterie, officier au 6e bataillon du Pas-de-Calais, à son ami Leblond, aide de camp du général Carrion).

A 10 heures 1/2 du soir, le tourier de Bergues rapporte qu'il y a, en ce moment, une vive fusillade à Dunkerque.

IV. — *Travaux de siège*

Piquetage de la ligne de circonvallation sous la protection des détachements poussés vers la place.

Les travaux d'attaque et l'établissement des batteries furent continués jusqu'à 11 heures du soir, entre autres une batterie qui fut signalée par le tourier : dans le bas fond des Dunes sur la ligne du jardin du citoyen Marchand.

Pour la nuit, des détachements sont envoyés, à l'écoute, jusque sous les remparts.

V. — *Défense extérieure*

La guerre de haies par les postes avancés dans les Dunes et à Rosendael continue (Hane).

Il y a eu beaucoup d'actions de poste et les tirailleurs de part et d'autre ont fait un feu continuel (ordonnateur civil). Sur les 10 heures du matin, la garnison fait une sortie vigoureuse et repousse les avant-postes ennemis à une lieue (*sic*) des fortifications, en leur tuant beaucoup de monde et en leur faisant 18 prisonniers.

Incendiement de Rosendael : 27 maisons.

VI. — *Flottille-Escadre*

Les batteries ont été aussi utiles que la veille, écrit l'ordonnateur.

Le citoyen Castagnier a fait replier deux fois un corps nombreux de cavalerie auquel il a empêché le passage de l'Estran ainsi qu'à un train d'artillerie considérable. Il a fait taire deux fois le feu des 2 batteries élevées sur les Dunes et se portera plus à l'ouest, s'il ne peut parvenir à détruire ces batteries.

Lundi 26 Août

I. — *Direction de la défense*

Vers 11 heures 1/2 du matin, le général Souham se présente au Conseil général ; le Maire lui fait part de la situation ; le citoyen Mazuel offre de le loger ainsi que son adjudant, offre qui est acceptée.

Le Général Souham bégayait... au moral comme au physique ! Dans ses proclamations, les peut-être abondent : les Anglais vont *peut-être* nous attaquer, nous les repousserons *peut-être*, etc.

Si encore ce colosse de 6 pieds n'avait été qu'un indécis ! Il finit dans la boue, en 1814, ayant ragusé aux côtés de Marmont, comme disait le troupier, ce grand maître, en fait de mots justes !

Le Général O Méara et le Conseil de Guerre refusèrent, d'abord, de le reconnaître, parce que sa nomination n'était signée que du chef d'État-Major Berthelmy. Ce ne fut que lorsque l'arrêté de suspension, signé du Ministre, arriva, que le général O Méara quitta la place.

A Bergues, le district prend la délibération suivante :

Le Conseil, constamment occupé du salut des places de Bergues et de Dunkerque, considérant qu'il n'a aucune connaissance des opérations militaires concertées à Cassel et aux environs pour dégager ces places de l'attaque de l'ennemi, que cet état d'incertitude devient inquiétant et décourageant et qu'il est de son devoir d'user de tous les moyens possibles d'abréger l'époque des secours qui sont promis, ouï le citoyen Coulier substitut du procureur sindic, arrête qu'il sera expédié un commissaire à Cassel près des généraux de l'armée à l'effet de recueillir tous les renseignements possibles sur les dispositions militaires concertés en faveur des places de Dunkerque et

Bergues, et même les requérir au besoin au nom de l'administration en leur faisant connaître l'importance de ce pays pour la République, procédant au choix du dit commissaire, le citoyen Minart a été nommé et sera copie du présent arrêté à lui délivrée pour lui servir de commission.

II. — *Bergues et la Colme — Secours de l'armée*

a) A Bergues, un officier municipal qui sort du Conseil de Guerre annonce qu'il a été lu une lettre qui fait part de l'arrivée à Cassel du Général Houchard, avec son armée qui descend par ici.

Le district n'en fait pas moins transporter à Saint-Omer toutes les archives qui ne sont pas jugées en sûreté au Mont-de-Piété.

b) La division Jourdan partant de Cassel, vient bivouaquer à Watten.

On apprend à Dunkerque que l'ennemi a forcé les paysans de Spicker à travailler aux retranchements.

De grand matin, un petit retranchement ennemi venant de Boomkens, s'approche du Fort Louis (qui tire 3 coups de canon).

c) Il entre à Dunkerque 1.000 hommes de l'armée et des volontaires de Calais.

III. — *Remparts et batteries*

Bien que l'ennemi ne réponde pas à un seul coup de canon, dans la ville on s'attend à un bombardement, tant du côté de terre (à cause des préparatifs qu'on voit), que du côté de mer (parce qu'un négociant *famé* a reçu une lettre d'Angleterre, lui annonçant que des navires ont été armés à cet effet).

Vers 9 heures du soir, l'apparition de quelques détachements ennemis provoque encore une alerte sur les remparts, ce qui se traduit par des coups de canon « dans la lune », comme dit le Général O Méara.

Une lettre du quartier Général à Cassel, le 27 Août, dit :

Les Autrichiens, encouragée par la lâcheté de nos chefs, ont tenté hier soir, l'escalade de Dunkerque, mais on était revenu de la première frayeur, et ils n'ont remporté pour fruit de leur entreprise, que force horions et 400 morts.

IV. — Travaux de siège

On commence la construction des tranchées, et on installe 2 batteries à 1200 et 1400 mètres de la ville.

Le tourier annonce qu'il a vu charger les mortiers et flamber dans la batterie derrière le bois du citoyen Destouches.

V. — Défense extérieure

La plus grande partie de la journée fut occupée par la guerre de haies.

J'ai, un jour, lu en entier, à mon bataillon, le passage du Capitaine Hanc à ce sujet. Mes hommes ont vu, non sans étonnement, que la compagnie dite des capucins, avait inventé l'uniforme Kaki et pratiquait fort bien l'infiltration.

Incendiement de Rosendael : 18 maisons. — Pertes : 27 hommes (11 tués, 16 blessés).

Un escadron de 38 cavaliers sorti par la Barrière Royale, le long du canal se trouva subitement entre 2 batteries masquées et il ne revint que 5 hommes et 9 chevaux.

VI. — Flottille-Escadre

Les batteries flottantes bombardent méthodiquement l'aile droite du camp ennemi.

L'escadre anglaise composée de : 1 frégate et 9 cottres du caiche, croise pendant tout le jour dans ces parages.

La frégate vint même, avec 5 cottres, enlever, sous le feu de la batterie ouest et de la flottille, un navire Lambourgeois qui était venu mouiller dans la rade. C'est à peu près le seul acte d'audace qu'on puisse citer à l'actif de cette escadre.

Je donnerai, au titre du 3 septembre, quelques mots d'explication à ce sujet. Quoiqu'il en soit, dans la ville, on s'attend à un débarquement, (en même temps qu'à un bombardement).

La vue de l'escadre anglaise est cause que le bruit qu'elle projette de jeter des troupes à terre pour couper la communication avec Gravelines (la seule restée libre) se répand.

Les Dunkerquois eurent même le spectacle d'un petit combat naval entre une partie de cette escadre d'une part, et la batterie Ouest, aidée par les batteries flottantes de l'autre.

Mardi 27 Août

I. — *Direction de la défense*

Vers 10 heures du matin, le Général Jourdan se présente au Conseil Général et dit qu'il vient avec des troupes au secours de la place et promet de la défendre avec courage (*sic*).

(*a*) Vers 7 heures 1/2 du soir, le Conseil Général, réuni avec les administrateurs et le procureur district, le citoyen Maire dit que sur la réquisition du Conseil de Guerre, le Conseil Général a fait les efforts les plus incroyables et les plus continus pour seconder tous les ordres et toutes les mesures dont il lui a demandé l'exécution ; il ne craint pas de dire qu'il est impossible que le Conseil de guerre puisse avoir le moindre reproche de négligence, de défaut d'exécution ou de retard à lui faire ;

(*b*) cependant, quoique le travail de ce conseil fut par cela même diminué, on ne voit pas qu'il ait pris de ces grandes mesures de salut, desquelles seulement il avait à s'occuper ;

(*c*) les rapports sur les mouvements de l'ennemi sont propres à jeter l'alarme ;

(*d*) des secours sollicités et promis depuis plusieurs jours, non seulement ne sont envoyés, mais paraissent même avoir reçu dans leur marche, des ordres de se diriger ailleurs que sur cette place ; il est arrivé successivement plusieurs généraux notamment le général Jourdan qui, à peine arrivé, a été appelé à une autre mission ;

(*e*) enfin, sans s'alarmer, il faut cependant prendre une délibération sur la position fâcheuse où l'on se trouve.

Toutes ces considérations ayant fait la matière d'une longue et sérieuse discussion, le Conseil général a cru que sa conscience, son devoir et ses serments l'obligent à prendre l'arrêté suivant :

CONSIDÉRANT QUE :

a) Il est incontestablement certain que l'ennemi a élevé des retranchements et des batteries ;

b) la nécessité de prompts secours tant de troupes qu'en officiers généraux, a été reconnue de la part du Général Houchard ;

c) ces secours, commandés par le Général Houchard et dirigés vers cette place, n'y sont arrivés qu'en faible partie et même le Général Jourdan a reçu une autre mission ;

d) l'ennemi vient de faire de nouvelles dispositions qui paraissent annoncer un projet prochain d'attaque;

e) il importe de redoubler d'efforts et de surveillance et par conséquent de recourir à tous les moyens possibles de salut.

Tout mûrement pesé, ARRÊTE :

Le Conseil de Guerre sera prié de déclarer de suite, et positivement, et par écrit s'il croit qu'avec les moyens actuels en son pouvoir, il puisse conserver la place à la République, attendu qu'en cas qu'il déclarât ne le pouvoir pas, le Conseil général fera partir sur le champ une députation auprès des Représentants pour en obtenir, en vertu de leurs pouvoirs, les secours indispensables.

Vers 11 heures du soir, le général Souham vient parler relativement aux inquiétudes que le conseil général a communiquées au Conseil de Guerre et dit que l'on n'y répondra que demain (*ce qui ne fut pas fait, puisque le Maire en fit la remarque*).

De son côté *le Conseil de Guerre délibère* sur les mesures à prendre et, dans la nuit, envoie au général Jourdan une lettre faisant craindre une descente vers Fort-Mardick.

Au Quartier général à Cassel
Le 27 Août 1793. L'an 2ᵉ de la République

CITOYENS,

Il a été arrêté dans le conseil de guerre tenu par le général en chef Houschard que le général Jourdan marcherait avec sa division le long de la rive gauche de la Colme. Cette division est la meilleure de l'armée, en conséquence il arrive ce soir à une lieue de Dunkerque où il prend poste après avoir laissé des troupes à Watten, à Linx il doit jetter trois bataillons dans Dunkerque dont un vous est destiné. Le point intéressant est d'empêcher que cette place ne tombe au pouvoir de l'ennemi. Vous savés qu'il dirige toutes ses forces de ce côté. S'il avait avancé ses ouvrages sous Bergues, de façon à présumer que cette place fut emportée de vive force nous risquerions le tout pour le tout. Mais aucun de vos ouvrages ne sont endommagés et vos derrières sont libres. L'interest de la république est de prendre des mesures si bien concertées que la réussite en soit à peu près certaine et que le contraire arrivant il n'en résulte pas la perte d'une partie de la Flandre maritime. Le général en chef a de grands projets, ils seront sous peu en exécution. Rehaussés le courage des troupes et tachés de leur inspirer l'esprit qui vous anime. Soyés persuadé que tout ira bien.

Salut et Fraternité
L'Adjudant Général,
Ernouf.

Sûreté Publique   *Dunkerque le 27 Aout 1793*
L'an 2 de la République

Nous avons reçu, Citoyens collègues, votre lettre d'hier par laquelle vous nous rappelez tous dans votre sein, d'après l'arrêté que vous en avez pris.

Nous avons été d'autant plus surpris de cette nouvelle intimation, que vous aviez par deux lettres des 24 et 25, paru approuver les mesures que nous vous avions proposées, et dont l'une était de partager l'administration entre Bergues, Dunkerque et Gravelines ; des raisons que nous vous donnions à l'appuy de cette demande et qui subsistent toujours, nous sembloient trop impérieuses pour que vous n'en sentissiez pas toute la nécessité.

La situation où se trouvent les villes de Bergues et de Dunkerque est sans doute également critique ; mais les dangers sont bien plus imminens pour cette dernière place, qui s'attend à toute heure à voir commencer un bombardement, et dans une circonstance aussi périlleuse vous pouvez juger, Citoyens Collègues, combien il est essentiel que les Membres du District qui se trouvent ici y restent. Vous verrez d'ailleurs par la réquisition du Conseil de guerre, dont nous vous adressons copie que ses membres nous invitent à rester pour concourir, (sans toutefois nous soumettre à partager leur responsabilité) à les aider en tout ce qui pourra dépendre de nous.

Vous sentez sans doute que nous ne pouvons pas dans cette occasion suivre le penchant que nous aurions à nous voir tous réunis et que le Conseil de guerre auroit de justes raisons de se plaindre, si nous ne déférions pas à sa réquisition.

Considérant qu'il reste encore parmi vous une majorité nombreuse, puisque vous êtes au moins six, nous avons cru qu'en quelque ville du District où l'on peut servir sa Patrie, l'on est toujours à son poste et nous espérons que vous conviendrez de la justice du parti que nous prenons en vous prévenant que nous adressons au Département copie de la présente, ainsi que de la réquisition y jointe.

Les membres de l'administration du District de Bergues,

BRASSART MARIN
Procureur syndic JOSSELIN
FAULCONNIER

P. S. Ayant besoin d'un secrétaire, nous avons cru devoir retenir le citoyen Blée pour en remplir les fonctions.

SÉANCE DE LA CONVENTION DU MARDI 27 AOUT 1793

Vous savez que Dunkerque est assiégé, dit Carnot ; vous savez avec quelle vigueur les citoyens et la garnison de cette ville ont répondu à la sommation qui leur a été faite de rendre la ville.

Ils demandent que la Convention leur envoie 2 de ses membres pour diriger leurs efforts contre l'ennemi.

Le Comité de salut public vous propose d'envoyer dans le département du Nord les citoyens Trulard et Berlier. Cette proposition est adoptée.

II. — Bergues et la Colme — Secours de l'armée

a) Vers 4 heures, le tourier de Bergues rapporte qu'on se fusille du côté de la porte de Cassel, essai d'une sortie, notre canon gronde à la porte de Cassel ; puis, que nos troupes sorties pour favoriser la rentrée d'une partie des fourrages qui étaient au faubourg de Cassel, appartenant au citoyen Van den Bussche, maître de la poste aux chevaux, étaient avancées jusque passé la Croix Rouge.

Nos troupes rentrées à 5 heures ont amené quelques voitures de fourrages ; il y eut dans cette sortie 5 à 6 blessés des nôtres ; on rapporte que la perte de l'ennemi a été plus considérable.

La place continue ses abatis d'arbres qui offusquent les vues, on démolit le château dans la prairie, au pied du glacis de Saint-Winoc, on incendie la ferme du citoyen De Baecque à Hoymille.

b) La brigade Leclaire vient camper à Loon, le 12e chasseurs à cheval à Mardick et le 2e de la Meurthe à Petite-Synthe.

c) Il est fait rapport au conseil du district qu'un renfort de troupes est arrivé cette nuit à Dunkerque (cela ne semble pas exact).

Une lettre de la municipalité de Dunkerque annonce que 1500 hommes arriveront aujourd'hui (il en entre 1800) que le général Jourdan est entré, qu'il a sous ses ordres 6000 hommes le long de la Colme.

III. — Remparts et batteries

Pendant toute la journée un grand nombre de canons furent déchargés contre les forces alliées répandues dans les Dunes.

Aucune artillerie ne répond à celle de la défense.

Vers 11 heures du soir, nouvelle alerte produite par une fusillade sur les remparts.

La canonnade qui s'en suivit fut notée par le Général Leclaire.

La place de Dunkerque tira beaucoup pendant cette nuit.

IV. — *Travaux de siège*

On fixe le tracé de la 1re parallèle à 500^m de la place. Dans l'après-midi, un petit camp avancé que les Anglais avaient placé exactement contre la première Dune, se replie sur l'armée. Par contre, vers 6 heures du soir, le tourier annonce qu'il a vu lever tout le camp et s'avancer vers la ville, qu'il a vu distinctement une batterie de 2 canons qui lui ont paru du calibre de 17 et qu'elle est pointée directement sur la Tour.

Arrivée des canonniers, mais sans canons (Fortescue).

V. — *Défense extérieure*

A la pointe du jour, la guerre de haies reprend pour ne finir qu'à la nuit.

Incendiement de Rosendael : 13 maisons.

Pertes françaises : 20 tués ou blessés.

VI. — *Flottille-Escadre*

La flottille, tout en se rapprochant de l'entrée du port, continue à molester (*sic*) considérablement les assiégeants.

Une escadre anglaise composée d'une frégate de 30 canons et de 16 sloops ou cottres passe, dans la matinée, devant Dunkerque et va jeter l'ancre entre Furnes et Ostende ; à la marée (vers 3 heures), plusieurs de ces bâtiments entrent dans Nieuport ; les autres dont le tirant d'eau était trop fort, vont à Ostende.

L'alarme des habitants de Dunkerque ne fait que grandir : aux 2 hypothèses du débarquement et du bombardement, vient s'en ajouter une 3e : l'escadre va sans doute s'emparer de la flottille.

Mercredi 28 Août

I. — Direction de la défense

Le 28, dans la nuit, le général Jourdan reçut une lettre du conseil de guerre de Dunkerque par laquelle on lui donnait avis que l'on craignait une descente vers le fort Mardick.

En conséquence, dès 5 heures du matin, le général Jourdan se rend à Dunkerque avec le général Deroques, tandis que la brigade Leclaire se porte vers Fort Mardick.

A 9 heures, dit le général Leclaire, le général Jourdan m'envoya ordre de lui envoyer la demi-brigade du 47e, et, à midi, d'arriver avec celle du 45e.

Le général Jourdan voulait que je prenne le commandement de Dunkerque, je lui observai que je commandais des troupes qui me connaissaient.

A 2 heures après-midi, le général Jourdan reçut ordre de me remettre le commandement de sa division sur la Colme et de se rendre de sa personne à Cassel où arriva le général Houchard.

A 10 heures du soir, le général O Méara reçoit une lettre qui le suspend de ses fonctions et l'oblige à se retirer à 20 lieues des frontières.

Au district de Bergues, le citoyen Minaert, de retour de la mission qui lui a été confiée par l'arrêté du 26 août apporte à l'administration une lettre de l'adjudant général datée du quartier général à Cassel le 27 de ce mois, de laquelle il résulte que le général Jourdan marcherait avec sa division le long de la rive gauche de la Colme et qu'elle arriverait hier soir à une lieue de Dunkerque où elle devait prendre poste ; qu'après avoir laissé des troupes à Watten et Lynck, il devait jeter trois bataillons dans Dunkerque dont un est destiné pour Bergues, que le point intéressant est d'empêcher que cette place ne tombe au pouvoir de l'ennemi ; que l'ennemi dirigeant ses forces de ce côté, s'il avait avancé ses ouvrages sous Bergues de façon à présumer que cette place fut emportée de vive force, l'armée risquerait le tout pour le tout, mais qu'aucun des ouvrages n'étant endommagé et ses derrières étant libres, l'intérêt de la République est de prendre des mesures si bien concertées que la réussite en soit à peu près certaine et que le contraire arrivant, il n'en résulte pas la perte d'une partie de la Flandre maritime ; qu'enfin le général avait de grands projets et qu'ils seraient mis sous peu à exécution.

Le Conseil a manifesté sa satisfaction au citoyen Minaert du succès de sa mission et a arrêté de communiquer la lettre dont il s'agit au Conseil de guerre et à la municipalité de Bergues.

Au district de Bergues, le Conseil, informé qu'on n'a point eu l'attention d'ouvrir les éclusettes du canal de Furnes, ce qui fait que l'inondation n'est que partielle, il a été délibéré de proposer aux conseils de guerre de Bergues et de Dunkerque de faire une rigole dans la digue sur la rive droite du canal de Furnes, c'est-à-dire du côté du Rozendale pour l'inonder et par ce moyen réduire l'ennemi à la dune et à l'Estran, en ayant la plus grande attention lorsque l'inondation aura pris son niveau au Rozendale pour l'ouverture de la dite rigole de la refermer de suite pour se conserver les moyens de faire circuler nos troupes par la chaussée le long du canal.

Au district de Bergues, le citoyen Coulier faisant fonctions de procureur sindic propose d'écrire à la Convention nationale pour lui faire part de notre position en lui observant que le citoyen Belle Isle ingénieur en chef s'est depuis sa résidence ici bien montré et qu'on doit à son zèle, à son activité, à ses talents la rassurance où on est sur la sûreté de la place.

L'administration n'est pas moins satisfaite de la conduite du général Carryon, commandant de la place qui déploye un zèle infatigable pour sa deffense, et lui faire connaître la résolution où sont la ville de Bergues et sa garnison de périr dans les murs plutôt que de se rendre, et de se battre jusqu'à l'entière destruction des esclaves qui l'investissent. Cette proposition accueillie, un projet de lettre a été soumis à l'administration qui l'a adopté.

II. — *Bergues et la Colme — Secours de l'armée*

a) Des détachements ennemis sont signalés comme apparaissant souvent à Coudekerque et parmi eux des émigrés de la Bourgogne.

A 9 heures du soir, une patrouille ennemie s'approche de la porte de Cassel, la résistance qui lui est opposée la fait bientôt repentir de sa démarche.

b) On a vu ci-dessus, les mouvements des troupes de la Colme.

c) Il entre à Dunkerque toute la brigade Leclaire, soit 6 bataillons faisant en tout 2600 hommes.

III. — *Remparts et batteries*

On ne trouve pas trace, ce jour-là, d'une action de l'artillerie ; le fait est exceptionnel.

IV. — *Travaux de siège*

Les retranchements avancent fortement.

Dans la matinée, le tourier signale 3 batteries à la

campagne du citoyen Destouches qui s'élèvent et auxquelles on travaille vivement.

Le soir, toutes les batteries étant construites, on commence à les armer.

Dans la ville, les craintes de bombardement augmentent : d'aucuns s'y attendent pour la nuit : celle-ci n'en fut pas moins tranquille.

V. — *Défense extérieure*

Pendant toute la journée, un feu de mousqueterie très vif fut continué entre les troupes extérieures de la défense et les tirailleurs des alliés.

Incendiement de Rosendael : 8 maisons.

Pertes françaises : 79 hommes (33 tués ou blessés, 46 disparus).

Du côté de l'attaque, un détachement de Loyal émigrants va renforcer les chasseurs d'Odonel, au pont du grand Steendam.

VI. — *Flottille-Escadre*

Vers 6 heures du soir, le tourier annonce que les bâtiments qui étaient le matin à la hauteur de la ville ont disparu, que ceux qui étaient vis-à-vis Nieuport sont entrés dans le port, et que le surplus est toujours à l'ancre à la même place, communiquant par ses embarcations avec le corps de siège et débarquant de l'artillerie.

Jeudi 29 Août

I. — *Direction de la défense*

A 11 heures du matin, le général O Méara part avec sa femme pour Amiens.

Le commandant temporaire Bourg quitte également la place : il fut d'ailleurs remplacé aussi mal que possible par le chef de bataillon Hudry qui se révèle à nous comme un paresseux et un intrigant (voir ci-après).

C'est ce jour-là que le commandant Hoche écrit la lettre fameuse :

« La place sera brûlée avant d'être rendue. »

II. — *Bergues et la Colme — Secours de l'armée*

Au district de Bergues, considérant que les événements ont augmenté le travail des messagers, des touriers et des gardes de l'église Saint-Martin, le conseil décide d'augmenter les salaires de ces trois catégories d'employés ; les touriers recevront 5 livres par jour, les gardes de l'église, au nombre de 4, recevront 3 livres chacun.

On lit dans les mémoires du général Leclaire, à la date du 29 août :

Le 29 août, j'établis mon quartier général à Bourbourg. Voici l'emplacement des troupes :

Le 19e d'infanterie à Watten ; le 6e de Paris à Looberghe ; le 1er bataillon de Saint-Denis à Lynck ; le 3e de la Meurthe à Brouckercke ; le 15e d'infanterie légère et le 3e bataillon franc à Spiker ; le 56e à Coppennansfort ; le 2e de la Meurthe à Bourbourg ; le 12e des chasseurs à cheval à Bourbourg ; un détachement du 26e cavalerie et de gendarmerie attaché à l'Etat-Major à Bourbourg ; 50 chasseurs du 12e à Mardik ; 50 hussards du 4e à Watten ; la demi-brigade du 45e et celle du 47e à Dunkerque, aussi faisant toujours partie de ma division.

Le 29 août, je devais faire attaquer l'ennemi au pont de Mille-Brugghe, mais dans la nuit il repassa le canal, brûla le pont et plaça sa batterie à l'autre bord du canal.

Le 29 août, à 7 h. 1/2 du matin, au Général Jourdan :

Toutes les informations prises m'ont assuré que l'ennemi s'était retiré de l'autre côté du canal de Bergues, au poste de Mille-Brugghe ; après avoir brûlé le pont, ils se sont retranchés de l'autre côté. Le commandant du 13ᵉ infanterie légère m'a rendu le même compte dont je vous envoie un extrait. Je vous donne l'emplacement de mes troupes et copie de la lettre du commandant du 19ᵉ infanterie, cantonné à Watten. Si l'on ne prends d'autres moyens pour les fourrages et les subsistances, je ne sais comment ça ira.

Le 29 août, à 10 h. 1/2 du matin, au Général Souham à Dunkerque.

Je vous rends compte, Général, que l'ennemi a quitté, au poste de Mille-Brugghe, cette partie du canal, s'est retiré de l'autre côté dans la journée d'hier ; il a placé ses canons, s'y est retranché et a brûlé le pont, ce qui rend l'attaque projetée sur ce poste nulle. Ce matin, le commandant du 19ᵉ infanterie cantonné à Watten m'écrit que le Conseil de guerre de Bergues a envoyé ordre de lâcher les écluses à pleines eaux, afin de porter l'inondation à Bergues depuis Bierne jusqu'au bastion Saint-Pierre, ce qui m'obligera peut-être à retirer ou à déplacer mes postes qui occupent la rive gauche du canal de Bergues.

Le pont que l'ennemi a brûlé à Mille-brugghe rend, je crois, la communication du canal de Bourbourg à Dunkerque, très sûre. Il serait cependant essentiel que vous ordonniez au bataillon placé à Petite-Synthe, de garder le pont qui se trouve sur le Langegracht en avant d'Armboutscappel près d'une cense, nommée Steenbrugghe et une autre nommée petite Planche, ce qui assurerait encore plus la communication directe de Bourbourg à Dunkerque.

III. — *Remparts et batteries*

Les canons des remparts font feu pendant toute la journée.

Les observations faites par le tourier augmentent les craintes de bombardement et même, vers le soir, font craindre une attaque de nuit : les postes sont doublés, les troupes tenues sur pied.

Mais à part une canonnade qui se fait entendre vers minuit, la nuit est tranquille.

IV.— *Travaux de siège*

Les retranchements sont à peu près achevés.

On commence à installer le grand parc d'artillerie à Zuydcoote, un peu au nord du dépôt de fourrages.

L'ordonnateur civil écrit :

Une grue qui a été vue de la Tour derrière les parapets des retranchements semble annoncer qu'on y place des mortiers ou de la grosse artillerie.

Une des batteries est à environ 900 toises des glacis, mais une autre que l'on a lieu de craindre qui soit établie derrière des arbres au travers desquels on voit un assez grand mouvement d'hommes ne serait qu'à environ 700 toises de la ville et deviendrait par sa position extrêmement dangereuse.

On lit à ce sujet dans le procès-verbal du Conseil Général :

Vers 10 heures du matin, le tourier annonce qu'il paraît qu'on travaille à une batterie entre celles près des Dunes et le canal de Furnes, qu'il n'a rien pu voir de plus, par la fumée qui s'élève de la *maison de François* où on a mis le feu.

A dater de ce jour, le relèvement des gardes se fait le soir mais avant la nuit, ce qui fait que le tourier ne cesse pas de les voir.

Ce sont les mouvements faits à cette occasion, avec tout le cérémonial alors en usage, qui jettent l'émoi dans la place pendant les premiers jours (mouvement général dans le camp, colonnes qui filent le long des Dunes d'un côté, et le long du canal des Moëres de l'autre).

Au bout de quelques jours on y est habitué, et le tourier signalera, sans plus troubler personne « les mouvements ordinaires ».

V. — *Défense extérieure*

La guerre de haies dans les Dunes et à Rosendael à proximité des remparts est très animée.

Incendiement de Rosendael : 5 maisons.

Pertes françaises : 19 tués ou blessés.

VI. — *Flottille-Escadre*

Les batteries flottantes continuent toujours à incommoder l'ennemi et arrêter le passage de la cavalerie qu'elles forcent à rétrograder toutes les fois qu'elle cherche à pénétrer par l'Estran.

Le Capitaine Castagnier s'attend à être attaqué dans la nuit et a soin de tenir dans ses fourneaux des boulets toujours rouges. Mais la nuit se passe tranquillement.

A la pointe du jour, 23 cottres ou corvettes (qui sont en partie ceux qui ont été vus le 28 et le 27) paraissent à la hauteur de Gravelines.

A la marée du matin (vers 10 heures), l'escadre anglaise est renforcée d'une frégate de 36 canons venant d'Angleterre.

(Il s'agit probablement du Brilliant).

L'escadre anglaise paraît répartie en 3 groupes, savoir:

a) devant Gravelines ;

b) entre Zuydcoote et Furnes ;

c) Nieuport.

Des allées et venues continuelles ont lieu entre ce groupe et le corps de siège : elles ne passent inaperçues, ni au tourier ni au capitaine Castagnier.

Le tourier a vu débarquer de la frégate qui est à la vue, dans un grand bateau, et 2 hommes sont descendus au moyen d'un petit bateau.

D'après Calvert, le Brilliant, frégate, avec 5 chaloupes canonnières et le sloop Fryal, sont en rade.

Vendredi 30 Août

I. — *Direction de la défense*

Le général Souham fait des proclamations. Il paraît croire que c'est ainsi qu'on rétablit l'ordre et la police, le conseil général aussi, puisqu'il s'empresse de lui en témoigner sa reconnaissance.

Dans la soirée, les représentants Duquesnoy, Hentz et Collombel se rendent au Conseil général et se font rendre compte de la situation ; ils lancent cette proclamation :

CITOYENS,

L'ennemi est à vos portes, il vous menace ; déjà vous lui avez prouvé que des républicains qui connaissent le prix de l'honneur et de la liberté ne composent point avec des esclaves ; mais il en est un autre bien plus à craindre ; il existe parmi vous ; c'est celui que Pitt soudoye dans votre sein ; il sait que les efforts de ses satellites ne résisteront pas au courage de nos braves républicains ; il a recours aux moyens de l'intrigue et de la corruption ; il a des agents en grand nombre ; surveillez, vous les découvrirez et vous briserez les ressorts de ses infernales manœuvres.

La France a les yeux fixés sur vous ; elle attend son salut de votre fermeté et de votre courage ; des forces considérables viendront à votre secours ; ne perdez pas de vue que si Dunkerque tombait au pouvoir des Anglais, il deviendrait le théâtre de la guerre la plus sanglante, vos propriétés seraient exposées à toutes sortes de dévastations, car les Français le reprendraient à tel prix que ce fût.

Si donc il se trouvait parmi vous quelqu'un assez lâche ou assez scélérat pour proposer de rendre la place à l'ennemi, qu'il soit livré sur-le-champ au glaive de la loi et que sa tête tombe sans miséricorde : la liberté ou la mort ! Voilà vos serments ; vous ne serez pas parjures et la République sera sauvée.

Signé : Collombel, Duquesnoy, Hentz.

II. — *Bergues et la Colme.* — *Secours de l'armée*

(a) Un douanier fait prisonnier au Staelenbrugghe puis relâché rapporte qu'il y a un quartier général à Socx, un autre à Bierne, qu'entre Socx et Bierne il y a beaucoup de tentes et de cavalerie ennemie et pas tant entre Bierne et Millebrugghe, qu'il y a au poste de Millebrugghe deux petites pièces de canon, que l'ennemi détient six ou sept paysans d'Esquelbecq qu'il a condamnés à être pendus parce qu'il avait trouvé deux petits pierriers dans un château voisin. Enfin, qu'il se trouve au quartier général quantité de personnes avec croix de Saint-Louis et parlant tous très bon français.

Le capitaine Ferré, adjudant de la place de Bergues, fait enregistrer son brevet au district.

L'administration du district se dispose à prendre des mesures contre les étrangers suspects ; elle devance ainsi les Représentants du peuple.

(b) **Extrait des mémoires du général Leclaire.**

Le 30 août, l'ennemi repassa le canal sur un pont de planches à Millebrugge et attaqua le 15ᵉ d'infanterie légère et le 3ᵉ franc qui s'étaient portés en avant de Spiker ; l'ennemi voulait aussi passer le canal à Looberghe et Brouckercke, mais de toutes parts il fut repoussé et on se tirailla jusqu'au soir par dessus le canal.

Au Général Jourdan, le 30 août au matin :

Depuis hier, mes postes de Spiker et Brouckercke se fusillent avec l'ennemi. Le 13e infanterie légère a perdu trois ou quatre hommes. L'ennemi a passé le canal sur des échelles et des planches et envoyé de l'autre côté des boulets de trois et des obus. J'ai été obligé d'envoyer hier à Saint-Omer chercher des cartouches pour ces bataillons qui, si cela continue, vont en brûler d'une bonne manière. Je compte me transporter à ce poste dans la matinée pour calmer leur envie de tirer. Le Général Souham est venu me parler hier pour un objet pour lequel il vous a écrit, qui est de me demander des bataillons pour quelques moments. Je lui ai fait voir l'impossibilité de me dégarnir, quoique je ne croie pas que l'ennemi cherche à passer le canal ; mais ayant à présent la navigation du canal de Dunkerque libre, elle serait inquiétée par les tirailleurs ennemis, si j'affaiblissais ces postes. Je ne puis trouver personne qui puisse me donner des nouvelles de l'ennemi. Les habitants du pays ne sont pas de la meilleure volonté possible. Le lieutenant-colonel du 13e infanterie légère me persécute pour avoir des pièces de 8, et dans quel pays !

Au Général Souham, le 30 août à 10 heures du matin :

Le commandant du 56e infanterie adresse à l'adjudant général un ordre dont je vous joins ici copie. Je crois que c'est une erreur et qu'il n'est question que du pont dont nous parlâmes hier, et non de ceux du canal de Dunkerque, ce qui ôterait la retraite à mes postes, au cas qu'ils fussent repoussés du canal de Bergues. Je suis étonné qu'il y ait de la gendarmerie à Coppennansfort. Le 56e y étant, vous pourriez retirer cette gendarmerie et la placer à Arembouts-Capelle. Je vous joins ici une note des postes que j'occupe. J'attends de vos nouvelles.

Apparemment que vous n'avez pas encore réponse du général Jourdan. J'ai envoyé chercher des cartouches à Saint-Omer ; jusqu'à présent, point de réponse. Dites-moi si dans un cas pressant je pourrais avoir recours à Dunkerque.

III. — *Remparts et batteries*

Quelques canons furent déchargés des remparts.

Pendant la nuit, les chemins couverts et les remparts sont gardés avec la plus exacte surveillance.

La nuit est tranquille.

IV. — *Travaux de siège*

Les forces alliées sont toujours dans les mêmes positions.

Leurs postes avancés sont à moins de 1/2 mille des remparts.

Vers 7 heures, comme tous les jours, a été fait rapport qu'on avait remarqué des mouvements dans le camp.

Les mouvements perpétuels de cette armée qui, tous les jours, défile par colonnes sur la droite et la gauche du camp annoncent que les ennemis ne sont pas aussi nombreux de beaucoup près qu'il voudrait le persuader par l'étendue et la quantité de ses tentes.

Il y a du vrai dans cette remarque, mais nous savons aussi que les mouvements si bien signalés par nos observateurs étaient ceux de la garde montante.

V. — *Défense extérieure*

La guerre de haies est fort affaiblie, dit Hane, et la presque totalité des carabiniers, c'est-à-dire de nos faux capucins entrent en ville pour se reposer.

Pertes : 33 hommes (22 tués ou blessés, 11 disparus).

L'incident suivant mérite d'être rapporté :

Une réserve de 200 tirailleurs rentre dans la ville, laissant les travailleurs qu'elle devait protéger, exposés au feu de l'ennemi.

L'adjudant général Hoche somme le commandant temporaire de renvoyer sur le champ cette réserve à Rosendael et de ne la rappeler que par un ordre écrit.

Informez-vous du chef qui commandait ces tirailleurs, pourquoi il a laissé partir ses soldats sans en donner avis. S'il est coupable, qu'il soit puni ! Des exemples ! des exemples ! si les tyrans ont des amis parmi nous, qu'ils expirent à leurs yeux !

Bien qu'affaiblie, la guerre de haies n'en coûte pas moins du monde aux alliés, puisque les Capucins, en rentrant dans la place, apportent 68 fusils, 13 sabres, 22 bonnets de grenadiers, quelques chapeaux, et amènent 4 prisonniers (1 danois, 3 autrichiens).

VI. — *Flottille-Escadre*

Le citoyen Castagnier est toujours prêt à recevoir la flottille anglaise, mais des symptômes d'insubordination se manifestent dans ses équipages non payés et surtout effrayés d'une batterie établie par l'ennemi derrière les dunes et d'un très grand nombre de cottres et caiches qui les environnent, tandis que les 2 frégates sont toujours mouillées devant Nieuport.

Finalement, il ne peut les empêcher d'appareiller et de venir mouiller dans l'après-midi à l'ouest de l'entrée, sous la protection du Risban, se contentant de les empêcher de rentrer dans le port.

En rentrant, il s'aperçoit que quelques-uns des caiches qui croisaient dans nos parages étaient entrées dans la rade et avaient placé des bouées sur les bancs et dans les passes (on avait eu soin d'ôter celles qui y sont ordinairement), il les fait enlever.

10 bâtiments anglais (6 cottres et 4 sloops) sont en vue, partie à l'ancre et partie à la voile, aux environs de l'entrée du port. (Hane).

Les bâtiments sont encore en vue dans la partie du Nord-Est et semblent vouloir louvoyer comme hier à la hauteur de Nieuport. (Ordonnateur civil).

Vers 7 heures du soir, les caiches sont encore en rade, les navires de l'Est font route (Procès-verbal).

D'après Calvert, l'amiral Mac Bride arrive d'Angleterre, et repart immédiatement, après avoir conféré avec son Altesse Royale.

Samedi 31 Août

I. — *Direction de la défense*

Dans la soirée, les 3 Représentants se rendent au Conseil Général et ordonnent une série de mesures de sécurité, entre autres l'expulsion des étrangers. (Voir les documents ci-après).

Nous, Représentants du Peuple, envoyés près de l'armée du Nord, considérant que la Place de Dunkerque environnée d'une armée ennemie, est sur le point d'éprouver une attaque, qu'il est important au salut de la Place qu'il n'y ait que des personnes intéressées à sa défense, que la présence d'étrangers qui, dans les circonstances ordinaires, ne peuvent être qu'utiles à la ville, dans les momens d'un siège ne fait qu'inspirer de l'inquiétude aux citoyens, que ce sont les citoyens de ces étrangers qui nous font la guerre, et qu'il seroit dangereux même à ces étrangers de demeurer dans une ville assiégée par leurs compatriotes.

Arrêtons, de concert avec la Municipalité et le Conseil Général de la commune de Dunkerque :

1° Qu'à la diligence de la Municipalité de Dunkerque tous les étrangers qui seront de nations avec lesquelles la République Française est en guerre, seront sur le champ mis en sûreté pour être conduits avec tous les égards possibles dans une place de guerre de troisième ligne et gardés jusqu'à ce que la ville de Dunkerque sera délivrée de la présence de l'ennemi et être disposés d'eux conformément à la loy.

2° L'exécution de l'article cy-dessus est confiée aux soins de la Municipalité de Dunkerque sur sa responsabilité ;

3° Elle fera aux Commandans militaires toutes les réquisitions qui ne compromettront pas la défense de la place pour faire conduire successivement tous les étrangers mentionnés au présent arrêté dans une ville de troisième ligne.

4° Les étrangers cy-dessus seront conduits à la ville d'Arras, sauf d'après des observations ultérieures à indiquer à d'autres villes dans le cas où celles d'Arras ne contiendraient pas, ou ne pouraient contenir tous les étrangers mentionnés au présent arrêté.

Fait à Dunkerque le trente un aoust mil sept cent quatre vingt treize, l'an second de la République française, une et indivisible.

Signé : HENTZ-DUQUESNOY et COLLOMBEL.

Pour copie conforme,

MAYEUR, Secrétaire-Greffier.

Etat des individus qui, conformément à l'arrêté des Représentans du peuple, députés à l'armée du Nord en datte du 31 aoust dernier doivent être conduits à Arras pour y rester tant que la ville de Dunkerque sera en danger.

Suit la liste des noms de 42 individus.

Auxquels en vertu de la délibération du Conseil de la commune chargée de l'exécution de l'arrêté des Représentans, il sera délivré une conduite de 5 fr. par lieue et comme la distance de cette ville à Arras est de 30 lieues le total de la somme est &ª &ª pour laquelle somme à fournir le commissaire des guerres est requis de fournir une ordonnance.

Fait à Dunkerque le 2 septembre 1793 l'an 2 de la République française une et indivisible.

Signé : Amand Morel, Président,

Mayeur, Secrétaire-greffier.

Conseil Général de la Commune de Dunkerque

Route que tiendront sous l'escorte qui leur sera donné les citoyens Thomas Marthes, Michel Dunsdun, Jean Smith, Joseph Scharp ; anglais etc. Jacques Louis Césard De Casson, et Augustin Dumoulin, François Conuick, devant s'éloigner de cette commune pour se rendre en la ville d'Arras, lieu indiqué pour leur retraitte d'après la réquisition des représentans du peuple du 31 Aoust dernier partant de cette ville demain 2 de ce mois, en passant par Bourbourg, St-Omer, Aire, Lesaire, à Béthune, sans pouvoir sous aucun prétexte s'écarter de leur route.

Aussitôt leur arrivée ils seront tenus de se présenter à la Municipalité d'Arras pour donner connaissance de leur déportation.

Le Conseil Général invite tous les corps administratif d'accorder aide et protection spécial aux dits citoyens déportés en vertu de l'arrêté ci-dessus datté, attendu que laditte déportation n'est motivée que par une considération générale et non individuelle.

Fait à l'assemblée du Conseil Général de la Commune de Dunkerque en permanence le 2 Septembre 1793, l'an 2ᵉ de la République française une et indivisible.

Signé : Amand Morel, Président,
Mayeur, Secrétaire-Greffier.

*Copie de la lettre écrite au Procureur
de la Commune de Dunkerque*

*Dunkerque, 8 Septembre, l'an 2ᵉ
de la République françoise.*

Nous avons reçu, citoyen, votre lettre du même jour. Vous nous annoncés des réclamations dont plusieurs nous ont déjà été portés. Nous avons bien pensé qu'il en parviendrait et en remplissant le devoir pénible et délicat de mettre en arrestation les citoyens désignés en notre arrêté, nous nous sommes attendus à touttes les objections qu'admettent des mesures de sureté qui n'ont pas pour bases des preuves matérielles. Mais nous n'avons pu et dû voir que le Salut de la République et si parmi les individus que cet arrêté concerne, il en étoit un ou plusieurs qui ne fussent pas ce que l'on présume, en bons citoyens ils devroient encore nous pardonner cette erreur en faveur des motifs et de la nécessité des mesures générales.

Veuillez donc continuer de tenir la main à l'exécution de l'arrêté.

Plus les braves habitans de Dunkerque méritent en ce moment de la Patrie, plus ils applaudiront à ce party qui est pris pour lui :

Salut et Fraternité

Les Représentans du peuple envoyés près l'Armée du Nord

Signé : Trullard-Th. Berlier.

Soit communiqué à l'Agent National.
Fait à l'assemblée du 4 Nivôse, l'an second de la République une et indivisible.
H. Coppin,
Maire.

Aux Citoyens Maire, Officiers municipaux et Conseil Général de la Commune de Dunkerque.

Expose le soussigné Robert Murdoch, fabricant de tabac de cette commune.

Quand l'Assemblée Nationale a ordonnée l'arrestation temporaire de tous les étrangers en France nés sous la domination du Roi de la Grande-Bretagne et la saisie de leurs effets. Elle étoit regardée seulement comme une mesure de sureté sage et politique que les circonstances du tems exigeoient? L'intention du Législateur est très clairement prononcée à ce sujet par Saint-Just dans son rapport sur cette loi, au nom du Comité de Salut public, fait à l'Assemblée Nationale dans la séance du 25 Vendémiaire ; ou après s'être récrié avec sévérité contre le gouvernement anglois, il a dit :

« La détention de ces étrangers ne doit les priver que des
» moyens de correspondre avec leur Pays et de nous nuire ;
» cette détention doit être douce et commode ; car la République
» exerce contre eux une mesure politique et non un ressen-
» timent ».

....

Robt Murdoch.

II. — *Bergues et la Colme — Secours de l'armée*

Le général Leclaire écrit le 31 août au général Jourdan :

J'ai été hier visiter les postes de Brouckercke et de Spiker. J'ai été parfaitement content des dispositions du 3e bataillon de la Meurthe ; le 15e infanterie légère est, avec le 3e franc, absolument sur le nez de l'enfant. J'ai vu la batterie ennemie et le retranchement qu'ils ont abandonnés de ce côté du canal à Mille-Brugghe. Avant-hier, ils ont passé sur des échelles et planches en assez grand nombre pour repousser les avant-postes du 15ᵉ infanterie légère, mais ils ont été contraints par la vivacité du feu de repasser. Je présume même que ce mouvement avait peut-être pour but d'abreuver la cavalerie plus tranquillement, en éloignant nos tirailleurs. J'ai renforcé ce poste du 3ᵉ bataillon franc. J'ai aperçu d'assez près, dans une avenue qui se trouve sur leur gauche et qui répond de ce côté du canal à une autre avenue, qu'ils travaillaient à un retranchement, et je vous assure que les brouettes passaient légèrement. Je n'ai pu vérifier si ce retranchement est destiné à recevoir du canon ou si c'est simplement pour se couvrir dans ce passage. Les inondations sont déjà sensibles dans cette partie et nous passâmes dans l'eau, dans plusieurs endroits des chemins, qui pouvait avoir un pied de hauteur ; le long du canal, elle déborde dans plusieurs endroits, mais de notre côté. Le commandant du 3ᵉ bataillon de la Meurthe à Brouckercke a fait passer aussi, dans la journée d'avant-hier, quelques éclaireurs qui se sont avancés à trois quarts de lieue, mais subito ils ont été ramenés par une colonne de cavalerie et d'infanterie d'à peu près 2.000 hommes, qui se sont avancés jusque sur les bords du canal, où ils ont beaucoup souffert du canon du 3ᵉ de la Meurthe. Je ne puis assez louer les dispositions du chef de ce bataillon ; il a, outre cela, pendant la journée d'hier, fait repasser de ce côté beaucoup de subsistances, de bestiaux, grains, etc., ce qu'il pratiquera encore aujourd'hui. J'ai même fait faire des réquisitions de voitures à cet effet et l'ai autorisé à ne pas encore couper son pont qui est tourné de notre côté, et des haches et charpentiers tout près en cas de besoin. J'étais en manque de poudre, mais enfin j'en ai reçu cette nuit. Je croyais le parc encore à Saint-Omer et il a fallu aller à Cassel. Ce poste de Spiker est bien essentiel puisqu'il nous assure la navigation du canal de Dunkerque. C'est un pays du diable, on n'oserait y aventurer du canon et il faut réellement autant d'intelligence qu'en a le commandant du 3ᵉ bataillon de la Meurthe pour pouvoir s'en servir. Le 15ᵉ infanterie légère et le 3ᵉ de la Meurthe se plaignent amèrement de la conduite du 3ᵉ franc qui, pendant l'action, ne faisait que piller. Je n'ai point eu de plaintes individuelles, sans quoi j'aurais fait arrêter les coupables. Il ne paraît pas que l'ennemi s'étende du côté de Looberghe et Lynck où je vais me porter ce matin, mais ils sont forts et bien retranchés du côté de Spiker d'où leur camp les met à même de porter d'un moment à l'autre des renforts considérables. Les informations prises encore pour l'inondation sont que, si les paysans ne sont pas forcés à relever les digues, ce pays-ci sera inondé à la première pluie ; les deux côtés du canal de Bergues commencent à déborder, ce matin, du côté de Looberghe jusque vers Watten ; et l'inondation de Bergues en deviendrait plus difficile, l'eau se répandant hors du canal. L'adjudant général Durutte retourne à Cassel avec des notes à ce sujet.

III. — *Remparts et batteries*

La matinée commença par le feu d'un grand nombre de canons des remparts.

On lit, d'autre part, dans le Bulletin particulier :

Les Français jettent plusieurs bombes pour empêcher nos opérations, sans que néanmoins elles aient empêché la construction des ouvrages.

IV. — *Travaux de siège*

Vers 8 heures du matin, le tourier de Dunkerque fait rapport que l'ennemi a établi plusieurs batteries à la droite et qu'on a vu du canon sur avenues.

La construction des ouvrages continue sous la canonnade de la Place.

Une colonne de 15 à 1800 hommes profite de l'absence des batteries flottantes pour descendre le long des Dunes et se porter vers les glacis de la place du côté du port.

Ce mouvement donne de l'inquiétude, mais comme il n'est pas suivi d'effet, on se fortifie dans l'idée que l'armée des despotes coalisés est moins nombreuse qu'on ne l'a cru.

Vers le soir, l'ennemi fait sa manœuvre ordinaire qui ne tend à autre but qu'à protéger ses travailleurs.

V. — Défense extérieure

Le feu de mousqueterie fut par moments très nourri vers Rosendael et un petit nombre de coups de feu furent échangés dans les Dunes.

Ce qui restait des arbres plantés dans l'allée entre la barrière de Nieuport et Rosendael fut coupé pour empêcher les troupes alliées de s'approcher sous leur couvert, de la porte de Nieuport.

Incendiement de Rosendael : 6 maisons.

Pertes : 51 hommes (37 tués ou blessés, 14 disparus).

La compagnie des Capucins rentre encore en ville.

Nos avant-postes ont entretenu un feu plus vif que la veille.

Un piquet avancé conduit par le lieutenant Latham du 53e Régiment est tombé sur un piquet français, a tué quelques hommes et ramené 2 ou 3 prisonniers qui étaient blessés. (Bulletin particulier).

D'autre part, la compagnie des Capucins entre en ville 9 baïonnettes, 7 sabres, 3 pistolets, 16 coiffures, 1 paire d'épaulettes, le tout produit de ses massacres pendant les deux derniers jours (Hane).

Le nombre d'hommes perdu par les Français a été très

considérable ; on ne saurait nier qu'il a dépassé celui de la terrible journée du 6 (Hane).

Notre perte est peu considérable, écrit l'ordonnateur civil.

Pertes du 10ᵉ Bataillon de Paris (Chassin et Hennet).

3 tués (Baury, volontaire ; Linder et Désir, canonniers).

8 blessés (Chantoine, sous-lieutenant ; Constant, caporal; Perrin, Davoine, Chassant, Moreau, volontaires; Toulet, grenadier ; David, canonnier).

1 disparu (Froville, caporal).

J'estime que nos pertes durent être fortes, car la mousqueterie ennemie frappait sur des troupes qui venaient d'apprendre à se former à rangs serrés, maladroitement d'ailleurs. — Elle produisit un effet terrifiant, dit Hane, et je crois qu'il est dans le vrai.

B. — *ALLIÉS.*

D'après Ditfurth, la garnison fit, coup sur coup, 2 violentes sorties sur Rosendael.

D'après Calvert, dans la matinée, une attaque générale semblait s'annoncer ; elle ne se prononça néanmoins, contre les lignes du duc d'York, qu'à 3 heures de l'après-midi. Quand les bateaux canons mirent à la voile, et canonnèrent le camp des Alliés — sous la protection de leur feu, — les Français tentèrent plusieurs fois de déborder notre flanc droit en marchant le long du rivage ; mais la bonne contenance de notre cavalerie et la fermeté des troupes engagées sur les Dunes les empêcha de mettre leur projet à exécution.

La journée se termina comme la précédente ; les Français étant obligés de se retirer dans leurs retranchements, mais au prix de pertes importantes pour les régiments Jordis, Starray et l'infanterie légère Anglaise.

VI. — Flottille — Escadre

L'ordonnateur civil écrit :

Quelle a été ma surprise d'apprendre ce matin que pendant la nuit, les batteries flottantes ont appareillé et sont venues mouiller à l'ouest du port sous la protection du *Risban,* et que le citoyen Castagnier, malgré lequel cette manœuvre avait été faite, avait eu toutes les peines du monde à empêcher que ces bâtiments rentrassent dans le port.

Vers 11 heures du matin, le citoyen Toustain fait part d'une lettre du citoyen Castagnier par laquelle il rend compte des motifs qui l'ont engagé à changer de position cette nuit.

Une tempête l'empêche de reprendre sa 1re position si avantageuse à la défense de la place.

Les motifs de l'acte d'insubordination des équipages de la flottille (297 hommes d'après Hane) étaient les suivants :

1°. — non payement (il était dû 12.000 livres).

2°. — appréhension subite provenant de diverses causes :

a). rentrée non expliquée de la chaloupe des pilotes,

b). approche de l'escadre anglaise,

c). signaux mystérieux surpris entre la ville et cette cette escadre ?

3°. — présence dans la flottille de quelques mal intentionnés.

2 cottres anglais sont en vue, allant et venant, comme n'ayant qu'à observer les navires français mouillés en rade.

Dimanche 1ᵉʳ Septembre

I. — *Direction de la défense*

L'adjudant général Hoche écrit :

On nous promet des secours prompts et puissants, mais tardassent-ils 15 jours à arriver, dans l'état où, à force de travail, la place se trouve actuellement, on peut les attendre.

Le Représentant Levasseur écrit :

Nous croyions la ville de Dunkerque plus pressée qu'elle n'est.

Les Représentants du peuple à Dunkerque adressent une proclamation aux habitants de Bergues et à sa garnison ; délibéré de lui donner la plus grande publicité.

Les citoyens Duquesnoy et Hentz, représentans du peuple se sont présentés, ont dit à l'Administration qu'ils venoient partager les dangers dont la ville paroît être menacée, qu'ils avoient quelques mesures de sûreté générale à proposer à l'Administration ; ayant pris séance, ils ont demandé si la ville étoit approvisionnée suffisamment à quoi il leur a été répondu qu'elle l'étoit pour quelque tems en bled, mais qu'il y avoit disette de bierre ce qu'on attribue au défaut de charbons et de soucrion, à quoi les représentans ont dit qu'on pouvoit se procurer aisément, mais qu'il y avoit de la mauvaise volonté. Cet objet écarté, les représentans du peuple ont demandé si on avoit éloigné de cette ville les étrangers avec qui nous sommes en guerre et les gens suspects, à quoi il a été répondu qu'il avoit été dénoncé à la municipalité de Bergues plusieurs personnes, cette discussion a été terminée par le dire des Commissaires qu'ils alloient prendre des renseignements.

On leur a dénoncé une quantité de femmes attachées à la troupe malgré la loy qui le défend expressément, on a demandé l'intervention des commissaires auprès des corps militaires pour son exécution.

On leur a pareillement dénoncé que les soldats vouloient loger chez les bourgeois, que les canonniers étoient exposés la nuit à l'injure de l'air sur les remparts et qu'il est essentiel de leur fournir des tentes.

Que le service de la place étoit très négligé, et qu'il est de la plus grande importance de la recommander à la sollicitude du Général.

Les commissaires ont dit qu'ils alloient s'occuper de tous ces objets et se sont retirés.

II. — Bergues et la Colme — Secours de l'armée

Lettre du général Leclaire au général Jourdan le 1er septembre :

Ci-joint l'état de situation. Je fais partir l'ordre pour que 3 compagnies du 56e aillent occuper le poste de Pont de Petite-Synthe, et il ne m'est parvenu aucun rapport intéressant de mes avant-postes.

Il entre à Dunkerque un bataillon venant de Gravelines.

III. — Remparts et batteries

Le matin, plusieurs coups de canon furent tirés des remparts et des batteries de Dunkerque.

A 9 heures du soir, les remparts et les batteries ouvrent une forte canonnade, pendant une demi-heure (de concert avec la flottille).

Il y eut aussi un feu de mousqueterie bien nourri pendant un quart d'heure.

IV. — Travaux de Siège

Les Alliés continuent leurs travaux et relèvent la garde avec le cérémonial habituel à 6 heures du soir, sans répondre au feu.

Toutefois, les travaux durent être, à plusieurs reprises, interrompus.

Hane dit, à propos de la canonnade du soir :

Je crois, en réalité, que l'armée anglaise, ou du moins, ses postes avancés, ainsi que ses travaux interrompus, ont éprouvé des pertes par cette canonnade, n'étant qu'à 1 2 portée de canon de la flottille, des batteries et des remparts.

On lit dans le bulletin particulier :

Dans peu de jours, nous comptons attaquer Dunkerque de trois côtés à la fois. L'armée de terre fera deux attaques principales, l'escadre fera la 3e.

Ces préparatifs furent d'autant plus vivement poussés qu'on apprit l'arrivée d'un renfort considérable d'artillerie aux ordres du major Huddleston. Il était à Ostende d'où il devait venir rejoindre l'armée pour servir au siège de Dunkerque.

Nous savons, d'après une lettre de Murray, datée du 31, que :

20 pièces de canon sont arrivées au dépôt, avec beaucoup de munitions. A Nieuport et Ostende, il y a 36 pièces de 24 livres, 24 mortiers, et le détachement de Royal artillery et d'artificiers.

V. — *Défense extérieure*

Le feu des Français fut faible jusqu'à neuf heures du matin, heure à laquelle on entendit une fusillade très forte de leurs lignes durant quelques minutes.

Outre la perte de plusieurs braves gens, nous eûmes le malheur d'avoir un officier autrichien tué et un autre blessé. (Bulletin particulier. Pertes françaises : 26 hommes (23 tués ou blessés et 3 disparus).

VI. — *Flottille — Escadre*

Au matin la flottille met à la voile pour reprendre sa station à l'Est.

A 8 heures du matin, on annonce qu'elle a repris sa position primitive. Ce mouvement dissipe les alarmes que sa rentrée avait jetées dans la ville.

D'après le Bulletin Particulier, peu après 9 heures, elle ouvrit une canonnade très vive qui dura jusqu'à une heure.

A 9 heures du soir, alors que les remparts et les batteries continuent à ennuyer les Anglais, une terrible canonnade fut dirigée par la flottille contre les travaux qui s'élevaient dans les Dunes. Ce terrible feu dura pendant deux heures sans interruption. D'après Calvert, le temps fut si mauvais que le *Brillant*, etc., durent quitter leur mouillage.

Lundi 2 Septembre

I. — *Direction de la défense*

Vers 9 heures du soir, le général Souham donne communication de la lettre qu'il vient de recevoir du Comité de salut public qui lui ordonne de remettre le commandement à celui qui commande après lui.

Le Conseil général prend l'initiative de lui remettre une attestation que tout dans sa conduite annonçait les dispositions de défendre la place et de s'y conduire comme un bon et loyal officier.

Vers 11 heures se présentent les commissaires du Comité de salut public Deschamps et Becaert, envoyés à l'armée du Nord pour visiter les villes, les armées, et rendre compte des forces ennemies.

II. — Bergues et la Colme — Secours de l'armée

a) Le logement manquant, il est décidé de fabriquer le plus de tentes possible pour le service des remparts, d'acheter des couvertures de laine et de procurer de la paille.

Les Représentans du peuple à Dunkerque chargent l'administration de faire tout ce qui sera en son pouvoir pour l'approvisionnement de la place ; ils mandent que toute voye est bonne, que celle de la réquisition est permise à l'Administration et que les indemnités et le salut de la patrie légalisent tout.

Sur la demande du Conseil de guerre, 2 administrateurs du district, les citoyens Vandenheede et Boissier lui sont adjoints, le citoyen De Carren est adjoint au comité de l'artillerie et du génie.

b) Lettre du général Leclaire au général Jourdan, le 2 :

J'ai reçu avis, par un billet flamand jeté par dessus le canal, que l'ennemi faisait des abatis sur les chemins du côté de Stoene. On a fait repasser treize voitures chargées de grains et d'avoine en gerbes, et de plus, remplir une bélandre à Coppennansfort, par le moyen des mêmes charriots. Tout cela va partir pour Dunkerque. Nous ne savons, Général, où nous serons payés de nos appointements ; le commissaire Fontaine a écrit au commissaire Vaillant à ce sujet et point de réponse, non plus que pour des souliers dont la troupe commence à manquer fortement et des guêtres.

Note des postes occupés : Watten, le 19e ; Bourbourg, le 2e de la Meurthe, trois escadrons du 12e chasseurs ; Coppennansfort, le 56e qui a détaché trois compagnies à Petite-Synthe ; à Spiker, le 13e infanterie légère, le 3e franc ; à Brouckercke, le 3e de la Meurthe ; à Looberghe, le 6e de Paris ; à Lynck, le 1er de Saint-Denis ; à Dunkerque, la brigade aux ordres du général Deroques.

J'ai donné une permission pour quatre jours au lieutenant-colonel du 12e chasseurs, pour aller à son dépôt à Hesdin, où sa présence est absolument nécessaire. Les inondations deviennent fortes du côté de Arembouts-Capelle. Un chasseur me rend compte que l'ennemi a reculé son poste et son canon du canal de Bergues, au poste de Mille-Brugghe, jusqu'au château et bois de Copens, ce qui ne peut être qu'à cause de l'eau. J'attends un détail plus circonstancié vers midi.

c) Il entre à Dunkerque 2600 hommes, cavalerie et infanterie, commandés, dit-on, par le général Ferrand. La garnison dépasse maintenant 7400 hommes (Hane).

L'ordonnateur civil, de son côté, signale l'entrée de 3 bataillons de volontaires.

III. — Remparts et batteries

Pendant cette journée, quelques canons des remparts et des batteries firent feu sur les assiégeants.

La nuit se passa assez tranquillement.

IV. — Travaux de siège

On pousse les travaux de fascinage.

Le tourier remarque les mouvements ordinaires et voit 3 bataillons marcher derrière la campagne du citoyen Destouches avec 2 pièces de campagne qu'ils ont transportées dans leurs retranchements, et qu'une partie des troupes est retournée au camp.

Arrivée au grand parc de Zuydcoote du major Huddleston avec plusieurs officiers et 300 hommes, ainsi que des premières pièces de siège.

D'après Calvert un renfort de 200 artilleurs arriva au Parc ; on fit tous les efforts possibles pour amener les canons, munitions, etc., débarqués à Nieuport.

V. — *Défense extérieure*

La guerre de haies continue entre les postes avancés, à Rosendael et dans les Dunes, mais d'une manière moins vive que d'habitude.

Pertes françaises : 7 hommes (3 tués ou blessés, 4 disparus).

VI. — *Flottille-Escadre*

L'ordonnateur civil écrit avec joie que les équipages des batteries flottantes sont rentrés dans le devoir.

Il arrive devant Nieuport 3 bâtiments anglais dont 2 entrent dans le port, le 3ᵉ restant mouillé dans la rade.

Mardi 3 Septembre

I. — *Direction de la défense*

Le général Houchard m'envoya ordre de me rendre à Cassel ; il m'engagea à prendre le commandement de la place de Dunkerque, ce que je refusai. (Général Leclaire).

Il ne semble pas que le général Souham ait résigné son commandement ce jour-là.

II. — *Bergues et la Colme — Secours de l'armée*

a) Le Conseil de Guerre de Bergues décide l'élévation de 2 cavaliers dans les bastions de Saint-Winoc et requiert toutes les voitures pour le transport des terres.

b) L'ennemi reprend Wormhout ; le général Leclaire se rend de sa personne à Cassel (voir ci-dessus).

c) Il entre à Dunkerque une demi brigade d'infanterie et un régiment de chasseurs à cheval.

III. — *Remparts et batteries*

Un petit nombre de coups de canon partit des remparts et des batteries contre les assiégeants. Il fut lâché aussi quelques bombes contre leurs ouvrages, à titre d'essai.

IV. — *Travaux de siège*

Les assiégeants continuent leurs travaux, mais ils ne font aucun mouvement sur la place.

Au nord du canal de Furnes, le tourier remarque que l'ennemi a posé différents canons sur les batteries du côté de la campagne du citoyen Destouches. Au sud du canal, l'ordonnateur civil observe que les 5 batteries élevées dans les retranchements, sont montées chacune d'un canon sur affût de campagne qui paraît être du calibre de 12.

Vers le soir, il remarque les mouvements ordinaires.

V. — *Défense extérieure*

La guerre de haies continue.

Pertes françaises : 26 hommes (17 tués ou blessés, 9 disparus).

VI. — *Flottille — Escadre*

Je ne trouve rien sur la flottille ce jour-là.

En ce qui concerne l'escadre, le Bulletin particulier dit :

Un officier de marine se présenta, chargé de dépêches pour S. A. R. le duc d'York. Le Gouvernement anglais l'informait que 2 vaisseaux de 50 canons, quelques frégates et des chaloupes à bombes avaient reçu ordre de se rendre immédiatement à Dunkerque, pour coopérer avec les forces de terre à la réduction de la Place.

Nous attendons l'arrivée de cette petite escadre avec la plus vive impatience, comme une mesure qui doit beaucoup faciliter nos opérations.

D'après Calvert, un lieutenant de marine, envoyé par l'amiral Maé-Bride, arriva le 3, disant que l'amiral était prêt à mettre à la voile avec le *Centurion* (50 canons) ; *Sheerness* (44 canons) ; *Québec, Vestal, Cérès, Orpheus*, frégates ; *Albion, Union*, vaisseaux armés ; le sloop *Echo* ; *Vesuvius, Terror*, bombardes, et le brûlot *Comet*.

Mercredi 4 Septembre

I. — *Direction de la défense*

Le général Ferrand (Jacques) reçoit à Cassel (où il semble qu'il ait été appelé) une commission de commandant de place de Dunkerque.

Les Représentants Trullard et Berlier se présentent au Conseil Général, annonçant qu'ils sont députés pour cette ville.

On trouve, ce jour-là, un procès-verbal du Conseil de Guerre, signé Souham, Deroques, Ribot...

II. — *Bergues et la Colme.* — *Secours de l'armée*

a). — Le district est obligé de prendre des mesures de rigueur pour empêcher l'effraction et le pillage de l'abbaye de Saint-Winoc.

b). — Sur la Colme, il ne se produit rien de nouveau.

c). — A Dunkerque, il entre 4 bataillons de l'armée.

III. — *Remparts et Batteries*

Les remparts et les batteries commencent le feu.

Quelques bombes ont encore été tirées sur les assiégeants, mais l'effet produit n'est pas connu ; pourtant l'une des bombes tombée selon toute apparence au milieu des forces ennemies doit avoir fait quelque mal.

La canonnade a diminué d'intensité et le reste de la journée s'est passé dans une tranquillité relative.

IV. — *Travaux de siège*

Les travaux sont poussés très activement ce jour-là.

Le fait ne passe pas inaperçu pour le tourier qui signale :

Vers 10 heures, 2000 hommes environ entre les maisons de campagne des citoyens Woestyn et Aget, munis d'outils et coupant des petits arbres en grande quantité.

Vers 6 heures 1/2 du soir, qu'il a vu abattre beaucoup de bois derrière la campagne du citoyen Aget, et former des gabions en grand nombre. A part cela, absolument rien de nouveau, aucun changement dans le grand camp, aucun mouvement sauf le mouvement ordinaire, l'artillerie n'a pas augmenté sur les forts (*sic*) toujours les 6 pièces de moyen calibre et rien de plus en vue.

V. — *Défense extérieure*

La guerre de haies est très vive.

Incendiement de Rosendael : 15 maisons.

Pertes françaises : 14 tués ou blessés, quelques disparus.

Les capucins apportent 8 fusils avec leurs baïonnettes, 4 sabres et 16 coiffures.

VI. — *Flottille-Escadre*

Je ne trouve rien à la date de ce jour.

Jeudi 5 Septembre

I. — *Direction de la défense*

Vers 11 heures 1 2... se présente le citoyen Ferrand nommé au commandement de cette place, suivant la commission à lui délivrée par le général Houchard au Quartier général de Cassel le 4 de ce mois. Le citoyen Hennet est remplacé comme directeur d'Artillerie par le citoyen Laprun, chef de bataillon au 6e Régiment d'artillerie.

Une lettre des administrateurs du district en permanence à Dunkerque accompagne copie de celle des représentans du peuple qui annoncent l'arrivée d'Houchard à Cassel et que sous peu une armée nombreuse chassera les Anglais et autres ennemis coalisés de notre territoire ; le Conseil sensible à cette bonne nouvelle, en a fait part au Conseil Général de la Commune.

II. — *Bergues et la Colme — Secours de l'armée*

a) Les esprits sont ranimés à Bergues, par l'annonce de l'arrivée du général Houchard à Cassel, et par l'entrée de 4 bataillons venant de Dunkerque.

b) Sur la Colme, il se produit un événement considérable, la prise de commandement de la division par le général Leclaire : c'est le germe de la victoire d'Hondschoote.

INSTRUCTION DU GÉNÉRAL EN CHEF HOUCHARD AU GÉNÉRAL LECLAIRE
LE 5 SEPTEMBRE, 2e ANNÉE

Le Général Leclaire prendra le commandement des troupes sur la Colme ; il laissera un bataillon pour garder le poste de Watten ; il rassemblera toutes les autres troupes pour en former un corps avec lequel il ira à Dunkerque ; il est ordonné au commandant de Dunkerque de donner de bons bataillon frais en remplacement de ceux du général Leclaire, si ceux-ci sont trop fatigués pour se transporter à Bergues ; en outre, le commandant de Dunkerque jettera dans Bergues, pour être aux ordres du général Leclaire, deux bataillons et le 12e régiment de chasseurs à cheval. Le Général Leclaire se portera à Bergues, avec son corps de troupes, dont il tirera toutes les troupes, à l'exception de mille hommes qui resteront dans la place d'après l'ordre ci-joint :

Le général Leclaire, avec son corps d'environ 5.000 hommes, marchera avec audace sur les ennemis, en s'avançant en deux colonnes, avec précaution sur West-Cappel et Oost-Cappel ; il aura soin de se tenir bien en force sur sa droite du côté de Wormhout, qui sera tenu en échec par des forces considérables.

Il sortira demain, 6 du courant, de Bergues, au moment où il verra que les attaques de Rousbrugge et de Wormhout seront en pleine vigueur ; le but principal de cette marche doit être de prendre l'ennemi entre deux feux, en faisant une jonction qui nous mettra à portée de le détruire par la supériorité de nos forces.

Comme le général Leclaire pourra avoir affaire à un corps considérable de nos ennemis que nous mènerons en queue, il aura soin de présenter un grand front de bataille dès qu'il aura connaissance de la proximité de l'ennemi, afin d'attaquer sur plus de points et lui faire illusion sur ses forces. Si l'ennemi le poussait, il se portera dans les haies et attendra ainsi que nous venions à son secours.

Un ordre en conséquence fut envoyé par un courrier, que l'on eut soin de faire passer par Saint-Omer, au commandant de Dunkerque, qui reçut aussi une instruction pour faire une sortie, vers midi, le 6.

Je me rendis de suite à Watten, risquant d'être pris, car l'ennemi était tout près du chemin ; j'en avais fait l'observation, mais on n'y fit point d'attention. Le Général Jourdan, que je rencontrai et qui avait avec lui des troupes, voulut me donner un régiment de hussards mais mes ordres ne le portant point, je ne l'acceptai point.

Arrivé à Watten, je donnai les instructions nécessaires au commandant du bataillon qui y restait. J'arrivai vers les 5 heures du soir à Bourbourg d'où je dépêchai les ordres aux troupes sur la Colme de se rendre, les unes à Bergues, les autres à Dunkerque, en détruisant les ponts sur le canal ; les habitants remplacèrent ces troupes. J'envoyai un adjoint à Dunkerque au Général Souham. A minuit, je passai à la barrière de Dunkerque. J'y trouvai, ainsi que je l'avais demandé, un adjoint qui me rendit compte de l'exécution de tout ce que j'avais demandé, et je ne puis assez louer la promptitude qui fut mise dans cette exécution.

c) A Dunkerque, il entre 4 bataillons nouveaux, parmi lesquels des chasseurs à pied (15e bataillon) qui veulent bien se déclarer satisfaits des logements que le citoyen De Baecque leur trouve à la Citadelle. (Par contre, les 4 bataillons arrivés la veille vont à Bergues).

III. — *Remparts et batteries*

Pendant la matinée, quelques pièces des remparts et des batteries font feu.

A partir de ce jour, les troupes et la garde citoyenne bivouaquent tous les soirs sur les remparts et dans les chemins couverts.

IV. — *Travaux de siège*

Sur les midi, écrit l'ordonnateur civil, 2000 hommes environ tant travailleurs que soldats sont sortis du camp au Nord du canal et se sont portés en avant, les uns armés de pelles et pioches ont été employés à faire un fossé plutôt qu'une tranchée.

Les autres ont abattu une grande quantité de bois dont ils ont fait des fascines et des gabions qui étaient transportés vers le canal de Furnes, sans qu'il fut possible de juger de leur emploi, les arbres extrêmement épars en cet endroit les dérobant à la vue du tourier.

Vers 7 heures, le tourier annonce qu'il voit les mouvements ordinaires.

V. — *Défense extérieure*

La guerre de haies continue très vive particulièrement à Rosendael.

Les postes extérieurs se retirent sur la ville pour éviter d'être coupés, ils rapportaient 9 mousquets, 9 sabres, quelques coiffures, trophées d'une rencontre qui avait eu lieu dans le Jardin Royal.

Pertes françaises : 28 hommes (20 tués ou blessés, 8 disparus).

A midi, l'attaque repousse une sortie assez vive de la défense, soutenue par la flottille, mais non sans pertes.

VI. — *Flottille-Escadre*

La flottille ne cesse d'ennuyer (*sic*) le camp ennemi et de lui faire subir des pertes.

On a vu ci-dessus, d'après les documents anglais, qu'elle appuya une sortie faite à midi.

6 bâtiments anglais (2 frégates et 4 cottres) croisent en vue du port.

Vendredi 6 Septembre

I. — *Direction de la défense*

Les 3 journées qui vont suivre sont marquées par une coopération active, plus active peut-être que judicieuse, de la garnison aux opérations de l'armée de secours.

On verra ci-après le détail de la 1re sortie.

En panégyriste maladroit, Rousselin raconte un véritable petit roman au sujet du rôle du Commandant Hoche dans cette sortie. Je n'en retiendrai donc que ceci :

En ramenant ses soldats, il ne néglige point d'entretenir leur courage : il sait parler à leur honneur ; il leur promet de recommencer de nouveau le lendemain.

Lettre de Trullard et Berlier, à leur collègue Bentabole à Lisle.
Dunkerque le 6 Septembre.

L'ennemi est sous nos murs, il travaille sans relâche et sous peu, nous nous attendons à l'entendre gronder. Nous conservons toujours nos communications avec Bergues et Gravelines. Notre collègue Hentz nous écrit le 4 courant de Cassel que Houchard y est arrivé et qu'il doit bientôt attaquer avec 50.000 hommes. Le rapport d'un déserteur nous a annoncé hier que l'ennemi avoit retiré six régiments de devant Bergues, pour les porter sur Poperingues.

Salut et fraternité.
F. Berlier   Trullard.

II. — *Bergues et la Colme — Secours de l'armée*

a) A Bergues, arrivée d'une troupe formidable (*sic*).

La journée s'est passée en préparatifs hostiles contre les ennemis.

Vers le soir, on annonce l'arrivée d'une force considérable et qui s'est réalisée dans le courant de la nuit.

Plusieurs bataillons arrivèrent à Bergues, l'administration prit toutes les précautions que les circonstances exigeaient.

La municipalité fut invitée à mettre en réquisition tous les chevaux et voitures dont on pourrait disposer.

Nos troupes ont fait une sortie, et ont chassé devant elles l'ennemi qui nous entourait.

b) Le général Leclaire écrit :

Le 6 septembre, j'arrivai vers 2 heures du matin à Bergues ; je trouvai toutes mes troupes arrivées et tous les renseignements que j'avais demandé que l'on me tint prêts ainsi que les guides. Je donnai ordre que, vers six heures du matin, les troupes fussent sous les armes.

A midi, on n'avait encore rien vu, rien entendu qui pût indiquer que les attaques sur Rousbrugge et sur Wormhout fussent effectuées ; dans cette incertitude, je pris mon parti ; je commençai sur-le-champ à déployer mes troupes avec bien de la peine sur le glacis de la place, le canon de l'ennemi m'y tuait du monde ; je donnai le commandement de la colonne de gauche au chef du 4e bataillon de Bergues, le citoyen Lemaire, le commandement de la colonne de droite au chef du bataillon de la Meurthe ; j'envoyai ordre de faire tirer les grosses pièces de la place, ce qui fit un peu taire le feu des ennemis.

Le Chef de bataillon Lemaire attaqua le poste bien retranché de Beenties-Meullen ; son fils aîné, officier dans le même bataillon, a dirigé l'attaque avec tout le courage et l'intelligence possibles ; l'ennemi y tint ferme ; il y avait des pièces de 7, on ne put ni le tourner, ni le débusquer. J'attaquai à la droite dans la direction de la Maison-Blanche. L'ennemi faisait jouer beaucoup d'artillerie et sur un front considérable.

Les inondations couvraient ma droite jusqu'à peu près un quart de lieue de la place, ce qui me donnait beaucoup de tranquillité. Je ne pus entendre un seul coup de canon vers Rousbrugge et Wormhout, mais, à 3 heures j'entendis celui de Dunkerque.

J'avais repoussé l'ennemi à ma droite, où il cédait peu à peu avec assez d'opiniâtreté, jusque vers la Maison-Blanche, mais alors mon flanc droit était absolument découvert ; je fis prendre une bonne position au 56e bataillon, et, sur sa gauche, je plaçai quelques pièces de 4. Je craignais les progrès que je faisais, surtout voyant la droite de l'ennemi tenir aussi ferme. Vers les 5 heures du soir, une colonne ennemie venant du camp de Socx se porta sur ma droite. Je fis retirer mes troupes dans le plus grand ordre ; je mis plus de 2 heures 1/2 à parcourir cette demi-lieue ou 3/4 de lieue au plus pour rentrer dans Bergues ; je perdais beaucoup de monde par la nombreuse artillerie de l'ennemi et leur gros calibre. Je n'avais que du 4 à leur opposer. Le 56e bataillon fit des prodiges ; il soutint lui seul la retraite dans la position où je l'avais placé, et cela pendant plus d'une heure, par les feux de demi-bataillon, de peloton et de file les plus réguliers. Je ne puis assez louer la bravoure et la discipline de ce bataillon. Le Capitaine Fuzier qui le commandait, mérite à juste titre, l'estime de tout militaire. Je l'ai en vain recommandé au Représentant Duquesne, mais c'était alors un crime d'être dans les troupes de ligne.

Je rentrais vers 8 heures du soir à Bergues. Je fis partir à l'instant même le 56e bataillon, le 2e de la Meurthe et le 12e régiment de Chasseurs à cheval pour Dunkerque, où je présumais que l'on en aurait plus besoin que moi.

Les troupes eurent l'ordre d'être prêtes au premier signal. Le chef de bataillon Lemaire fut dangereusement blessé d'un coup de biscaïen, il fut nommé général de Brigade.

c) Vers 7 heures 1/2 du soir, le tourier de Dunkerque signale de l'infanterie et de la cavalerie revenant de

Bergues, ce qui concorde parfaitement avec les mémoires du général Leclaire.

III. — *Remparts et batteries*

La matinée est passablement tranquille. Quelques coups de canon sont échangés.

Vers 3 heures, une canonnade générale des remparts, batteries, forts et batteries flottantes prélude à la sortie.

Le Général Leclaire dit : « A 3 heures, j'entendis le canon de Dunkerque. »

IV. — *Travaux de siège*

Le combat qui se livre n'empêche pas la continuation de l'armement des batteries.

V. — *Défense extérieure (Sortie générale)*

Vers midi, on entend la canonnade du côté du canal d'Hondschoote, c'est le signal préparatoire de la sortie.

Vers 3 heures, les tambours battent aux armes et bientôt toute l'armée, cavalerie, infanterie, artillerie et garde nationale, est assemblée.

Bientôt a lieu la sortie par 6000, 7000 ou 8000 chevaux débouchant par les 3 barrières du front Est.

a) Colonne de Droite

Barrière Royale, direction : la digue du canal de Furnes.

La colonne a, avec elle, des voitures chargées de planches et poutres pour établir des ponts sur les coupures de la digue du côté de Rosendale.

Cette opération ayant traîné quelque temps, la colonne souffre du feu d'une batterie ennemie du calibre de 13 élevée sur la digue près de la campagne Destouches, et a été obligée de se replier.

Un affût et un caisson ayant été démontés, les roues brisées, ont été abandonnés ; l'ennemi cependant ne s'en est pas emparé encore, et nous avons l'espoir de les sauver à la faveur de nos tirailleurs.

Le procès-verbal du Conseil Général dit :

La colonne du canal de Furnes n'a pu avancer ayant un de ses canons démonté, on parvint le lendemain matin à retirer de la digue du canal de Furnes le canon démonté et les munitions du caisson brisé.

D'après le capitaine Hane :

Les 66 hommes de cavalerie sortis par la barrière royale se sont trouvés pris entre 2 batteries masquées établies près du canal de Furnes et, à l'exception de 3 hommes, tous furent tués ou blessés.

De tout cela, il ressort que cette fois encore, la tentative par le canal de Furnes, échoua sous le feu croisé des batteries 7 et 8 fort habilement placées.

b) Colonne du Centre.

La colonne du centre, au sortir de la barrière de Nieuport, se subdivise en deux :

La 2ᵉ colonne débouche par la Leenstraete (rue Nationale) gagne la rue du milieu de Rosendael, avec 4 pièces de campagne. Elle débusque l'ennemi des maisons et bosquets et fait 29 prisonniers.

La 3ᵉ colonne débouche par la rue de la Chapelle et met le feu à plusieurs maisons dans les environs de la Chapelle.

C'est à cette colonne que paraît se rapporter l'épisode des 13 grenadiers qui attaquent baïonnette au canon un poste défendu par 24 Autrichiens, en tuent 17, en font 6 prisonniers, un seul peut se sauver.

c) Colonne de Gauche

C'est la plus importante.

Soutenue d'une part par le grand cavalier et protégée de l'autre par le feu des batteries flottantes, elle s'avance sur le Vischer Morne à grands pas, au travers d'un feu très vif, faisant de son côté aussi, un feu très vif.

Cette colonne a attaqué avec beaucoup d'intrépidité et a délogé l'ennemi qui, après avoir beaucoup souffert a reculé à grands pas; elle s'est emparée d'une dune très élevée, y planta son drapeau; le feu de file le plus nourri s'est soutenu pendant près d'une demi-heure. L'ennemi a riposté par diverses batteries, majeure partie de petit calibre, et quelques pièces de 13 placées de distance en distance dans les Dunes.

Une forte colonne anglaise longeant les Dunes, dans l'intention de fondre sur notre troupe, l'a forcée de se replier pour n'être pas enveloppée.

Elle s'est retirée en bon ordre protégée par les batteries flottantes, le Risban, le Fort-Blanc et les remparts.

D'après le capitaine Hane, le fort du combat et du massacre a eu lieu dans les Dunes, dont les Anglais sont restés maîtres.

Dunkerque le 7 Septembre. L'an 2 de la République française, une et indivisible.

Trullard et Berlier, Représentans du peuple envoyés près l'armée du Nord,

A leurs Collègues à Lille.

Citoyens nos Collègues,

Depuis quatre jours que nous sommes à Dunkerque, nous avons déjà pris beaucoup de dispositions pour la défense de cette place.

La garnison est bonne et courageuse ; les habitans paraissent aussi disposés à une bonne défense, plusieurs citoyens suspects ont été éloignés de cette place et déportés ; nous en faisons encore déporter aujourd'huy, et nous avons établi un Comité de surveillance qui nous éclairera sur ce point ; cet établissement était d'autant plus essentiel que, pendant plusieurs nuits, des signaux ont été donnés de la place à l'ennemi.

Hier nous avons eu une affaire qui se combinait avec plusieurs attaques dans d'autres points. Les ordres du général Houchard avaient été transmis la veille, c'est à dire le 5 au soir.

Le 6 à deux heures, et pendant que le général Leclerc se battait devant Bergues, 6.000 hommes, sur trois colonnes, sont sortis de Dunkerque et se sont présentés devant un ennemi bien supérieur en forces ; mais ce mouvement tenant à des mesures générales, devait être exécuté et l'a été.

Notre colonne gauche a foncé sur l'ennemi avec une intrépidité admirable et lui a tué beaucoup de monde. Celles du centre et de droite, gênées par le terrain, n'ont pu faire des progrès aussi rapides, bien qu'elles ayent également déployé une grande bravoure.

Comme la colonne gauche s'engageait beaucoup trop, il a fallu la rappeller à la retraite, à laquelle les braves gens qui la composaient n'ont cédé qu'avec peine.

Selon toute apparence, le succès de cette affaire eût été signalé si les attaques correspondantes de Bergues et autres points désignés en eussent eu elles-mêmes ; mais le feu du général Leclerc ayant cessé à Bergues peu après notre attaque, celle-ci devait naturellement s'en ressentir.

Quoi qu'il en soit, on a vu hier 6.000 hommes faire devant 20.000 tout ce qu'il est humainement possible de faire.

La retraite s'est faite en ordre dans la place à l'entrée de la nuit et la tranquillité a régné dans la ville.

Nous croyions hier n'avoir que 60 hommes tués ou blessés ; nous voyons aujourd'hui qu'il peut y en avoir un nombre double. L'ennemi a fait une perte bien plus considérable et nous lui avons fait trente prisonniers.

Nous n'avons pas encore de nouvelles du général Houchard, il devait attaquer à Warmouth et à Poperingue ; nous ignorons ce qu'il a fait.

Il sera peut être à propos pour la deffense de Dunkerque d'établir un camp entre cette place et Gravelines, nous en allons écrire au général Houchard.

Salut et fraternité.

Trullard   F. Berlier.

A 6 heures 1/2, le combat est fini.

A 7 heures, les troupes employées à la sortie font leur rentrée en ville.

A 9 heures, le reste de nos troupes rentrent en ville.

Pendant tous ces mouvements, le plus grand calme a régné en ville, la Garde Nationale citoyenne était aux postes du rempart.

Les boulets et les balles tombaient de tous côtés dans les rues et frappaient les maisons, dit le capitaine Hane, et il cite ce détail qu'il eut un caporal nommé Boode blessé au mollet par un projectile au terme de sa course, près de son poste (la Bourse).

D'après Trullard et Berlier, nos pertes étaient de 120 tués ou blessés.

D'après le bulletin officiel, nous avions 150 blessés.

D'après le procès-verbal, 200 blessés dont plusieurs dangereusement.

D'après le capitaine Hane, 1437 hommes (1068 tués ou blessés et 369 disparus).

L'ouvrage Chassin et Hennet donne les pertes du 10º de Paris, savoir :

3 tués (Gally et Galois volontaires, Linder sergent-major de canonniers).

2 blessés (Fifils et Glandon sergents).

1 prisonnier (Dunceuil, tambour de grenadiers).

B. — *ALLIÉS*.

En même temps que l'attaque de Houchard sur la position du corps de Freytag, la garnison de Dunkerque entreprit le 6 Septembre à 8 heures du matin (Ditfurth), à 3 heures de l'après-midi (Calvert), une vigoureuse sortie en 2 colonnes, contre l'aile droite de l'armée du Duc.

L'une des colonnes attaqua Rosendael, mais fut repoussée par le régiment autrichien Jordis, après une lutte violente.

Ce brave régiment, exclusivement composé de hongrois, subit à cette occasion une perte de 350 hommes.

Les bataillons de grenadiers hessois dont les hommes avaient noué de véritables liens d'amitié avec ces grenadiers hongrois, étaient bien désignés pour leur servir de soutien, mais ne furent pas engagés parce que l'héroïsme avec lequel le régiment de Jordis défendit Rosendael rendit inutile tout renforcement.

La 2º colonne française soutenue par les canonnières s'avança le long de la côte. L'activité de l'ingénieur anglais Montcriff avait cependant élevé là une *batterie couverte* armée de 6 pièces de 12 dont le feu contribua puissamment à obliger les assaillants à la retraite.

Malheureusement, le colonel Montcriff fut blessé mortellement dans le combat et mourut le lendemain.

La perte totale du corps de siège s'éleva ce jour-là à plus de 600 tués ou blessés, le 14º Régiment, en particulier, souffrit beaucoup.

D'après le capitaine Hane, les assiégés n'auraient pas fait de quartier aux Anglais et n'avaient ramené en fait de prisonniers que 76 Autrichiens, Hollandais, etc... D'après Trullard et Berlier, 30 prisonniers seulement.

Bulletin de la London Gazette du 10 Septembre

Whitehall, 10 Septembre 1793.

La dépêche suivante a été reçue ce matin du Colonel sir James Murray, adjudant général.

Lefferinckoucke, 7 Septembre 1793.

. . . .

Dans la soirée du 6, l'ennemi fit une sortie de Dunkerque. Son attaque principale était dirigée contre la droite sur laquelle il dirigea, pendant quelque temps, un feu violent ; mais le 14ᵉ Régiment d'infanterie, commandé par le Major Rosse (le Lieutenant-Colonel Doyle était malade) et les régiments autrichiens de Starray et de Jordis ayant été envoyés en renfort de ce côté, il fut repoussé dans la ville. La conduite des troupes a été digne des plus grands éloges.

J'ai le regret d'ajouter que les pertes ont été considérables, bien que celles de l'ennemi soient beaucoup plus fortes encore : ci-joint le rapport des pertes anglaises ; celles des Autrichiens sont d'environ 150 hommes ; les hessois furent très peu engagés.

C'est avec le plus grand regret que je dois ajouter que le Colonel Moncriff a été très grièvement blessé. La perte d'un officier doué de tant d'intelligence, d'activité et de génie, doit être déplorée, surtout en ce moment.

J'ai l'honneur, etc.

. . . .

Rapport sur les pertes de la 2ᵉ brigade d'infanterie anglaise le 6 septembre :

14ᵉ Régiment : 1 sergent, 1 caporal, 8 hommes tués ; 1 capitaine, 1 lieutenant, 3 enseignes, 1 sergent, 1 caporal, 1 tambour, 35 hommes blessés.

37ᵉ Régiment : 1 enseigne tué, 3 hommes blessés.

53ᵉ Régiment : 4 hommes blessés.

Total : 1 enseigne, 1 sergent, 1 caporal, 8 hommes tués ; 1 capitaine, 1 lieutenant, 3 enseignes, 1 sergent, 1 caporal, 1 tambour, 42 hommes blessés.

Noms des officiers tués et blessés : enseigne Donald, tué ; capitaine Garnier, lieutenant M'Kensie, enseignes Elrington, Smith et Williams, blessés ; volontaires Day et M'Grath, blessés.

VI. — *Flottille-Escadre*

Pendant toute l'action, la flottille n'a cessé de joindre son terrible feu à celui des remparts et des batteries, non seulement pour soutenir les troupes pendant leur sortie, mais encore pendant leur retraite et c'est pourquoi les Anglais demeurèrent dans leurs retranchements sans poursuivre les Français.

C'est presque textuellement ce que dit Calvert :

Pendant les trois heures que dura l'affaire, les Français reçurent un grand secours de la part de leurs petits vaisseaux qui, par un feu continu et bien dirigé, gêna l'aile droite des Alliés. Ils furent repoussés dans leur chemin couvert avant le coucher du soleil. On ne put pas tirer parti de cet avantage, car, au moment où les Alliés avancèrent, ils furent exposés au feu croisé des remparts de la ville et des vaisseaux.

13 bâtiments anglais (cottres) sont signalés le matin par le tourier, depuis Ostende jusqu'à Dunkerque. — 1 navire de 74 canons est signalé le soir à la hauteur de Gravelines.

Samedi 7 Septembre

1. — *Direction de la défense*

Deuxième grande sortie, combinée avec le général Leclaire.

On sent que le dénouement approche.

Le Commandant Hoche, dans une proclamation de la garde nationale dit que c'est probablement pour la dernière fois que la générale sera battue.

Lettre du 8 septembre des représentants Trullard et Berlier.

Hier soir, nous avons fait une nouvelle sortie, où tout s'est passé avec un ordre et un courage admirables ; nous n'y avons perdu presque personne et n'y avons eu que très peu de blessés ; le soldat a témoigné une grande satisfaction de la manière dont il a été conduit par les Généraux dans cette sortie et réciproquement, ceux-ci donnent les plus grands éloges aux soldats.

Nous avons encore, dans cette sortie, tué du monde à l'ennemi et nous lui avons fait une dizaine de prisonniers.

Aujourd'hui l'on recommence par ordre du Général Houchard et si sa marche n'est plus retardée, c'est aujourd'hui que ce coup décisif aura lieu ; hier soir, nous avons reçu de Bergues avis que l'ennemi avait quitté le camp qu'il occupait devant cette place et qu'il avait fait une perte considérable dans sa retraite. Cela rehausse encore le courage de nos braves volontaires, et dans ce moment, l'allégresse, présage du succès, est peinte sur leurs visages, ça ira.

Le citoyen Hentz, représentant du peuple près l'armée du Nord, écrit de Gravelines, le 7 septembre :

Pendant que mes collègues Trulard et Berlier sont à Dunkerque, que Bentabole, Levasseur et Delbret accompagnent le Général Houchard, je m'occupe de l'armement et de l'approvisionnement des places voisines que l'ennemi semble menacer.

Je suis presque sûr que Dunkerque sera sauvé ; malheureusement s'il ne l'étoit pas, Gravelines seroit assiégée ; cette place a une superbe défense qu'il ne faut pas négliger ; elle est en bon état.

J'irai de suite à Calais et dans les places de première ligne, l'on montre de l'inquiétude, occasionnée par le zèle ; car le peuple est excellent dans ces villes. Dunkerque le prouve. Après que nous en avons eu chassé environ 200 personnes, tant étrangères qu'extrêmement suspectes et épouvanté les traîtres, qui se taisent à présent, il montre une ardeur incroyable à la défense de ses murs ; il couche sur les remparts et vaut une nouvelle garnison.

Nous nous louons bien d'avoir fait changer l'ancienne garnison, à présent, on se défend, on se bat de manière à faire changer aux Anglais de langage et de système ; j'espère que demain ou après, vous apprendrez la délivrance. Houchard prend l'ennemi sur les derrières et le saboule d'importance.

Je vous envoie le bulletin de la sortie vigoureuse faite hier par la garnison de Dunkerque, tandis que les habitants gardoient les murs. Il est étonnant comme l'esprit public s'est ravivé dans cette place, et le siège qu'elle éprouve y sera une véritable conquête du républicanisme.

II. — *Bergues et la Colme — Secours de l'armée*

A Bergues, une nouvelle sortie a eu lieu, une canonnade vigoureuse s'est fait entendre et nos braves républicains ont repoussé l'ennemi jusqu'à l'extrême frontière.

Sur le rapport fait que l'ennemi avait évacué Socx, Quaedypre et environs, un membre du district a fait motion de renvoyer tous les habitants de ces campagnes qui sont en ville, il a été délibéré d'en écrire au Conseil de Guerre.

Dans la soirée, le général Leclaire annonce que les ennemis ont quitté le camp qu'ils occupaient devant la place de Bergues et qu'ils ont fait une perte considérable dans leur retraite qui s'est faite vers Oostcappel.

Il avise le général Ferrand qu'il va se mettre à leur poursuite et lui demande un régiment de chasseurs à cheval.

Récit du général Leclaire :

Le 7 septembre, à 7 heures du matin, des canonniers me rendirent compte que plusieurs avaient entendu de la mousqueterie pendant la nuit ; je me rendis sur le rempart, mais je ne pus avoir que des renseignements vagues et incertains.

A 10 heures, n'ayant aucune nouvelle (il dit par ailleurs : ayant entendu le canon vers Rexpoede) je pris le parti de sortir derechef de Bergues, sans laisser le temps de manger la soupe, et d'attaquer de nouveau. Je donnai le commandement de la colonne de gauche au lieutenant-colonel Preval, du 1er bataillon du Calvados, et celui de la colonne de droite à l'adjudant général Bailleul. Je fis les mêmes dispositions que la veille. Nous n'éprouvâmes qu'une très faible résistance, ce qui nous surprit un peu (il dit par ailleurs : je trouvai les retranchements abandonnés).

Nous avançâmes au camp ennemi au-dessus de la Maison-Blanche, avec beaucoup de prudence. Nous n'y trouvâmes que des signes d'une retraite précipitée : quantité de foin, de fourrage y avait été abandonnée. Je pressai la marche de ma colonne ; j'envoyai ordre à celle de gauche d'en faire autant. A peine eus-je fait un quart de lieue ou une demi-lieue, que j'entendis une mousqueterie assez vive. Je me portai en avant. je trouvai une colonne d'équipages, la cavalerie qui l'escortait mise en déroute, beaucoup de chevaux et d'hommes blessés, des femmes, etc. Je détachai à la droite et sur la gauche un renfort de tirailleurs. Sur tous les passages où la cavalerie ennemie se présentait, elle était assaillie par une fusillade. Ce manège dura assez longtemps, pendant lequel ma colonne de gauche canonnait une colonne ennemie filant sur Hondtschoote ; je fis filer les voitures sur Bergues, j'eus beaucoup de peine à maintenir l'ordre et à empêcher le pillage.

A quelque temps de là, on me rendit compte qu'un de nos régiments de chasseurs dépendant d'une colonne commandée par le Général de division Landrin....

....

J'avais, à ma sortie de Bergues, envoyé quatre chasseurs du 5ᵉ Régiment sur la route de Bergues à Wormhout, avec ordre de pousser jusqu'à Cassel s'ils ne rencontraient point d'obstacles.

Un moment après que j'eus fait filer une grande partie des voitures, nous aperçumes une tête de colonne sur la chaussée de Rexpoede ; j'eus beaucoup de peine à empêcher les canonniers de l'avant-garde de tirer.

Je fis reconnaître. C'était la colonne aux ordres du Général Hédouville. Je me rendis au village de Rexpoede où je trouvai ce général. Nous convînmes de tomber sur l'ennemi tout de suite, que nous supposions gagner Hondtschoote, mais la nuit nous surprit ; il fallut bivouaquer, le centre à Rexpoede, ma colonne de droite à la Maison-Blanche, celle de gauche sur le canal.

On m'amena le citoyen Fromentin qu'on avait trouvé dans une ferme, en habits de paysan, et commençant à se remettre des glorieuses blessures qu'il avait reçues dans une affaire précédente.

III. — *Remparts et batteries*

La canonnade des remparts et des batteries n'a pas été très vive.

IV. — Travaux de siège

Les espions disent que les forces alliées s'approchent avec un plus grand nombre de pièces de gros calibre dans les Dunes.

Par contre, vers 3 heures du soir, le tourier de Dunkerque annonce qu'une colonne d'au moins 3.000 hommes d'infanterie, avec une partie de cavalerie, part pour Furnes. C'est, avec un peu d'exagération, l'effectif qui a été prélevé sur le corps de siège, au profit du corps d'observation.

V. — Défense extérieure (Sortie générale)

Vers 2 heures 1 2 a été fait rapport que le Général Ferrand faisait des dispositions pour faire une sortie.

Entre 3 et 4 heures, les tambours ont battu aux armes.

Les chasseurs à cheval se sont transportés sur le port pour sortir au premier signal.

Vers 4 heures 1 2, l'infanterie est sortie en 2 colonnes, ayant à leur tête les Généraux et le Représentant du peuple Trullard, l'un par la barrière de Nieuport, l'autre par la barrière du port.

Au même instant, la générale a battu pour assembler la garde nationale citoyenne qui s'est rendue sur le champ aux postes indiqués, *on a tiré aux différentes batteries pour protéger la marche des troupes.*

Nos troupes qui, la veille, avaient combattu avec courage mais à rangs ouverts, instruites par l'expérience, ont combattu aujourd'hui avec la même ardeur, mais de pied ferme et à rangs serrés.

L'action fut bientôt générale, nos troupes se battent avec acharnement, l'ennemi est repoussé partout, dit le B. O.

A 7 heures, nos troupes se battaient encore avec acharnement. A 7 heures 1/2, elles firent leur retraite dans le plus grand ordre. A 8 heures seulement, la cavalerie ayant à sa tête le représentant du peuple Trullard, quittait la batterie du port pour rentrer en ville.

Nos pertes, d'après Hanc, auraient été de 287 hommes (248 tués ou blessés et 39 disparus). D'après Trullard et Berlier, nous n'avons eu que très peu de blessés.

Incendiement de Rosendael : 11 maisons.

Les boulets, en petite quantité, il est vrai, tombent encore sur les remparts. Le procès-verbal signale deux citoyens qui en ont rapporté chacun un.

La nuit se passe tranquillement.

Les documents, du côté des Alliés, présentent le combat sous une face quelque peu différente.

D'après Calvert, dans l'après-midi, une attaque fut prononcée sur le flanc droit de l'armée de son altesse royale ; elle fut repoussée avec pertes jusqu'aux portes de Dunkerque.

On ne sait rien de précis sur les pertes des assiégeants.

D'après Trullard et Berlier, nous aurions tué du monde à l'ennemi et on lui aurait fait 10 prisonniers — c'est peu : d'ailleurs les gendarmes amenèrent 16 prisonniers à Dunkerque.

VI. — *Flottille-Escadre*

La flottille en rade soutient encore un feu continuel avec ses canons de 24.

Vers 8 heures du matin, le tourier annonce à la hauteur de la fosse de Mardick, le vaisseau de 74 canons, une frégate de 30 canons et 7 caiches.

Vers midi, il annonce 6 navires de transport dont 3 font route par Ostende et 3 se disposent à entrer à Nieuport.

De son côté, le Capitaine Hane signale en vue une frégate et 6 coffres et s'indigne que cette force navale reste tranquille spectatrice du combat.

Du 7 Septembre 1793.

Citoyen Ministre,

Batteries Flottantes. — Vu vaisseau anglais et plusieurs frégates mouillées dans ces parages et les bruits qui se sont répandus d'une attaque par mer sur Dunkerque ont engagé les représentants du peuple à m'autoriser de faire venir en cette rade les chasses-marées canonnières de Boulogne, Calais et Gravelines, qui joints aux quatre batteries flottantes en station en ce port présenteront une résistance formidable à l'ennemi s'il osait tenter de s'avancer sur ce port.

J'ai, en conséquence, écrit dans ces trois quartiers, et j'ai donné ordre aux sous chefs des chasses de faire partir sur le champ ces trois bâtiments. J'ai aussi requis sous la même autorité du commandant d'artillerie de Boulogne 3 pièces de canon de 18 ou de 24 pour compléter l'armement de ces chasses-marées.

Du dit jour.

Citoyen Ministre,

J'ai l'honneur de vous rendre compte que d'après la réquisition des commissaires de la Convention Nationale, je me suis rendu à Gravelines pour y démonter le capitaine Le Turc, commandant le chasse-marée le Tonnerre avec lequel il n'a osé sortir depuis qu'il est au dit port.

La lâcheté de cet enseigne non entretenu le rendait indigne de servir la République; je l'ai remplacé par le citoyen Defrayes, capitaine de Dunkerque, dont la bravoure est reconnue. Veuillez je vous prie, citoyen Ministre, me faire parvenir l'ordre de commandement nécessaire à cet officier.

Dimanche 8 Septembre

I. — Direction de la défense

Vers 7 heures du matin, le général Ferrand communique au Conseil Général les ordres qu'il vient de recevoir du général Houchard, de faire une sortie entre 9 et 10 heures du matin.

Il est dit par ailleurs que c'est *deux* sorties qu'il devait faire : l'une entre 9 et 10, l'autre à 2 heures.

De fait, si dans les documents français on ne trouve trace que d'une sortie, les documents anglais en indiquent bien deux.

Vers 10 heures, on apprend au Conseil Général que le Général Souham vient de recevoir des nouvelles du Comité de salut public qui le réintègre dans ses fonctions.

Il semble que le général Landrin aurait précédé sa division à Dunkerque ; il se conduisit d'ailleurs avec sa mollesse habituelle.

II. — Bergues et la Colme — Secours de l'armée

Au district de Bergues, sur le rapport du citoyen Belle Isle, Ingénieur en chef, qu'il se trouve un petit pont coupé sur le chemin de Cassel et des fossés sur les chemins de Bierne, Ypres et autres adjacents, qu'il est urgent de faire rétablir, pour rendre les routes libres, délibéré, vu l'urgence, de charger le citoyen Verbrughe de faire ces rétablissements de suite et à cet effet, commission lui sera délivrée.

La division Landrin entre à Dunkerque, très tardivement, semble-t-il, et partiellement seulement.

L'entrée du 15e de Paris et du 8e Cuirassiers est signalée également à 5 heures du soir.

Une partie de cette division paraît n'être arrivée à Bergues qu'à 7 heures du soir (et à Dunkerque le lendemain à 10 heures du matin).

III. — *Remparts et batteries*

Dans la matinée, les remparts et les batteries dirigent encore quelques décharges dans les Dunes, mais rien d'important n'arrive jusque vers 2 heures de l'après-midi.

Vers midi, tous les assiégés étaient sur les remparts, dans les ouvrages extérieurs et dans les chemins couverts.

L'ordonnateur civil écrit :

Nous nous préparons à une sortie vigoureuse.

Vers 2 heures 1/2, les batteries des remparts (et bientôt après les canonnières), commencent le feu sur les avant-postes de l'ennemi.

Vers 3 heures, l'ennemi riposte pour la première fois.

Ensuite, les batteries protègent de leur feu, la sortie.

IV. — *Travaux de siège*

A 3 heures du matin, les patrouilles qui ont passé la nuit dehors, retournent comme de coutume et confirment ce qui a été affirmé par les espions que de nombreuses pièces d'artillerie de siège étaient approchées par les forces alliées. Les travaux de siège et autres sont pareillement continués dans les Dunes.

L'ennemi avait élevé pendant la nuit 4 batteries sur les Dunes dont 2 paraissaient uniquement destinées contre les batteries flottantes.

Il est dit, par ailleurs : 3 batteries sur les Dunes entre Rosendael et la mer à 800 ou 1000 mètres environ des ouvrages extérieurs.

A 3 heures, les batteries ouvrent enfin le feu et le continuent sans interruption jusqu'à 6 heures 1/2 du soir, c'est-à-dire même après la rentrée des troupes françaises dans la place.

Il semble bien que l'artillerie de l'attaque ait pris franchement la supériorité du feu.

Le capitaine Hane qui paraît s'être trouvé ce jour-là un grand cavalier, cite ce fait que son lieutenant en 1er, le citoyen Guillebert, fut blessé au pied par un éclat d'affût de canon qu'un boulet venait d'atteindre ; et il ajoute que les balles sifflaient à ses propres oreilles, tandis qu'avec sa longue vue « la meilleure de Dunkerque », il observait le combat.

V. — *Défense extérieure (Sortie générale)*

Vers 2 heures, les tambours battent aux armes, les troupes se mettent en marche.

Vers 3 heures 1/2, sous la protection d'un feu terrible, tant d'artillerie que de mousqueterie, la sortie se fait sur 2 colonnes, comme la veille.

A la sortie des Dunes, une fusillade considérable et continuelle. Mais comme les assiégeants ont maintenant leurs pièces de siège placées sur chaque Dune, l'infanterie française retourne bientôt en dedans des portes sans pouvoir poursuivre son projet, car les assiégeants font un feu terrible.

La cavalerie, ayant à sa tête le Représentant du peuple Trullard, à son tour, bat en retraite et demeure sur une ligne à 30 ou 40 mètres de la porte ou barrière du port, position dans laquelle elle était entièrement inutile et qui ne pouvait être maintenue que par une ridicule bravade qui faillit coûter la vie au Représentant du peuple. Je vis, en effet, un boulet de canon des assiégeants frapper le sable à moins d'un mètre du cheval du dit Représentant. Celui-ci et son cheval furent terrifiés à tel point par le vent et le sifflement du boulet, que le Champion du peuple fut ébranlé sur sa selle, mais reprenant son sang-froid, il ne tombe pas et instantanément il franchit la porte avec sa troupe, à cheval.

L'esclave avait respecté l'homme libre !

Vers 5 heures, la cavalerie ennemie se porte jusqu'à 500 mètres des glacis.

Vers 6 heures, toutes les troupes rentrent.

Vers 7 heures, tout est tranquille, le feu a complètement cessé.

On lit dans le Rapport Officiel anglais du 9 :

Une sortie eut lieu pendant la nuit et une autre dans la soirée du 8 ; l'une et l'autre furent repoussées sans beaucoup de pertes de notre côté.

VI. — *Flottille-Escadre*

L'ordonnateur civil écrit :

J'ai fait passer à 2 heures des ordres au brave Castagnier de s'approcher de la côte le plus près possible et de se porter plus à l'Est pour écraser de son feu les colonnes ennemies qui voudraient se retirer par l'Estran.

Vers 2 heures 1/2, on voit les canonnières s'avancer vers Leffrinckoucke.

Vers 3 heures, elles commencent le feu.

Pendant toute l'après-midi encore la flottille française, comme de coutume, fit un feu terrible sur les forces britanniques, comme elle se trouvait à la partie Est de la rade en ligne directe avec les assiégeants et pas à plus de 3/4 d'un mille anglais, son feu avec des pièces de 24 doit avoir fait aux armes britanniques un mal réel. (Hane).

L'ordonnateur civil écrit :

L'intrépide Castagnier a fait taire plusieurs fois les batteries des Dunes et a forcé comme à l'habitude leur colonne de cavalerie à rester spectatrice bénévole du combat.

On lit dans une lettre reproduite ci-après :

Le capitaine Goddefroy, commandant la batterie flottante la Liberté, a le bonheur de démonter la batterie des ennemis qui incommodait singulièrement celle commandée par Castagnier.

On trouva le 9, près des Dunes que la flottille avait battues la veille, plus de 80 morts anglais ou autrichiens. Tout cela est confirmé par le récit de Calvert.

L'escadre anglaise paraît augmentée :

7 cottres près du port, spectateurs de tout l'engagement et parfois à moins d'un mille anglais de la flottille ;

1 frégate et 1 cottre par le travers de Furnes ;

1 frégate et 6 sloops par le travers de Gravelines.

Dunkerque le 8 Septembre l'an 2 de la République une et indivisible.

Trulard et Berlier, Représentans du peuple envoyés près l'armée du Nord

à Leurs Collègues à Lille

Citoyens nos Collègues,

Nous vous avons rendu compte de nos sorties des 6 et 7 de ce mois ; nous en avons aujourd'hui tenté une que la fatigue des troupes et le feu prodigieusement augmenté de l'ennemi sur les Dunes, n'ont pas permis de pousser bien avant.

Quoiqu'il en soit et avant la fin de ce combat, l'on a remarqué de la tour, que l'ennemi plioit ses tentes et faisoit prendre à ses vivres et munitions le chemin de Furnes.

Cet événement se lie sans doute avec les succès du général Houchard. Ils sont considérables, sans doute, car plusieurs rapports nous font connoître qu'on a pris dans ce point son artillerie, beaucoup de drapeaux et qu'on a conduit à Bergues un grand nombre de prisonniers anglais et autrichiens. On a aujourd'hui soir exécuté à Bergues un prêtre réfractaire et un émigré arrêtés les armes à la main. C'est ce qu'on peut appeler prompte et bonne justice.

Nous regardons Dunkerque comme sauvé et nous comptons demain nous mettre à la suite de l'ennemi.

Salut et fraternité.
Trulard.   F. Berlier.

Retraite

D'après Calvert, c'est pendant l'action que son Altesse Royale reçut avis de la défaite des troupes du comte Walmoden, à Hondschoote. Le comte faisait connaître qu'il se retirait, sa droite à Bulscamp, et sa gauche au village de S (*sic*) et qu'il maintiendrait cette position aussi longtemps qu'il le pourrait; mais, par suite des événements, il ne pourrait plus être rendu responsable des suites d'une nouvelle attaque générale. Les Français étant en possession d'Hondschoote et du terrain avoisinant, il devenait absolument nécessaire de se retirer de devant Dunkerque.

A 4 heures du soir, en conséquence, le duc d'York ordonne d'abattre les tentes et de les évacuer sur Furnes, avec les gros bagages, sous l'escorte du Régiment des carabiniers.

Vers 5 heures, le citoyen Maire, arrivant de la Tour annonce au Conseil Général que l'ennemi a levé son camp, qu'il a vu charger plusieurs voitures qui filaient vers Furnes, ainsi que quelques canons, qu'on a vu la cavalerie ennemie qui se portait jusqu'à 250 toises des glacis.

Vers 6 heures, on est venu annoncer qu'il paraissait que l'ennemi avait mis le feu aux fourrages.

A 7 heures du soir, le duc d'York convoque tous les Généraux à un Conseil de Guerre pour décider de quelle manière devait se faire la retraite. Le duc d'York et le Général français émigré Boville (Bouille ?) furent d'abord d'avis de tenir au moins jusqu'à ce que les 32 pièces en fer tirées de Nieuport furent évacuées sur Furnes. Mais comme le canal de Furnes avait été trop saigné, pour en permettre le transport, il aurait fallu, au préalable, réunir d'autres moyens de transport.

La majorité des Généraux fit valoir qu'une plus longue attente donnerait aux Français le temps d'attaquer à nouveau le Corps du Général Walmoden à Bulscamp et de le repousser grâce à sa supériorité numérique et qu'en conséquence, l'armée sensiblement réduite, par les pertes à l'ennemi et par les maladies provoquées par la mauvaise eau, était vouée à l'enveloppement et à la destruction.

La faiblesse des effectifs, démontrée à cette occasion, souleva l'étonnement de tous.

En conséquence, il fut ordonné que dans la nuit même, à minuit, l'armée marcherait en retraite par lignes et par ailes à droite et à gauche, et irait prendre son camp à Furnes.

La 1re colonne sous les ordres du feldmaréchal lieutenant Alvinzi, devait se retirer le long du canal de Furnes (rive nord) ; la 2e colonne sous le Général lieutenant V. Biela devait se retirer par Leffrinckoucke, laisser Ghyvelde à sa gauche et se retirer le long de la grande Moere (Uxem, le Pigeonnier, Ghyvelde et Moerhof).

Les gardes de tranchées devaient former l'arrière-garde sous le général Werneck, qui serait soutenue éventuellement par le régiment de Kospoth, dont un bataillon devait marcher en queue de chaque colonne. (Il semblerait, d'après le rapport Officiel anglais que c'est le Lieutenant Général Erskine qui aurait commandé l'arrière-garde).

Entre 10 et 11 heures de la nuit, l'armée anglaise alluma un grand feu ; ce feu fut entretenu pendant toute la nuit et il brilla d'un éclat d'autant plus vif que la nuit était superbe. La clarté de ce feu nous permettait de voir facilement que les Anglais étaient occupés, mais nous ne pouvions distinguer ce qu'ils faisaient ; ils semblaient faire des préparatifs pour la retraite et détruisaient tout ce qu'ils voulaient empêcher de tomber entre les mains des Français.

A minuit, l'armée prit les armes ; d'abord, on enleva les pièces de la ligne de circonvallation, ensuite les colonnes se mirent en marche et enfin, les gardes de tranchées quittèrent leurs postes.

Mais le départ fut très lent parce que les Anglais ne s'étaient pas conformés à l'ordre d'abattre les tentes, donné dans l'après-midi, et dormaient encore profondément, alors que le reste de l'armée était déjà sous les armes, prêt à partir.

Le Lieutenant général v. Biela dut faire éveiller les officiers comme les soldats.

Les Français devaient avoir parfaitement discerné dans l'après-midi l'abatage des tentes, de plus, la nuit était étincelante d'étoiles, enfin le terrain coupé devait parfaitement se prêter à inquiéter la retraite ; malgré cela, pas un homme ne suivit. Ce fut un bonheur d'autant plus grand que le retard des Anglais avait fait perdre une heure, si bien que la 2ᵉ colonne, après une heure de marche à peine, se vit couper la route par les bagages anglais. Ceux-ci s'étaient portés là pour se reposer, les soldats avaient dételé ; les uns, qui étaient ivres étaient couchés autour des chevaux ; quant aux autres, on eut toutes les peines du monde à les trouver.

Finalement, il s'écoula un temps appréciable avant que la colonne ait pu se frayer un passage, souvent en employant la force.

Enfin, l'armée atteignit Furnes sans pertes. Elle reprit le 9 septembre à 10 heures du matin son ancien camp, la droite à la mer, la gauche à Furnes, en y ajoutant un fort détachement au pont d'Adinkerque.

La redoute à la tête du pont fut mise en état de défense. A peine arrivé, le bataillon de grenadiers Wurmb dut se reporter à Adinkerque en soutien des avant-postes, et le 2ᵉ bataillon du Prince Charles comme repli de quelques escadrons anglais et autrichiens placés dans les Dunes, en avant de l'aile droite de l'armée du côté de La Panne. 2 bataillons de la garde furent envoyés pour renforcer le comte Walmoden.

Bulletin extraordinaire de la « London Gazette »
du 12 Septembre 1793

Whitehall, 11 Septembre 1793.

M. Richard Lawry, lieutenant suppléant sur le Brûlot « Comet », envoyé par le vice-amiral Mac Bride de la pointe de Gravelines, arriva cet après-midi au bureau de l'hon. Henry Dundas... avec une dépêche du colonel Sir James Murray... dont suit copie :

Furnes, 9 Septembre 1793.

....

Le 7, Son Altesse Royale envoya 2 bataillons de Hesssois à l'aide du Général Walmoden, mais, trouvant cette aide insuffisante, elle fut dans la nécessité de réunir toutes ses forces en abandonnant la position prise près de Dunkerque. 32 des gros canons et une partie des approvisionnements réunis pour le siège furent laissés, faute de moyens de les emmener.

L'armée marcha la nuit dernière et campa ce matin près d'Adinkerque.

Poursuite

Il n'y eut aucune poursuite ou s'il y en eut une, l'ennemi ne s'en aperçut même pas.

Ce ne fut que dans l'après-midi qu'on vit, dans le lointain, une patrouille de reconnaissance française d'environ 100 chevaux.

Comme rien ne se montrait, le duc d'York ordonna que les troupes hessoises qui, dans les derniers temps, avaient fourni presque à elles seules tous les détachements, seraient dispensées de tout service pendant 3 jours.

Voici la succession des petits faits qui touchent plus ou moins à ce qu'on aurait pu appeler la poursuite :

Le 9 septembre, à 4 heures du matin, les patrouilles viennent annoncer que l'ennemi a levé le siège.

Nos soldats, dit un officier à Levasseur, ne voyant plus les vedettes ennemies, se sont laissés couler le long du glacis et sont venus nous avertir que l'ennemi avait levé le siège.

Le 15ᵉ de Paris, sortant à la pointe du jour ne trouve plus rien.

Le 10ᵉ de Paris a un grenadier (Riboulot) blessé, disparu ?

Dès 5 heures, on sait dans la place que l'ennemi a abandonné une partie considérable de ses bagages.

A 7 heures, on trouve un magasin rempli de toiles,

A 8 heures, un magasin de sacs à terre des plus considérables à la chapelle de Betford,

A 9 heures, 26 ou 27 pièces de canon (dont 14 de 24) à Leffrinckoucke,

A 10 heures, un grand dépôt de fourrages.

Plus tard, on établit une liste des prises.

Jusqu'à nouvel ordre, je continuerai à considérer comme une légende, la rencontre pathétique, qui aurait eu lieu à minuit à Ghyvelde, du commandant Vandamme et de l'adjudant général Hoche (tels Ney et Richepanse à Hohenlinden).

Le général Houchard dit d'ailleurs dans sa défense:

Si le général Landrin n'a pas exécuté les ordres que je lui ai donnés, de faire une sortie vigoureuse de Dunkerque, ce n'est pas de ma faute.

La vérité me paraît ressortir de cette lettre du citoyen Marlière, écrite de Dunkerque *le 9 septembre à 4 heures du soir :*

L'artillerie volante est partie à *10 heures* ce matin, ayant le régiment des cuirassiers avec elle ; déjà, elle a rejoint l'arrière-garde ennemie qu'elle a mise en déroute.

Nous avons ici 20.000 hommes *(sic)* qui sont partis à *2 heures* pour aller à la poursuite de l'ennemi.

La même déduction peut être tirée de l'historique du 8ᵉ cuirassiers, d'ailleurs sujet à caution pour cette partie :

Le soir *(sic)* de la bataille d'Hondschoote, un cuirassier *(sic)* trouve le moyen *(sic)* d'entrer dans Dunkerque et annonce la victoire des Français.

Dans la nuit, un conseil de guerre réuni par le duc d'York décide la levée du siège...

Le 9 au matin *(sic)* l'armée anglaise décampe précipitamment, quelque cavalerie est envoyée contre elle.

Le 8ᵉ de cavalerie charge l'ennemi sur les Dunes ; il lui a fait abandonner beaucoup de canons en fer et des munitions destinées au siège de Dunkerque. Il fit bonne contenance devant un ennemi plus nombreux, en attendant l'arrivée de l'armée.

C'est d'ailleurs à 4 heures du matin que le cuirassier en question est entré sans peine à Dunkerque.

Hane écrit (en se trompant d'ailleurs sur les noms) :

Le 9, les généraux Leclerc et Lefebvre qui marchaient vers les Dunes en 3 divisions retournèrent à Dunkerque entre 1 heure et 2 heures, après avoir *constaté* la retraite des assiégeants.

Le 10, vers 11 heures 1/2, le général Souham annonce que l'avant-garde des chasseurs et cuirassiers avait été aux mains avec l'arrière-garde des ennemis.

L'ordonnateur civil écrit le 10 :

L'armée serait à la suite de l'ennemi dont les chariots étaient encore hier au soir à 3 lieues d'ici, d'après le rapport qui a été fait par des paysans.

Je ne doute pas que notre armée victorieuse ne soit tombée ce matin au point du jour sur ces bagages et qu'il ne les enlève au moins en parties.

Il écrit le 11 :

L'armée française suit toujours l'ennemi et le harcèle dans sa retraite, il a été fait aujourd'hui quelques prisonniers.

Enfin, le 12 :

Les ennemis sont à Furnes où nos troupes n'ont pu les suivre.

Dunkerque, 10 Septembre, le Général Houchard au Ministre de la Guerre

Enfin, les vœux de la nation sont remplis : Dunkerque n'a plus devant ses murs les soldats de la tyranie. L'attaque du village de Housscoot, qui s'est convertie en une bataille de la plus grande conséquence, a fini de mettre la déroute parmi nos ennemis. Dans la nuit du 8 au 9, voyant que nous étions maîtres de Housscoot, ils ont fait leur retraite de devant Dunkerque à minuit ; il en étoit temps pour eux, car le général Landrin entroit à 5 heures dans Dunkerque pour se réunir à la brave garnison, pour lui livrer combat : si ce renfort n'avoit pas suffi, je m'y serois transporté moi-même avec 10.000 hommes et j'aurois recommencé le combat. Le soir même, ils ont évité cette peine aux troupes de la République, et se sont retirés sur Furnes, laissant en notre possession leurs bouches à feu et munitions dont l'état est ci-joint.

(Note du Ministre de la Guerre : l'état des bouches à feu et munitions n'étoit pas joint à la lettre).

Jamais victoire n'a été plus complète et mieux méritée. Les troupes de la République en général se sont conduites avec la plus grande valeur. Je vous donnerai des détails une autre fois, car je suis horriblement pressé, et les rapports particuliers ne sont pas arrivés.

Signé : HOUCHARD.

Bulletin de Dunkerque, du 8 Septembre au soir, vers sept heures

La nuit se passe dans le calme, mais toujours en grande surveillance, et les citoyens sont à leur poste malgré leurs fatigues.

Vers quatre heures du matin un cuirassier arrive : il vient d'annoncer que l'armée d'Houchard va être renforcée par quinze mille hommes qui passeront ce jour par Dunkerque : il dit que Houchard est près de Furnes, qu'il a une armée de quatre-vingt mille hommes à sa suite (cela est possible, mais nous ne garantissons pas un si grand nombre) ; il dit que les ennemis ont été poursuivis et sont dans une déroute complète ; nous présumons qu'il veut parler de ceux chassés des environs de Bergues et Housscoot ; car, quant à nos prétendus assiégeans, nous croyons qu'ils ne seront rencontrés par Houchard que dans la matinée, si cette nuit ils n'ont pas réussi à lui échapper.

A cinq heures et demie nous avons la certitude que l'ennemi a évacué son camp et qu'il a fait sa retraite ; il ne tardera pas à être suivi de près, car dans ce moment nous recevons l'avis qu'il arrive à sept heures une colonne de dix mille hommes qui, avec notre garnison, va les suivre sous les ordres du général de division Landrin.

Les membres du Conseil Général de la commune de Dunkerque,

Signé : Desanque, Blariel et Emery, Maire.

Lettre des administrateurs du district de Bergues, à leurs collègues à Dunkerque, datée de Bergues, le 8 septembre après midi.

Notre position avec l'ennemi devient de plus en plus avantageuse, nos troupes ont continué leur marche ce matin sur Housscoote, où l'ennemi s'étoit retranché jusqu'aux dents, après la fusillade la plus vive et la plus meurtrière. On rapporte à l'instant que les braves gendarmes ont sauté de vive force à l'arme blanche dans les tranchées. Rien n'a pu résister à l'intrépidité de nos troupes ; tout a été emporté : canons, bagages et une infinité d'officiers et autres troupes anglaises sont en notre pouvoir. On annonce qu'on a enveloppé dans cette défaite environ 600 émigrés. Nous avons cependant peine à croire à ce grand nombre ; nous attendons la confirmation. Il arrive continuellement des prisonniers. On a amené quantité de caissons, une forge ambulante et autres objets des ennemis.

P.-S. — La lettre cachetée, 400 prisonniers entrent en ville et l'on annonce qu'il doit en arriver encore autant. Il passe à l'instant un corps de 6 à 7 mille hommes, tant cuirassiers, troupes de ligne, qu'artillerie volante, et marchant sur Furnes.

Dunkerque, le 9 Septembre.

Le Conseil Général de la Commune de Dunkerque au Maire et Officiers Municipaux de Gravelines.

Nous vous avons marqué par nos dépêches d'hier au soir et de ce matin que l'ennemi venoit de lever son camp ; il s'est porté cette nuit avec précipitation sur Furnes et a abandonné une partie considérable de ses équipages. Les rapports venus jusqu'à ce moment nous indiquent qu'on a trouvé dans son camp et le long de la digue de Furnes une quantité prodigieuse d'effets de guerre, dont voici les principaux objets : 50.000 sacs à terre ; 800 chevalets pour jeter des ponts volans ; une quantité prodigieuse de planches ; 800 barils de poudre. — (On applaudit) — 41 pièces de canon, la majeure partie de siège, une partie d'affûts de siège. — (Les applaudissemens redoublent). — 6000 boulets du calibre de 24 ; une grande partie de fusils, de caissons, forges, pelles, pioches, fourgons, équipages, etc. 60 bœufs, une grande quantité de fourrage et une infinité d'autres objets, dont le détail seroit trop long — (Applaudissemens).

La célérité que l'ennemi a mise à son décampement, nous prouve la terreur que les opérations du général Houchard lui ont dû inspirer ; nous sommes informés qu'une partie de l'armée de ce général est en marche pour le couper au-delà de Furnes. — (On applaudit).

Nous avons vu entrer dans notre ville, sur les dix heures, une colonne de 10 mille hommes, qui s'est reposée sur les glacis de la ville, du côté de la barrière de l'Estran. Elle s'est mise en marche à quatre heures après midi, et va à la poursuite de l'ennemi. Nous espérons qu'on parviendra à le couper, soit à Furnes ou dans les environs.

Les retranchemens de l'ennemi, les nombreuses batteries, la situation favorable des dunes et des bois de Rozandal, lui donnoient une telle force, qu'il auroit fallu sacrifier plus de 10 mille hommes pour l'en déloger.

Les préparatifs de l'ennemi nous indiquoient suffisamment qu'il vouloit nous inspirer de la terreur par le bombardement, et nous enlever par l'escalade.

A l'instant, un officier nous annonce un renfort d'un corps de 3 mille hommes arrivant de l'armée du Rhin.

Signé : EMERY, Maire.

Trullard et Berlier, représentans du peuple près l'armée du Nord, au Comité de Salut Public.

Dunkerque, le 9 septembre 1793.

Nous nous empressons de vous informer que le camp devant Dunkerque est décidément abandonné par l'ennemi qui fuit du sol de la liberté.

Son entreprise lui a coûté cher et il a perdu beaucoup de monde dans les sorties que nous avons faites pendant trois jours de suite.

Cependant, et malgré la bravoure des troupes de la République et le zèle infatigable des habitans, cette importante place seroit sans doute encore assiégée, sans les grands mouvemens et les heureuses attaques qui ont eu lieu ces jours-ci dans tous les points de l'armée, mais avec l'esprit qui animoit les troupes et les habitans. Dunkerque, si elle eût été réduite, n'auroit offert aux ennemis qu'un monceau de cendres et de cadavres ; c'est un juste témoignage que nous devons à tous ces bons citoyens et aux autorités civiles et militaires qui nous ont si bien secondés, à l'exception toutefois du commandant de l'artillerie que nous avons fait arrêter, et dont la conduite doit être sévèrement examinée.

Nous devons beaucoup aussi au comité de surveillance que nous avons établi à Dunkerque, et qui avoit mis à même de purger cette ville de quelques aristocrates, car il y en a partout. Les généraux de brigade Ferrand, Souham et Deroque se sont en toutes occasions comportés en bons citoyens et en braves militaires. Ils ont la confiance de leurs camarades d'armes, et nous croyons qu'ils la méritent à tous égards.

Le chef de brigade Deroque s'est aussi comporté avec une bravoure et une intelligence rares.

Enfin Dunkerque et Bergues ont réuni, sous cet aspect, ce qui a manqué en beaucoup d'autres points de la République.

Nous apprenons de Bergues que l'on a pris à l'ennemi, hommes, chevaux, bagages, et que les Autrichiens, en fuyant comme des daims ont laissé beaucoup de traîneurs. Cette place a pour commandans militaires les généraux Leclerc et Carion dont le civisme et la bravoure sont généralement attestés.

Nous allons ramasser les magasins que l'on dit avoir été laissés par l'ennemi ; l'on nous rapporte, entre autre choses, qu'il a abandonné un parc d'artillerie ; cela viendroit fort à propos, car l'on a fait ici de grandes consommations en ce genre.

Nous ne pouvons terminer cette lettre sans vous peindre le dénuement où sont les braves défenseurs de la République, relativement à leur équipement : habits, chemises et souliers, tout cela manque, et il est instant d'y pourvoir ; nous n'avons pas ici, pour cela, de ressources personnelles. L'énergie de ces braves gens n'en est pas diminuée ; mais aussi la patrie doit acquitter sa dette envers eux.

Nous avons remarqué que les hôpitaux sont bien tenus, et que le soldat est mieux nourri qu'habillé ; c'est quelque chose, sans doute ; mais ce n'est pas tout ce qui lui est dû.

Une commission militaire, créée ici par nos collègues Hentz et Duquesnoy, va juger aujourd'hui une affaire dans laquelle plusieurs particuliers sont prévenus d'avoir donné des signaux nocturnes.

Nous apprenons en ce moment que l'ennemi a laissé derrière lui quatorze canons du calibre de 24, que l'on amène.

Extrait d'une lettre des citoyens Deschamps et Quincy, représentans du peuple, datée de Dunkerque 9 Septembre 1793.

Nos affaires prennent une bonne tournure dans le nord. Cassel est dans une position bien avantageuse pour nous, et les redoutes qui l'entourent sont formidables. Il y est arrivé 10 mille hommes le 4 de ce mois. St-Omer est fort, surtout par ses eaux. On travaille à réparer les fortifications, et l'on y arrête tous les étrangers et les gens suspects. Gravelines présente aussi par ses eaux une grande résistance à l'ennemi ; il y a une garnison considérable ; on y arrête de même les gens suspects. Les trois sorties faites par la garnison de Dunkerque nous ont été très favorables. Dans la première nous avons eu 120 hommes environ tant tués que blessés ; l'ennemi en a perdu considérablement. A la seconde, nous n'avons eu que peu de tués et de blessés, et l'ennemi a été repoussé dans ses retranchements avec une grande perte. La troisième, qui s'est faite le 8, a été pour nous un jour de triomphe ; nous n'avons encore eu que peu de tués et de blessés mais l'ennemi en a laissé des siens par centaines sur le champ de bataille, et a jugé à propos de plier bagage. Son camp a été levé, ses magasins brûlés, et environ cent voitures de boulets et un magasin de toiles sont tombés en notre pouvoir. Si nous les eussions poursuivis, nous leur aurions bien pris autre chose ; mais, comme les chemins étoient extrêmement couverts, on n'a pas jugé à propos de le faire.

Nous venons d'apprendre par un déserteur que nous avons tué 200 hommes dans un seul régiment de 600. Une lettre trouvée sur un officier ennemi fait prisonnier, nous apprend qu'il y avoit aux environs de Dunkerque, de Bergues et de Cassel, plus de 40.000 hommes, et qu'une flotte anglaise, composée de 3 vaisseaux de ligne et 9 frégates a mouillé hier à neuf heures et demie du matin, devant Gravelines. L'ennemi devoit attaquer Dunkerque, secondé par cette flotte ; mais quand ils ont appris que Warmouth étoit pris, et qu'ils étoient repoussés de toutes parts, ils ont pris la fuite, laissant toutes les routes couvertes de leur cadavres.

Les généraux Leclair et Carion, qui commandent à Bergues, ont aussi fait de fortes sorties, dans lesquelles ils ont attrapé plusieurs émigrés. Le 8, ils ont fait 5 ou 600 prisonniers et mis en déroute une colonne entière d'ennemis, tellement que les soldats se portoient du côté de Saint-Omer, sans savoir où ils alloient.

Il paroît que le plan du général Houchard a parfaitement réussi. Il y a eu une affaire à Hondtschoote, dans laquelle il a fait 7 à 800 prisonniers, pris beaucoup de bagages et repoussé l'ennemi ; de sorte que nous espérons aller bientôt à Furne, leur faire danser la carmagnole au son de ça ira et de vive la République.

Nous vous envoyons la copie d'une lettre écrite par le général Leclair au général Carion à Bergues.

Le général Leclair au général Carion

Tout va bien, force de voitures et de prisonniers : les chasseurs de Languedoc, de Cassel, sont reconnus sur ma droite ; mille ennemis doivent se trouver cernés ; en effet, tout arrive en abondance et leur cavalerie est parfaitement en déroute.

Signé : Leclair.

Nous venons d'apprendre qu'au camp d'Affrenouk, l'ennemi avoit abandonné quatorze pièces de canon de 24 et beaucoup d'avoine, et qu'ils ne savent où porter leurs pas ; la terreur est parmi eux : Vive la République ! Hier le citoyen Trulard a vu tomber, à deux pieds de lui, un boulet ennemi de 17, mais l'esclave a respecté l'homme libre. A tout moment il arrive de bonnes nouvelles et beaucoup de prisonniers et de déserteurs ; nous allons en avoir bien d'autres ; un renfort de dix mille hommes vient d'entrer, et nous allons tout de suite à la poursuite de ces bandes de cannibales : tout le monde est ici dans la plus grande joie ; la tranquilité règne et tout va bien.

Un autre courrier vient de nous apprendre qu'on a découvert, dans une église, une quantité immense de poudre que l'ennemi a abandonnée.

Signé, Descamps, Quincy.

Dunkerque, le 10 Septembre 1793, l'an 2ᵉ de la République une et indivisible.

CITOYENS COLLÈGUES,

Notre dernière lettre étoit loin de vous donner une juste idée du butin qui a été abandonné par l'ennemi devant Dunkerque ; nous avons visité les diverses parties de son camp et de ses retranchements, et nous y avons trouvé une cinquantaine de pièces destinées au siège, du calibre de 17, 27 et 37, environ 300 barils de poudre du poids de 60 livres chacun, une multitude d'affuts, de boulets, de bombes, etc., beaucoup de fourages, du bétail ; nous vous en transmettrons la note exacte demain ou après-demain.

Nous avons hier oublié de citer le brave Castaniez parmi ceux qui ont signalé leur zèle pour la défense de cette place ; on a trouvé hier près des Dunes que son canon avait battue la veille plus de 80 morts anglais ou autrichiens ; il est aussi bon patriote que bon marin.

Le général Houchard est ici avec nos collègues Levasseur et Delbret, ils comptent ce matin visiter le camp.

Nous avons environ 10.000 hommes qui doivent tomber sur l'arrière-garde des ennemis et s'emparer, s'il est possible, du peu qu'ils emportent et qu'ils n'ont pas encore fait entrer à Furnes ; nous présumons que cette petite affaire se passera ce matin, cependant le canon ne se fait pas encore entendre.

Nous ne pouvons vous peindre les transports de joie qui se sont manifestés hier soir à Dunkerque, c'est au milieu des cris *Vive la République, Vive la Convention Nationale*, que nous avons dansé avec le bon peuple de cette ville.

Salut et Fraternité.

Trullard Hentz F. Berlier.

P. S. Nos collègues Delbret et Levasseur vous prient de leur faire passer les feuilles à la suite de l'armée.

Détail des prises

On trouvera ci-après un état authentique des prises faites sur le corps de siège.

Cet état donne lieu aux observations suivantes :

1° Il n'y est porté que 41 bouches à feu : on en trouva d'autres, postérieurement, et le nombre définitif fut de 52 (voir d'ailleurs la lettre ci-après).

2° Le nombre des boulets trouvés aurait été de 17.000, dont 6.000 seulement de 24 ;

3° On aurait trouvé, outre les barils pleins, 24.306 barils à poudre vides.

4° Il y a lieu d'ajouter à ces prises :

52.000 sacs à terre vides,

6.000 fascines et gabions,

une quantité (?) de fourrages,

60 à 120 bœufs,

3 drapeaux dont 2 anglais marqués G R et 1 hollandais (*sic*).

ARTILLERIE

DUNKERQUE

13 Septembre 1793

ÉTAT des Bouches à feu fers coulés et principales munitions, effets et attirails d'artillerie remis dans les magasins de Dunkerque et pris sur l'ennemi.

DÉSIGNATIONS DES EFFETS	DÉTAILS ET DIMENSIONS	QUANTITÉS	OBSERVATIONS
Canons de fer..	de 24 £ de balles............	38	
Mortiers......	de x pouces 4 lignes.........	3	
Affuts à canons	de siège de 24 avec leur avant-train...............	10	
	marins de 24...............	35	
Boulets.......	de 24...................	12.000	
Bombes.......	de 9 pouces 4 lignes.........	800	
Cartouches à canon à boulets et à mitraille de 7		100	
Grappes de raisins et mitraille de 24..........		816	
Gargousses en papier de 24...............		12.000	
Armement pour canons, mortiers et obusiers	escouvillons de 24	40	
	refouloirs avec tirebours......	24	
	lanternes de cuivre de 24....	35	
	escouvillons pour mortiers et obusiers.................	40	
Caissons......	à cartouches d'infanterie......	4	
Chariots......	à munitions................	28	
Charettes.....	id.	5	
	forges de campagne..........	4	
	tricqueballes...............	7	
	fusées à bombes	2.800	
	lances à feu...............	380	
Outils à pionniers	louchets...................	537	
	pelles de fer...............	206	
	pioches à piés..............	44	
Outils tranchants ..	petites haches	80	
	sacs à terre................	3.500	
	poudres en 949 barils de 90 à 92 £	86.359	
	mèches...................	2.000	
	planches de sapin...........	1.200	
	une partie d'harnois de chevaux		

Je soussigné garde magasin d'artillerie de la Ville de Dunkerque certifie le présent état véritable par approximation. Dunkerque le 13 Septembre 1793, l'an 2 de la République une et indivisible.

Signé DOINDON.

Lettre de Dunkerque du citoyen Marliere au citoyen Couvreur et compagnie, du 9 Septembre, à 4 heures du soir.

Victoire, mon cher cousin, victoire ! la déroute est complète dans l'armée des alliés ; ils ont plié bagage cette nuit, ou plutôt, ils ont pris la fuite, emportant avec eux le plus qu'ils ont pu. Vous pouvez dire, l'ayant vu par moi-même, qu'ils ont mis feu, avant partir, à leurs magasins de fourrages. Ils ont brûlé grande partie des affûts de leurs canons ; ils ont laissé à la Frenouque, 14 pièces de canon de 27, et 13 de 17, environ 10.000 boulets ; avoines en grande quantité ; une infinité de belles planches neuves : c'était pour faire des chemins dans les dunes pour charrier leurs canons.

Ils ont également abandonné :

A Ghivelt, 23 pièces de canon aucunes enclouées, avoines, forges, chevaux d'artillerie, bateaux pour jeter des ponts sur l'eau, 60 milliers de fine poudre anglaise en jolis barils venant d'Angleterre, que j'ai vu, il y a une heure, mettre dans nos magasins ; on leur a pris aussi 120 bœufs environ. Ces prises sont certaines, je les ai vues....

P. S. — Le butin que l'on ramène est immense, oui immense, on peut le dire. Leurs bateaux pour jeter des ponts, sont pris avec le trésor ; il arrive à l'instant avec 400 chevaux d'artillerie et 800 pièces de toile grise, et leur magasin de fusils.

Pendant que nous étions devant la place, dit Calvert, l'armée perdit plus d'hommes que le siège n'en aurait coûté.

Une note d'un agent secret dit que l'état des morts de l'affaire de Dunkerque, selon le rapport du colonel anglais James Murray, monte à 1224.

Quant aux pertes des assiégés, si l'on s'en rapporte au capitaine Hane, elles ne durent pas être inférieures à 2500 hommes (tués, blessés, disparus).

La Ville n'avait subi que fort peu de dégâts ; j'ai signalé, chemin faisant, les rares cas où des projectiles étaient tombés dans la place. Un boulet, du calibre de campagne de l'époque, incrusté dans la maison située en face de l'entrée de la Prison Civile, passe pour être un obus du duc d'York.

La retraite du duc d'York permit la levée de l'état de siège à Bergues, qui fut proclamée le mardi 10 septembre, ainsi qu'il ressort des pièces ci-après.

Le citoyen commandant de la ville s'est présenté et a proposé que l'Administration se réunisse avec le Conseil Général de la commune de Bergues pour se concerter ensemble et déclarer que la ville n'est plus en état de siège ; lecture faite de la loi du 10 Juillet, titre 1er, art 12. Le Procureur Sindic a requis qu'expédition de cette déclaration soit envoyée à la municipalité de Bergues pour que le Conseil Général de la Commune soit assemblé et réuni de suite à l'Administration.

Le Conseil Général de la Commune s'étant présenté, la proclamation suivante a été adoptée :

Déclaration que la place de Bergues cesse d'être en état de siège

L'administration du District et le Conseil Général de la Commune de Bergues, réunis en Comité de sûreté générale, vu la proposition du citoyen Ribotty, Commandant de cette place, consignée au procès-verbal de séance du Conseil du District de ce jour portant invitation de déclarer cette place hors d'état de siège ; l'article 12 du titre 1er de la loi du 10 juillet 1791 consulté ; considérant que tout investissement de la part de l'ennemi cesse, le substitut du Procureur Sindic et le Procureur de la commune, entendus, déclarent que la ville de Bergues n'est plus en état de siège.

Cette proclamation lue, le Substitut du Procureur sindic a engagé la municipalité de Bergues à faire une proclamation pour engager les commerçans à reprendre le cours de leurs opérations ; les ouvriers à se rendre à leurs travaux ordinaires, les fermiers des barques à continuer leurs voyages, enfin les cultivateurs à se rendre dans nos marchés avec la plus grande confiance.

Dunkerque, 12 septembre 1793, l'an 2 de la République une et indivisible.

Les Représentans du peuple envoyés près l'armée du Nord à Dunkerque, à leurs Collègues.

Nous revenons, citoyens-collègues, de Bergues que nous avons trouvée en bon état de défense, et où l'esprit public s'est prodigieusement fortifié par l'expulsion des aristocrates.

Hier, avant notre départ, l'on nous avait rapporté de la tour de Dunkerque que plusieurs caiches ou cutters venaient à terre, à la hauteur de Nieuport, pour embarquer des hommes que l'on transportait de là sur la flotte: les Anglais retournent-ils chez eux ? cela paraît très vraisemblable ; on nous annonce en ce moment que l'embarquement continue aujourd'hui.

Tout le butin fait sur l'ennemi est aujourd'hui rentré et en lieu sûr, car nos braves troupes ne le laisseront pas reprendre.

Dunkerque, 12 septembre, l'an 2 de la République une et indivisible.

Citoyens nos collègues,

Nous avons reçu votre lettre datée du 12 courant ; nous vous remercions des nouvelles que vous nous donnez de vos dispositions ; elles nous ont fait beaucoup de plaisir, nous faisons des vœux pour vos succès.

Nous avons prévenu vos inquiétudes sur la rentrée des effets pris dans le camp ennemi. L'on a employé tous les moyens disponibles pour cet effet.

Dans le moment tout est en sûreté à Dunkerque. Rien de nouveau ici, les ennemis ne font aucun mouvement sur nous.

Au contraire, divers rapports de la Tour nous apprennent qu'il se fait des embarquements à la hauteur de Nieuport.

Salut et Fraternité
F. Berlier.   Hentz.

§ XII. Mesures défensives prises après le siège

1°   *Mutations dans le commandement.*

2°   *Comblement des travaux de l'ennemi.*

3°   *Dégagement du champ de tir.*

4°   *Reconstruction du camp retranché de 1742.*

5°   *Travaux du port.*

6°   *Mesures relatives à l'entretien et à la reprise éventuelle des inondations.*

7°   *Augmentation des approvisionnements de siège.*

8°   *Mesures relatives à l'armement.*

9°   *Amélioration de l'habillement.*

10°   *Réorganisation de la garde nationale.*

11°   *Curieuses pétitions consécutives au siège.*

12°   *Opérations de défense mobile.*

Conclusion.

1° Mutations dans le commandement

Pendant le cours de l'investissement, on avait remplacé :

le commandant de place (plusieurs fois),
le commandant temporaire,
le commandant de l'artillerie.

Dès que le calme fut rétabli, on ne tarda pas à songer ou à procéder à de nouveaux remplacements ; j'ai réuni à ce sujet, d'intéressants documents que je crois devoir reproduire ci-après.

a) Le capitaine Falconet avait échappé à la faveur de la tourmente ; il n'en était pas moins suspect.

L'agent *Dunkerque 4 octobre l'an 2 de la République une et indivisible.*

Les Représentans du peuple envoyés près l'armée du Nord

au Citoyen procureur syndic du district à Bergues.

Nous vous écrivons, citoyen, pour rappeler la promesse que vous nous avés faite de nous transmettre les renseignements que vous pourrez recueillir sur le citoyen Falconnet. Nous vous invitons à nous les faire passer à St-Omer où nous comptons aller demain.

TRULLARD   BERLIER.

b) Le lieutenant-colonel Hennet, renvoyé de Dunkerque et emprisonné comme suspect, trouva un défenseur dans le représentant Lacombe Saint-Michel, comme on le verra ci-après :

*Bastia, le 7 pluviose, 2ᵉ de la République
Française, une et indivisible.*

La Combe Saint Michel, Représentant du peuple en Corse,
à ses collègues Trullard et Berlier.

Citoyens et chers Collègues,

La conduite que j'ai tenu à l'Assemblée Législative et à la Convention Nationale, celle que depuis 8 mois seul en Corse, je tiens au milieu des ennemis extérieurs et intérieurs, me donne quelques droits à votre confiance. Je viens plaider auprès de vous la cause d'un ami malheureux, que je crois innocent ; je ne demande pas grâce pour lui, je demande justice. Je parle d'Hénet, mon camarade, ci-devant colonel d'artillerie à Dunkerque, et maintenant détenu dans les fers comme suspect. Il vous a adressé un mémoire justificatif, j'invoque votre attention sur lui ; quelques soyent vos occupations, je connais l'esprit qui anime les Députés de la Montagne, il leur reste toujours assés de tems pour être justes.

J'ai lu le mémoire justificatif d'Hénet, je l'ai lu en officier d'artillerie, je l'ai lu en militaire ; si son exposé est véritable, ce dont je ne doute pas, il a fait tout ce qui dépendoit de lui, et ce qu'on pourroit lui demander au-delà des moyens qu'on lui a procurés, il faudroit en demander compte au Bureau de la Guerre et non à l'officier d'artillerie qui ne peut employer que les moyens qu'il a, surtout quand il a prévenu le pouvoir exécutif, c'est ce qu'on peut vérifier dans les registres de correspondance d'Hénet, et une preuve que ce colonel a mis du zèle dans son devoir, c'est que le service n'a pas manqué, et qu'étant colonel-directeur, sa place étoit à Sᵗ-Omer, où il pouvoit rester, mais il n'a voulu s'en rapporter à personne, affin de s'assurer par lui-même que le service ne manqueroit pas.

Hénet est arrêté comme suspect, pour quelle raison, s'il a remplit les devoirs que lui prescrivoit sa place? Seroit-ce parce que son tempérament flegmatique et un extérieur froid ne lui ont pas permis de crier aussi fort qu'un autre, et de donner du Patriotisme de ces preuves bruyantes qui ne prouvent rien? mais les Dumourier, mais les Custine, mais les Anselmes et tant d'autres criarts subalternes qui font sonner fort haut leur Patriotisme pour le vendre plus cher, nous ont assourdis les oreilles, et n'en ont pas moins été des traîtres. Lorsqu'on juge sur des présomptions, il faut prendre pour base les deffauts ou qualités morales, hors celui qui est bon époux, père tendre, ami sincère, et homme probe dans tous les tems, ne peut pas avoir tramé contre sa pattrie, ni seulement négligé ses intérêts. Depuis 30 ans que je le connois, Hénet possède toutes ces qualités, il n'a jamais été de la caste noble, pourquoi donc est-il suspect?

Représentans du Peuple, je demande de vous un instant d'attention pour prévenir une injustice : si Hénet est coupable, je demande que sa tête tombe, je ne suis pas l'ami d'un traître; mais s'il ne l'est pas, je demande que vous lui rendiez sa place de Colonel, car vous priveriés la patrie de grands talens, et d'un homme probe, ils sont déjà si rares! et vous savés aussi bien que moi que la tactique actuelle de nos ennemis, est de rendre suspect tous les hommes qui peuvent servir utilement la République. Mais enfin si une prévention générale contre lui, lui éloignoit toute confiance, ce que je ne puis croire, ne lui otés pas la récompense de 35 ans de service avec honneur, donnés lui la liberté, rendés lui sa famille, affin qu'il puisse aller veiller à l'éducation de ses enfants, et je vous garantis, moi, qu'il en fera d'excellents citoyens.

Je suis général de brigade et inspecteur d'artillerie, l'on ne peut donc me taxer de chercher les places des autres, je dirai seulement la vérité, si vous aviés fait arrêter Seroux, lieutenant-colonel d'artillerie en Flandres, Durtubie cadet, colonel directeur à Douay, Delay, colonel directeur à Lille, vous auriés fait des actes de justice, mais les intriguans savent se tourner du côté du soleil levant, tandis que l'homme de bien, timide et modeste, victime de la calomnie, est dans les fers.

Lacombe Saint-Michel.

c) Le commandant temporaire Hudri fut relevé de ses fonctions dès la fin du siège ; il se vengea en dénonçant l'adjudant général Hoche.

Celui-ci qui était sorti de prison pour venir à Dunkerque, fut bien près d'y rentrer ; il avait heureusement trouvé des défenseurs en la personne des Représentants Trulard et Berlier ; il fut nommé adjudant général, chef de brigade le 10 septembre et général de brigade le 13. On trouvera ci-après le curieux dossier de cette affaire.

Lille le 24 septembre 1793 an 2 de la République françoise une et indivisible.

Le citoyen Hudri Chef de Bataillon de la 34ᵉ Division aux Citoyens Représentans près l'armée du Nord.

Citoyens,

Mon devoir est de dénoncer tous ceux qui n'ayant qu'en apparence le caractère Républicain cherchent à laisser incarcérer ceux dévoués à la chose publique et n'ayant que présent à la mémoire leurs devoirs, leurs fesant à eux seuls souffrir ce que des malheureux et eux même devraient subir, je connois Hoche, et j'ai été dans tous les corps où il a servi depuis dix ans. Je dois d'autant mieux faire cette dénonciation contre lui que l'ayant déja faite aux représentans Trullard et Berlié ils n'i ont point répondu et ont au contraire donné audit Hoche les plus grandes marques de satisfaction en lui remettant à l'instant même de ma dénonciation le Brevet de Général Chef de Brigade.

Je dois vous rendre compte aussi, Citoyens Représentans, qu'ayant été Commandant temporaire à Dunkerque pendant tous le temps qu'a duré le blocus de cette place, je n'ai pu obtenir de certificat de la conduite que j'ai tenue pour me présenter à mon corp, qu'au contraire le général Souham m'a donné un ordre d'aller rejoindre dont je joins ici la copie ainsi que de celle de l'ordre de Hoche qui m'a enjoind d'aller en prison et d'après son simple écrit vous peseré bien, citoyens, qu'il n'avoit point ce droit ; il l'aurait eut, qu'il auroit du en rendre compte au général Souham lequel devoit signer cet ordre mais ni mes demandes ni mes réclamations contre ma détention n'ont été écouter au contraire ont servi a les aigrit parce qu'en somme j'ai élevé la voix. Ils m'ont contraint de partir sur le champ et ne connaissant que l'obéissance envers les chefs qui me commandent je me disposais à partir.

Imaginant que c'étoit le général Souham qui avoit dit à Hoche d'expédier l'ordre de me rendre en prison je mi rendis et le tout pour n'avoir pas mis dehors de la ville à l'instant le citoyen Dehay, chef de bataillon, que j'ai pris au lit et auquel j'ai signifié l'arresté des représentans du peuple et leurs a rendus compte ainsi qu'au général Souham de la signification du dit arretté audit Dehay et qu'ils ont trouvés bon. Le Général Souham m'a cependant dit que s'il n'était point parti un quart d'heure après cette signification, il le ferait arrêter et conduire en prison, surquoy je lui ai dit que j'allois me rendre une seconde fois chés lui et ce que j'ai fait, en lui fesant part de ce dont le général m'avoit chargé de lui signifié.

Je me suis alors retiré et ai vaqué aux affaires que ma place et mes devoirs m'imposoient, l'ordre m'arriva à l'instant porté par le citoyen Simon, chef du 4e B^{on} des volontaires nationaux de me rendre en prison et le tout vous le voyé pour avoir fait mon devoir.

Je dois cependant vous dire que l'ordre portant de faire éloigné le citoyen Dehay à vingt lieux des frontières me parvint à onze heure du soir mais ne trouvant point de facilitée de le faire sortir dehors des portes et de plus ne connoissant point son logement j'en donnait avis à Hoche par écrit et auquel je demandai qu'il ai à me répondre s'il voulait que je fasse ouvrir les portes et de plus que j'aye le tems de chercher son logement que s'il trouvait mieu de le faire conduire dehors des portes à cinq heure du matin il est à me le marqué également, ne m'ayant fait aucune réponse et interprettant son silence pour différer à cinq heures la sortie de Dehay, je n'ai alors mis qu'à cinq heure l'exécution de l'ordre.

La deuxième fois que j'allais chez Dehay je lui ai dis que s'il ne partait pas à l'instant il alloit aller en prison je me suis retiré. Comme je l'ai dit plus haut et lui ai permis de faire sa malle il ni avoit point un quart d'heure que j'étais rentré pour m'occuper de mon travail que l'ordre me vint d'aller en prison. Ji fut à l'instant, à ma sortie je me présentait chez les représentans ; le général Souham présent, je leurs dit que je ne voulois plus être Commandant de cette place, parce qu'ils me faisaient l'injustice la plus criante de m'avoir mis en prison ayant fait mon devoir et ayant dans tous les tems cherché à le faire, de plus, que s'ils continuaient ils lasseroient, et dégouteroient les vrais militaires et que la conduite qu'ils tenoient envers moy donnerait avec juste raison du dégout au lieu d'encouragement, on me donna l'ordre de partir ce que je ne pouvait faire n'ayant point le moyen. Le surlendemain 17 du présent je demandait au représentant une avance pour pouvoir m'en retourner à mon corp il me la firent donné mais ci foible avance ne me procura pas l'avantage de rejoindre tout de suite, le général Souham me menaça de me faire conduire en prison si je ne rejoignait pas tout de suite. Mon cheval ayant été tué par la fatigue au camp de Ghyvelde je ne pouvais rejoindre san faire des dépenses énormes donc il a fallu que je donne cinq cent livre pour venir de Dunkerque à Lille, ou que je laisse tous mes effets à Dunkerque et que je vienne de pied pour rejoindre mon corp les diligences n'allant point alors. Vous voyés représentans qu'après avoir fait mon devoir, les dépenses et peines que j'ai souffert, que je n'aurais point été obligé de faire et de souffrir si j'eut resté à mon corp et auquel on aurait mieux fait de me laisser. Vous sentez qu'en me présentant à mon bataillon n'ayant aucun titre qui prouve la conduite que j'ai tenue pendant que j'en étais absent le Conseil d'administration et généralement tous mes camarades auront lieu et avec juste raison de voir en moy quelqu'uns qui n'a pas exactement rempli ses devoirs et que l'on a renvoyé à son corp comme l'ordre que je joindre ici en fait mention.

Je demande donc, citoyens, d'après tous ses faits que vous poursuivré en mon absence le nommé Hoche, ou moy si j'avance un faux. D'obtenir des représentants Truillard et Berlié, ainsi que du général Souham non pas un ordre de rejoindre mais bien un certificat qui atteste la conduite que j'ai tenue pendant que je commandait temporairement la place de Dunkerque et qu'ils y mentionnent de plus que j'ai donné ma démission par écrit au général Derocq et à eux verbalement le général Souham présent, que s'ils se refusent, d'en instruire la Convention ainsi que le Ministre de la Guerre. Je demande que justice soit faite des coupables. J'eleveré par tout et contre tous la voix pour que les exécrables tirant périssent, qu'il soit fait à ceux qui ne m'ont point écouté les reproches les plus durs et leurs observés qu'ils ne doivent point mettrent une confiance aveugle dans tout ceux qui les entour et qui mettent momentanément la plus stricte exactitude à remplir leurs nouveaux devoirs.

Les représentans voudront bien passer quelques chose à mon stil militaire ainsi qu'à mon peu d'ortographe n'étant habitué depuis trente années qu'à parler aux militaire et non à écrire.

HUDRI,
Chef de bataillon de la 34ᵉ D^{on}.

Dunkerque, le 14 Septembre 1793, an 2 de la République françoise une et indivisible.

Copie de l'ordre qui m'enjoint d'aller en prison

Il est ordonné au citoyen Simon, chef du 4ᵉ Bᵒⁿ des volontaires nationaux de faire arrêter sur le champ le citoyen Hudri commandant temporaire et de le faire conduire à la maison d'arrêt pour n'avoir pas exécuté l'ordre qui lui a été envoyé hier soir portant qu'il fasse sortir le citoyen Dehay de la ville soupçonné d'incivisme et joint à l'arreté des représentans du peuple qui ordonne la destitution de Dehay.

Le citoyen Simon remplira provisoirement les fonctions de Commandant temporaire.

L'adjud' général,
L. HOCHE.

Pour copie conforme à l'original,
HUDRI.

Copie de l'ordre qui m'enjoint d'aller a mon corp

Il est ordonné au citoyen Hudry Chef de Bataillon de la 34ᵉ Dᵒⁿ de Gendarmerie Nationale de retourner à son corp où il peut être plus utile que de remplir les fonctions de Commandant temporaire qu'il a exercé, jusqu'à ce moment en la ville de Dunkerque.

Dunkerque, le 16 septembre 1793, an 2 de la République françoise, une et indivisible.

Le Général commandant dans la place,
SOUHAM.

Pour copie conforme à l'original,
HUDRI.

Lille, le 24 septembre 1793, an 2ᵉ de la République françoise une et indivisible.

Le nommé Hoche adjudant général du citoyen et général Souham, est fils d'un ci-devant valet d'écuries du cidevant Roy n'ayant qu'en apparence le bien public et ne cherchant qu'a ramener ses anciens (parents) à leurs état primitif celui de servir un roy, n'ayant montré un caractère républicain apparent que depuis le 10 aoust 1792.

Il a été nommé adjudant au 104ᵉ Régiment par les créatures de La Fayette et a de la passé dans un autre régiment pour lieutenant après s'être montré ouvertement au nommé la colombe Dubonset et a un de ceux fait pour faire le sacrifice de sa personne pour ledit Lafayette.

> Hudri,
> Cidevant garde françoise
> Actuellement 1ᵉʳ Chef de Bᵒⁿ de la 34ᵉ
> Dᵒⁿ de gendarmerie titres en horreux
> à ses êtres (*sic*).

P. S. — J'ai déja donné une semblable dénonciation aux citoyen Truillard et Berlié ils ni ont point répondu.

Répondu
Le Cᵉⁿ Hudry a
été mis en liberté
le 29 Brumaire.

Arras le 20ᵉ jour du 2ᵉ mois de l'an 2 de la République Française.

Citoyens,

Dans cette maison depuis le dix huit aoust, sans connaître encore le sujet de ma détention ; je crois pouvoir demander que le tribunal fixe un instant son attention sur moi,

La loi ne punit que le coupable : elle veut des précautions ;

mais une plus longue détention, sans être entendu cesserait d'en être une, et serait une vrai punition.

Celui que je soupçonne m'avoir dénoncé, avait déja porté plainte contre moi à l'infame Dumourier, et autres Généraux, que je mettais trop de sévérité dans mon service. Je ne répondrai à cette accusation que par le certificat que m'a envoyé une compagnie, et la demande qu'elle a adressé au Comité de surveillance de Cassel, que je joins icy.

Il m'a taxé dans ces plaintes d'être despote, et de désirer l'ancien régime.

Vous persuadrez vous, citoyens, que le même homme, qui avec quelques talens militaires, pendant dix ans de service dans le 6e régiment de Dragons n'est parvenu qu'au grade de brigadier, et qui, pendant ce tems a été souvent obligé de donner des leçons à celui qui le commandait, puisse être l'ennemi d'une révolution qui le met à la tête d'une Compagnie ! quel est l'homme, dont la perspective n'a été que de vieillir dans les grades inférieurs, et d'être pendant trente années l'objet des vexations trop ordinaire des soi disant grands ; qui ne bénira pas la Révolution qui le mettra de paire avec le premier, et le gouvernement qui n'admet de distinction que dans la vertu. Citoyens ! l'homme qui fait des vœux pour son malheur est rare, et j'en ferais pour le mien si je désirais l'ancien régime.

Je dois croire encore que l'on m'accuse d'avoir signé une adresse à Capet, le 20 juin 1792, je ne puis nier cette accusation, mais peut-on imputer comme un crime une action commise à l'instar d'une infinité d'autoritée que tout alors nous engageait à respecter ? L'Assemblée Constituante, le Département, District et municipalité, dans lesquels j'existais alors, ne donnèrent-ils pas ce cruel exemple, en créant eux-mêmes les pièces qui devaient être envoyés à ce tiran ? L'éducation ajouté à ces faits, tout enfin ne concourait-il pas à propager l'erreur, pour faire continuellement adorer la statue derrière laquelle se cachait le despotisme ? J'ai fait cette faute...

mais une conduitte exemplaire depuis ce temps, autant dans l'exercice de mes devoirs de citoyen, qu'à la tête des volontaires dans les combats les plus périlleux, n'a-t-elle donc pu m'en mériter l'oubli...? Serai-je toujours coupable aux hieux de mes concitoyens, parce que j'ai cédé à l'impulsion d'une éducation vicieuse? Serai-je toujours privé de servir une cause de laquelle j'attend mon bonheur, parce que j'ai pu être un instant dans l'erreur...? Trois mois d'une affreuse prison, la perte de ma place, réduit à la plus dure nécessité ; et avec moi une femme et des enfants dont je suis le seul soutien ; tout cela ne peut-il effacer une faute...? et mon accusateur luimême (car je suppose que c'est le lieutenant-colonel du 2ᵉ du 17ᵉ bataillon fédérés Nationaux, dans lequel je sert comme capitaine) n'a-t-il pas mille fois plus à rougir que moi, lui qui n'a désiré ma perte, que parce que je pouvais le démasquer ; lui, qui a dilapidé les deniers de la nation ; lui qui lorsque la République avait le plus pressant besoin de ses deffenseurs, s'éloignat honteusement du Bataillon, lui enfin qui, pour fait de lacheté à l'affaire de Rouchebrune, fut dégradé sur la place ; cet homme peut-il avoir le front de porter atteinte à la vertu d'un homme éprouvé sous tous les rapports, tant dans son état de citoyen, où il méritta successivement les places de lieutenant de grenadier, d'adjudant-major de bataillon, et de second adjudant-général de la première légion du district de Soissons ; que dans l'Administration des deniers du Bataillon, laquelle je fus toujours chargé de surveiller ; tous ces faits, citoyens, dénotent-ils un homme coupable envers la Constitution et la demande que cent cinquante hommes de ce bataillon ont fait à genoux de ma liberté, ne prévaudra-t-elle point sur l'accusation d'un homme que je prouverai coupable, non seulement par rapport à l'honneur, mais encor par rapport à la Révolution. Mais c'est en sa présence que je dévoilerai ses crimes, et que je lui deffierai de les nier.

J'attend de votre justice, citoyens, non seulement ma liberté, mais encor les moyens de prouver à mes concitoyens, que je suis digne du poste qu'ils m'ont confiés.

Je vous salue en Républicain.

Hudry, Capitaine d'Artillerie.

d) Le citoyen Hallez, commandant la 32ᵉ division de gendarmerie, fut également emprisonné et destitué, voici sa défense :

Le citoyen Hallez au citoyen Florent Guillot représentant du peuple à l'armée du Nord.

Citoyen Montagnard,

Des vrais républicains, oui des droits à la justice, je ne te ferai pas un problème de flagorneries, je sais que tu ne les aiment pas, te dévellopper la vérité voilà mon système.

En bon sans culottes je réclame la justice.

Depuis le mois de janvier 1793 (vieux style) je commandoit la 32ᵉ division de la gendarmerie nationale à pied, depuis Maestreck j'ai commandois en qualité de chef de brigade provisoire, je me suis aquitté de ces deux emplois qui m'ont été confiée comme un bon soldat et militairement.

Je conserva les deux emplois jusqu'au 16 septembre dernier que je tomba dangereusement malade à l'issue du siège de Dunkerque. Je ne m'étendrai pas sur le compte moral de ma conduite durant cette campagne, un soldat qui remplit sa dette envers sa patrie en bien la défendant n'a que rempli ses devoirs et pas plus.

Les gendarmes, que j'avois l'honneur de commander peuvent rendre justice à la vérité.

Durant mon absence et ma maladie, des ambitieux jouer chacun leur role, pour parvenir à mon grade, des lettres une correspondance avec le Colonel suspendu, était fort bien suivi, on se mocqoit peu même d'attaquer ma probité et ma réputation ; jetoit alors sur le lit mortel, et j'y été réduit par les fatigues de la campagne, je ne gémissez pas des souffrances que cette maladie me faisoient éprouver, au contraire le désir de me rétablir, me donner une grande consolation sur l'espoir d'aller derechef combattre l'ennemie.

Ma correspondance avec le Conseil d'Administration et le chef qui commandoit en second, étoit entravée des lettres particulières que m'adressèrent les gendarmes manifestèrent leur vœu pour ma guérison et mon retour.

Je fit partir mes chevaux en avant avec mon homme de confiance qui avoit ordre de m'attendre à Péronne, je devoit le suivre de peu de jours après, mais il me fut impossible d'hasarder ma route, enfin je me décida à partir, je me cru assez de forces pour le voyage, arrivant à Calais je fut contraint d'y rester quelques jours pour me remettre. Les jambes étoient considérablement enflée et restèrent long tems, dans cette situation.

Enfin pret à partir, une lettre manonce ma destitution, je n'en fus pas étonné, je savoit que l'on faisoit cette démarche depuis long tems, mais je me reposé sur la Justice sur mon républicanisme, mon zèle à servir ma patrie et voilà sur quoi j'etoit fondé.

J'écrivit sur le champ au Comité de la guerre et je reçue de la part du représentant Robespierre la loi du 1er floréal. Le Commissaire des guerres qui me refusa mes appointements et fourrages dues depuis 3 mois, met un retard à mon départ.

J'ai contracté dans Calais quelques dettes tant pour moi que pour mon homme de confiance, ma funeste maladie, ma couté plus qu'une année de mes appointements, mes chevaux en pension à Péronne, nayant pas pu obtenir de fourrages vue a la pénurie, me coute déja près de 1000 francs, ma route à faire, point de fortunes, et suis sans le solt, pendant ma maladie je jouissoit d'une consolation bien tendre, mes frères d'armes de la Division venoient à béquille me voir, ils avoient reçue ces glorieuses blessures au siège de Dunkerque ou je commandoit en qualité de chef de brigade, je soulagé ces braves deffensseurs et je remplissoient les devoirs de l'humanité et d'un républicain.

Tu peu, citoyen représentant, t'informer au général Suam de ma conduitte pendant le sièges de cette ville.

Informe toi nimporte à qui, des citoyens de Dunkerque, si j'ai rempli mes devoirs.

Que les gendarmes memes disent la vérité.

J'interpel de plus les intriguans qui ont cherchoient à me deservir, qu'eux mêmes soient mes juges ; ils rougiroient de prononcer avec calomnie sur ma probité.

Dans l'ancien régime, accoutumé d'être esclave, ils n'auroient peut être pas balancé, mais un républicain a plus de force à lui seul que cent de ces êtres réunis en ont ensemble.

Je n'entrerai pas non plus dans aucuns détails sur la conduite de Chevalier, colonel suspendu, il fut grièvement inculpé, un long mémoire fut envoyé à la convention au ministre, j'ignore s'il a produit ses moyens de deffense ou s'il s'est justifié, on m'apprend qu'il est remis à sa place. Je me tait.

Je viens de me mettre en règle sur mes certificats de maladie pour remplir les formalités conformément à la loi.

Je retourne à Calais attendre ta réponse et lordre de ma conduite que je dois tenir.

C'est de ta justice et de ta bienveillance que dépend mon départ et pouvoir jouir du plaisir de combattre les tyrans.

Reçois, digne représentant d'un peuple libre, toute l'amitié fraternelle d'un bon républicain et montagnard.

HALLÉZ   à la maison des messageries
à Calais.

Dunkerque le 3 prairial, 2e année républicaine une et indivisible.

32e DIVISION   Liberté   Egalité ou la Mort

Gendarmerie N[ale]   *Le citoyen Halléz au Réprésentan*
Brigade des hommes   *du peuple Florent Guillot à Dunkerque*
du 14 Juillet 1789.

CITOYEN REPRÉSENTAN,

Tu as eu la bonté de me promettre qu'à ton retour tu auroit prononcé définitivement sur ma réintégration, au cas que tu exige une plus ample information, ce petit apperçu, j'ose me flater, méritera ta justice et ton équité.

En 1792 je fut nommé à l'unanimité d'une Compagnie de gendarmes pour la commander en qualité de capitaine, 10 jours après à la majorité de deux bataillons, je fut nommé lieutenant colonel, Chevalier fut nommé colonel. Il marcha en cette qualité que jusqu'à la Belgique, où il fut suspendu de toutes fonctions militaires ;

Sur la demande de tous les gendarmes, je fus pourvu du commandement par intérim de la Division, au bombardement de Maestrecke je fus également pourvu du commandement de chef de Brigade ; j'ai gardé cette qualité dans tous les camps et cantonnemens jusqu'au 16 septembre (vieux style) que je tomba dangereusement malade, après le siège de Dunkerque, même jour du départ de la Division pour Maubeuge.

Le 1er Bataillon depuis notre départ de Paris a toujours campé ou cantonné et chasser les ennemis avec rapidité ; j'ose me flatter d'avoir commencé à remplir ma dette envers ma patrie, en remplissant militairement mes devoirs en toutes circonstances.

Le 2ᵉ bataillon resta en garnison à Calais pendant 10 mois. C'est là où le commandant en 2ᵉ Goury, d'intelligence avec le colonel suspendu qui étoit venu y faire son séjour, faisoit mouvoir tous les ressorts de l'ambition pour avoir le commandement, dont ils n'ont pu réussir.

Ayant apris ma maladie, Chevalier parti pour Maubeuge, le fit réintégré à son poste, je ne sai comment et quelques jours après fut promu au grade de général de brigade, je suis loin de murmurer sur son avancement, il faut qu'il soit digne puisqu'on l'a récompenser de ce poste honorable. Tu seaura qu'une cabale avait déja fait destitué une 40ᵃⁱⁿᵉ d'officiers et bas officiers dont plusieurs avoient reçue différentes blessures au siège de Dunkerque et Honscoote et brave soldat républicain.

L'ambition n'est point mon système, la seule que j'ai c'est de bien deffendre ma patrie, mais quand tu seaura que c'est moi qui, pendant que Chevalier formoient des cabales contre moi, qu'il se faisoit un parti pour parvenir à son but, que je mené en différentes fois mes frères d'armes à la victoire, que c'est moi qui commandea la Division et même une demie brigade, que l'on s'informe aux Représentans du peuple, aux généraux, aux commandans de bataillon, aux officiers et volontaires qu'ils ont été présent tant aux sièges de Dunkerque et à toute autre expédition, que l'on s'informe aussi à tous les corps constitués et à tous les citoyens qui m'ont vu en activité, tous rendront bon témoignage de ma conduitte dans les oppérations dont j'étoit chargé.

La République m'avoit confié des drapeaux c'étoit mon devoir de les deffendre, je me suis acquitté du serment que j'avois fait que jamais ils ne seroient au pouvoir de l'ennemie, quand même j'auroit succombée en les deffendant, j'avois derrière moi des bras assez nerveux qui a l'imitation de leur chef, les auroient également sauvés.

Oui, citoyen représentant, j'ose me flater que je commandé des vrais sans culottes qui se faisoit un vrai plaisir de combattre avec moi les ennemis de la tyrannie et que j'auroi mené jusqu'à Vienne, malgré les Autrichiens.

Il ne reste plus que les tronsçons des drapeaux, et on me les ôte, on me prive de les deffendre, ho ! *cabale infernale, malheureuse intrigue, fautil que l'ambition te retire les vertus républicaines.*

Sans dénonciation, sans inculpation et sans avoir démérité, l'on me remplace dans mon poste qui m'apartient à juste titre, et c'est pendant une funeste maladie que l'on surprend cette autorisation, voila le dénouement et le fruit de l'ambition, de l'intrigue ou de l'intérêt.

Qui rougissent les monstres de s'être voulu revêtir des dépouilles d'un vrai républicain, ils ne se font pas de délicatesse de rire de la vertu, comme d'une mascarade, malheureusement ils n'ont pas encore réussi, la Convention Nationale a mis à l'ordre du jour la justice et l'équité.

Ils m'ont poursuivi jusque sur le lit mortel, un commandant a sçu surprendre au Conseil d'administration un arrêté par lequel il seroit fait une adresse au général Ballaud pour être communiqué aux représentans du peuple à *Arras* portant que le chef de Bataillon *Goury* se trouvant trop surchargé du commandement en chef de la Division, et que le commandant par intérim s'étant trouvé indisposé au départ de la Division de Dunkerque et que depuis cinq à six mois on n'avoit pas entendu parlé de lui et qui prié les représentans de vouloir bien confirmer le citoyen Goury dans le grade, on conçoit aisément que si on n'a pas voulu tout à fait me faire passer pour un Emigré, on a au moins voulu que je soit un lâche qui avoit abandonné ses drapeaux.

L'on faisoit parler des gendarmes, l'un m'avoit rencontré et parler à Beauvais, l'autres à Paris, les citoyens de Dunkerque, des magistrats, des membres du Comité de surveillance m'ont rendu des visites d'amitié et particulièrement le citoyen Cauvell avant son arrestation ainsi que son épouse qui m'ont rendu fréquemment des visittes plus mes certificats, mes correspondances avec la Division et le bureau de la guerre sont des preuves authentiques.

D'autres affaires intéressantes que tu a à délibérer ne me permet pas d'entrer dans un plus long détail. Je me résume à te demander de vouloir bien prononcer sur ma réintégration avec confirmation du grade que j'occupoit par intérim, puisque le poste est vacant.

C'est à la convention que je devoit mon grade, je m'en suis rendu digne, et prononçant sur ma demande, ce sera au représentant du peuple que je devroit mes deux épaulettes je m'en féliciteroit en combattant avec acharnement pour ma patrie, à qui je dois tout.

Etant sans fonds et sans fortune, devant beaucoup par ma maladie qui m'a épuisé la santé et le portefeuille, venant d'essuyé la perte de deux mâles pilléz pour la 2ᵉ fois par l'ennemie. (Il est inconcevable que moi seul ait essuyé le pillage. Il est vrai une de ces deux mâles renfermé les archives de la Division et beaucoup de papiers très intéressans), la perte de mes chevaux quétoit en pension à Perronne, enfin pour finir c'est que je porte sur moi toute ma garderobe et ma fortune, vue que ma mâle renfermoit tous.

En conséquence, je désire, citoyen Représentan, que tu mautorise à toucher chez le payeur de Dunkerque mes appointemens et fourrages que depuis près de cinq mois j'en ai le plus grand besoin.

Toutes mes pertes particulières ne sont rien au préjudice de combattre les ennemis de la République.

D'ailleurs la nation me doit comme l'ambition ni l'intérêt ne me domine pas, et qu'on ne perd rien avec la République française je me réserve à compter avec elle quand tous sera tranquil.

Mais accorde moi d'aller faire la récolte des lauriers avec mes frères d'armes, tu aime à faire le bien. Il suffit.

Salût et Fraternité.

Le Républicain,

Halléz.

P. S. Je viens d'apprendre qu'un Capitaine qui étoit ici juge du tribunal de la Commission militaire, ni étoit pas pour un peu dans cette intrigue et que c'étoit pour se venger d'un mois de prisons où je l'avoit condamné pour insubordination tant envers moi que envers le Représentant du peuples Carnot et Duquesnoy.

Je me présenteroit pour avoir ta réponse.

A Dunkerque 11 messidor, 2ᵉ année républicaine une et indivisible.

e) Le médecin chef de l'hôpital militaire de Dunkerque, Macnamara fut dénoncé et emprisonné. Il fut bientôt mis en liberté et fut envoyé à l'hôpital militaire de Lille.

f) Le 11 septembre, le Général de Brigade Jacques Ferrand reçut l'ordre de prendre le commandement de la 36ᵉ brigade (*sic*) au camp de la Madeleine-les-Lille.

Le Conseil général lui délivra le satisfecit reproduit ci-après, mais dont la valeur et la signification sont diminuées par cette constatation que tous les Généraux ou Chefs de service qui quittaient la Place de Dunkerque en recevaient un analogue. (Exemple : Hudry).

Considérant que c'est agir conformément aux principes qui l'attachent invariablement à la chose publique que de rendre la justice la plus éclatante aux Officiers qui méritent la confiance du Peuple : Considérant que pendant le tems que le Général de Brigade Ferrand a commandé dans Dunkerque, il a déployé le zèle le plus arden et l'amour de son païs : Considérant que concurremment avec les autres Officiers supérieurs, il a fait tout ce qui était en son pouvoir de faire pour maintenir la discipline militaire qui double le courage et la force des Guerriers : Considérant qu'en toutes occasions le Général Ferrand a engagé le Conseil Général à l'aider de tous ses moyens pour l'avantage de la République et a fait des efforts continus pour seconder ses intentions ; A arrêté que ledit Général Ferrand seroit remercié au nom de la Commune des soins qu'il a pris pour sa conservation et qu'expédition dudit arrêté seroit remise au Général Ferrand comme une preuve d'estime et de reconnaissance.

g) Le 13 septembre, le général Carrion passa de Bergues à Dunkerque.

Lettre des représentants Hentz, Berlier et Trullard, de Dunkerque le 13, au citoyen Leclaire, Général de Brigade, Commandant le camp de Cassel :

Nous vous prévenons, citoyen général, que nous venons de surprendre le Général Landrin et que c'est le Général Carrion qui commandera le camp de Leffrinckoucke. C'est donc avec ce dernier que vous devrez correspondre quand le bien du service l'exigera.

h) Le 14 septembre, le général Romanet prend le commandement de Bergues.

Du quatorze septembre 1793. L'an deuxième de la République françoise une et indivisible, présens les citoyens Lequesne, président, Boissier, Decarren, Moutton, Vandenheede, administrateurs, Coulier, substitut du procureur sindic du district de Bergues.

....

Le citoyen Romanet général de Brigade, s'est présenté à l'Administration et a demandé acte et transcription sur les registres de sa commission à lui délivrée par les représentans du Peuple qui lui ordonne de venir à Bergues prendre le commandement de la place, délibéré.

i) Dès le 16 septembre, le général Fromentin prend, à son tour, le commandement de Bergues.

Arrêté des représentants Hentz et Duquesnoy, de Cassel le 16 septembre 1793.

Vu la nécessité de placer au Commandement de Bergues et de ses cantonnements un homme intelligent, brave et patriote et surtout instruit des localités et de la défense du pays.

Nomment à cet effet et de concert avec les généraux, audit commandement, le citoyen Fromentin, général de brigade.

> Du *seize septembre 1793*. L'an second de la République françoise une et indivisible, présens les citoyens Lequesne, président, Boissier, Decarren, Mouton, Vandenbeede, administrateurs, Coulier substitut du procureur sindic.

....

Le citoyen Fromentin, Général de Brigade a présenté sa commission de Commandant de la place de Bergues. Délibéré de la viser et enregistrer.

....

LEQUESNE
Président.

Détail peu connu, je crois et qui, en tous cas, ne figure pas dans l'ouvrage de Marmottan : le général Fromentin passait pour un des plus grands ivrognes de l'armée, non sans raison, semble-t-il, d'après certains documents.

j) Le 27 septembre, le commandant du Fort Français est, à son tour, relevé de ses fonctions et remplacé par le citoyen Desouches.

Le citoyen De Souches se présente, remet sa commission de commandant temporaire du fort françois, en demande l'enregistrement, Vu ladite commission, ouï le procureur syndic, il a été délibéré qu'elle seroit visée et enregistrée pour, par ledit citoyen Desouches jouir de l'effet d'icelle.

. . . .

Lequesne
Président.

k) L'actif ordonnateur Toustain n'échappa pas à la dénonciation, comme le montrent les documents ci-après :

Précis des griefs et réclamations contenus dans les mémoires des marins de Dune-libre.

Aux Représentants du Peuple,

Ils déclarent que Toustain, principal chef de l'administration de la marine, en ce port, a perdu, ou plutôt, n'a jamais eu leur confiance.

Que par ses vexations et son insultant despotisme, il leur est en horreur.

Qu'il les a lâchement calomniés, près des autorités constituées.

Qu'ils l'accusent d'avoir gaspillé les deniers de la République, de n'avoir point suivi les ordres et les instructions du Ministre de la Marine,

d'avoir placé, déplacé arbitrairement et selon son gré et caprice, formé les états-majors des canonnières et avisos.

d'employer de préférence ceux qui sont assez faibles de flatter son orgueil,

d'avoir enfin, été un despote sous l'ancien régime, et d'être un tyran sous le régime de la Liberté et l'Egalité.

Ils demandent justice et le redressement de ces abus.

Ils désirent du service dans la marine de la République.

Un scrutin épuratoire de tous ceux employés, pour la marine en ce port, seroit le seul moyen, propre à rétablir l'ordre et la justice qui doit être la base de toutes les opérations des vrais républicains.

Qu'après ce scrutin qui placera chaque individu dans le poste que la loi lui accorde, on continue le même mode pour les remplacemens ou nouveaux armemens.

Que les jeunes gens mariés ou non, aillent de préférence aux pères de famille à Brest et que ces derniers soient employés en ce port.

Que le décret sur l'organisation de la marine militaire soit exécuté.

Les marins pensent que nos ennemis ont fait mettre l'embargo sur les corsaires, par les brissottins.

Ils se flattent de ruiner leur commerce dans le nord si la Convention Nationale daignait lever ou modifier cet embargo.

Les marins en général sont peu fortunés, ils ne peuvent exister sans emploi, et ils voient avec douleur passer sous leurs yeux et journellement de riches captures.

Il est déchirant pour des français habitués de combattre et de vaincre, de voir les esclaves du Tyran George, venir insulter le pavillon tricolore impunément.

L'ordonnateur Laricherie, en achettant et armant ses avisos ridicules, a servy Pitt en ami !

Les marins solicitent donc de la Convention Nationale, la

permission et les moyens de punir l'anglois de c'est audace ? il faudroit à cet effet, quelques fregattes et corvettes stationnaires, dans cette rade, montés surtout par des républicains décidés habiles dans l'art de manœuvrer, de combattre et de vaincre.

Il reste aux marins à indiquer un moyen qui tempéreroit le despotisme des bureaux de l'administration de la marine. Ce seroit d'y adjoindre deux anciens Capitaines, ils serviroient de controleurs, deffendroient leurs droits, et le service seroit plus régulier.

Cardon
Secrét^{re}
Franchot ou Franchon
Président.

Aux Citoyens Président et membres
du Comité de Surveillance à Dunkerque

Citoyens,

La masse des Capitaines et officiers de la Marine du commerce de Dunkerque gémissoit depuis longtemps, et du despotisme insultant du chef des classes, et de l'oubli humiliant dans lequel elle vivoit.

Les reproches que nos concitoyens sembloient nous faire d'être sourd à la voix de la Patrie furent pour nous un trait de lumière. Nous sentimes que des ennemis, d'autant plus dangereux qu'ils étoient puissans[1] nous avoient calomniés, nous n'eumes pas loin à chercher : le voile qui couvroit nos yeux étoit tombé.

Mais dans cette cause si interessante que pour nous, nous n'avions point de défenseurs[2] : nous nous rappellions dou-

---

[1] Puissans par leurs places, puissans par l'influence qu'ils affectent d'avoir dans la société populaire.

[2] Nous avons écrit à la Société populaire le citoyen Pigeon, président.

lourcusement les efforts que nous avions fait vainement près de l'Assemblée Constituante[1] nous étions prêts à nous abandonner à notre désespoir, lorsque par la création de votre Comité de Surveillance, l'espérance rentra dans notre âme. Nous nous hatames de vous indiquer sommairement les injustices et les vexations dont nous étions les victimes.

Nous venons vous les développer, confondre nos calomniateurs, arracher leur masque hipocrite, vous montrer à nud ce qu'ils sont. Caméléons adroits, ils prennent toutes les couleurs, cachent leur aristocratie sous le dehors d'un patriotisme exalté. Non, chers concitoyens, ils ne vous en ont point imposés, vous n'avez point été dupes de leur turpitude ?

Nouveaux David, nous osons attaquer Goliath, nos armes seront la vérité, la franchise.

Oui, Concitoyens, sans notre profond respect pour les loix, sans la certitude d'obtenir justice de nos Représentans, lorsque, éclairés par vous, ils reconnoitront leur erreur, déja ces vils calomniateurs eussent éprouvés ce que peuvent des hommes trop longtemps méconnus.

De tous tems les marins ont gémi sous le despotisme des Officiers des Classes ; tous les cahiers de doléances à l'époque de la Révolution, attestent cette vérité et depuis que le sang a payé les larmes qu'ils avoient fait couler ! [2] peuvent-ils avoir

---

[1] Nous fimes passer à l'Assemblée constituante le mémoire dont nous vous remettons copie, ce mémoire contenoit des vérités et, entr'autre, l'étrange abus que les Nantuthois faisoient de leurs privilèges. Ce mémoire fut renvoyé au bureau des classes qui, de concert avec les armateurs ou commissionnaires, parvinrent à nous faire passer pour des cabaleurs. Quelques Capitaines furent maltraités de leurs armateurs, parce qu'ils l'avoient signé, d'autres négocians firent un tableau des noms des quatre-vingt signataires, avec promesse de ne jamais employer aucun d'eux.

De là l'espèce de stupeur dans laquelle nous semblions plongé, peu riches en général, dépandans des négocians pour notre existence, n'ayant ni or, ni protecteur, il falloit se résoudre à se taire ou à mourir de faim.

[2] Toute la France sait les scènes malheureuses qui ont eu lieu dans divers ports, et, notamment à Marseille, où le commissaire fut pendu devant son bureau.

Des anciens marins sont à la tête des bureaux civils de la Marine à Marseille.

changés? Non, Citoyens, vous ne le croyés point vous mêmes ; l'exemple de l'homme qui, par son insultant despotisme, nous force à prendre la plume, atteste que les formes seules ont changées oui, les formes seules, les hommes sont restés.

Avec des salaires médiocres, vous l'avez vu en peu d'années, étaler le luxe le plus grand, se donner campagnes et voitures avec qu'el moyen est on forcé de s'écrier ! avec qu'el moyen ? avec le sang des malheureux marins, avec les contributions qui se lèvent sur tout.

Mais n'anticipons point sur l'ordre des faits que nous avons à détailler.

Le citoyen Toustain, prétend seul avoir sauvé Dunkerque, et par son active surveillance, et par l'armement des canonnières ; en homme instruit, en homme universel, lui même a tout dirigé, combiné à l'entendre enfin, sans sa tête, tout étoit perdu. Tous les papiers publics ont été remplis des éloges qu'il faisoit de lui-même, ses soins multipliés, le placement de ses bailles d'eau *à des distances très rapprochées*, rien n'étoit obmis, excepté les précautions qu'il avait prises de sauver ses propres effets, qu'el charlatanisme ?

Avec moins de prévention et plus de justice, il conviendroit que c'est aux anciens marins formant le Comité des Capitaines, aux citoyens Perri[1], et Delille, qu'il a eu recours, cela est si vrai que lui Toustain, proposoit de Dogres pour faire ces canonnières, en indiquant ce genre de batiment, c'étoit prouver ses connoissances.

---

[1] Nous saisissons avec joie l'occasion de rendre justice au citoyen Perre, dont la modestie est peut-être le plus bel éloge. Que de services n'a-t-il pas rendus pendant le siège, et ne rend il pas journellement par ses conseils !

Ne quittant le port que deux heures, chaque nuit, tandis que l'ennemi étoit à nos portes, prévenant tous les accidens.

Et un citoyen aussi estimable reste dans l'oubli, heureux encore si le véridique citoyen Toustain veut bien faire une exception en sa faveur.

Il a également consulté ces mêmes personnes pour le placement des canons, tous étoient d'avis que les coulisses, comme elles sont construites, étoient mal calculées eu égard aux localités [1]. Leurs avis ont été suivis en partie sur la canonnière du citoyen Castagnier, et l'événement a prouvé quelle opinion étoit la meilleure.

C'est ainsi que ce loyal citoyen en a toujours astucieusement agi, lorsqu'il avoit besoin de conseil ; d'un ton mielleux, il les questionnoit, recueilloit exactement les lumières dont il manquoit. Muni de ces glanures, il alloit au Conseil de guerre, ou devant les citoyens représentans, faire parade de ses talens.

C'est encore ainsi que, pendant le siège, il vint, la carte des environs de Dunkerque à la main, les consulter sur la possibilité que l'ennemie débarqua ou il seroit urgent d'établir des moyens de deffense, quels étoient ces moyens ?

Depuis la levée du siège il escroqua tout aussi adroitement leurs opinions concernant les bateries à construire pour deffendre les passes de la rade.

Sur le nivellement des dunes sans inconvénient pour le port.

Sur le moyen de fixer le sable et de l'empêcher de nuire aux travaux et de combler les fossés.

S'il étoit convenable de laisser 2 canonnières en rades, pendant l'hiver, tandis que les autres rentreroient dans le port, et se tiendroient prêtes à sortir au besoin.

Ils entrèrent dans le plus grand détail, non seulement sur les moyens d'exécutions de toutes ces données, mais encore indiquèrent au citoyen Toustain le mode à suivre pour partager les fatigues inévitables d'une campagne de rade en cette

---

[1] Les courants très violents en rade ne permettent que difficilement de pointer avec des amares. C'est pis encore lorsqu'il fait du vent.

saison, entre les équipages des canonnières qui resteroient dans le port.

Le citoyen Toustain trouva bon de leur faire signer cette délibération, ils lui demandèrent copie, il la leur promit, le comité l'a demandé depuis par une missive, il ne daigna seulement pas y faire attention.

Et ce sont là ces marins ineptes qui selon le citoyen Toustain, sont trop heureux de vivres dans l'oubli.

Si le citoyen Toustain cœille seul tous les lauriers, s'il reçoit les récompenses dues à ses grands services, n'est il pas juste aussi qu'il soit responsable des sotises qu'il a faites, comme du gaspillage énorme des deniers de la République.

Nous allons examiner froidement si cet agent mérite cette haute confiance à laquelle il prétend.

Deja nous avons cité l'armement des canonières, nous n'y ajouterons qu'une seule observation. Cet armement[1] et en général, tous ceux qui ont eu lieu dans ce port, sous la surveillance du citoyen Toustain, se sont fait sans économie, sans ordre, et s'étoit à lui d'y établir la plus grande régularité, sous sa responsabilité.

Le citoyen Toustain, qui d'après ses propres lumières a acheté tous les batiments qu'il a cru nécessaires à la deffense de Dunkerque. Tous indistinctement selon lui, ont rendus les plus grands services.

Nous sommes loin d'être de son avis, au contraire, nous lui demandons à quoi a servi, ou peut servir la barque la Carmagnole qu'il a achettée extravagament chère armée à grand frais,

---

[1] On sait, où s'est fait cet armement ? on sait où sont ses bureaux ? on sait où est située la forge ? Eh bien ! un ouvrier, comme un perceur par exemple, courroit un quart de jour pour chercher, peser, avoir un bon pour une cheville de fer de six livres, ainsi de suitte, et voila comme les journées se cumulent et que la nation voit fondre ses trésors.

et qui depuis si longtemps coute un entretient conséquent ? à rien, absolument rien, et il lui a plu de qualifier cette barque d'aviso, d'aviso ! Grand Dieu ! qu'on consulte tous les marins de l'univers (excepté ses adulateurs) tous conviendront que c'est le comble de la folie, qu'il faut être, ou bien ignorant, ou bien prodigues pour faire de pareilles acquisitions. Vouloir faire une aviso d'une barque propre au plus à porter des pierres sur les digues de Cherbourg, incapable, par sa marche, de chasser ou de fuir, ou de porter des ordres, encore moins de soutenir un combat à quoi donc ce bâtiment était-il destiné[1] ?

Ce que nous venons de dire de la Carmagnole est également applicable à la barque l'Argus : même incapacité, donc même sottise. Que le citoyen Toustain ne nous objecte pas l'impossibilité de trouver d'autres batiments plus propres à faire des avisos en ce port ? car à cela nous prouverons qu'il y avoit alors deux paquebots armés en corsaires qu'il n'a dépendu que de lui d'achetter de préférence. Il est impossible à l'homme instruit, et qui désire sincèrement la gloire de sa nation, de ne pas gémir en voyant armer de pareils bâtimens, plutôt des objets de dérision que de crainte pour l'ennemi.

Le citoyen Toustain prétendoit-il encore faire un aviso de sa façon, de la barque le Fanfaron ? marché aussi onéreux à la République que les précédens, non seulement d'achat[2], mais d'armement ou d'entretien.

Cette barque vient d'être chargée de marne, et c'est surtout dans le déchargement de cette cargaison, que s'est fait remarquer la vigilance du citoyen Toustain ou de ses préposés, personne ne surveillait le transport ; c'était à qui en voleroit sur les brouettes... ce fait est aisé à vérifier.

---

[1] Cette barque avoit été achettée par le citoyen Houveaux 8.600 livres. Le citoyen Toustain la lui racheta peu après 16.000 livres.

[2] Cette barque a été achettée 20.000 livres. Nous ne savons point ce que son pendant, l'Argus, a couté.

Le Corsaire le Sans Pareil acheté 300.000 livres, prix énorme pour un bâtiment de ce genre, qui lors de sa première mise hors, comme corsaire, ne coûta certainement pas cette somme, malgré la prodigalité avec laquelle se font ces sortes d'armemens.

Il est d'ailleurs faux, absolument faux, que le Comité des marins ait estimé ce corsaire à ce haut prix (ainsi que le prouve leur procès-verbal), ils n'ont fait qu'indiquer ce batiment, comme propre à être un aviso de la République ; c'est une petite ruse du citoyen Toustain, pour cacher des vues particulières, qu'il est permis de soupçonner.

Enfin le corsaire le Voltigeur, acheté 80.000 livres. Ah ! quel dommage que le bienfaisant décret qui met tous les navires en réquisitions ne soit rapporté ? que d'achapts il restoit à faire.

Passons à l'armement du Pandour. Si cet aviso avait été mis en vente à l'époque des hostilités, il eut peut être produit la somme de 80.000 livres ou plus et les particuliers qui l'eussent acquis, en deux mois, l'eussent radoubé aussi bien qu'il l'est, si pas mieux, et mis en mer.

N'est-il pas étonnant, n'est-il pas inconcevable que ce bâtiment ait été six mois en réparation, ou en armement ? et quelle somme cette lenteur ne doit-elle pas couter à la République ? on ne nous contestera point qu'il dépendoit du citoyen Toustain d'y mettre plus d'activité ? Vainement encore nous objectera-t-on la difficulté de travailler les deux côtés et le pont à la fois : ces raisons sont trop pueriles pour alléguer à des hommes de métier. Si absolument il faut les combattre, nous dirons qu'il falloit mettre le Pandour dans le parc, employer constamment la moitié des charpentiers du port, et si cela ne suffisoit pas, ou retardoit les autres ouvrages ou requérir de Calais, de Boulogne, même de St-Omer, et surtout faire surveiller cette besogne par un homme actif, dont les talens et la capacité fussent généralements reconnus. Les subalternes au reste, étant du choix du citoyen Toustain, il est responsable de leur inexpérience ou incapacité.

Si nous venons démontrer jusqu'à l'évidence la mauvaise administration (pour ne rien dire plus) du citoyen Toustain par des faits publics, que n'est-on pas en droit de présumer de ce qui se passe dans l'intérieur de son cabinet ?... quel champ vaste à réflexiors ?

Mais, sans nous arrêter à détailler une infinité de faits qui échappent en détail, et qui tous servent à prouver le despotisme incroyable du citoyen Toustain, nous tracerons rapidement quelques traits saillans.

Sa carrière, sous l'ancien régime, en est une série continuelle. Il partageoit avec ses semblables la malédiction de tous les marins, et, depuis le nouvel ordre des choses a-t-il, ou peut-il avoir changé ? non, chers concitoyens, il est moralement, phisiquement, mathématiquement impossible, se disant noble alors, il en conserve les folles prétentions, humble avec ceux qu'il craint, fier avec ceux qu'il méprise, citant complaisamment ses anciennes liaisons, tout prouve qu'il porte encore cette caste dans son cœur.

Non, l'ancien régime n'offre point d'exemple d'un Ministre plus despotes. Les armemens des canonnières, des avisos, et surtout la nomination des Capitaines et des officiers, est une chaine de passe droits, de vexations et d'actes arbitraires, nommant, destituant, changeant sans autre règle que sa pleine et entière volonté, ceci exige un détail.

Nous vous avons dit précédemment, citoyens, que le Ministre de la Marine[1], s'étoit adressé aux marins, pour choisir, parmi

---

[1] Lallemans commandoit le bateau de la République, l'Entreprise : il le ramena à Dunkerque, où, en récompense, il reçut forces injures du Commodore Moulbon, .. le citoyen Toustain lui ôta le commandement, et le donna à un autre qui crioit fort haut contre le citoyen Toustain, et qui depuis, est son très humble serviteur.

eux et au scrutin des officiers pour l'armée navale, la conduitte du citoyen Ministre étoit sage, étoit réfléchie, elle concilioit tout. En effet, citoyens, qui sait mieux apprécier, juger nos talens ? est-ce le citoyen Toustain, qui nous voit rarement, qui n'a aucune liaison avec nous, ou les chefs sous qui nous avons fait notre apprentissage ? il est facile de répondre : eh bien ! le citoyen Toustain n'a pas daigné suivre les vues patriotiques du citoyen Ministre Dalbarade, il a dit au contraire dérisoirement qu'il nommeroit lui-même des officiers ; il a tenu parole, non seulement il n'a eu aucun égard à la volonté du Ministre, mais il a regardé comme illusoire le choix que nous avions fait au scrutin. Voici comment huit citoyens furent choisis à la pluralité des suffrages comme dignes de servir en qualité de Lieutenants dans l'armée navale de la République. Ce choix ne plut pas au citoyen Toustain, il prétendit qu'ils manquoient de services. Trois de ces citoyens furent à Paris, et le Ministre confirma leur choix. Le citoyen Toustain trouva à propos de continuer le citoyen De Rickmaker au commandement d'une canonnière, et d'exempter le citoyen Demey, en lui donnant ou lui faisant donner la place d'officier de Port. Notre intention n'est point de dire que le citoyen Demey manque de civisme ou de talens, pour remplir ce poste important. Notre choix fait son éloge, mais la vérité veut que nous ajoutions que cette place revenoit de droit à un plus ancien capitaine peu fortuné.

Le citoyen Ministre nous engagea ensuitte à nommer, parmi les officiers, des sujets capables de coopérer à la gloire du Pavillon français, quatorze furent encore choisis et la copie du procès-verbal de leur nominations fut remise au citoyen Toustain.

La République trouvant suffisamment de déffenseurs dans son port de Brest, ces officiers n'y furent point appelés. Il étoit naturel qu'ils fussent employés de préférence à Dunkerque, le citoyen Toustain ne fit aucune attention à ce choix, il préféra constamment ceux qui possédoient ses bonnes graces, les parens de ses amis ou ceux, qui flattant servilement son orgueilleux despotisme, étoient assez foibles de lui prodiguer les titres de mon Commandant, de mon Général !! et ce sont là ceux qu'il préfère, ceux dont il vante le civisme... les Ilotes! et c'est là ce fier républicain qui a juré Egalité et Liberté, qui souffre et récompense ces lâches adulations.

Parmi les officiers, que nous venons de citer, étoit le citoyen L'allemand, jeune, actif, ayant donné des preuves de courage dans l'évacuation de la Belgique. Eh bien ! ce jeune homme est encore sans emploi. Ne seroit-on point tenté de croire que le citoyen Toustain le punit d'être le seul qui ait ramené son batiment de la fatale expédition d'Anvers[1], surtout lorsqu'on en voit d'autres comblé de faveurs.

Il faut encore le répéter, chers concitoyens quoique ces répétitions répugnent au cœur des Républicains, et que la main se refuse de tracer des actes d'un despotisme aussi inoui dans le siècle de la Liberté et de l'Egalité.

Un décret de la Convention Nationale ôte au Ministre de la Marine la faculté de nommer des officiers, dans la marine de la République, et le citoyen Toustain nomme journellement des officiers des Capitaines, d'où, de qui tient-il donc ce pouvoir extraordinaire ?

Si tout est soumis aux caprice du citoyen Toustain, ou à ceux de quelqu'autres individus, que reste-t-il à faire aux Capitaines reçus au long-cours, à des pères de famille munis d'un stérile brevet, d'enseignes non entretenus, qui ne leur donne point de pain ? à solliciter bien humblement sans doute quelque emploi subalterne, encore ne peuvent-ils se flatter de l'obtenir, d'après le caractère qu'il a plu au citoyen Toustain de leur donner.

---

(1) Le citoyen Ministre engage, consulte, les citoyens Représentans invitent, et le citoyen Toustain ordonne, la force de l'habitude ! et cet homme est changé ? oui, de costume.

Vainement quelques uns se sont-ils addressés au citoyen Ministre de la Marine, le citoyen ordonnateur a su éluder l'ordre positif de les employer.

Tout aussi inutilement, d'autres ont ils été demander du service à lui-même : des réponses vagues et ironiques, faites d'un ton jadis ministériel, sont tout ce qu'ils ont obtenus.

Les bureaux des classes[1] sont pour les marins modernes ce qu'étoient, pour les anciens Charybde et Scylla, ils ne les approchaient qu'en tremblant, le citoyen Toustain (autrefois Monsieur de la Richerié) y exerçoit la plus insigne tirannie et était parfaitement secondé par son émule Monsieur Le Duc[2], aujourd'hui citoyen Scévola, de qui (soit dit en passant) il est bon d'être parent pour être placé et percer rapidement.

C'étoit là que le Riche étoit assuré d'écraser le pauvre, que l'or aplanissoit toutes les difficultés.

Que d'exemptions de campagnes ou de service optenus par la brigue et la faveur !

Que de part aux prises sont disparues dans ce groupe !

Que de sacrifices faits, pour arracher de leurs mains, ce que nous avions gagné, en exposant nos jours !

Que de courses inutiles pour des certificats, pour des extraits, ou pour des expéditions, lorsqu'on n'étoit pas instruit du moyen infaillible de les obtenir promptement.

La fortune rapide de ces deux personnages prouve bien certainement qu'il n'y a rien d'exagéré dans ce tableau.

Des affiches publiques, solicitées, sans doute, par le citoyen

---

[1] Nous invitons le citoyen Pigeon à traiter les marins plus fraternellement que ses prédécesseurs.

[2] Le public est imbu que le citoyen Scevola, réclame ou a réclamé une somme telle que 30.000 livres ou 40.000 livres de dédommagement des pertes qu'il auroit essuyées à l'évacuation d'Anvers. Nous ne faisons qu'indiquer ce fait qu'il convient de vérifier.

Toustain, sous la dénomination générique de marin ou de navigateurs, sembloient inculper la classe des Capitaines et officiers, notre profession de foi est entre ses mains ; elle contenoit en même tems nos observations concernant le nombre de citoyens jadis marins, et qui sont actuellement dans d'autres corps de métiers, il ne nous parroit pas que le citoyen Toustain ait tenu aucun compte de notre avis.

La copie d'une lettre écrite au citoyen Vanstable, est jointe à ce mémoire, vous prouvera chers concitoyens, si nous sommes dignes d'être républicains.

Si nous méritons les imputations flétrissantes du citoyen principal chef, nous sommes loin de prétendre que tous les marins de notre classe soient des hommes sans défauts, mais avant de juger les autres avec sévérité, il est bon de s'examiner soi même. Le frugal citoyen Toustain, en nous peignant comme des ivrognes, est-il bien sûr de n'avoir rien à se reprocher ?

Et si cette foiblesse exclut du service de la marine de la République, croit-il qu'il n'y ait pas quelques-uns de ses protégés, de ses amis à réformer ?

Le citoyen Toustain oserait-il avancer que quelques-uns d'entre nous aient refusé de servir la République? Cette accusation non seulement tomberoit d'elle même, mais prouveroit (si plus de preuves étoient nécessaires) ses injustices et sa méchanceté réfléchie, voici comment : la barque l'Argus ayant rentrée quelque tems avant le siège, celui qui le commandoit et que le citoyen Toustain n'eut pas dû nommer à cette place fut remercié. Son second le remplaça, jouit de tous les avantages de Capitaine jusqu'au moment où il plut au citoyen Toustain de renvoyer ce batiment en rade. Alors il manda deux anciens Capitaines et leur en proposa le commandement... N'étoit-ce pas leur dire qu'il ne les emploioit que forcément, que cet officier étoit plus digne de confiance qu'eux, il connoissoit leur délicatesse, il étoit sûr, en les humilians, de provoquer un refus !

Le citoyen Toustain faillit être dupe de sa ruse, car ces citoyens eussent accepté l'un ou l'autre, s'ils n'avoient pas été incommodés, leur refus fut donc motivé, ainsi qu'il est constaté par leur déclaration.

En voilà assez, chers concitoyens, la matière ne tariroit pas, si nous voulions récapituler toutes les vexations, les injustices et les actes arbitraires du citoyen Toustain, ou de quelques-uns de ses collègues, qui semblent avoir voué une haine éternelle à la classe des marins de cette ville.

Dans le mémoire (dont nous vous remettons copie) que nous adressames à l'Assemblée constituante[1], nous demandames que toutes les places qui avoient quelques rapports avec la marine, fussent données à d'anciens marins, soit invalides ou estropiés, nous croyons devoir mettre sous vos yeux, au nom de l'humanité, la même demande, il nous semble juste que les vieux matelots soient placés de préférence, soit aux arsenaux, aux bureaux, où aux consignes du parc.

Votre sagesse vous dictera le remède qu'il convient d'apporter aux maux dont nous nous plaignons. Vous ne souffrirés pas que des hommes, vos concitoyens, soient plus longtemps victimes de l'égoïsme et du despotisme de quelques personnages qui en imposent par leur jactance.

Un scrutin épuratoire, tant pour les bureaux de l'administration civile de la Marine en ce port, que pour les Etats-majors des canonnières et avisos, rétabliroit l'égalité, la liberté et la justice, qui doit être la base de toutes les opérations des vrais républicains.

La nomination à toutes les places relatives à la marine faite par la voie du scrutin, récompenseroit le mérite, éteigneroit les haines et les jalousies.

---

(1) Manque.

Nous venons, chers concitoyens de craionner des vérités, elles vont augmenter le nombre de nos ennemis, mais dussions nous périr, nous les répéterons.

Fait, approuvé et arrêté en pleine assemblée le Dix huitième jour de Brumaire, seconde année de la République française, une et indivisible et impérissable.

et ont signé : Franchois ; Vandomber ; Frechon ; J. G. Morel ; P. Mille ; Ducoroy ; L. Bachelier ; Simon ; Lhermitte ; J. Lemoyne ; Meynne ; Cardon ; Perre ; J. A. Morel ; J. B. Correwinder ; Ch. Lemoine ; G^{re} Glawn ; G. Morancourt ; Jean Vanny ; P. C. Karoche ; F. D. Meynne ; F^{ois} Costaysiosa ; Caron ; Jacq^s Robt Morel ; H. Sarcery ; Pierre-Louis Goddi ; Naninck ; Thomas Vanderstruk ; Lud. Weus ; J. Laur^t Morel ; F. L. L'Allemand ; H. Robyn ; Delorme ; Pr Morel ; P. F. Martein ; P. Jansen ; W. Barriman ; G. J. B. Loonis ; F. Deryckx ; J^{nes} De la Roche ; Dom^k Terry ; J^{ne} Debout ; B. Cauny ; J. A. Lemarchand ; Godefroy ; M. Bart ; F^{ois} F^s Berteloot ; Ch^{les} Vancuyl ; Henry Ameel ; Joseph Langhetée ; M. Baele ; Charles Sansted ; Am. Varlet ; J. B. Baele ; Armand Depoudt ; J. Cordier ; Pieters G. Lacante ; Stev. Devos ; François Devloo ; André Canuy ; Ant. Casteleyn ; Josp^h Allunes ; Ch. Butel ; G. Wynnaert ; A. P. De Riemaecker ; Ch. Louis-Marie Tack ; Claude Thurot ; J. Deleforterie ; P^{ro} Vanderstruk ; Roux ; Ph. J^{ane} Verbrugghe ; F. J. Wittevroughel ; Jean Reynaert ; J. B. Doude ; Lomme ; L. Meynné ; Jean Vauny ; B. Fockenier ; J^h Froye ainé ; B. Altazin ; J. Galland ; M. J. Bart ; Roynivat ; F^{ois} Chadaert ; Louis Mono ; Arthus ; Pieters Declercq ; L. Baroen.

Collationnée conforme à l'original.

CARDON FRANCHOIS

secrétaire président.

SIÈGE DE DUNKERQUE 337

2° Comblement des travaux de l'ennemi

On s'occupa de suite après la retraite de l'ennemi à combler et à détruire ses travaux, et tout le monde s'y prêta avec tant de zèle que 3 à 4 jours après, il n'y restait aucun vestige (manuscrit Diot). Le 1er bataillon de la garde nationale s'offre à aller travailler à la destruction des retranchements ennemis et tous autres ouvrages qu'on jugerait à propos. Le Conseil accepte l'offre et arrête qu'il en sera fait mention honorable (procès-verbal).

L'ordonnateur civil écrit le 11 :

Les citoyens de Dunkerque, oubliant leurs fatigues, se sont armés de pioches et de pelles et se sont portés en foule au camp pour y détruire les retranchements et les batteries que l'Anglais y avait élevés.

3° Dégagement du champ de tir

Le souvenir des dangers auxquels on venait d'échapper porta même à des excès bien blâmables ; on incendia les habitations et maisons de campagne dans tout le Rosendael (manuscrit Diot).

Le 9 septembre, les représentants du peuple remettent au Conseil Général une réquisition de faire travailler aux démolitions des maisons dans Rosendael et à l'abatti des arbres jusqu'à l'endroit qui sera indiqué, et de s'assurer à cet effet un nombre suffisant d'ouvriers, le tout sauf les indemnités de droit qui peuvent revenir aux propriétaires (Procès-verbal).

Le 14 septembre, on lit dans le Procès-verbal :

Un arrêté des Représentants invite la Municipalité et le Général Commandant la place à donner, dans le jour, leur avis motivé sur la pétition des sans culottes de Dunkerque tendant à faire abattre tous les bois de Rosendael sans exception jusques et y compris le pont de Leffrinckoucke et à aplanir les Dunes.

Dès le 9 février 1792, le maréchal de Rochambeau écrivait à Sarbonne :

Le comité des fortifications a pensé que le rasement proposé des dunes était une mesure chimérique et impraticable vu que les vents régnants auraient bientôt réamoncelé toutes les dunes que l'on aurait détruites à grands frais.

De son côté, l'architecte Lorenzo produisait, après le siège, un mémoire sur la destruction des angles morts. (voir « Pétitions et Inventions »).

Le Conseil général, tout considéré, est d'avis qu'il est très nécessaire d'éclaircir le pays dans la plus grande étendue possible ; mais que c'est aux généraux et aux ingénieurs seuls qu'il peut appartenir de prononcer et d'éclaircir les représentants sur la distance jusqu'à laquelle il faut éclairer les environs de Dunkerque, pourquoi le Conseil estime, en adoptant la nécessité du principe, que l'exécution doit être fixée par ceux qui sont compétents pour en connaître. Quant aux Dunes, comme il serait possible que leur aplanissement pût occasionner quelques inconvénients et dommage, le Conseil estime qu'il y a lieu encore à cet égard de consulter les ingénieurs militaires et des Ponts et Chaussées, ainsi que les marins expérimentés.

Il semble qu'il ne fut plus jamais question, dès lors, de la solution radicale de l'aplanissement des Dunes.

Par contre, le dérasement de Rosendael se poursuivait avec une ardeur qui n'alla pas sans quelques désordres.

Le 14 septembre, les Représentants du peuple qui avaient nommé un surveillant provisoire, le citoyen Van Rycke, font réquisition au Conseil général de nommer des commissaires pris dans son sein lesquels auront à leurs ordres 25 hommes à cheval pour exercer la police la plus exacte sur ceux qui s'écarteraient de leurs devoirs.

En conséquence, 7 commissaires dont 5 officiers municipaux et 2 notables, se répartissent le terrain à surveiller.

Dès lors, les travaux se suivent, et la tranquillité commence à régner, tant par la surveillance des commissaires que celle des chasseurs.

Je citerai également l'exemple suivant :

Le 12 septembre, le citoyen X..., à Bergues, a annoncé qu'il existait un chateau-fort à Esquelbecq, qu'il importait de le démolir ; on l'a invité à faire le mémoire.

District de Bergues
Registre n° 12

Du vingt trois septembre 1793, l'an second de la République françoise une et indivisible, présens les citoyens Lequesne, président, Moutton, Decarren, Boissier, Solignat, Declerck, administrateurs, Coulier substitut du procureur syndic, Teste de Vigne secrétaire.

....

Le Général de Brigade Commandant cette ville, requérant l'administration de faire éclairer la ville du côté de Cassel, et en outre de faire constater les pertes dont les propriétaires devront être indemnisés, cette réquisition a été envoyée au citoyen Bel-isle qui, par ses observations excepte des démolitions, les moulins dont on a grand besoin et que l'on peut d'ailleurs bruler aussitôt que le besoin impérieux l'exigera, représente que les indemnités seroient moindres en permettant aux propriétaires ou fermiers l'enlèvement de leurs effets et matériaux à l'aide au besoin des travailleurs du contingent d'Hazebrouck, et que l'on ne permette à l'avenir des maisons que sur rouleaux ; délibérant sur cet objet, il a été dit que préalablement il falloit faire apprécier les immeubles à démolir, ensuite faire prévenir les habitants et leur laisser un temps moral, si les circonstances le permettent, sur ce, il a été observé qu'il existe un procès-verbal d'estimation, ce procès verbal rapporté, on a reconnu qu'il étoit d'office et qu'il conviendroit de faire les estimations contradictoirement avec les intéressés ; arreté que le tout sera ajourné à demain et qu'entretems on recueilleroit les réclamations déja portées sur cet objet.

....

Le Conseil de guerre de cette place fait parvenir à l'administration une réquisition, au bas de l'extrait du procès-verbal du Comité d'artillerie et du génie établi à Bergues en date du 17 de ce mois, ayant pour objet de faire procéder au recomblement des fossés existans contre la partie du chemin d'Ypres qui va depuis celle précédente jusqu'au pont de Sicline et de ceux entr'eux et la place, pour en faire porter le pavé dans la ligne de la partie du chemin d'Ypres jusqu'au pied des glacis et ensuite jusqu'au chemin d'Hontschoote vers la flaque, cet objet ayant été mis en discusion et son exécution en ayant été le résultat, il a été arrêté le procureur syndic entendu que l'exécution de ladite réquisition seroit renvoyée à la diligence de l'ingénieur Bel-isle.

Lequesne
Président.

Du 24 septembre.

Des citoyens du faubourg de Cassel réclament contre l'estimation faite de leurs immeubles, il a été arrêté, ouï le Procureur Syndic qu'il leur seroit libre de requérir une nouvelle estimation, laquelle seroit faite contradictoirement par experts à nommer de leur part et de celle de l'administration par devant un de ses commissaires. Délibéré de charger le citoyen Decarren et qu'il sera écrit aux municipalités d'où dépendent les biens à démolir de prévenir les citoyens de cette opération et qu'ils aient à sauver leurs meubles.

....

Lequesne
Président.

4° Reconstruction du camp retranché de 1742

L'ennemi pouvait encore revenir sur ses pas, s'établir de nouveau dans le Rosendael, assiéger de rechef la place ; pour lui opposer en ce cas une plus grande défense, pour éloigner les approches, pour l'empêcher enfin d'arriver avec la même facilité qu'il y était venu, on a cru nécessaire de relever les lignes de l'ancien camp retranché du Rosendael construit en 1742, détruit en 1743, mais dont les traces manifestes existaient encore en grande partie dans plusieurs endroits et notamment dans le voisinage du canal de Furnes, ainsi que les fossés. On commença à y travailler dès le 11 septembre.

C'est aussi de cette époque que date la lunette du Rosendael et son réduit. (Manuscrit Diot).

Dès le 6 octobre, les représentants Trullard et Berlier écrivent :

De grands travaux ont été exécutés au camp de Rosendael et à Dunkerque.

Le 14 octobre, le général Vandamme écrit :

Je suis allé visiter le camp retranché de Rosendael ; il est dans le meilleur état de défense ; le général Hoche n'a rien négligé pour ce bel ouvrage, il emploie jours et nuits, son repos même, pour parvenir à bien fortifier cette partie intéressante de la République.

J'ai donné dans « la Garnison de Dunkerque » quelques détails sur les travaux faits à Dunkerque en 1794.

J'ai l'intention d'étudier plus complètement cette question dans un travail particulier pour lequel j'ai déjà réuni un grand nombre de documents.

5° Travaux du Port

J'étudierai également cette intéressante question dans un travail particulier.

6° Mesures relatives à l'entretien et à la reprise éventuelle des inondations

Cette intéressante question fut traitée à fond à ce moment là et il fallut toute l'énergie des Représentants du peuple pour la mener à bien, en présence de l'hostilité avouée des uns, sourde des autres, tout en prenant les plus grandes précautions pour sauvegarder le plus possible les intérêts en cause, je tiens à le faire ressortir.

Je ne crois pas qu'il serait possible, de nos jours, d'arriver à un pareil résultat.

J'ai réuni sur ce sujet un grand nombre de documents ayant trait :

a) A l'évacuation des Moëres, comprenant le reflux des bestiaux sur Saint-Omer et la mise en sécurité des fourrages à Bergues ;

b) A l'entretien des digues ;

c) Au rétablissement de la navigation sur le canal de Furnes (de Dunkerque à Furnes).

Cette question fera l'objet d'un travail particulier.

7° Augmentation des approvisionnements de siège

J'ai signalé au début de cette étude la faiblesse des approvisionnements de la place de Dunkerque.

Celle de Bergues était abondamment pourvue, ainsi qu'en témoignent de nombreux tableaux d'approvisionnements que je possède ; la dualité déjà signalée, aggravée quelque peu par le fait de la suprématie administrative de cette dernière place, explique, sans l'excuser entièrement, la différence, à ce point de vue, dans la situation des deux places conjuguées.

Quoi qu'il en soit, dès la levée du siège, les Représentants mirent toute leur énergie à combler cette lacune.

Bergues le 19 septembre 1793
l'an 2e de la République française

Les administrateurs du District de Bergues
aux Représentans du Peuple à Dunkerque

L'administration du district de Bergues, surchargée de réquisitions relatives aux subsistances se trouve dans l'impérieuse nécessité de vous exposer les embarras dans lesquels elle se trouve.

Sur un de vos arrêtés du 20 aout dernier, dans lequel vous avez fixé le contingent de cinq départements, pour fournir 200.000 sacs de bled, celui du Nord se trouve fixé à 20.000 sacs.

La répartition de ces 20.000 sacs entre les huit districts ne nous est pas parvenue ; nous ignorons si elle a été effectuée, nous croyons qu'aucun district de ce Département n'a été si maltraité que celui-ci, ainsi les motifs qui ont fait modérer le contingent du Département du Nord doivent être appliqués aux Districts qui ont le plus souffert, d'où il devroit résulter que ce district fournissant 2.000 sacs, serait plus que suffisant pour son contingent.

Pour l'exécution de l'art. 10 de l'arrêté ci dessus cité, nous avons nommé un Commissaire par chaque Canton de ce district, lesquels Commissaires ont été chargés de requérir des Municipalités la quotité de bled, avoine et paille que nous avons fixé par une répartition provisoire entre les communes qui n'étoient pas envahies par l'ennemi, nous avons fait cette répartition de concert avec le Commissaire du Département, le total de cette répartition doit produire 1.586 sacs de bled, 1.586 sacs d'avoine, et 16.000 bottes de paille de 10 livres pest. que nous avons destinés provisoirement pour les magasins de Gravelines, Dunkerque, Bergues et Bourbourg.

Ces réquisitions se trouvent entravées par d'autres réquisitions de Commissaires nommés par le Commissaire ordonnateur Vaillant qui font conduire les grains nous requis et sans notre participation, à Cassel, St-Omer, etc., d'où il résulte que nous ne pouvons compter que partiellement sur nos réquisitions, au point que nous sommes à l'impossible de donner l'état de ce qui nous sera fourni en vertu de nos dites réquisitions.

Le dix de ce mois, le citoyen Vaillant nous a donné une réquisition pour faire battre 20.000 rasières de bled et 12.000 rasières d'avoine, pour être fournies par les communes de ce District dans les magasins de Bergues dans la quinzaine de la datte ci-dessus.

Le même citoyen Vaillant a donné une commission au citoyen Herrewyn d'Hondschoote de requérir dans les communes de ce district 20.000 sacs de bled.

Par une lettre du 13 de ce mois, le citoyen Vaillant nous avise qu'il a donné des ordres au citoyen Ackerman de verser à Lille 6.000 sacs de bled et nous prie d'y tenir la main en prenant de ceux que nous devons avoir recueilli en exécution de ses réquisitions, ajoutant par un *post scriptum* qu'il fait cette demande par ordre des Représentants de Lille.

Une autre Commission donnée à des Citoyens de St-Omer requiert des bleds battus et à battre dans le district, les font conduire à St-Omer.

Toutes les réquisitions militaires qui ont lieu dans presque toutes les communes, ont enlevé une grande quantité de bled en gerbes, des avoines, des foins et tous ces objets fournis en vertu des différentes réquisitions doivent faire partie du contingent de ce district, en vertu de l'article 5 de votre arrêté du 20 aoust précité, le nombre de ces denrées déja fourni, sans en pouvoir désigner positivement le nombre ; nous pouvons cependant par approximation vous assurer que le contingent de ce District dans les 20.000 sacs fixés pour ce Département est plus que rempli ; ainsi vous jugerez facilement que nous sommes à l'impossible de fournir les 20.000 rasières de bled que le Commissaire ordonnateur nous demande, ainsi que les 12.000 rasières d'avoine, si vous faites attention surtout que les deux tiers du meilleur sol de ce district ont été ravagés par l'ennemi et l'inondation ; d'où il résulte que ceux qui auroient eu des bleds et des avoines à fournir aux réquisitions, sont aujourd'hui dans le cas d'en acheter pour eux, ce qui donne tout lieu de croire que les productions existantes dans ce district ne suffiront pas pour ses propres habitans, notamment pour les avoines, la paille et le foin.

Ainsi outre la confusion qui résulte des réquisitions différentes qui existent, nous sommes à l'impossible de satisfaire à aucune puisque nos marchés sont absoluments déserts, que ce District renferme des villes considérables, surtout Dunkerque et que le marché de Bergues où cette première ville s'approvisionnoit autrefois étoit alimentée par des bleds provenant des districts d'Hazebrouck, de St-Omer et de Calais, ce qui n'existe plus aujourd'hui. Les marchés de Bourbourg et Gravelines s'alimentoient également, au moins de la moitié du district de Calais ; il est donc facile d'appercevoir que notre bonne volonté de fournir ce qui nous est demandé ne suffit pas puisque nous sommes réduits à l'impossible par les raisons ci-dessus, etcetera.

. . . .

Dunkerque ce 21 septembre 1793, l'an 2 de la République une et indivisible.

Les Représentans du peuple envoyés près l'armée du Nord à leurs Collègues de Lille

Nous vous envoyons, citoyens Collègues, copie d'une lettre qui nous a été adressée par les administrateurs du District de Bergues.

Les faits qui sont détaillés ne sont que trop vrais et l'ordre qu'ont reçu la place de Dunkerque et de Bergues de s'approvisionner pour deux mois est un nouvel obstacle à l'exécution des réquisitions que le Commissaire Vaillant a faites à ce district.

Sans doute, lors de ces réquisitions on ne prévoyait pas que Bergues et Dunkerque seraient derechef menacées d'un siège.

Leurs approvisionnemens sont très foibles; Dunkerque principalement n'a que 8.000 et quelques cent quintaux de bled et farine y compris ce qui est rentré de Furnes et ce sont les magasins militaires qui prêtent et fournissent à la subsistance de l'habitant, qui n'a pas un seul grain.

La consommation de celui-ci seulement est de 18 à 20.000 quintaux pour 2 mois; ainsi et dans ce moment si Dunkerque étoit investie, les besoins combinés de la garnison et de l'habitant ne leur laisseraient peut être appercevoir de ressources que pour 15 jours ou 3 semaines, y compris ce que l'on avait fait rentrer en gerbes avant la retraite de l'ennemi.

A la vérité, il y a dans les campagnes du grain battu, et les réquisitions pour sa rentrée n'ont pas été suspendues; nous donnons même en ce moment, une nouvelle activité à cette partie.

Mais si des réquisitions d'autres points viennent nous priver de ce grain à mesure qu'il rentrera, notre état de pénurie restera toujours le même.

Cela ne saurait se concilier avec les besoins de cette partie du territoire français, et surtout avec l'ordre du général en chef de l'approvisionner pour 2 mois.

Nous pensons donc que ces réquisitions ne peuvent subsister et si nous ne les avons pas directement révoquées, parce que nous ne sommes point la commission centrale, c'est pour vous en laisser le soin, après vous être convaincu que c'est la route tracée par la nécessité.

Salut et Fraternité.

TRULARD.   BERLIER.

*Dunkerque, le 23 septembre 1793 l'an 2ᵉ de
la République une et indivisible.*

*Les Représentans du Peuple envoyés près l'Armée du Nord
à leurs Collègues à Lille*

(La même, à Arras)

Nous vous remettons, citoyens Collègues, copie d'un arrêté que les circonstances nous ont forcé de prendre, les ordres du général Houchard étant de fournir de vivres, Bergues et Dunkerque, pour deux mois, nous n'avons pu que prendre des mesures promptes.

Salut et fraternité.
TRULLARD.   F. BERLIER.

Les Représentans du Peuple envoyés près l'Armée du Nord, soussignés.

Considérant qu'en même tems que l'on travaille à pourvoir aux besoins des garnisons, il y a même nécessité de pourvoir à ceux des habitans, sans quoi ces besoins se croisant perpétuellement entraineroient les plus facheux résultats.

Qu'il seroit à désirer que les Magasins militaires ne fussent pas sans cesse ouverts à l'Administration civile et que l'on ne peut attendre cet effet que du moment où les administrations civiles et militaires seront chacune approvisionnées suffisamment.

Que pour parvenir à ce résultat il n'y a qu'une très grande activité dans la rentrée des grains et fourages recueillis qui puisse amener à cet état d'abondance.

Que les deux places de Dunkerque et Bergues de nouveau menacées d'un siège doivent surtout fixer l'attention, et que d'après l'ordre du Général en Chef de les approvisionner pour deux mois, il y a de promptes mesures à prendre.

Arrêtent ce qui suit :

1° En réitérant les réquisitions des 20 et 21 de ce mois relatives à l'approvisionnement de la garnison de Dunkerque, tant en vivres que fourrages, et étendant leurs dispositions à la place de Bergues, le garde magasin des vivres et celui des fourages en cette dernière place sont requis de faire sur le champ connoître à leurs administrations la situation de leurs magasins et l'état de leurs besoins sur le pied d'un approvisionnement de deux mois pour 6.000 hommes de garnison.

2° Le District de Bergues est de nouveau requis de faire rentrer tous les grains battus, fourages et même tous grains en Tisse, déduction faite de ce qui peut être nécessaire pour l'ensemencement des terres.

3° La population de Dunkerque étant présumée de 28.000 hommes et la garnison à 12.000, tandis que la population de Bergues n'est portée qu'à 6.000 hommes et sa garnison à même nombre, la rentrée effective s'opérera dans l'une et l'autre de ces places dans la proportion de 12 à 40, de sorte que Dunkerque recevra 40, lorsque Bergues recevra 12.

4° Le District de Bergues envoyera dans chaque canton un Commissaire pris dans son sein ou dehors pour faire les visites et presser la rentrée dedits grains et fourages.

5° A l'égard des grains qui pourront rentrer en gerbes, le District de Bergues, et la Municipalité de Dunkerque s'entendront avec les Généraux qui commandent dans ces places, pour employer au battage les soldats de la garnison qui y sont exercés, autant que le Service militaire le permettra.

6° La ville de Bergues ayant plus d'emplacemens commodes pour resserrer et battre lesdits grains que celle de Dunkerque, le District de Bergues et la Municipalité de Dunkerque se concilieront sur les mesures à suivre à ces sujets, ou donneront à l'une des places plus de grains en gerbes, et à l'autre plus de grains battus, toujours sans blesser la proportion principale.

7° L'administration du district de Bergues ayant besoin d'être composée du nombre de membres que lui donne la loi, dans un moment surtout où la plus grande activité devient nécessaire, arrêtons que les citoyens Benoit Cherf fils de Quaetypres, et Josse Declerck de Bergues, remplaceront comme membres du Directoire du District, les citoyens Coppens, mort, et Demariecaux, déporté ; que le citoyen Josselin, momentanément employé comme accusateur militaire près la Commission établie à Dunkerque, sera provisoirement, et tant qu'il y restera attaché, remplacé par le citoyen Godderis de Spicker et que le citoyen Brassart, procureur sindic promu à un autre emploi, sera remplacé en cette qualité par le citoyen Coulier, administrateur, et celui-ci par le citoyen Solignac d'Hondscoote.

8° Sur la demande du district de Bergues, tendante à ce qu'il soit mis à sa disposition une somme de cinq cents livres, pour subvenir aux dépenses extraordinaires du moment, arrêtons que le Payeur de la guerre mettra dans les vingt quatre heures à sa disposition, la somme de deux cent mille livres à la charge, par l'Administration, de nous remettre aussitôt l'état par apperçu de ces dépenses, lequel sera envoyé au Comité des finances pour obtenir le supplément, et en définitive changé contre l'état fixe qui sera par nous arrêté et visé.

9° Arrêtons qu'il demeure jusqu'à nouvel ordre surcis à toutes réquisitions qui auroient été faites pour porter les grains et fourages de ce district d'ailleurs que dans les deux places ci-dessus.

10° En reconnoissant la nécessité où sont les Magasins civils et militaires de s'entraider réciproquement quand les uns et les autres manquent, recommandons néanmoins aux Administrations civiles d'établir, autant que faire se pourra, des magasins séparés et suffisants pour leurs besoins propres.

11° La Municipalité de Dunkerque est autorisée à prendre provisoirement sur le fond d'un million à elle dernièrement concédé, les deniers nécessaires à la prompte exécution des mesures ci-dessus, sauf et attendu le changement de destination, à lui faire remplacer ce qui restera pour elles et pure dépense sur l'état qui sera remis, et sera par nous visé et envoyé au Comité des Finances.

12° Invitons tous les bons citoyens à aider lesdits administrateurs de tous leurs moyens, et autorisons tous commissaires qui seront nommés en exécution du présent arrêté à requérir dans le cours de leurs opérations, la force armée s'il est nécessaire.

Fait et arrêté à Dunkerque le 22 septembre 1793, l'an 2ᵉ de la République une et indivisible.

Pour copie conforme
TRULLARD.   BERLIER.

Subsistances Militaires
fourages 1793

Armée du Nord

PLACE DE BERGUES. — En cas de Siège ou de Blocus pendant deux mois

NOMBRE DES CHEVAUX ET BESTIAUX TANT DE LA GARNISON QUE DE LA VILLE	QUANTITÉ EN FOIN			OBSERVATIONS
	nécessaire pour 2 mois	existant	qui manque	
1° Chevaux de la garnison supposés au nombre de 600 et nouris l'un dans l'autre de rations de quinze livres de foin..........	5.400 q^x			1° L'officier du génie n'a demandé que très peu de cavalerie et en a porté le nombre à environ 300 chevaux ; on doit compter qu'il y en auroit à peu près autant d'officiers d'infanterie et de charrois ; mais vû les accidents d'un siège ces chevaux ne seront probabl^t jamais à ce nombre et c'est pour quoi on n'a porté les rations qu'à 15 livres l'une dans l'autre. 2° Il est très probable qu'on ne rassemblera pas un nombre de 280 bœufs qui ne sont demandés que dans l'hypothèse qu'on nourrise toutte la garnison en viande fraiche pendant deux mois et en donnant sur 3/4 de bœuf 1/4 de mouton : la viande salée devant faire moitié de la consommation, les bœufs sur pied ne seront pas nécessairement en aussi grand nombre, et d'ailleurs on doit faire entrer en déduction, la consommation journalière qui s'en fera et qui diminuera d'autant celle qui seroit faite en foin. 3° L'expérience a prouvé qu'il falloit en fourage des approvisionnements tels que dans les cas imprévus le service pût être assuré sans compromettre celui de l'intérieur de la place.
2° 279 Bœufs d'approvisionnements en cas de siège réduits à 80 et nouris de 20 livres de foin......	960			
Vaches des fermes des environs rentrées en ville réduittes au nombre seulement de 50 et nouries comme les bœufs de l'armée....	1.800			
3° Chevaux externes et des habitants au nombre d'environ 100 à 15 livres de foin............	900			
Pour cas imprévus comme passage de corps de cavalerie ou fournitures extraordinaires	2.940			
Total............	12.000 q^x	400	11.600	

NOMBRE DES CHEVAUX ET BESTIAUX TANT DE LA GARNISON QUE DE LA VILLE	QUANTITÉ EN AVOINE		OBSERVATIONS
	nécessaire pour 2 mois	existante	qui manque	
Pour chevaux de touttes espèces et cas imprévus cy............	35.000 B^{eaux}	400 2^x	34.700 2^x	

	QUANTITÉ EN PAILLE		
	nécessaire pour 2 mois	existante	qui manque	
Pour les remparts et bivouacques et supposé que la paille, à cause de la saison et du pays, doive être renouvelée tout les 8 jours............	2.400 q^x	1.158 q^x	1.242 B^x	

A Bergues, le 21 septembre 1793, l'an 2 de la République une et indivisible.

Certifié conforme, par moy, garde magasin des fourages à Bergues, au calcul estimation et approximation faits avec le Commissaire des guerres Chalons faisant le service de la place.

Le garde magasin des fourages

F.

Vu par nous Commissaire des guerres.

Chalons.

Nota. La Municipalité de Bergues vient de me requérir de tenir pret la quantité de 1200 rations de paille pour être distribués cejourd'hui 22.

Armée du Nord

Subsistances Militaires
Fourrages 1793

PLACE DE DUNKERQUE. — En cas de Siège ou de Blocus pendant deux mois

NOMBRE DE CHEVAUX ET BESTIAUX TANT DE LA GARNISON QUE DE LA VILLE	nécessaire pour 2 mois	QUANTITÉ EN FOIN existante	qui manque	OBSERVATIONS
1° Chevaux de la garnison supposés au nombre de 2.000 et nourris l'un dans l'autre de rations de 12 livres de foin ce qui produit pour deux mois..........	14.400 q^x			1° La garnison étant fixée à 12.000 hommes, il n'y auroit en proportion de ce nombre et sur la force totale qu'environ 800 chevaux de cavalerie et 12.000 chevaux tant d'officiers de troupes que de charrois d'artillerie et autres. Mais vu la réduction successive qui occasioneroient nécessairement les évènemens d'un siège, on a porté les rations qu'à 12 livres l'une dans l'autre, attendu surtout qu'elles ne se délivrent qu'au poids de 10 livres. 2° Les troupes étant fournies en viande fraîche par un entrepreneur particulier, on ne feroit probablement entrer dans la place que le nombre de bœufs strictement nécessaires pour assurer au besoin le service de ce fournisseur, qui seroit d'ailleurs suppléé par la distribution de viandes salées qui font partie essentielle des approvisionnements de siège, au moyen de quoi, celui en fourrages pour les bestiaux sur pied seroit fait avec les 6525 quintaux portés ci-contre art° 2.
558 bœufs d'approvisionnement en cas de siège et nourris à la ration de 15 livres de foin ce qui produit pour 2 mois........	5.022			
2° 102 moutons d'approvisionnement existans dans la place et nourris à raison de 2 1/2 ls par jour ce qui produit pour 2 mois......	1.503			
Vaches des fermiers des environs rentrées en ville réduites seulement au nombre de 300 et nourris comme les bœufs de l'armée........	2.700			
3° Chevaux externes et des habitans au nombre de 200 à 10 livres de foin	1.200			
Pour cas imprévus, comme passage de corps de cavalerie ou fournitures extraordinaires............	5.885			
Total............	30.710 q^x	665 2^x	30.045 q^x	

NOMBRE DE CHEVAUX ET BESTIAUX TANT DE LA GARNISON QUE DE LA VILLE	QUANTITÉ EN AVOINE			OBSERVATIONS
	nécessaire pour 2 mois	existant	qui manque	
1° { Chevaux de la garnison supposés au nombre de 2,000 et nourris l'un dans l'autre de ration d'un boisseau ce qui produit pour 2 mois.......	120.000 B^x			3° Il est convenable d'observer que les quantités déterminées au présent état devant subvenir à la consommation pendant le siège ou blocus supposé, il seroit nécessaire de pourvoir préalablement aux besoins journaliers du magasin qui est à peine alimenté au fur et à mesure des distributions.
2° { Chevaux externes et des habitans au nombre de 200 au 2/3 du boisseau d'avoine......	8.000 B^x			
3° { Pour cas imprévus, comme passage de corps de cavalerie ou fournitures extraordinaires......	39.000 B^x			
	167.000 B^x	10.680	156.320	
	QUANTITÉ EN PAILLE			
	nécessaire pour 2 mois	existant	qui manque	
1° { Chevaux de la garnison supposés au nombre de 2,000 et nourris l'un dans l'autre de ration de dix livres de paille ce qui produit pour 2 mois	12.000 q^x			
2° { Chevaux externes et des habitans au nombre de 200 à 10 livres de paille........	1.200 q^x			
A REPORTER......	13.200 q^x	»	»	

NOMBRE DE CHEVAUX ET BESTIAUX TANT DE LA GARNISON QUE DE LA VILLE	QUANTITÉ EN PAILLE			OBSERVATIONS
	nécessaire pour 2 mois	existant	qui manque	
REPORT........	13.200 q^x	»	»	
3° { Pour paille de couchage de 12.000 hommes supposée devoir être renouvellée tous les 8 jours à cause de la saison et du pays produit pour 2 mois............	9.600 q^x			
4° { Pour cas imprévus comme passage de cavalerie ou fourniture extraordinaire............	8.000 q^x			
TOTAL.........	30.800 q^x	1.060 q^x	29.740 q^x	

Certifié véritable par nous garde magazin du camp de Gyvelde, par interim à Dunkerque : ce 24 septembre 1793, l'an 2 de la République, une et indivisible.

GIO.

Vu par nous,
Commissaire des guerres
BOUROTTE.

SUBSISTANCES
MILITAIRES
1793

Vivres

23 Septembre

Magasin de Dunkerque

Situation en matières dudit Magasin à l'époque du 23 septembre 1793, au soir.

		Quintaux	OBSERVATIONS
Grains { Froment { en magasin. 184 / en bateaux.. »	184		1° Les Représentans du peuple ayant demandé que la place soit approvisionnée pour 2 mois sur le pied de 12.000 hommes, il faudroit y emmagasiner en Bleds ou farines Ci............ 9.400 qx
Méteil en magasin... »		272	
Seigle en magasin... 88	88		Il n'y a ci contre que.......... 8.573
Froment { en magasin. 3.872 / brutes aux moulins »	3.872		Partant à rentrer. 827
Froment blutées en magazin.. »	1.439		L'administrateur Evru a fait espérer au préposé des secours prompts et considérables en farines à verser par le magasin de St-Omer, et le préposé lui a donné, à cet égard, connoissance ainsi qu'à l'Administration, des intentions des Représentants du peuple, exprimées dans leur ordre du 20 courant.
Méteil { en magasin. » / brute aux moulins »	»	8.301	
Méteil blutée........ »	»		
Seigle { en magasin. 2.990 / brutes aux moulins »	2.990		
Seigle blutées....... »	»		
Total des grains et farines.....		8.573	Il conviendroit que les 9.400 quintaux ci-dessus énoncés, fussent considérés comme approvisionnement de réserve, et que l'on ne précomptât pas les 8.573 qx actuellement existans qui suffiront à peine à la consommation journalière qui est d'environ 60 quintaux.
Riz..................................		782	
Son..................................		Néant	
Sacs pleins et vides		3.121	
Ustensiles de { fours.... 40 / magasins. 63 }		103 pièces	
Charbon de terre		»	
Fagots...............................		28.000	

Fait et certifié par le Préposé soussigné,
à Dunkerque le 23 septembre 2ᵉ de la République.

SIÈGE DE DUNKERQUE

2° Il faut en riz, pour le même nombre de 12.000 hommes
pendant 2 mois .... 480 quintaux
Il y en a, comme de l'autre part.......... 782

    Partant d'excédent........ 302

3° Cette quantité doit être doublée si au lieu de riz, on leur
fournit des légumes secs.

Il y en a actuellement en magasin 2.800
Il en faudroit............................ 960

    Partant d'excédent........ 1.840

4° Les 1.439 quintaux de fleurs de farine portées en l'autre
part étant très propres à la confection du biscuit, dont il faudroit à raison des 12.000 hommes, environ 8.235 quintaux.
Le comptable sollicite une décision sur l'employ à faire de la
dite farine.

5° Pour la cuisson des 12.000 rations par jour fabriquées
avec 140 quintaux de farines, il faut environ 400 fagots
et pour 60 jours ci......................... 24.000
Il y a en dépôt............................ 28.000

    L'excédent est de........ 4.000

6° Il y a 4 fours de munition qui peuvent donner par 24 heures 20.000 rations de pain. On pourroit aisément en faire
fabriquer pareil nombre chez les boulangers de la ville.

Ces 4 fours ont été servis par 32 boulangers pendant la durée
du siège de Dunkerque et jusqu'au moment ou partie des
troupes du camp d'Adynkercke ont marché sur Honschoote.

7° Il y a tant dans l'intérieur qu'au dehors de la Place, dans
un arrondissement d'1/4 de lieue, 8 moulins à vent qui

peuvent rendre par 24 heures, le public servi, 800 quintaux de farine.

Le comptable a fait réparer et rectifier le jeu de 30 moulins à bras qui serviroient utilement en cas de siège.

Le Préposé des subsistances militaires.

Vu par nous Commissaire des guerres, J. Bourotte.

8° Mesures relatives à l'armement

*Dunkerque 8 septembre l'an 2 de la
République une et indivisible.*

Trulard et Berlier, Représentans du peuple envoyés près l'armée du Nord

à leurs Collègues à Lisle

Collègues,

Nous vous remettons ci-inclu, l'Etat des besoins urgens de l'Artillerie de cette place ; nous vous prions de remplir les demandes qui y sont faites avec la plus grande célérité ; surtout les gargouses et le papier à cartouches. Vous ne serés pas étonné que nous montrions un tel empressement, quand nous vous dirons que nous avons mis en arrestation le chef en cette partie, c'est vous dire assés qu'il nous a laissé dans un dénuement coupable.

Salut et Fraternité
Des gargouces et du papier à cartouches !
Trullard.   F. Berlier.

ARTILLERIE

PLACE DE DUNKERQUE

7 Septembre 1793

Direction de Lille

DÉPARTEMENT DU NORD

ETAT des munitions de guerre et autres effets d'une nécessité indispensable pour le Service de l'Artillerie de cette place et forts en dépendant qu'on ne peut se procurer sur les lieux.

SAVOIR

Poudre cent milliers cy....................	100.000	livres
Cartouches d'infanterie, cinq cent mille cy....	500.000	
Pierres à fusils trois cent mille cy............	300.000	
Écouvillons de siège { de 16, vingt deux cy............	22	
	de 8, douze cy................	12
Écouvillons de bataille { de 12, deux cy................	2	
	de 8, douze cy................	12
	de 4, vingt quatre cy...........	24
Lanternes de cuivre de 16, quatre cy........	4	

Nous, Chef de Bataillon, Sous directeur de l'artillerie en cette place, certifions que les munitions et autres effets ci-dessus, sont d'une nécessité urgente.

Dunkerque le 7 septembre 1793
l'an 2ᵉ de la République une et indivisible
LAPRUN.

Arrêté par le Comité d'artillerie et de génie.

Dunkerque ce 7 Septembre 1793 l'an 2º de la République française une et indivisible.

Le chef de Brigade d'Artillerie
HENNET.   LAPRUN
J. L. Hʳⁱ Alphonse.

Plus douze mille gargousses de 4.

Cinquante paniers de papier à cartouches.

*Dunkerque, ce 21 septembre 1793 l'an 2ᵉ de la
République une et indivisible.*

*Les Représentans du peuple envoyés près l'Armée du Nord
aux représentans à Lille*

Nous vous prions, citoyens collègues, de nous faire passer 6.000 boulets de 4 pour l'approvisionement de cette place ; nous faisons bien la demande au Ministre de la guerre, mais comme nous en avons absolument besoin, nous craignons qu'il n'y ait trop de retard. D'après le vœu du général Houchard, nous avons hier requis l'Administration des Subsistances et sous sa responsabilité, d'approvisionner cette place en vivres et fourrages pour deux mois, nous vous prions de votre côté de tenir la main à ce que cela soit exécuté.

Salut et Fraternité
Trullard.   F. Berlier.

*Dunkerque, ce 21 septembre 1793, l'an 2ᵉ de la
République une et indivisible.*

*Les Représentans du peuple envoyés près l'Armée du Nord
aux Représentans à Lille*

Nous venons, citoyens collègues, vous prier de nous expédier 5 pièces de campagne du calibre de 4 ; il en manque une au 9ᵉ Bataillon du Pas de Calais et le Bataillon de l'Oise, ainsi que le 8ᵉ des fédérés nationaux n'en ont point.

Il est un autre objet aussi essentiel dont nous manquons, c'est des fusils ; nous n'en avons qu'un millier environ de disponible, tandis qu'il arrive journellement ici et dans les places voisines, des bataillons non armés provenant de la dernière levée.

Salut et Fraternité
F. Berlier.   Trullard.

Aux citoyens Représentans du Peuple à Arras

Citoyens,

Le citoyen Laffon ayant établi une fonderie à Dunkerque à l'aide de laquelle il fournit à l'arsenal, à la marine et aux Places adjacentes tous les approvisionnemens nécessaires en Boulets, boîtes à mitraille etc., vous demande d'authorizer le citoyen Bouquerot, Directeur de la fonderie à Douai, de lui faire faire des matrices pour les boulets de divers calibres, biscayens et balles, en emporte pièce pour les culots de 4 et une fraize pour dérouiller l'ame des canons de 4 en payant le tout d'après estimation.

Arras le 22 du second mois de l'an second de la République une et indivisible.

Favereau adjoint
de E. Laffon.

9° Amélioration de l'habillement

Dunkerque 6 septembre l'an 2 de la République une et indivisible.

Trulard et Berlier représentans du peuple envoyés près l'Armée du Nord

à Leur collègue Bentabole à Lisle

Citoyen Collègue,

Nous vous remettons l'état des besoins de cette place en habillemens et équipemens. Nous en avons fait passer un semblable à nos Collègues à Arras. Nos besoins sont prèssans surtout en chemises et souliers. Faites votre possible pour nous en faire parvenir dans un court délai, cette ville pouvant être cernée, les ressources locales ne pourroient satisfaire aux besoins des défenseurs de la République, savoir :

6.000 paires de souliers,
6.000 chemises,
3.000 habits,
3.000 vestes,
3.000 culottes,
3.000 gilets.

Fait au Conseil de guerre permanent.

Dunkerque 4 septembre l'an 2 de la République une et indivisible.

Signé les membres du Conseil de guerre : Souham, Deroque, Ribot, etc.

Pour copie certifiée conforme
F. BERLIER.   TRULLARD.

Lettre de Trulard et Berlier, du 8 septembre.

Nous vous prions de ne pas oublier la demande que nous vous avons faite d'effets d'habillement et d'équipement, dont nous avons le plus grand besoin.

Autre lettre de Trulard et Berlier, du 8 septembre.

Des habits et des souliers, outre les autres objets que nous vous avons demandés. Vite, vite, cela presse, nous avons des bataillons qui sont tout nuds.

Dunkerque, le 22 septembre, l'an 2ᵉ de la République, une et indivisible.

Les Représentans du Peuple envoyés près l'Armée du Nord à nos Collègues de Lille

Nous avons, citoyens collègues, le plus pressant besoin de quatre mille couvertures de laine ; nous sommes maintenant passablement approvisionnés d'autres effets.

Notre comité d'habillement s'occupe sans relâche de la confection des capottes, mais le tems est si froid ici et l'objet si pressant que si vous pouviez nous en envoyer douze cent, sauf à vous les remplacer si nous sommes dans ce cas, vous rendriez un grand service à l'armée qui est sous ces murs.

Salut et Fraternité,

TRULLARD. F. BERLIER.

ÉGALITÉ	PATRIE	LIBERTÉ
FRATERNITÉ	RÉPUBLIQUE FRANÇAISE	OU LA MORT

Dune-Libre, le 14 Nivose
l'an 2° de la République Française, une et indivisible.

Le Comité Révolutionnaire de Dune-Libre
aux Représentans du Peuple Hentz et Florent Guiot

CITOYENS,

Lors de votre présence en cette commune, nous vous observâmes que les dons en chemise, bas, souliers, habits, etc., n'étoient pas aussi considérables que nous l'espérions ; mais que nous painions de voir qu'ils étoient inutiles entre nos mains, le Comité Militaire de la Convention devoit proposer le mode selon lequel on devoit en disposer et nous n'avons pas vu que ce rapport ait été fait. Cependant, la saison rigoureuse étant arrivée, il seroit bien malheureux que nos frères souffrent faute de vêtemens, tendis qu'il y a ici de quoi en couvrir plusieurs, vous pouriez en donner l'ordre.

Salut et Fraternité.

DUCROCQ.   JOE.   MACLAGAN.   J^{ques} CAMUS.
LECOMTE.

Voici l'apperçu de ce que nous avons :

1.850 chemises, 800 paires de bas, 400 paires de souliers, 42 habits, gilets, vestes, culottes, etc., des bonnets de police, des bonnets à poils, pistoles, savons, bottes, chapeaux, mouchoirs, guetres, etc.

10° Réorganisation de la garde nationale

LIBERTÉ   ÉGALITÉ

Dune libre le 2 nivose an 2 de la République française une et indivisible.

Nous représentans envoyés près l'Armée du Nord considérant que l'organisation de la garde Nationale de Dune libre en 9 bataillons est vicieuse dans une commune où cette même garde nationale ne se monte qu'à environ quatre mille citoyens, que cette organisation en neuf Bataillons produit des compagnies trop faibles pour produire un ensemble et acquérir l'aplomb nécessaire à un corps armé, et que d'ailleurs elle tend à augmenter sans utilité le nombre des officiers de l'Etat-Major.

1° Arrêtons que la garde nationale citoyenne de Dune Libre sera organisée en six bataillons formant une brigade.

2° Chaque Bataillon sera composé de sept compagnies dont six de fusiliers et une de canoniers.

Organisons l'Etat Major comme suit :

Lefort, 1er chef de demi Brigade.
Delabre, 2e   idem

Tilloy		Degrave	
Paulmier fils		Amiel	
Braun	chefs de	Giganon	Adjudans.
Villepré	Bataillon.	Frechon fils	
Mariotte		Mineur	
Godon		Grégoire	

Renvoyons au surplus au Conseil général de la commune es mesures d'exécution du présent arrêté.

Dune Libre 2 nivose an 2.

11° Curieuses pétitions consécutives au siège

Si je ne craignais d'allonger outre mesure un travail déjà trop vaste, je reproduirais ici quelques-unes des pétitions qui assaillirent les autorités, les administrations, les représentants du peuple, aussitôt après la levée du siège ; on se croirait, à les lire, transporté à l'époque du siège de Paris : demandes d'indemnités ou d'exonération, certificats de bravoure, propositions de formation de corps bizarres, plaintes, dénonciations, inventions de toutes sortes se disputent à l'envi l'attention des pouvoirs.

Dans le nombre, je signalerai ici à titre de curiosité le mémoire de l'architecte Lorenzo « relativement à un chariot » allant sans chevaux dont ci-inclu un exemplaire des avanta- » ges extraordinaires de ce chariot fondés sur des expériences. »

Je citerai encore les idées d'un nommé Gautheret sur la formation de compagnies d'ingénieurs ambuscadiers, et celles d'un nommé Lesage sur la destruction des angles morts, si funestes à une place.

Un autre enfin propose un canon portatif et même un canon se chargeant par la culasse.

12° Opérations de Défense Mobile

Mais il est un dernier ordre de mesures qui devait contribuer, plus que tous les autres, à donner la sécurité à la place de Dunkerque, ce sont : la défense mobile d'abord, ensuite et surtout : l'occupation de Furnes.

C'est ce que je vais examiner en détail.

La défense mobile comprend :

a) La continuation de la surveillance par le tourier ;
b) La continuation de l'action de la flottille ;
c) Les mouvements des troupes de couverture ;
d) Les incursions dans le pays de Poperinghe ;
e) L'occupation de Furnes.

a) CONTINUATION DE LA SURVEILLANCE PAR LE TOURIER

Le 9 septembre.

Vers 10 heures du matin, le tourier annonce qu'il a vu 2 vaisseaux et 4 frégates mouillés devant Gravelines et 8 caiches à la voile dans le même parage et une frégate mouillée dans la rade de Nieuport.

Vers 6 heures du soir, un très grand feu à la droite des Dunes, qu'à l'hauteur de cette ville, il a vu des caiches venir près de terre où il a vu embarquer des pelotons d'hommes.

Le 10 septembre.

L'ordonnateur civil écrit :

Un vaisseau de ligne et 4 frégates sont toujours mouillés devant Gravelines et une autre frégate avec 8 cottres et caiches par le travers de Furnes.

Les représentants Berlier et Hentz écrivent le 12 :

Hier (11) avant notre départ, l'on nous avait rapporté de la tour de Dunkerque que plusieurs caiches ou cutters venaient à terre, à la hauteur de Nieuport, pour embarquer des hommes que l'on transportait de là sur la flotte : les Anglais retournent-ils chez eux ? cela paraît très vraisemblable.

Le 12 septembre.

L'ordonnateur civil écrit :

2 vaisseaux de guerre sont toujours devant Gravelines et 11 bâtiments devant Nieuport parmi lesquels on distingue 4 frégates.

Les Représentants écrivent :

On nous annonce en ce moment que l'embarquement continue aujourd'hui.

Le 13 septembre.

Vers 11 heures, le tourier rapporte qu'il vient de voir 4 frégates, quelques navires et cottres devant Nieuport et d'autres bâtiments devant Ostende.

Vers 3 heures 1/2, il rapporte que les bâtiments qu'il a vus devant Nieuport et Ostende sont à la voile et qu'il croit qu'ils se proposent d'entrer dans ces ports.

Vers 7 heures, il rapporte qu'il a vu encore les navires à la voile mais que les vents et les eaux s'opposent à leur entrée dans ces ports.

Le 14 septembre.

Le tourier rapporte qu'un bâtiment à 3 mâts est sorti du port de Nieuport à 6 heures 10 du matin et parti de la rade de Nieuport pour la rade d'Ostende avec un autre de ceux qui étaient hier devant Nieuport.

Vers 11 heures, il a vu jusqu'à la rade d'Ostende, qu'il ne reste qu'une seule frégate à l'ancre, 2 cottres à la voile et les 2 bâtiments de Nieuport.

Vers 7 heures du soir, il fait un rapport de la marche des bâtiments ennemis.

Le 17 septembre.

Vers 10 heures, le tourier rapporte que les 2 vaisseaux anglais qui étaient mouillés au travers de Gravelines sont partis la nuit dernière ; que, vers 9 heures, une des frégates qui était au travers de Nieuport a mis à la voile pour les côtes d'Angleterre et qu'il reste 4 frégates et 2 petits bâtiments, qu'une caiche est dans le chenal de Nieuport, présentant son beaupré pour sortir.

b) *CONTINUATION DE L'ACTION DE LA FLOTTILLE*

Le 12 septembre, l'ordonnateur civil écrit :

Une armée de 10.000 Français est campée sur Leffrinckoucke pour couvrir Dunkerque et j'ai fait porter les batteries flottantes à cette hauteur pour protéger le flanc gauche du camp.

Le 14 septembre.

Le cachemarés qui était à Gravelines est arrivé ce matin en rade.

Dunkerque, le 17 septembre 1793, IIe année

Citoyen Général,

Le capitaine Castanié vient de nous communiquer ses observations sur l'ordre qu'il a reçu de vous. Nous croyons que vous les accueillerez ; on ne vainc pas la nature, et les éléments sont plus forts que nous. Néanmoins, vous devez être promptement prévenu de cette indisposition et si vous avez quelque chose à y opposer, nous vous invitons à nous en instruire.

Le Représentant du peuple envoyé près l'Armée du Nord

Berlier.

Le Commandant de la rade au général Leclaire

En rade, le 17, à 3 heures du matin

Je viens de recevoir un ordre du général Souham pour me porter à la hauteur d'Adinckercke pour battre la gauche de l'armée, si l'ennemi avait l'audace de se présenter dans cette partie. Cet ordre, mon Général, est inexécutable pour les bâtiments que je commande : premièrement parce qu'il n'est pas possible de battre l'ennemi à terre, à cause de la distance qu'il faut prendre pour être au mouillage ; parce que l'ennemi a, dans cette partie, des vaisseaux, des frégates en quantité qui ne demanderaient pas mieux que notre éloignement de la rade pour venir nous remplacer et faire en triomphe des batteries qui, j'ose le dire, lui ont fait beaucoup de mal. Veuillez, Général, consulter quelques marins expérimentés et vous verrez que ce parage est inabordable et que, malgré tout le désir que j'ai à bien faire mon devoir, je ne pourrai vous être d'aucune utilité, et, qu'en présence de toute l'armée je serai battu et pris sans que personne pourrait me secourir.

Aux citoyens représentans du peuple
actuellement à dune-libre

Mathieu François Goddefroy capitaine de navire, de long cours, enseigne non entretenu au service de la République, expose que son zèle, son activité, et son patriotisme, lui donnent des droits à la confiance de la République ;

Né à Dune-Libre en 1744, il a dès son bas âge, pris le party de la navigation. En 1774 il a été reçù Cap^{ne} de Long Cours, et a navigué depuis en cette qualité, jusqu'à que la guerre s'est déclaré entre la République et l'Angleterre.

Jaloux d'être utile à sa patrie, il a sollicité du service, auprès des différens Ministres de la Marine, les preuves non équivoques du civisme le plus pur, qu'il n'a cessé de donner ont enfin attiré l'attention du Ministre, et le 10 juin dernier il a été promu au commandement de la batterie flottante La Liberté, en station à la rade du port de cette commune.

L'exposant a reçu ce commandement avec reconnoissance, il espérait trouver l'occasion de se mesurer avec les ennemis, elle s'est présentée lors du siège de cette commune, il a conservé la plus ferme contenance et a montré la plus grande intrépidité, le feu le mieux nourri a constament parti de la batterie qu'il commandoit, et a eû le bonheur le 8 septembre de démonter la batterie des ennemis, qui incomodoit singulièrement celle commandé par Castagnier, et qui même l'auroit coulé bas ainsi que Castagnier en est convenu.

Aussitôt la levée du siège les représentans Trulard et Berlier et le général Souham, se rendirent à la rade, et témoignèrent leurs satisfaction aux commandans des différentes batteries flottantes, et à leurs frères d'armes, de leur courage, de leur intrépidité et de leur ferme contenance. Ils promirent de l'avancement aux Commandans, et accordèrent une gratifficca-tion d'un mois de gages aux Equipages.

L'exposant vient d'obtenir le commandement de la canno-nière l'Ardente, et il est sans doute flatté de pouvoir concourir dans ce nouveau poste, à faire respecter le pavillon national et à affermir l'unité et l'indivisibilité de la République, mais il avait lieu, d'espérer de l'avancement, d'après les promesses faite, par les représentans du peuple Berlier et Trulard, il avait lieu d'espérer une place où son courage eut été mis à des plus fortes épreuves, où il auroit pu concourir a abbattre l'orgueil de cette nation féroce et barbare, qui veut dominer les mers, Et où enfin il auroit pu donner à sa nombreuse famille, des exem-ples de vertus pour les rendre digne, un jour de servir utile-ment la république.

Vivre libre ou mourir

Fait à Dune-Libre ce 28 frimaire l'an 2 de la République une et indivisible.

GODDEFROY.

SIÉGE DE DUNKERQUE

LIBERTÉ   ÉGALITÉ

Je soussigné Commandant la station de la Rade et des côtes de cette ville, certiffie que le citoyen Jean-Jacques Austry a servi à bord de la Batterie flotante, l'Egalité, en qualité d'enseigne faisant fonction de second capitaine depuis le 26 may (vieux stile) jusques au 2 de Brumaire, et en qualité de Capitaine jusqu'à ce jour suivant l'ordre qui m'en a été transmis par le citoyen Castagnier, Commandant la Division ; certifie de plus qu'il s'est comporté en vrai marin et excelent guerrier pendant le siège de cette ville et qu'il s'est toujours montré en vrai républiquain et en outre que se même commandant Castagnier l'avait assuré de lui d'Enseigne non entretenu. En foi de quoi j'ai signé le présent pour servir et valoir ce que de raison.

En rade des Dunes Libres ce 28 frimaire 2e année de la République française une et indivisible.

J. B. LARMET.

Rade des Dunes Libres ce 30 frimaire 2e année de la République française une et indivisible.

Aux Citoyens
Représentans du Peuple

Citoyens Représentans

Je vous remets ci-après les noms des braves officiers qui se sont distingués lors du siège de cette ville qui n'ont pas encore reçu le grade d'enseignes non entretenus et auxquels le citoyen Castagnier ci devant commandant cette station avait promis de s'intéresser pour le leur faire accorder.

Savoir :

Guillaume Divoort, Commandant provisoirement l'aviso l'« Argus ».

Jean Jacques Austry, Lieutenant sur la batterie flottante l'« Egalité », la commandant provisoirement depuis le 2 de Brumaire.

Pierre Divoort, Lieutenant sur la batterie flottante « La République ».

Louis Paulmier, Lieutenant sur l'aviso l'« Argus ».

Jⁿ L^{is} Touss^t Baroen, Enseigne et ensuite Lieutenant sur l'« Egalité ».

Benj. Richard Cany, Enseigne sur « La Liberté ».

Employés et présens pendant le siège.

En outre

Phillipe, François Berthelot a 10 mois de service à Brest ou dans la Belgique, actuellement employé dans cette station.

J^q P^{re} F^s Désiré Buddaert a commandé un aviso dans la Belgique, employé pendans le siège à la réparation de la corvette « Le Pandoure » et enfin employé dans cette station.

Tous ces officiers bons républiquains réclament par mon organe votre équité à l'effet de leur obtenir simplement un brevet d'enseigne non entretenu pour à la paix pouvoir commander et naviguer avec les bâtimens de commerce

Le Commandant de la station et des côtes
J. B. LARMET.

c) MOUVEMENTS DES TROUPES DE COUVERTURE

Le 11 septembre, vers 11 heures 1/2 du soir, a été donné ordre de rassembler 2 bataillons de la garde nationale citoyenne, la troupe ayant reçu ordre de partir.

Extrait de l'historique du 8e cuirassiers (avec réserve)

Le 11 septembre, un fort parti de chevaulégers de La Tour vint pour surprendre nos avant postes qui sont près de Furnes et parvinrent pour un instant à repousser les éclaireurs du 8ᵉ régiment.

Un piquet de 50 cuirassiers se porta rapidement à leur secours, et, de concert, ils chargèrent l'ennemi qui perdit beaucoup d'hommes et de chevaux dans cette affaire.

Le rapport de deux déserteurs, qui arrivèrent le lendemain, nous fit savoir que presque tous les chevaulégers de la Tour présents à cette affaire furent dangereusement blessés.

Hondtschoote, le 11 septembre 1793.
IIᵉ année Républicaine.

Au général Leclaire :

Le Général en chef me charge, cher Général, de vous proposer de vous charger de la défense depuis Rousbrugge jusqu'à Dunkerque inclusivement ; il restera 8.000 hommes au camp retranché de Dunkerque, 5.000 hommes à Hondtschoote et 2.000 hommes à Cassel. Avec ces forces, je ne crois pas que l'ennemi tente de revenir ; d'ailleurs la première pluie rendra le pays impraticable. Vu la situation de votre santé, ce poste vous convient mieux qu'un autre et personne ne peut mieux le remplir que vous. Je vous en prie, acceptez ce poste, il sera moins pénible pour vous. Donnez-moi votre réponse de suite. Vandamme commandera à Hondtschoote, Souham à Dunkerque et vous commanderez le tout et resterez à Cassel. Je désire bien que votre santé soit meilleure. Je prends à vous le plus sensible intérêt.

L'Adjudant Général,
Vernon.

Ordre, de Cassel, le 12 septembre, signé Houchard

Il est ordonné au général de brigade Leclaire de prendre le commandement de toutes les troupes qui composent les camps de Hondtschoote et Dunkerque.

Il tiendra la défensive depuis Rousbrugge jusqu'à la mer ; il convertira sa défensive en offensive toutes les fois que les circonstances le lui permettront ; il inquiètera surtout l'ennemi sur la communication de Rousbrugge à Ypres et s'informera avec soin de ce qui se passera dans cette partie ; il aura sous ses ordres le général Souham, qui commande le camp retranché de Dunkerque, et le commandant Vandamme qui commande le camp d'Hondschoote ; ces deux officiers lui rendront compte de tout ce qui regardera le service et exécuteront ses ordres.

Le général Landrin n'étant que passagèrement avec sa division devant Dunkerque, il souscrira pour le bien du service à tout ce qui lui sera prescrit par le général Leclaire.

Le 12 septembre (tandis que le gros des troupes file vers Lille et le camp de Gavrelle) le général Leclaire (quoique malade) prend le commandement de Cassel, c'est-à-dire des troupes qui se trouvaient depuis Steenvorde jusqu'à Dunkerque.

Voici, dit-il, le résumé des troupes à mes ordres et leur emplacement :

A Dunkerque, 8.000 hommes commandés par le général Carrion ;

A Hondschoote, 6.000 hommes commandés par le commandant Vandamme ;

A Steenvorde, 300 hommes commandés par le chef de bataillon Guerrin ;

A Cassel, 800 hommes commandés par le général Canolles ;

A Bailleul, qui fut joint à mon commandement, 1.200 hommes commandés par le général Romanet ;

A Bergues, 2 bataillons de réquisition.

Le commandant Vandamme écrit :

L'armée française campa plusieurs jours à Hondschoote et

dans les environs, elle partit ensuite et dirigea sa marche par Rousbrugge sur Bailleul d'où elle se porta sur Menin.

Les troupes que je commandais restèrent, elles occupèrent :

Hondschoote, les villages de l'Abeele, Beveren, Capelle Saint Eloy, Giverinchove, Polinchove, Ysenberg, Saint Riquiers, Alveringhem, Vinchem, Wulveringhem, Oyvaernest et Houthem ; le 7e de cavalerie, le 1er bataillon du 16e régiment d'infanterie et le 1er bataillon du Doubs vinrent, de plus, sous mes ordres.

Le 13 septembre, le général Souham revient à Dunkerque.

Vers 9 heures du soir, a été donné ordre aux personnes logées chez le citoyen Brown de quitter la maison pour y loger le général Souham.

d) *INCURSIONS DANS LE PAYS DE POPERINGHE*

Ordre du général Houchard, de Hondschoote, le 11 septembre :

Il est ordonné au commandant Vandamme de brûler le plus tôt possible les villages de Rousbrugge et Poperinghe, le château de Watou et les bois de Saint Six.

Ordre du général Leclaire, le 15 septembre :

Le village de Waetoue (Watou) se trouvant sur le territoire ennemi, le commandant Guinet fera enlever les fourrages, bestiaux, etc., qui peuvent servir aux besoins de l'armée de la République, les enverra sur Cassel où ces objets seront remis aux commissaires des guerres.

Lettre du commandant Vandamme, de Hondschoote, le 18 septembre.

Je viens de faire réduire en cendres le village de Rousbrugge.

On trouvera ci-après un curieux document relatif aux prises ainsi faites sur le territoire ennemi.

État des dépenses relatives aux prises, rassemblement, conduites et ventes de différens bestiaux enlevé sur le territoire Ennemy, ainsy qu'aux effets et danrées qui en ont été tirées pour les envoyer à Bergues.

Observant que les chevaux ont été remis à différens capitaines pour être employés au service de l'artillerie ou des charrois le surplus a été envoyé à Bergues.

Que les bœufs et vaches ont été envoyés à Bergues et remis à l'Administration du district, que les veaux, poulains, moutons et porc seulement ont été vendus à Houdscoote en conséquence des ordres du général Gigaux pour le prix servir au payements des dépenses qui seroient faites concernant les bestiaux et enlèvement d'effets, été donné en gratification aux corps qui ont fait les enlèvemens de bestiaux et effets et le surplus versé dans la masse publique. Lesquelles dépenses consistent :

Scavoir :

Pour plusieurs volontaires qui ont gardé nuit et jour les bestiaux pris sur l'ennemy et réunis à Houdscoote le 26 septembre au nombre de plus de trois cent.	20ˡ 00
Pour vingt un volontaires qui ont conduit ces bestiaux à Bergues.	105 00
Pour la personne qui a annoncé la vente le 26 septembre.	5 00
Pour les personnes qui ont criés les enchères et gardé les bestiaux pendant la vente.	5 00
Pour sept personnes qui ont été conduire 56 vaches à Bergues à raison de 5ˡ.	35 00
Pour les personnes qui les ont gardé avant leur départ.	10 00
Pour la personne qui a annoncé la vente du 28 septembre.	5 00
	185 00

De l'autre part...........................	185 00
Pour les personnes qui ont criés les enchères et gardé les bestiaux pendant la vente	10 00
Pour le citoyen Bertrand préposé aux vivres et son camarade choisis pour faire effectuer dans un lieu indiqué les assemblemens de plus de quarante un bestiaux et qui les ont conduit à Bergues...........	50 00
Pour un particulier qui a annoncé trois poulins que des volontaires avoient mis chez lui qu'il nourrissoit depuis plus de quinze jours que nous avons fait ammener à Hondscoote d'après la déclaration et vendu au profit de la République.....................	45 00
Pour un volontaire qui a ammené un poulin.....	12 00
Pour la personne qui a annoncé la vente des poulins et veaux du 1er octobre.....................	5 00
Pour les personnes qui ont criés les enchères et gardé les bestiaux pendant la vente..............	5 00
Pour la personne qui a annoncé la vente du 4 octobre....................................	5 00
Pour les personnes qui ont criés les enchères et gardé les porcs pendant la vente..................	5 00
Pour quatre personnes qui ont pansé environ trente chevaux et poulins depuis le 25 septembre jusqu'au 4 octobre qu'elles sont parties avec leurs corps pour Cassel à raison de 3^1 par jour à chacun qui leur ont été aloués par l'adjudant général Durutte..	120 00
Pour les licols et cheptes pour attacher les chevaux	10 10
Pour trois volontaires qui ont ammené des chevaux	24 00
Pour un volontaire qui a ammené un poulin......	12 00
	488 10

De l'autre part..	488 10
Pour le maréchal expert qui a fait le signallement et estimation de ces chevaux qui ont été remis pour être employés dans l'artillerie attachée à différens bataillons...	10 00
Pour un maréchal expert qui a fait une opération à un des chevaux pris sur l'ennemy qui avoit été blessé et qu'il a pansé pendant 12 jours après lui avoir mis un senton en dedans de la cuisse.........................	10 00
Pour deux hommes qui ont pansé les chevaux depuis le 4 octobre jusqu'au dix qu'ils sont restés à Hondscoote à raison de 3^l chacun par jour...............	36 00

Pour les gratiffications accordées par le général Gigaux aux corps qui ont fait les prises des bestiaux à raison de 100^l chacun et que j'ay été autorisé à payer par l'adjudant général Durutte en l'absence du général Gigaux,

    Scavoir

Pour le deuxième Régiment d'hussards	100 00
Pour le 1er Bataillon d'Indre et Loire.............	100 00
Pour le 2e Bataillon d'Indre et Loire.............	100 00
Pour le 5e Régiment d'Infanterie................	100 00
Pour le 6e des Fédérés........................	100 00
Pour le 1er B^{on} des Bouches du Rhône...........	100 00
Pour le 4e B^{on} de l'Aisne	100 00
Pour le 1er du Nord	100 00
Pour le Bataillon de Molière..................	100 00
Pour le 1er de la Haute Vienne.................	100 00
Pour le 7e de Seine Inférieur...................	100 00
Pour le 2e des Volontaires nationaux............	100 00
	1744 10

De l'autre part........................... 1744 10

Pour la personne qui a annoncé la vente du 10
octobre................................... 5 00

Pour les personnes qui ont gardé les bestiaux et
crié ces enchères.......................... 3 10

Pour la personne qui a pansé un anon pendant
3 jours................................... 3 00

Payé à plusieurs personnes qui ont ammené 3 poulins Defforbac à Hondscoote................ 15 00

Pour la personne qui a pansé 3 chevaux pris sur
l'ennemy et remis à Henry dont l'un a été pris aux
trinitaires................................ 1 10

Pour la personne qui a pansé 3 poulins venus
desorbac pendant 3 jours................... 4 10

Pour la personne qui a pansé un vieu cheval et
deux poulins qui ont été vendus pendant deux jours. 4 10

Pour la personne qui a annoncé la vente........ 5 00

Pour la personne qui a conduit les veaux et poulins
sur la place et crié les enchères.............. 3 00

Donné à la personne qui a pansé pendant 3 jours
un cheval pris sur le territoire ennemi......... 3 00

Payé à un cavalier qui a emmené le cheval...... 12 00

Payé à plusieurs ouvriers employé à décharger de
l'avoine au magazin en différentes fois ainsy qu'environ deux cent rations de bled et fourny la fiselle pour
les lier................................... 24 00

Pour douze volontaires qui ont chargé, transporté
et mis dans une bélandre des ornemens d'église, des
cloches et autres effets..................... 30 00

1856 50

De l'autre part...........................	1856 50
Pour plusieurs batelliers qui ont aidé différentes fois à décharger et mettre dans des bateaux des cloches et du plomb...................................	20 00
Pour la personne qui a descendu les cloches......	96 00
Pour deux cavaliers qui ont ammené des chevaux.	10 00
Pour les ouvriers qui ont été employés à mettre le bled et l'avoine dans des sacs lors des dispositions d'évacuation...................................	12 00
Pour la fiselle pour lier les sacs.................	5 00
Pour les volontaires qui ont escorté du bled......	5 00
Pour la personne qui a pansé deux des six chevaux remis au citoyen Fontaine depuis le 1er novembre jusqu'au 19...................................	20 00
Pour la personne qui a pansé le cheval qui avoit été vendu au boucher d'Hondscoote par l'officier emprisonné depuis le trois novembre jusqu'au 14........	11 00
Pour les onze volontaires qui ont été conduire le trois frimaire les bestiaux à Bergues à raison de 5 chacun...................................	55 00
Pour deux volontaires qui ont été rechercher deux chevaux qui étoient échappés d'avec ceux conduits à Bergues et qui ont fourny de corde pour les attacher	4 00
Payé au général Gougeleau sur ses ordres et quittances du 28 octobre...........................	600 00
Payé à l'adjud^t g^{al} Durutte ses frais de bureau du mois de septembre...........................	116 05
Payé à l'adjud^t g^{al} Durutte ses frais de bureau du mois d'octobre...........................	139 00
	2949 55

SIÈGE DE DUNKERQUE 381

De l'autre part..................................	2949	55
Payé les appointemens des dessinateurs et secrétaires du 1ᵉʳ octobre au 20 novembre inclus..........	401	00
Pour un caporal et 10 volontaires qui ont été conduire à Bergues les 92 bestiaux tant chevaux que poulins et bettes à corne à raison de 5 chacun......	55	00
Pour un caporal et six volontaires qui ont été conduire le troupeau de moutons, à raison de 5 chacun..	35	00
Pour un caporal et 6 volontaires qui sont allés à Bergues conduire dix vaches à raison de 5	35	00
Remis au gᵃˡ Gigaux sur sa cʳᶜᵉ pour dépenses secrettes.......................................	600	00

Pour gratification aux détachemens qui ont été enlever les bestiaux dans les Moëres autrichiennes suivant la taxe du général :

Savoir :

Pour 48 hommes du 5ᵉ Bᵒⁿ du L'hot à raison de 5 chacun.......................................	240	00
Pour 46 hommes du Bᵒⁿ de la Corèze............	230	00
Pour 36 grenadiers du 2ᵉ Bᵒⁿ Indre et Loire......	180	00
Plus pour la gratification accordée à Clément Henry..	200	00
	4925	55

Le présent état certifié veritable par nous commissaire ordinaire des guerres soussigné sauf erreur de calcul, le 6 frimaire l'an 2 de la République française.

Le Commissaire des Guerres
Signé Colas.

Le Commissaire des Guerres,
    Collas.

e) OCCUPATION DE FURNES

L'occupation de Furnes fut le résultat d'un de ces mouvements d'instinct, qui sont souvent les meilleurs à la guerre, bien que n'allant pas sans quelque imprudence.

Quand ils ont réussi, il faut les soutenir.

Quoi qu'il en soit, le fruit n'était pas encore mûr et l'occupation, comme les deux précédentes, comme la suivante même, ne fut qu'éphémère.

Le 14 septembre, le général Leclaire écrit :

1° Au commandant Vandamme, à Hondtschoote
Commandant de Bailleul jusqu'à la Mer

J'ai bien autant que vous, mon cher Commandant, envie de leur tomber dessus. J'en ai conféré ce soir avec les représentans. Duquesnoy connaît parfaitement le local, il craint qu'il n'y ait de grosses pièces d'artillerie. C'est de quoi il faut tâcher de vous informer, ainsi que du nombre d'hommes qui défendent le poste. Il ne faut pas nous exposer au moindre petit échec. J'écris dans ce même moment au Général en chef pour savoir où il en est et si ce projet ne contrarierait pas ses opérations. En attendant sa réponse, procurez-vous tous les renseignements possibles, et s'il y a lieu à la chose, nous leur donnerons leur reste. Je ne puis rien trouver à faire marcher du côté de Poperingues. Le camp seul de Lefferynchoucke et vous pouvez donner.

2° Au Général en Chef

J'ai conféré ce soir avec les Représentans pour attaquer Furnes avec les troupes du camp de Lefferynchoucke et d'Hondtschoote. Les renseignements que me donne Vandamme sont que les ennemis se jettent vers Ostende pour défendre ce port, qu'ils ne laissent que 4.000 hommes à Furnes. Le représentant Duquesnoy, qui connaît bien le local, craint qu'il n'y ait des pièces de position. C'est de quoi Vandamme va tâcher de s'éclairer. Si les rapports sont favorables pour effectuer ce projet, dites-moi si cela ne contrarierait pas vos opérations car il peut arriver que nous le manquions. J'attends à cet effet et votre réponse et les rapports de Vandamme. Si j'avais assez de troupes un petit corps qui filerait sur Poperingues ferait un bon effet. Mais je n'ai ici que le fond de trois bataillons. Ma santé est toujours aussi délabrée, mais la continuité de nos victoires et la prospérité des armes de la République la rétabliront infailliblement.

Le général en chef Houchard au général Leclaire

Lille, le 15 septembre 1793.

J'ai reçu votre lettre, Citoyen Général, et le projet d'attaque sur Furnes qu'elle renferme. Je ne vois pas trop à quoi aboutira cette attaque, ne pouvant pas faire la conquête d'Ypres. Nous y sacrifierons peut-être beaucoup de monde sans en tirer un grand avantage. Nous avons en ce moment si peu de troupe ! Nous devons conserver celles que nous avons avec le plus grand soin, lorsque leur sacrifice ne peut pas donner de grands avantages à la République. Si vous éprouvez un échec devant Furnes, cela pourra ranimer l'espoir des Anglais et les faire revenir.

Leur fuite vers Ostende, faites-y bien attention, vient uniquement de ce que nous sommes à Menin et qu'ils pensent que je puis aller les prendre à revers ; mais, je vous le dis en secret, et vous en ferez part aux Représentans du peuple, je suis forcé d'abandonner Menin et me réduire dans cette parti-ci à une pure défensive pour aller me porter bien vite vers Cambrai, où les plus grands malheurs viennent d'arriver. Le commandant de Bouchain et Cambrai a fait tailler en pièces les deux garnisons de ces places avec perte de 18 pièces de canon, on vient de m'annoncer en outre la déchirante nouvelle de la prise du Quesnoy. Tout cela met une furieuse ombre au succès que nous venons d'obtenir et me fait éprouver la plus sensible peine.

Vous ferez cependant, Général, quant à l'expédition que vous me proposez, ce que vous jugerez le plus utile pour le salut de la République et après les vœux des Représentans du peuple à qui je vous prie de communiquer cette lettre. Malgré la pénurie où je suis de troupes, je sens tellement l'importance de Cassel que vous avez dû y recevoir trois bataillons de renfort.

Je vous préviens que le poste de Bailleul est si essentiellement lié à la nature à la position de Cassel que je vous ordonne d'en prendre le commandement; il y a deux bataillons et vous ferez occuper ce poste de la manière que vous jugerez la plus convenable. Je vous autorise à y nommer un bon commandant. S'il reste à Cassel des équipages et effets de campement de troupes qui ne soient pas sous vos ordres, donnez-leur ordre de se rendre de suite au camp de Gavrelle. Je vous fais part aussi que j'ai donné ordre au chef de l'Etat-Major de faire partir du camp de Dunkerque la 32e Division de gendarmerie et le 4e bataillon franc. J'ai laissé tant de troupes devant Dunkerque et je suis forcé d'en laisser tellement sur la Lys, que l'armée se trouve réduite à très peu de monde. Cependant les ennemis vont s'avancer du côté de Saint-Quentin, et Cambrai et Bouchain se trouvent sans garnison, de sorte que l'intérêt et le salut de la patrie demanderaient que je puisse tirer au moins six bataillons de la division que j'ai laissée devant Dunkerque. Faites part de ces réflexions aux Représentans du peuple, et si, sans compromettre le salut de Dunkerque cette extraction peut se faire, la patrie demande, Citoyen Général, que ces bataillons rejoignent l'armée : il resterait encore 10.000 hommes devant Dunkerque, ce qui me paraît suffisant pour sa conservation. Répondez-moi sur-le-champ là-dessus, après en avoir conféré avec les Représentans du peuple, et faites partir de suite les six bataillons pour Gavrelle, si le résultat de la conférence est pour l'envoi ; il faut penser à ce malheureux pays qui n'a plus pour barrière que la petite place de Landrecies.

Au camp en avant de Dunkerque, le 16 septembre 1793

Etant informé que l'ennemi évacuait Furnes, j'ai fait marcher quatre bataillons d'infanterie et le 5ᵉ Régiment de Chasseurs à cheval. Cette troupe, commandée par le Général Guyot, est entrée dans cette ville entre 10 et 11 heures du soir sans résistance. J'en ai instruit de suite le général en chef et j'attends des ordres pour agir.

Le Général de Brigade,
Carrion.

Le *15 septembre*, écrit le général Leclaire, je pousse des troupes à Furnes et ma ligne de feux derrière l'Yser, soit :

A Furnes 4.000, à Dunkerque 4.000, le reste ainsi que le 12.

Il écrit le même jour :

1° *Au Général en Chef*

Général, je vous envoie une copie du rapport que me fait Vandamme qui a toujours grande envie de tomber dessus, mais je vois avec déplaisir ces 10.000 hommes sur ma droite et je n'entreprendrai rien sans vos ordres. Il me paraît même qu'il ne serait pas du tout prudent de tenter rien sur Furnes tant que 10.000 hommes seront à Dixmude, et autant et plus même à Ypres.

2° *Au commandant Vandamme*

Prenez toutes vos précautions, mon cher Vandamme, au sujet de l'évacuation de Furnes, et ne vous aventurez pas encore à occuper ce poste. Nous avons 10.000 hommes sur notre droite à Dixmude et on assure 25.000 à Ypres. Il est vrai qu'occupant une fois ce poste, la retraite serait par les dunes sur Dunkerque. Le général Declay vient, par imprudence, de faire tailler en pièces 3.000 hommes et perdre 17 pièces de canon. S'ils ont évacué Furnes, ce que vous me ferez savoir, nous pourrons le faire occuper par une partie des troupes du camp de Lefferynckoucke. J'attends les députés, ce soir, qui reviennent de Dunkerque. J'attends aussi des nouvelles du général en chef qui voit les opérations bien dérangées par l'échec de Declay.

Le *16 septembre*, écrit le général Leclaire, d'après les renseignements certains que l'ennemi se renforçait sur tous les points, je recule ma ligne de défense, soit :

4.000 au camp de Dunkerque, commandés par le général Carrion,

4.000 à Hondschoote, commandés par le général Gigaux,

3.000 à Rousbrugge, commandés par Vandamme,

3.000 à Steenvorde, commandés par le chef de bataillon Guerrin,

1.400 à Bailleul, commandés par le général Romanet,

1.100 à Cassel, par le général Canolles.

Il écrit le même jour :

1° *Au général Carrion*

L'avis que vous avez donné au général en chef aurait dû me parvenir directement, puisque les troupes que vous commandez doivent être à mes ordres toutes les fois que le bien du service l'exigera, ainsi que me le prescrivent les instructions que j'ai reçues et dont j'ai fait passer copie à tous les commandants de troupes de ma division. En vertu de ces pouvoirs, vous quitterez votre camp actuel et vous vous porterez demain à la pointe du jour au poste d'Adinckercke ; vous appuierez votre droite au canal de Furnes et votre gauche à l'Estran. Je vous donne avis que je donne ordre en même temps au général Souham de faire avancer deux carcassières jusqu'à la hauteur de votre gauche pour la protéger et empêcher que vous ne soyez tourné à la basse mer par l'Estran ; vous ne négligerez rien pour assurer votre retraite en cas d'attaque par des forces supérieures. J'ai donné ordre au commandant Vandamme de quitter Hondtschoote et de se porter en avant. Il doit garder le passage de l'Yser depuis Rousbrugghe jusqu'à Furnes. Vous garderez la position ci-dessus indiquée jusqu'à nouvel ordre et vous ferez observer à votre troupe la plus grande surveillance ; il faut la faire reposer le jour et veiller la nuit. Vous ne devez pas négliger de faire remuer la terre en avant de votre front pour vous couvrir.

2° *Au général Souham*

D'après les ordres que je viens de donner au général Carrion de se saisir du poste d'Adinckercke et d'appuyer sa droite au canal de Furnes et sa gauche à l'Estran, vous donnerez des ordres au commandant des carcassières d'en faire avancer deux et de les mettre en station à la hauteur d'Adinckercke de façon qu'elles puissent flanquer la gauche de l'armée et battre à revers cette partie de l'Estran. Je ne connais pas le gisement de la côte, mais il faudra leur donner ordre d'approcher le plus qu'il se pourra. Le général Carrion doit occuper le poste d'Adinckercke demain, à la pointe du jour, il faut que les deux carcassières précèdent au moins une heure son arrivée. J'écris à ce sujet aux Représentans du peuple à Dunkerque.

3° *Aux Représentans du Peuple à Dunkerque*

L'évacuation de Furnes et la position que nos troupes ont prise en s'emparant de ce poste exigent d'appuyer la droite et la gauche de cette place. En conséquence, j'ai donné ordre au commandant Vandamme de quitter Hondtschoote et de se porter en avant pour flanquer la droite. Il est nécessaire que, par un mouvement uniforme, le général Carrion quitte sa position devant Dunkerque et s'avance jusqu'à celle d'Adinckerckc, afin de se trouver à portée de soutenir la gauche. Comme la division de ce général sera appuyée par la droite au canal de Furnes et que la gauche s'étendra vers l'Estran, je donne ordre au général Souham de faire mettre en station à cette hauteur deux carcassières pour défendre l'Estran et empêcher que l'ennemi ne puisse tourner sa gauche. J'ignore absolument les pouvoirs de l'officier général commandant la place de Dunkerque et ceux du commandant des carcassières. Comme je pourrais me tromper en faisant donner l'ordre par le général Souham, s'il en était ainsi, je vous prie d'interposer votre autorité afin que cet ordre ne puisse souffrir aucun retard.

Insertion au Bulletin

Le 18 septembre

Les Représentans au peuple, envoyés près l'armée du Nord à Dunkerque,

Au Comité de Salut public

On nous apprend, citoyens Collègues, par plusieurs voies non officielles à la vérité, que Furnes est évacuée par l'ennemi et qu'il se replie sur Nieuport avec des dispositions telles qu'il paraît même disposé à reculer sur Ostende.

Ces rapports se multiplient et nous commençons à y croire ; on va éclairer le pays, et presser l'ordre de marcher.

Il est malheureux que nous ne soyons instruits de ce que nous avons à faire, qu'au moment même de l'exécution. Au reste les résolutions appartiennent si souvent à des événements incertains, et sont si naturellement enchaînées à des opérations générales que l'action dans chaque point particulier, ne peut guère se prévoir à l'avance.

Nous avons aujourd'hui visité l'équipage du brave Castagnier ; demain nous devons prendre pour cette partie quelques mesures dont nous vous donnerons connaissance, nous avons crû aujourd'hui devoir accorder une gratification à cet équipage ; nous vous enverrons incessament nos divers arrêtés.

Une ordonnance du général Carrion nous apprend à l'instant que son avant-garde marche sur Furnes : vous pouvez dès lors dire que nous y sommes.

Nos braves troupes auront sans doute le déplaisir de n'y pas trouver une résistance digne de leur courage, nous nous occupons à recueillir les traits éclatants de valeur dont les soldats de la République ont donné l'exemple, et qui parce qu'ils sont trop nombreux restent trop communément ignorés.

Salut et fraternité.
Berlier. Trullard.

16 septembre, matin.

P. S. *Le général Gigaux vient d'entrer dans Furnes, sans obstacle,* c'est ce que nous apprend une dépêche, que nous avons reçue dans la nuit. Nous comptons y aller aujourd'hui.

Nous joignons ici une lettre allemande trouvée parmi les papiers enlevés au camp des ennemis, adressée au prince .... par un de ses neveux : les citoyens que nous avions nommés pour l'examen des papiers en ont traduit cette phrase: *Le prince de France sera Roi sous la Régence du Roi d'Angleterre, et ce, jusqu'à la majorité du jeune Roi ; on dit que Sporcke est retourné à Londres pour cet effet.* Cette lettre est datée du 6 septembre.

<small>Le 15 sept.
L'an 2 de la
République
une et indivisible</small> Si cette fanfaronnade ne mérite que le mépris des républicains, il peut néanmoins être bon de la recueillir pour en enrichir l'histoire de notre Révolution.

Berlier. Trullard.

Dunkerque, le 17 septembre 1793.

Les représentans du peuple revenus de Furnes, où ils ont trouvé une grande quantité de comestibles qu'ils font transporter à Dunkerque, écrivent qu'ils ont amené avec eux 2 officiers municipaux en otage.

Séance de la Convention du samedi 28 septembre

Les volontaires ont pris beaucoup d'or et d'argent à Furnes. Au lieu de le vendre, comme ils y étoient invités par des agioteurs, ils l'ont méprisé. Plusieurs ont donné l'écu de 6 livres pour 4 liv. 10 s. en assignats. — Applaudissements.

Salut et fraternité.
Signé : Hentz, Peyssard, Duquesnoy.

*Dunkerque, 17 septembre l'an 2ᵉ de la
République une et indivisible.*

*Les Représentans du Peuple envoyés près l'Armée du Nord
à leurs Collègues à Lille*

(La même, à Arras)

Vous trouverez sous ce pli, Citoyens Collègues, l'Etat des bouches à feu, afuts, poudres et atirails d'artillerie pris sur l'ennemi dans leur camp devant Dunkerque ; celui des munitions de bouche ne nous a pas encore été remis ; hier, l'avant garde de l'armée commandée par Carrion s'est emparée à Furnes d'une bonne quantité d'excélente farine, d'avoine et de fourages, dont nous avions grand besoin.

Salut et fraternité.
Berlier.

L'état ci-dessus a été reproduit au titre des prises.

Les Représentans du Peuple envoyés près l'Armée
du Nord à Dunkerque

à leurs Collègues à Lille

L'arrêté que vous venez de nous envoyer, citoyens Collègues, ne s'accorde pas avec quelques mesures que nous venons de prendre, et sur lesquelles les connoissances que nous avons acquises de cette place nous ont mis à même de prononcer avec plus d'avantage que ne peuvent faire ceux qui sont placés à de plus grandes distances.

D'abord et relativement à la position des pièces de canons sur les remparts, nous y avons pourvu de la manière que nous avons jugée la plus utile, et l'un de nous ayant, pendant 32 ans, exercé la profession d'ingénieur, il a pu le faire avec grande connoissance de cause.

Quant à l'excédent de canons dont vous croyez, par rapport aux prises que nous avons faites à l'ennemi, que partie pourroit rentrer dans l'intérieur, cela seroit très vrai, si sur les pressantes réclamations de la Marine, nous n'eussions pris le parti d'arrêter pour la défense du port totalement indéfendu, la construction de trois forts qu'il faudra armer de ces mêmes canons.

Les inquiétudes continuelles que causent les escadres ennemies et le service difficile de nos chaloupes canonières fort délabrées, nous ont fait un devoir de cette mesure essentielle dans tous les tems et surtout aujourd'hui.

Si cette résolution est blamable, nous ne voyons comme vous que notre patrie et nous désirerons toujours que d'autres fassent mieux.

Vous réprouvez la manière imprudente dont le général Carrion s'est avancé sur Furnes ; sans nous rendre ses apologistes, nous devons vous observer qu'il ne l'a fait que par des ordres supérieurs que nous aussi nous trouvions hazardeux, et dont cependant le résultat nous a valu des provisions, principalement en farines.

Salut et fraternité.
F. BERLIER.   TRULLARD.

Quoi qu'il en soit, toute éphémère qu'elle fût, l'occupation de Furnes motiva et permit la levée de l'état de siège à Dunkerque, ce qui se fit en grande cérémonie, à en juger par le document reproduit ci-après :

Mardi 17 septembre.

Levée de l'Etat de siège à Dunkerque

Sur le rapport fait que ce jour vers trois heures de relevée la publication que la ville n'est plus en état de siège devoit être faite, a été arrêtée d'enjoindre au citoyen Garcia de faire trouver à la tour vers trois heures de relevée les sonneurs et carillonneur pour, au moment du signal qui sera donné avec la cloche de l'hôtel commun, faire sonner toutes les cloches, carillonner et hisser la flamme et pavillon National.

Vers trois heures et demi de relevée, les représentans du Peuple les généraux à eux joint la majeure partie du Conseil Général de la Commune, précédés et suivis de la Cavalerie Nationale citoyenne et de quelques chasseurs à cheval, sont sortis de la Conciergerie pour se rendre dans les différens endroits de cette ville et y publier la proclamation que la Ville n'est plus en Etat de siège, à l'instant la flamme et le pavillon National ont été hissé, au bruit de toutes les cloches et du carillon ; et le cortège s'est rendu sur la place de la Liberté, de là dans plusieurs autres places de la Ville, Basse-ville et Citadelle et finalement devant la maison Commune et y a été fait et publié la proclamation du général Souham conçue en ces termes :

« Citoyens Républicains,

« Les satellites des despotes ont fuis de devant nos murs ; votre courage a secondé celui des troupes, vous avez vaincu vos ennemis ; votre territoire est libre comme vos personnes le seront toujours.

» La Patrie qui vous retrouvera éternellement au chemin de l'Honneur et du Patriotisme, vous rend en ce moment à vos travaux ordinaires.

» Je déclare et proclame donc, que la place de Dunkerque n'est plus en état de siège, et que les choses rentrent dans l'ordre prescrit par les lois générales de la République. »

Dès le lendemain, les mouvements de l'ennemi provoquaient de nouvelles craintes, ainsi qu'on en jugera par les deux documents reproduits ci-après. Je dirai quelques mots de cette question, en exposant les conséquences de la bataille d'Hondschoote.

Pour le moment, je me bornerai à constater que les abords de Dunkerque-Bergues et le secteur ouvert Bergues-Bailleul durent être plus fortement gardés qu'avant la bataille et qu'à toute diminution des forces de campagne dans la région correspondait sans délai l'envoi de bataillons de réquisition ou la mise en activité des gardes nationales.

Le *18 septembre,* écrit le général Leclaire, un courrier d'Houchard m'apporte avis que Cobourg marche vers moi avec 40.000 hommes. Je renforce Bailleul.

Le général Houchard au général Leclaire

De Gavrelle, le 18 septembre 1793.

Je vous préviens, citoyen Général, que, d'après les rapports, il paraît certain que Cobourg a marché avec 40.000 hommes du côté de Tournay.

Ses projets sont sans doute de renouer la coalition avec les Anglais et les Hollandais. Il pourrait former le projet de faire encore une tentative sur Dunkerque ; dans cette supposition, la pointe faite sur Nieuport deviendrait très dangereuse, si elle était portée trop avant. Je vous recommande fortement d'éclairer les mouvements des ennemis sur votre droite, afin qu'aussitôt que la colonne de Cobourg sera à la hauteur d'Ypres, vous soyez en force à Bailleul et à Cassel. Ce sont les troupes d'Hondtschoote aux ordres de Vandamme qui doivent venir prendre ces positions dans la proportion de troupes que vous déterminerez. Vous considérerez Cassel comme une place forte que nous devons conserver à tout prix.

Recommandez bien à l'officier du génie de Dunkerque de mettre la plus grande célérité à la construction du camp retranché ; dites aussi aux Représentans du peuple de faire approvisionner Dunkerque de vivres pour deux mois.

HOUCHARD.

Le commandant Vandamme au général Leclaire

Hondtschoote, le 18 septembre 1793.

L'ennemi est déjà en force à Reningelst et à Poperingues. Je viens de faire réduire en cendres le village de Rousbrugge.

J'ai fait couper les deux ponts et, en tête du premier, il y a une batterie de trois canons de 4, une pièce de 8 et un obusier. Ce poste (Oost-Cappel) est défendu par le 2ᵉ bataillon du 22ᵉ régiment, le 9ᵉ bataillon des fédérés, le bataillon des chasseurs du Mont Cassel et 50 cavaliers du 7ᵉ régiment ; il est appuyé sur sa droite par le 3ᵉ bataillon franc cantonné à Houtkercke et sur sa gauche, par le 2ᵉ bataillon cantonné à Beveren, lesquels se défendront ensemble et formeront leur retraite sur Bergues, si une trop grande force les y forçait.

Je crois devoir vous observer qu'il est temps de fortifier Bailleul, le mont Noir, le mont des Chats, Godewaersvelde, Steenworde, Saint-Laurent, Droglande et Houtkercke ; quant à ce qui est de mon côté, je ferai tout ce qui dépendra de moi pour en répondre. L'ennemi s'assemble de toutes parts et paraît vouloir attaquer Bailleul et Oost-Cappel, vous pourrez en juger par les détails ci-joints. J'ai formé par l'ordre du général Duquesnoy, lorsque j'étais à Godewaersvelde, une compagnie franche à Boesscheppe, dont le citoyen Derike est capitaine. Cette compagnie, si elle était organisée et habillée, vous servirait beaucoup parce qu'elle est composée de tous les braconniers bons soldats. Veuillez bien faire venir vers vous le capitaine et l'organiser définitivement.

VANDAMME.

P.-S. — Communiquer cette lettre au Général en chef.

CONCLUSION

Quoi qu'il en soit, l'ennemi pouvait revenir, comme le dit, avec juste raison, l'adjoint du Génie Diot, et cette simple constatation caractérise mieux que de multiples considérations, l'importance réelle de la levée du siège (et de la victoire d'Hondschoote).

Pour le moment, la Place de Dunkerque était sauvée

et je me bornerai à énumérer les causes de l'échec de l'attaque :

    1° La ténacité de la population ;
    2° L'union de toutes les autorités ;
    3° L'action du Conseil Général ;
    4° L'activité du commandant Hoche ;
    5° L'influence des Représentants de la Convention ;
    6° Les secours de l'armée ;
    7° Le concours de l'Ordonnateur civil ;
    8° La coopération de la flottille ;
    9° Les inondations ;
    10° Le mauvais temps à partir du 1er septembre ;
    11° La lenteur de la marche de l'armée du duc d'York ;
    12° L'inaction de l'escadre anglaise.

Les écrivains anglais ont amèrement qualifié la conduite de l'Amirauté anglaise en cette occasion : la gamme des épithètes varie de l'inertie à la trahison, en passant par l'ineptie.

Le Général Calvert dit plus modérément :

On trouva tout à fait extraordinaire qu'une entreprise si populaire n'ait pas reçu la moindre coopération navale. Cette négligence de la part du gouvernement excita une grande indignation dans l'armée, et un vif étonnement chez nos alliés.

On lit dans l'ouvrage de Witzleben :

Le 19, le duc d'York arriva au Quartier Général du Prince de Cobourg. Celui-ci se dispensa de faire le moindre reproche au capitaine malheureux. L'attitude du duc démontra qu'il était touché de l'échec complet de l'expédition entreprise contre tous les avertissements ; seul, son ressentiment contre le Ministre et l'Amirauté se donna un libre cours dans les paroles les plus amères.

Je ne me permettrai pas de discuter la question dans toute son ampleur et je limiterai ma critique à la portion d'escadre qui croisait alors dans ces parages ; il semble que l'épithète d'inertie peut lui être justement appliquée : rien ne l'empêchait de prendre à dos la flottille du capitaine Castagnier pendant sa station à l'Est et, en tout cas, de profiter de son absence momentanée pour se poster elle-même de ce côté.

Je dois ajouter que, suivant l'opinion des vieux Dunkerquois et celle très autorisée de M. Emile Bouchet, un certain respect de la rade et des marins de Dunkerque n'aurait pas été étranger à l'inaction, à première vue inexplicable, de l'escadre anglaise.

SIXIÈME PARTIE

LES
Trois Journées d'Hondschoote

SIXIÈME PARTIE

Les Trois Journées d'Hondschoote

Première journée : Vendredi 6 Septembre

§ I. *Situation de l'armée française, le 5 au soir.*
§ II. *Renseignements sur l'ennemi.*
§ III. *Ordres d'opérations.*
§ IV. *Etude des Opérations.*

Deuxième journée : Samedi 7 Septembre

    A. — FRANÇAIS.
    B. — ALLIÉS.

Situation à la fin de la journée

Troisième journée : Dimanche 8 Septembre

§ I. *Forces engagées.*
§ II. *Ordres donnés.*
§ III. *Reconnaissance du champ de bataille.*
§ IV. *Préliminaires.*
§ V. *Orientation (de 7 à 9 heures).*
§ VI. *Préparation (de 9 heures à midi).*
§ VII. *Décision (de midi à 2 heures).*
§ VIII. *Achèvement (de 2 heures à la nuit).*
§ IX. *Mouvement de la division Dumesny sur Ypres.*
§ X. *Résultats de la journée.*

SIXIÈME PARTIE

Les Trois Journées d'Hondschoote

Première Journée : Vendredi 6 Septembre

§ I. Situation de l'armée française, le 5 au soir

La concentration, autour de Cassel, des troupes venues du camp de Gavrelle et de la Moselle ne se termina que dans la journée du 6 ; on ne put donc emmener le 6 au matin que les troupes arrivées jusqu'au 5 inclus. C'est ce que dit le général Houchard :

> Les dernières troupes de l'armée de la Moselle qui arrivèrent le 6 ne furent pas de l'expédition.

On trouvera ci-après quelques documents intéressants au sujet des mouvements des troupes dirigées sur Cassel ; on verra que, jusqu'au dernier moment, il y eut des retards et des grippements. Dans la nuit même du 5 au 6, quelques minutes avant le départ, on procédait encore à des incorporations et à des formations (exemple : les chasseurs du Mont Cassel).

Copie de l'extrait du registre des arrêtés du Comité de Salut Public de la Convention Nationale du 16 août 1793 l'an 2ᵉ de la République une et indivisible.

Le Comité de Salut public, après avoir entendu le rapport d'un de ses membres, revenant de l'Armée du Nord, sur la situation de cette armée, sur les besoins et sur les projets du Général en chef, arrête ce qui suit :

1° Il sera tiré de suite 30.000 hommes d'infanterie des Armées du Rhin et de la Mozelle pour être réunis à l'Armée du Nord.

2° Ces trente mille hommes seront ainsi distribués : 8.000 dans la division de Cassel, 10.000 à Maubeuge, 8.000 sur la communication de Maubeuge à Landrecy le long de la Sambre et 4.000 près de Ham, où il sera formé un camp intermédiaire dont la droite sera appuyée à cette ville et la gauche à La Fère.

3° Les derniers 4.000 hommes serviront de noyau à l'armée intermédiaire ; il y sera joint pour la forme 30.000 hommes de réquisition, auxquels il sera donné tous les moyens possibles de se former aux exercices militaires.

4° L'armée du Nord sera aussi renforcée sur le champ de 6.000 hommes de cavalerie d'anciens corps, y compris les carabiniers.

5° Les 660 chevaux disponibles qui sont à Compiègne partiront sans retard pour se rendre à la même armée.

6° Le Ministre de la Guerre donnera des ordres pour que la refonte du 16ᵉ Régiment de Chasseurs à cheval et les dragons de la Manche soit exécutée sans aucun retard.

7° Il sera proposé à la Convention Nationale de refondre à l'instant touts les corps de chasseurs cy devant belges pour en former des corps complets et réguliers.

8° Les places de S¹-Quentin, Péronne, Guise, Ham et Bapaume seront mises à l'abry d'une attaque de vive force.

9° Il sera formé sans perdre un instant des approvisionnemens immenses en vivres et fourages dans toutes les villes de la frontière du Nord, principalement à Lille, Douay, Maubeuge, Cambray, Bouchain, S¹-Omer, Bergues et Dunquerque.

10° L'amalgame des troupes désignées avec les gardes nationales s'exécutera sans aucun retard. S'il se trouvoit quelques difficultés locales ou imprévues par la loi, elles seront levées définitivement par le Général en Chef sous l'approbation des 6 Représentans du peuple. Cet amalgame se fera par compagnie et non par bataillons.

11° Les tribunaux militaires seront organisés sans aucun délay, les Représentans du peuple près les armées sont autorisés et invités eux-mêmes à faire cette organisation si elle n'est pas terminée par le Conseil exécutif provisoire, et si les tribunaux ne sont pas en activité le 21 de ce mois.

Signé : Carnot, C. A. Prieur, B. Barere, Herault, St-Just.

Les détachemens des 1ᵉʳ et 14ᵉ sont partis du camp de Vitry ayant pris leur pain pour un jour.

Ils ont emmené avec eux douze mille rations de pain.

Il leur en a été envoyé de Douay dix mille.

Lille en a envoyé aussi dix mille.

Il ne leur revenoit que vingt sept mille rations de pain le 17 compris et l'on a consommé trente deux mille.

Il a été deffendu au commissaire Fontaine de ne rien demander à Lille. L'on justifiera par récipiscés des Bataillons la quantité délivrée.

Au quartier général de Gavrelle.

Le 17 août 1793, l'an 2ᵉ de la République une et indivisible.

Le commissaire ordonnateur Petitjean.

*A Arras, ce 21 août 1793 l'an 2 de la
République française une et indivisible.*

J'ai reçu ta lettre hier, mon ami, j'ai mis sous les yeux de nos Collègues, la relation que tu nous fais de l'affaire du 18. Priem et Jambon St André sont ici. Ils viennent de la Moselle ils font venir 30 mille hommes de cette armée avec 5 à 6 mille hommes de cavallerie de sorte que nos batteries vont changer de marche. Ils sont arrivés avant hier soir nous étions à l'armée et nous en sommes partis à minuit. Hier tout le jour nous fumes occupés jusqu'à 3 heures ce matin pour des arrêtés dont je vous enverrai copie demain, tu verras que la vigueur républicaine ne nous abandonne pas. Mon ami, point de quartier sur le simple soupçon surtout, lorsque la tiédeur peint le sentiment on est incapable de rien faire. Nous allons purger l'armée avec force, partout les officiers sont mauvais. Nous partons pour aller voir le Général pour nous concerter à un nouveau plan de campagne. Adieu, je t'embrasse de tout mon cœur. Demain tu aura de mes nouvelles. Je t'instruirai de tout. Milles amitiés à Bentabole.

Le Tourneur.

J'ai fait arrêter Denain et Dessin de Cambray. Ils vont partir pour Paris. J'espère que ces contrerévolutionnaires recevront à la petite fenêtre la récompense dûe à leur mérite.

*Au quartier général de Gavrelle le 22 août 1793
L'an 2 de la République une et indivisible.*

L'accusateur militaire près le tribunal du Quartier Général de l'Armée du Nord

aux citoyens Représentans du peuple près ladite armée.

Citoyens Représentans,

Le comité de Salut Public de la Convention Nationale a arrêté que les officiers de la ci devant trouppes de ligne qui n'ont pas pris l'uniforme nationale conformément à la loi, ou qui l'ayant pris ont conservé quelques signes de l'ancien uniforme : comme épaulette blanche et portant le n° de leur Régiment, seront sur le champ destitué et qu'il sera nommé à leur place. Comme je désire faire remplir le vœu de la loi aux égard avec toute la fermeté républicaine, veuillez demander si les officiers de cavalerie, hussards, dragons, et de la gendarmerie sont compris dans cet arrêté, ainsi que ceux des régimens des chasseurs francs à cheval et à pied et des compagnies franches.

Il paroit qu'il reste des doutes et que l'on croit que la loi n'a voulu y astreindre que les anciens régimens d'Infanterie. J'attends votre réponse en interprétation pour la faire mettre à l'ordre général de toute l'armée.

Girard.

4ᵉ Division de l'Armée du Nord

Au Quartier Général d'Armentières le 23 aout 1793 l'an 2 de la République française une et indivisible.

Le Général de Division Landrin aux Représentans du Peuple résidant à Lille, Salut et fraternité

Je vous annonce avec plaisir que je suis arrivé tranquilement à Armentières et que ma colonne s'est comportée de manière à faire beaucoup espérer d'elle.

J'ai cependant à me plaindre de mon avant garde, mais je crois devoir plutôt attribuer le désordre de sa marche à celui qui la commandoit (le 2ᵉ lieutenant Colonel de la bute du Moulin) que j'ai puni, qu'à l'indicipline de la troupe. Je pars demain pour Bailleul et je me feroi dorénavant un devoir de vous instruire de ma marche.

Le commissaire ordonnateur Dupont avoit annoncé à mon adjudant général que la municipalité n'Armentières fourniroit à la troupe tout ce dont elle auroit besoin. Cependant les soldats sont couchés sur la terre faute de paille.

S'il doit encore passer des troupes sur cette ligne, ordonnez aux Commissaires des Guerres de remplir eux mêmes leur besogne et de ne point là rejetter aux municipalités qui ne sçavent ou ne peuvent remplir de telles fonctions.

Votre concitoyen
Le Général de la 1re Division
LANDRIN.

Copie d'une lettre du Commissaire des guerres de Soissons en date du 27 août 1793 l'an 2e de la République à l'Adjudant général chef de Brigade Frigny.

Le citoyen Renard, Commissaire des guerres, faisant depuis six mois environ les fonctions d'ordonnateur de l'armée de réserve, n'étant plus employé et étant dans le moment à Paris pour y avoir son Brevet de retraite, j'ay ouvert votre lettre pour pouvoir y répondre en son absence, je me suis empressé de la communiquer aux deux commissaires nationaux et après avoir conféré avec eux, ils m'ont chargé d'y répondre, ne pouvant le faire eux mêmes pour le moment à cause de leurs occupations multipliées.

Le conseil exécutif et le Ministre de la Guerre ont envoyé au devant des 30.000 hommes dont vous désirez connoître la marche, deux Adjudants généraux, commissaires nationaux (les citoyens Damar et Guillaume), ils sont à Soissons depuis le 24 de ce mois pour organiser le départ des troupes tirées des armées du Rhin et de la Moselle et qui se rendent journellement à Soissons ; l'un des citoyens commissaires nationaux, le citoyen Damar a été au quartier général à Gaverelle pour y prendre les instructions d'après lesquelles les troupes sont en marche, scavoir, 20.000 hommes pour se rendre à Arras et 10 mille hommes pour Maubeuge, la tête de la colonne marchant pour aller à Arras y arrivera le 31. Si vous désirez vous y rendre à cette époque, vous donnerez les ordres pour marcher vers Gravelles, où il a été convenu avec le général Berthelemy, que les 20 mille hommes devoient se rendre ; la tête de la colonne qui marche vers Maubeuge y arrivera le 29. Le citoyen Damar, l'un des deux commissaires nationaux qui sont ici, doit se rendre demain à Maubeuge, les 20 mille hommes qui vont à Arras doivent tous passer par Péronne, et des 6 mille hommes de cavalerie, 2 mille sont dirigés sur Maubeuge et 4 mille sur Arras par Péronne ; les commissaires nationaux ont pris toutes les mesures nécessaires pour assurer de Soissons les subsistances militaires aux troupes pendant toute leur route.

Je puis vous assurer, Citoyen Général, que le meilleur esprit règne dans ces troupes qui ne respirent que l'amour de la Liberté, de l'Egalité et de la République, et qui ont le plus grand désir de purger la terre de la liberté des hordes de satellites des despotes coalisés ; une partie des troupes est arrivée en voiture et l'autre à pied.

Le 1er B^{on} du 36e Rég^{t} d'Infanterie
   2e Bon du Haut Rhin
   11e B^{on} des Vosges
   2e B^{on} du 36e Rég^{t}
   6e Bon du Jura
   6e Bon du Haut Rhin ; partiront de la Fère demain 28. Cette Brigade complette, passant par St-Quentin, Péronne et Bapaume arrivera à Arras le 30.

Une autre brigade composée, scavoir :
du 1er B^{on} du 67e Rég^{t}
   2e B^{on} des Vosges
   4e Bon de la Gironde
   2e B^{on} du 67e Rég^{t}
   7e Bon du Jura
   8e Bon de Seine et Oise, partira de Soissons demain 28

à 10 heures du soir et arrivera à Arras le 1ᵉʳ septembre ; passant par La Fère, Sᵗ-Quentin, Péronne et Bapaume.

Le 1ᵉʳ Bᵒⁿ du 74ᵉ Régᵗ d'Infanterie,
et le 13ᵉ Bᵒⁿ des fédérés sont partis le 24 aoust à 10 bʳᵉˢ du soir de Soissons et arriveront à Maubeuge le 29 aoust.

Le 3ᵉ Bᵒⁿ des 83 Départements,
et le 6ᵉ Bᵒⁿ de l'Oise sont partis le 25 aoust de Soissons à 10ʰ du soir pour se rendre à Maubeuge où ils arriveront le 30 aoust.

Le 3ᵉ Bᵒⁿ de la Haute Marne,
et le 3ᵉ Bᵒⁿ de l'Oize sont partis aujourd'hui 27 pour Maubeuge où ils arriveront le 1ᵉʳ septembre.

Nᵗᵃ. — Les Bᵒⁿˢ allant à Maubeuge passent par Laon, Marle, Vervins et Avesne.

Le 4ᵉ Bᵒⁿ du Var est parti de Soissons le 26 aoust à 10 heures du soir pour se rendre à Cassel (mais il restera à Arras). Il passera par Chauny, Ham, Péronne et Bapaume où le séjour lui a été donné et arrivera à Arras le 1ᵉʳ septembre.

Le 1ᵉʳ Bᵒⁿ du 49ᵉ Régᵗ,
et le 6ᵉ Bᵒⁿ du Haut Rhin sont partis aujourd'hui pour Arras où ils arriveront le 2 septembre à cause du séjour à Bapaume. Ils passent par Chauny, Ham, Péronne et Bapaume.

Voila, Citoyen Général, les dispositions des départs de Soissons jusqu'à ce moment et on continuera au fur et à mesure de l'arrivée des troupes.

Signé Meurizet.

Pour copie conforme
L'Adjudant Général Chef de Brigade
Jacobé Frigny.

Subsistances Militaires
1793
Vivres

Du Quartier Général à Gavrelle le 22 août 1793, l'an second de la République française.

Le Citoyen J. Cot, Directeur des Subsistances militaires

Aux citoiens Représentans du peuple Députés à l'Armée du Nord.

Citoyens Représentans,

Je m'empresserois de me rendre auprès de vous conformément à l'ordre que je reçois aujourd'hui de votre part, si je n'étois retenu dans mon lit depuis hier matin, par une fièvre dont les accès redoublent à chaque instant. Je regrette bien sincèrement, citoïens, d'être obligé de renoncer à concourir avec vous aux moyens dont vous vous occupés pour la subsistance des nouvelles forces que la République envoie sur cette frontière. Mais mon frère me remplacera, vous connaissez son zèle et son patriotisme.

J. Cot.

Au Quartier Général à Gavrelle le Pr. septembre 1793

Le Commissaire ordonnateur Langeron
aux Représentans du Peuple près l'Armée du Nord

Citoyens Représentans,

Les Administrateurs du Département du Nord avaient addressé hier au soir à l'ordonnateur en chef Petit Jean, une réquisition dont copie est ci-jointe et que j'ai envoyé sur le champ par un courrier de Lille. J'ai aussi donné sur le champ communication de cette pièce au citoyen J. Cot régisseur des vivres ; je joins ici copie de la réponse qu'il me fait afin que vous sachiez, citoyens représentans, la situation au vrai des choses.

Langeron.

SUBSISTANCES
MILITAIRES
1793
───
Vivres

Copie de la lettre des Représentans du peuple composant le Comité de Surveillance des subsistances militaires

Aux Représentans du peuple près les armées.

Paris 21 aoust 1793, l'an 2ᵉ de la République.

La Convention Nationale a par son décret du 17, pris la voye des Réquisitions comme moyen d'approvisionnement de nos armées ; les Représentans du peuple envoyés près chacune d'elles sont chargés de l'exécution de ce décret. L'Administration Générale des Subsistances se trouve, par ce moyen, chargée des convois et de la manutention de toutes les denrées que vous procurerez par la voie que l'Assemblée a mise entre vos mains, et si vous pouvez subvenir par la réquisition aux subsistances et aux besoins, l'Administration doit se dispenser de faire des achats, ou au moins n'en doit faire que pour suppléer à ce que les réquisitions ne produiraient pas. Veuillez donc correspondre avec elle et avec nous, afin que nous puissions rendre compte à l'assemblée du succès de vos opérations, ou des obstacles que vous pouvez éprouver, et que l'administration fasse suivre les subsistances, suivant le mouvement des armées, et les avis que vous nous donnerez.

Salut et Fraternité.   Signé DORNIER A. et DUPONT.

Pour copie conforme

Au quartier général de Gravelles le 31 aoust 1793 l'an 2ᵉ de la République.

L'Inspecteur principal des Subsistances militaires de l'Armée du Nord, Signé : J. COR.

Pour copie
Le Commissaire ordonnateur
LANGERON.

Subsistances Militaires
1793
Vivres

*d'Oppy, le 31 aoust 1793 l'an second de
la République Française.*

Citoyen Commissaire Ordonnateur,

L'arrivée inattendue des forces fournies par le Département des Ardennes occasionnera dans les premiers moments beaucoup de difficultés, relativement aux moyens de les faire subsister. Il faudrait pour cela une masse d'approvisionnemens que ce rassemblement imprévu n'a pas permis de préparer, sous ce rapport il est bien difficile de pourvoir aux besoins de ces nouveaux défenseurs : mais que les représentans du peuple déployant les ressources immenses du patriotisme, et de leur activité fassent des réquisitions aux Corps Administratifs, que ceux-ci donnent en ce moment d'urgence la preuve si nécessaire du civisme qui les anime, que des matières nous soyent amenées, nous ferons fabriquer et nous employerons tous nos moyens pour assurer le succès du service. Une lettre du Comité de surveillance des Subsistances militaires, en date du 21 courant dont je vous envoye copie, assigne aux représentans députés aux armées la fonction expresse de procurer par la voye des réquisitions les grains et fourrages nécessaires ; cette lettre vient à l'appuy de la proposition que je fais. Ce parti est le plus certain, il faut de grands efforts, et le patriotisme n'en doit épargner aucun. Quant à la subsistance des premiers jours, elle sera difficile à obtenir mais surtout en voulant la prendre sur une masse d'approvisionnement existant sur un seul point, je dirai plus, elle serait impossible ; mais je vous rappellerai que le citoyen Administrateur Général Evra a proposé de répartir ces nouvelles forces dans les différentes places environnantes qui peuvent suffir à alimenter ainsy divisément avec les matières que chacune d'elles a pour sa consommation. Ce plan a été donné au Commissaire Ordonnateur en Chef, comme le seul qu'il soit possible d'adopter pour nourrir cette nouvelle force dans les premiers instans, en attendant que les secours provoqués par les réquisitions des Représentans du Peuple, forment une quantité d'approvisionnemens avec lesquels on puisse travailler efficacement à établir un service assuré. Tel est, Citoyen Commissaire Ordonnateur, l'état dans lequel nous nous trouvons, tels sont les motifs d'espérance que nous pouvons avoir. Le patriotisme des représentans, le pouvoir réuni en leurs mains, la bonne volonté des Corps Administratifs sont pour beaucoup dans le succès ; nous les seconderons de tous nos efforts, de tout le courage que l'amour de la République peut nous inspirer, et en prenant des mesures pour parer aux premiers momens, nous pourrons présager d'autant plus certainement l'exactitude du service que nous serons pourvus par l'effet des réquisitions des matières dont le défaut est la cause des inquiétudes qui nous agitent en cet instant.

L'inspecteur pp^{al} des Subsistances militaires de l'Armée du Nord. Signé J. Cot.

Pour copie conforme
Le Commissaire ordonnateur
LANGERON.

Delbrel, Représentant du Peuple,
aux Représentans du peuple à Lille

Citoyens mes Collègues, l'armée qui se porte sur Cassel va faire son mouvement comme vous le savez, mais le pain manque et l'armée se trouverait arrêtée si nous ne faisions tout pour la faire vivre. Je ne scay pas trop encore à quoi nous devons attribuer la cause de cette pénurie peut-être : tient-elle à la négligeance des ageants qui sont chargés de cette partie, peut-être a-t-elle pour cause la difficulté que nous avons éprouvé pour nous procurer les grains requis. Ce sont la des faits que nous pourrons éclaircir. Mais le plus urgent est de réparer le mal, quand nous y aurons pourvu nous en chercherons la cause. Il faut 70 milles rations de pains, les bleds ne manquerons pas, mais nous n'avons pas des farines. Apprès en avoir conféré avec le Commissaire Ordonnateur et le Général, nous sommes convenus que pour les premiers momens, il fallait faire du pain dans les places où il y a des farines pour alimenter l'armée. Lille doit fournir par jour 40 mille rations dont 24 mille pour Cassel et 16 mille pour les troupes qui restent dans ou auprès de cette place, St-Omer vingt mille qui seront pour Cassel, Aire dix mille pour Cassel, Béthune dix mille pour Cassel, Douay douze mille pour Arleux et Mons en Pévèle. Nous sentons qu'il est malheureux d'être réduits à cette extrémité, mais quand nous sommes forcés par les circonstances, quand il faut faire le sacrifice ou laisser manquer l'armée et le mouvement salutaire qui doit s'exécuter, nous croyons qu'il faut faire de son mieux et nous en sortir comme nous pourrons. Les places dont on momentanément consomme les subsistances se trouvant couvertes par le mouvement et l'armée qui doit agir il y aura moins de danger pour elles à se démunir. D'ailleurs en même temps que l'on consommera l'approvisionnement des places, les Bleds que les départemens fournissent tous les jours seront moulus et portés en remplacement dans ces mêmes places. Le Directeur des Subsistances va prendre tout les moyens possibles d'accellérer les moutures. Comme prévoyons que cette mesure extraordinaire mais commandée par la nécessité pourrait éprouver des difficultés de la part des habitants ou commandants des places où l'extraction du pain doit se faire, nous vous conjurons, au nom du Salut Public, d'interposer votre autorité s'il le faut dans les places, affin que le service ne soit point entravé. Peut être serait-il bien qu'un de vous se transportât successivement dans chaqune d'elles pour lever les difficultés et hâter la confection du pain. Enfin, mes chers Collègues, je vous invite à prendre toutes les mesures nécessaires pour hatter la confection de la plus grande quantité possible de pain nous ne scaurions en avoir trop. La rapidité et le succès du mouvement qui va s'opérer en dépendent. Mais je vous le répète, agissons d'abord et nous verrons ensuite si quelqu'un peut être accusé de négligeance ou de mauvaise volonté. Je vous écris à la hate, je me trouve seul au quartier général ou j'ay été invité de me rendre par le Général en Chef affin de concerter sur les moyens dont je vous fais part.

Si nous pouvons passer ce premier moment je ne doute pas que l'abbondance ne succède bientôt à notre pénurie actuelle. Les Départemens vont nous fournir immensément dans moins de trois ou quatre jours.

Delbrel.

Tout dépend ici du succès que nous aurons. Si malheureusement nous étions battus notre position deviendrait terrible.

Gaverelle, le 2 septembre l'an 2 de la République.

Paris, le 2 septembre 1793, l'an 2ᵉ de la République française.

Les Représentans du Peuple membres du Comité de Salut public

au citoyen Delbret, Représentant du peuple envoyé près l'armée du Nord

Il a été suffisamment pourvu, citoyen notre Collègue, aux besoins de l'armée du Nord, puisqu'il a été mis pour cet objet soixante deux millions par mois à la disposition des administrateurs des subsistances militaires. Vous pouvez donc vous adresser à l'Administration pour les fonds dont vous avez besoin.

Les membres du Comité de Salut public
Lazare Carnot. C. A. Prieur.

Il a de plus été arrêté qu'on feroit passer 10 millions sur le champ à l'Armée du Nord pour l'objet en question.

LIBERTÉ	AU NOM DE	ÉGALITÉ
	LA	
	RÉPUBLIQUE	
	FRANÇOISE	

Lille le 3 septembre 1793   *L'an 2ᵉ de la République*

Les Représentans du Peuple envoyés près l'Armée
du Nord

au Comité de Salut Public

Vous savez que nous touchons à un des momens les plus intéressants pour le sort de la France, puisque le général Houchard va se porter avec environ 40 mille hommes pour attaquer l'armée qui assiège Dunkerque et en faire lever le siège, et nous nous hâtons de vous témoigner combien nous avons vu avec surprise et sollicitude pour le bien Public que le Ministre de la Guerre ait pris des mesures précipitées relativement au service de cette armée, qui auraient pu être très bonnes dans un autre moment et qui doivent nous allarmer dans celui-ci.

C'était déja assez embarrassant de voir tout d'un coup le commissaire ordonnateur en chef Petit Jean enlevé à son service au moment où près de 40 mille hommes sont en marche sans que l'on ait pourvu au même instant à lui donner un successeur en état de remplir cette besogne importante ; mais le Ministre a mis le comble à notre embaras en suspendant en même temps l'ordonnateur Ollivier en lui donnant pour successeur un nommé Lebourcier, dont tout le monde nous annonce la médiocrité.

Il peut résulter de tout cela un très grand inconvénient pour l'armée ; Petit Jean a été remplacé par nos collègues d'Arras, par un nommé Manchon ; qui d'après tous les rapports qu'on nous fait n'est pas capable de remplir de pareilles fonctions.

Nous venons d'être obligés de faire fournir précipitamment des vivres et autres secours de tous genres pour secourir l'armée d'Houchard qui se rassemble à Cassel, attendu qu'il ne s'est point trouvé d'Ordonnateur en Chef, pour y pourvoir, nous avons même crû devoir engager le Commissaire Ollivier à continuer ses fonctions avec le même zèle, pour nous être utile dans cette occasion par la connaissance qu'il a des localités ; au surplus, il ne nous est revenu que de bons témoignages sur le commissaire Ollivier, qui a des talens, et nous a paru très bien faire son service, depuis que nous sommes ici.

On dirait que plusieurs contrariétés ont été concertées pour retarder ou entraver la grande expédition qui va être faite.

Le Général Houchard, qui a passé ici ce matin, nous a paru affecté de toutes ces contrariétés en nous annonçant que le corps des carabiniers sur lequel il comptait beaucoup, et qui arrivait à son armée, avait reçu contre ordre.

Il nous semble que dans ce moment toutes les vues doivent se porter à seconder ce général et qu'il devrait y avoir plus d'ensemble et plus d'accord, pour faire réussir les coups de force tels que celui qu'on va entreprendre.

Le Général Houchard nous a instruits que sa colonne, au lieu de 40 mille hommes, ne sera que de 35 mille ; mais qu'il compte beaucoup sur les bonnes troupes qu'il a ; il attaquera les ennemis par Furnes pour les prendre en flanc, et si ils viennent au devant de lui, la bataille s'en donnera plutôt.

Berlier et Trulard ont passé ici hier matin pour se rendre à Dunkerque ; nous pensons que Duquesnoi et Hentz, qui doivent être à Cassel, accompagneront la colonne afin de prendre toutes les mesures que sa position, qui est actuellement à Cassel, et aux environs pourra exiger ; néanmoins Levasseur s'y rend par précaution.

Nous terminons par vous prévenir que la formation de la Colonne à la tête de laquelle Houchard va se mettre nous a un peu affaiblis autour de Lille, et que l'ennemi paraît nous menacer et vouloir en profiter pour nous serrer ; les généraux nous disent que nos avant postes sont suffisamment en état de le tenir en échec jusqu'à ce que nos forces reviennent de ce côté ci.

Nous vous instruirons exactement des suites de cette affaire, qui, sans doute, va influer beaucoup sur le sort de cette campagne.

Au quartier Général de l'Armée du Nord sous Cassel le 4 septembre 1793 l'an 2ᵉ de la République.

Aux Représentans du Peuple près l'Armée du Nord à Lille

Citoyens mes Collègues,

Je me suis rendu au quartier Général. Les préparatifs se font pour mettre l'armée en mouvement. Le 6, une division de l'Armée de la Mozelle arrivée un peu plus tard a retardé les opérations. Votre(1) .... du Quesnoy est parti pour Paris. Lentz est .... et mes ouvriers avec lui.

J'ai trouvé de la poudre dans la commune de Bailleul à qui j'ai donné un réquisitoire de .... de toutes les avoines et de les mettre à la disposition du commissaire des guerres, Vaillant. J'en ai donné un autre pour mettre à la disposition du général Dumesnil 50 chevaux de trait. On s'est plaint très fort du pain qu'on mange, il est ....

La Compagnie des guides de l'Armée dont le service est très important a besoin de cinq chevaux. Je vous prie d'en donner cinq au porteur de la présente et de lui procurer des seilles s'il est possible. Il y en a à la maison deux de huzards qu'on peut lui délivrer.

Salut et Fraternité.
Levasseur.

---

(1) Les pointillés indiquent des passages rendus illisibles par l'humidité.

*Au quartier Général de l'Armée du Nord sous Cassel
le 4 septembre 1793 l'an 2ᵉ de la République.*

Aux Représentans du peuple près l'armée du Nord à Lille

Citoyens mes Collègues,

Je vous préviens qu'il est très difficile de mettre en mouvement cette armée qui manque de chevaux pour l'Artillerie. Nos réquisitions sont bien ... ., mais exécutés avec trop de lenteur. L'avoine manque absolument. Le commissaire Vaillant prétend qu'il est impossible de s'en procurer dans le pays. Si vous en avés à Lille, faites la partir en poste. Nos chevaux sont sur les dents : ce n'est pas le moyen de faire marcher notre artillerie. De l'avoine, où nous restons en chemin.

Salut et fraternité.
Levasseur.

*Au quartier Général de l'Armée du Nord sous Cassel
le 5 septembre 1793 l'an 2ᵉ de la République.*

Aux Représentans du Peuple près l'Armée du Nord à Lille

Citoyens nos Collègues,

.... exposé par......... autres mesures.

Je vous ai envoyé hier deux lettres, la 1ʳᵉ............ qui demande des chevaux, la seconde par courier de l'armée pour vous faire connoître le besoin pressant d'avoines.

Je vous envoye aujourd'hui par une ordonnance deux paquets de lettres et un paquet de Loix.

Nous avons été attaqué ce matin sur une ligne fort étendue. L'ennemi a voulut faire ou une reconnoissance, ou nous cacher un mouvement. Je crois que demain nous irons à notre tour le reconnoître.

L'Artillerie manque de chevaux. Le besoin étant urgent, je vais autoriser les généraux à en prendre partout où ils en trouveront.

J'ai trouvé ici un officier de l'Etat-Major de Custines qui est allé deux fois à Paris déposer contre ce perfide général : il a été depuis destitué; fort étonné de le voir ici, je viens de lui signifier l'ordre de se retirer.

Mon Collègue Hentz et moi nous avons pris un arrêté pour faire passer au soldat le goût du pillage.

Salut et Fraternité.
Levasseur.

Beauvais le 9 septembre 1793, le 2e de la République Française.

Le Général de Brigade Inspecteur Général
des dépôts de la cavalerie des armées du Nord et des Ardennes
Aux Représentans du Peuple près lesdites armées

Le citoyen Berthelmy chef de l'Etat-Major, a dû vous rendre compte, citoyens représentans, des raisons qui ont déterminé vos collègues Léquinio et Lejeune à transférer le dépôt général des Dragons, de Soissons à Compiègne. J'ai à peu près assuré son établissement dans cette ville ; mais cependant l'on m'y a fait beaucoup d'observations sur la disette de la farine et de l'avoine, ainsi que sur la pénurie de fournitures militaires : j'ignore si dans ce moment l'on a pu y remédier.

J'ai trouvé à Beauvais des écuries en état pour loger environ 400 chevaux, et des emplacemens pour 600 autres. A fur et à mesure que les dépôts y arriveront, ils seront logés de la manière la plus convenable qu'il se pourra, en attendant que les réparations se fassent s'il est nécessaire. Je vous enverrai le tableau du placement des dits dépôts aussitôt qu'il sera fait.

Je me suis rendu à Amiens. Je n'y ai pas trouvé un seul homme des 4.855 destinés à l'armée du Nord, sur la levée des 30 mille hommes de cavalerie ; je n'y ai pas trouvé non plus le moindre approvisionnement de harnois et aucune réunion de chevaux de luxe.

Je dois vous prévenir que dans tous les départemens que j'ai parcourus, je n'ai trouvé que quelques chevaux de luxe ramassés, et que le peu qu'il en existe ne peut être compté comme une véritable ressource.

Dans tous les dépôts desquels j'ai pu avoir déjà la situation, il y a relativement beaucoup moins de chevaux que d'hommes, et presque tous chevaux à réformer.

Avant de partir de Soissons j'ai réformé dans le dépôt du 24ᵉ Régiment de cavalerie, ci-devant 25ᵉ trente-un chevaux. 23 ne pouvaient plus mettre une jambe devant l'autre ; 8 qui avoient encore quelques moyens ont été mis à la disposition du Commissaire des Guerres pour les charrois de l'armée ; il en a été tué 8 pour cause de morve. Ainsi j'ai débarrassé ce dépôt de trente neuf chevaux qui consommoient en pure perte des fourrages extrêmement précieux. Je n'ai dans ce moment un compte bien avantageux à vous rendre de sa discipline, de ses soins, ni de son instruction, mais la bonne volonté et le zèle que m'a témoigné le chef de brigade Noblet qui le commande, me font beaucoup espérer qu'il n'en sera pas ainsi après la première revue que je ferai de lui.

Je vous rends compte, Citoyens représentans, que j'ai envoyé à Troyes le citoyen Rinck, chef d'escadron du 5ᵉ régiment de hussards, avec quatre sous-officiers, pour procéder au triage et à la répartition des 3.915 hommes qui doivent s'y réunir, d'après la loi du 22 juillet dernier, pour être incorporés dans la cavalerie de l'armée des Ardennes. Mais, Citoyens, si ce rassemblement n'est pas plus avancé là qu'à Amiens et à Abbeville, il aura bien du temps à y perdre.

En passant à Compiègne j'ai vu les chevaux de remonte qui y sont envoyés en dépôt. Je ne vous tairai pas, Citoyens représentans, qu'ils m'ont paru d'une très mauvaise qualité, et en général impropres au service que nous aurions besoin d'en tirer. Le Représentant Cochon et un autre de vos collègues qui en fesoient l'inspection me semblèrent les juger comme moi, et très disposés à en faire mettre au rebut une assez grande partie.

Je pars demain pour Compiègne. J'irai de là à Reims et puis à Chaalons ; enfin je ne m'arrêterai que quand mes courses ne me paroîtront plus utiles à la chose publique, et qu'il me semblera au contraire qu'au moyen des commandans particuliers je peux tout faire par la seule et simple correspondance.

Jusqu'à présent j'ai oublié de vous dire que j'avais pris en passant à Verdun six mille livres chez le payeur général du Département de la Meuse, pour subvenir aux frais de voyage : mais, citoyens Représentans, je serai toujours prêt à en rendre compte.

MONARD.

L'effectif de l'armée d'opérations varie de 22.000 à 45.000 hommes, suivant les documents, en passant par 30.000, 33.000, 39.000, 43.000.

Delbrel, qui se trompe probablement, dit :

Le corps d'armée qui devait agir était d'environ 22.000 hommes, réunis à Cassel, Steenvorde, Wormbout et Bailleul.

Le général Houchard dit :

L'armée assemblée au camp de Cassel se montait à 30.000 hommes à la date du 5.

Cet effectif se décompose comme il suit :

Avant-garde principale d'Hédouville : 12.000,
Corps de bataille Jourdan : 13.000,
Flanqueurs de gauche : 5.000.

Il faut y ajouter la division Dumesny, 9.000 ou 12.000 (suivant deux rapports de la main du général Houchard), et la colonne Leclaire (3.000 ou 4.000), soit au total 42.000 à 45.000 hommes.

Levasseur dit également :

L'armée était forte de 30.000 hommes, le général Hédouville appuyait notre droite avec 10.000 hommes et le général Landrin notre gauche avec 5.000. Notre centre avec le général Houchard était de 15.000 hommes.

D'après les deux récits combinés de Gay Vernon, l'armée se composait de 42.000 ou 43.000 hommes, dont 4.000 cavalerie, de 4 compagnies d'artillerie à cheval et de 3 divisions de 10 pièces de position chacune.

Sa décomposition, qui donne 43.000 hommes, est la suivante :

Dumesny : 6.000 dont 500 de cavalerie,
D'Hédouville : 9.000 dont 1.500 de cavalerie,
Jourdan : 18.000,
Landrin : 6.000 dont 500 de cavalerie,
Leclaire : 3.000 ou 4.000.

Enfin, trois autres documents sérieux donnent 39.600, 42.600 ou 45.800, soit :

Dumesny : 9.000,
D'Hédouville : 11.800 ou 12.600 ou 13.600,
Jourdan : 10.000 ou 13.000,
Landrin : 5.000 ou 6.000,
Leclaire : 3.000 ou 4.000, ou 6.000.

Toutes ces décompositions sont probablement exactes, chacune en soi; tout dépend du moment où elles ont été prises; les différences proviennent principalement :

a) des brigades Vandamme et Colaud qui ont été comptées tantôt d'un côté, tantôt de l'autre;

b) de la division (ou brigade) Leclaire qui était évidemment plus forte qu'on ne l'a cru longtemps et qui, d'ailleurs, variait d'un jour à l'autre, suivant les renforts qu'il envoyait ou recevait du côté de Dunkerque.

L'effectif donné par Delbrel ne peut guère répondre qu'à la situation du 8 Septembre.

Quoi qu'il en soit, la décomposition des diverses colonnes était probablement la suivante :

Division Dumesny

Détachement du 5ᵉ hussards,
7ᵉ hussards,
2ᵉ bataillon franc,
2ᵉ bataillon belge,
4ᵉ bataillon belge.

Brigade Drut :

Demi brigade du 83ᵉ
- 1ᵉʳ du 83ᵉ,
- 1ᵉʳ de Paris,
- 13ᵉ de Paris.

Demi brigade du 74ᵉ
- 2ᵉ du 74ᵉ (commandant Bourdeville),
- 8ᵉ de Paris,
- 15ᵉ des fédérés.

Artillerie de position : une division de 10 pièces.

D'après certains, le 1ᵉʳ du 83ᵉ aurait fait partie de la division d'Hédouville.

Division d'Hédouville

Brigade Vandamme :

2ᵉ hussards,
14ᵉ bataillon d'infanterie légère,
Bataillon du Mont Cassel.

Demi brigade du 1ᵉʳ { 2ᵉ du 1ᵉʳ,
8ᵉ des fédérés (commandant Daussy),
9ᵉ des fédérés.

Demi brigade du 22ᵉ { 2ᵉ du 22ᵉ,
1ᵉʳ d'Ille et Vilaine (commandant Aubrée),
2ᵉ d'Ille et Vilaine (commandant Piolaine).

D'après certains, le commandant Vandamme aurait reçu en outre :

Un bataillon de ligne (?),
un de volontaires (le 4ᵉ du Nord ?),
le 7ᵉ de cavalerie.

Enfin, le commandant Vandamme dit qu'il avait (sous ses ordres) le 4ᵉ du Nord (ce serait alors le 4ᵉ de Lille et encore, cela ne me paraît pas probable).

Brigade Colaud :

4ᵉ hussards,
9ᵉ des réserves,
2ᵉ du 56ᵉ,
2ᵉ de l'Orne,
1ᵉʳ de la Vienne,
1ᵉʳ du 62ᵉ,
1ᵉʳ du 89ᵉ,
7ᵉ du Doubs.

Le 6, le 1ᵉʳ du 89ᵉ faisait partie de la brigade X ci-après, par contre, le 8, le général Colaud avait sous ses ordres : le 4ᵉ hussards, le 2ᵉ du 56ᵉ, peut-être le 1ᵉʳ du 89ᵉ, le 7ᵉ du

Doubs, et, en outre. les 4 bataillons ci-après de la brigade X :

1ᵉʳ du 49ᵉ, 1ᵉʳ du 25ᵉ, 4ᵉ de la Sarthe, 5ᵉ de Paris.

Brigade X :

6ᵉ chasseurs à cheval,
9ᵉ d'infanterie légère (commandant La Bassée),
21ᵉ d'infanterie légère (commandant Le Beufve),
1ᵉʳ du 49ᵉ (commandant Wigand),
5ᵉ du Haut Rhin (peut-être).

Demi brigade du 25ᵉ { 1ᵉʳ du 25ᵉ,
4ᵉ de la Sarthe (commandant Cohendet).
5ᵉ de Paris (commandant Grandjean).

Artillerie :

12ᵉ compagnie d'artillerie légère (capitaine Foy),
Division de 10 pièces de position.

Division Jourdan nouvelle

Brigade Demars, dite du 67ᵉ :

1ʳᵉ demi brigade { 1ᵉʳ du 67ᵉ,
2ᵉ des Vosges (commandant Alba),
4ᵉ de la Gironde.

2ᵉ demi brigade { 2ᵉ du 67ᵉ (capitaine Dutour).
8ᵉ de Seine et Oise,
7ᵉ du Jura (commandant Lecourbe).

Brigade Mengaud, dite du 36ᵉ :

1ʳᵉ demi-brigade { 1ᵉʳ du 36ᵉ (capitaine Darnaud),
11ᵉ des Vosges (commandant Bontemps),
6ᵉ du Jura.

2ᵉ demi brigade { 2ᵉ du 36ᵉ,
6ᵉ du Haut Rhin,
2ᵉ de la Gironde (commandant Sorlus).

Brigade Y approximativement connue :

1er de l'Eure (peut-être),
9e de Paris (commandant Vieilleville),
9e de la Seine-Inférieure (commandant Ruffin),
2e de la Corrèze.

Cavalerie :

Un régiment de hussards (probablement),
6e de cavalerie.

Artillerie :

14e compagnie d'artillerie légère (capitaine Drouot),
une division de 10 pièces de position.

Division Leclaire

1re brigade (le chef du 2e de la Meurthe) :

12e chasseurs à cheval.
15e d'infanterie légère,

Demi brigade du 56e { 1er du 56e (capitaine Fuzier),
2e de la Meurthe,
9e du Pas-de-Calais,

1er du 14e (commandant Guinet),
8e des réserves ou de Soissons,
4e de Lille,
1er du Finistère.

2e brigade (le chef de bataillon Lemaire) :

150 chasseurs du 5e,
32e division de gendarmerie (commandant Gourry),
1er de l'Orne (commandant Bonnet),
2e du 24e (capitaine Péraud),
1er du Calvados (lieutenant-colonel Préval).
17e des fédérés (commandant Perrot),
4e de Bergues (capitaine Lemaire),

5e de la Somme,
36 cavaliers du 26e,
30 gendarmes à cheval attachés à l'état-major.

Il résulte du récit même du général Leclaire que le 12e chasseurs à cheval, le 1er du 56e et le 2e de la Meurthe, après avoir pris part au combat du 6, ont été envoyés le soir même à Dunkerque.

D'autre part, bien qu'il n'en parle pas, il avait avec lui, le jour de la bataille, le 3e bataillon belge (commandant Lahure).

Le 1er du Nord et le 6e de Paris ont probablement pris part à la bataille.

Le 4e de Paris (commandant Altenez), sans doute aussi.

Le 3e dragons et le 3e escadron du 19e chasseurs, peut-être.

Les régiments d'infanterie suivants ont l'inscription d'Hondschoote, sur leur drapeau : 22e, 24e, 36e, 67e, 89e.

Division Landrin

Un régiment de chasseurs à cheval (?),
le 8e de cavalerie.

Brigade Romanet :

1re demi brigade du 5e
- 2e du 5e,
- 1er d'Indre et Loire (commandant Bégu),
- 2e d'Indre et Loire.

2e demi brigade
- 1er du Nord (commandant Mortier),
- 1er de la Haute Vienne,
- 2e des fédérés.

Brigade Z :

1re demi brigade du 45e
- 2e du 45e (commandant Courvoisier),
- 1er de la Marne,
- 3e de la Marne.

2ᵉ demi brigade { 3ᵉ de l'Oise (commandant Ferrand),
4ᵉ de l'Aisne,
15ᵉ de Paris.

Il y avait, en outre :

le 10ᵉ de Paris (à peu près sûrement),
le 14ᵉ de Paris (probablement),
le 1ᵉʳ du 16ᵉ de ligne (peut-être).

Artillerie :
Une compagnie d'artillerie légère.

En résumé, l'armée comprend les 3 divisions mixtes d'Hédouville, Jourdan et Landrin et une réserve de cavalerie.

La division d'Hédouville comprend trois brigades mixtes (Vandamme, Colaud, X) et 3 batteries (1 légère, 2 de position).

La division Jourdan comprend un régiment de cavalerie légère, 3 brigades d'infanterie (Demars, Mengaud, Y) et 3 batteries (1 légère, 2 de position).

La division Landrin comprend 2 brigades d'infanterie (Romanet, Z), 2 régiments de cavalerie (1 de légère, 1 de grosse cavalerie) et 1 batterie légère.

La Réserve de cavalerie comprend trois régiments de grosse cavalerie et 1 batterie légère.

Il faut y ajouter la division Leclaire, organisée à Bergues et qui comprend 2 brigades mixtes.

Par contre, il n'y a pas lieu de faire entrer en ligne de compte la division Dumesny organisée à Bailleul avec 2 batteries de position, et qui a une mission spéciale sur Ypres, qu'elle ne remplit pas du reste : son chef ergote sur les instructions écrites qu'il a reçues, et refuse ensuite d'obéir aux instructions verbales qui lui sont apportées par le sous-chef d'Etat-Major.

Tant qu'à guillotiner, il eût été plus juste de guillotiner le général Dumesny, plutôt que ce pauvre et brave Houchard.

Quoi qu'il en soit, c'est un premier et gros détachement.

§ II. Renseignements sur l'ennemi

Dès ce jour même les dispositions furent prises pour attaquer les ennemis, d'après ce qu'on savait de leurs positions.

En résumé, le général Houchard connait à peu près exactement la force et la composition des deux corps ennemis. Un petit corps d'armée de 15.000 hommes dit de siège, sous les ordres directs du duc d'York, investit Dunkerque à l'Est (côté dangereux, alors comme aujourd'hui).

La ligne d'investissement part du Pont de Steendam, suit à peu près le Chemin vert qui aboutit au canal de Furnes près du pont du Chemin de fer actuel, traverse Rosendael, et suit ensuite à peu près le chemin actuel du cimetière de Malo, pour aboutir à une grande dune qui se trouve là où est maintenant Malo-Centre.

Il est à peine besoin de faire remarquer que les batteries de siège sont hors de portée pour l'époque.

Un autre petit corps d'armée, de 13.000 hommes, dit d'observation, sous les ordres du Maréchal Freytay, est lui-même réparti en deux fractions dont l'une investit Bergues au Sud et à l'Est, et dont l'autre observe le rassemblement de Cassel, formant cordon à la manière autrichienne.

Voici exactement les renseignements que le général Houchard et son état-major possédaient sur le corps d'observation.

Le général Houchard dit :

Les ennemis occupaient Wormhout en force et ils avaient un camp de 6.000 hommes derrière Wilder.

De son côté, Gay Vernon écrit :

L'armée d'observation ennemie se partageait en deux corps d'environ 8.000 hommes chacun, en ne comprenant pas le détachement qu'Alvinzi tenait à Warhem.

Ce détachement et la division de Walmoden faisaient face aux généraux Leclaire et Landrin.

Freytag occupait, sur la rive droite de l'Yser, les hauteurs d'Houtkerque et d'Herzeele, et, sur l'autre rive, le village et les hauteurs de Bambecque.

Voici le détail des positions du corps d'observation :

I. *Devant Bergues*

1° A Crochte, le détachement Hammerstein (3 bataillons, 4 escadrons) gardent le secteur, Grand Millebrugghe, Steene, Hellehouck, Croix-Rouge.

C'est de lui qu'il est constamment question dans les mémoires du général Leclaire et dans le procès-verbal du Conseil Général de Dunkerque.

2° A Blaeuw-Huys, d'Abshof, Warhem, le détachement Wangenheim (2 bataillons, 2 escadrons) gardant le secteur Croix-Rouge, Maison Blanche, Bentiesmeulen.

II. *En observation*

1° Ligne de Postes.

A Poperinghe, le détachement Linsingen (2 bataillons, 2 escadrons),

A Watou, le détachement A (2 compagnies de chasseurs, 1/2 escadron),

A Houtkerque, le détachement B (2 compagnies de chasseurs, 1/2 escadron),

A Herzeele, le détachement Pruschenk (4 compagnies de chasseurs, 1 escadron),

A Wormhout, le détachement Fabry (2 compagnies de chasseurs, 2 bataillons de ligne dont 1 d'émigrés, 6 escadrons),

A Esquelbecq, le détachement Diepenbroik (3 bataillons, 3 escadrons).

2° POSITION DE REPLI.

A Wylder, le détachement C (3 bataillons, 1 escadron),

A Bambecque, le détachement Dachenhausen (1 bataillon, 1 escadron),

A Kruystraete, le détachement D (1 bataillon, 1 escadron),

A Rousbrugge, le détachement Thanhausen (1 bataillon, 1 escadron).

III. *En liaison*

1° Avec l'armée d'observation de Lille, le détachement Salis (2 bataillons) à Ypres ;

2° Avec le corps de siège de Dunkerque, le détachement Hugo (force et composition inconnues) à Hondschoote.

Je n'ai jamais pu retrouver la maison de Wylder, où se trouvait le quartier général.

Rapport officiel anglais du 9 Septembre 1793

Il paraît que les Français avaient rassemblé des forces pour cette entreprise dans toutes les parties du pays, dans les armées du Rhin et de la Moselle, et particulièrement celle qui avait occupé le camp de César.

§ III. Ordres d'opérations

A. — *FRANÇAIS.*

1° Division Dumesny

partant de Bailleul, doit se diriger sur Ypres.

En combinant les deux récits de Gay Vernon, on reconstitue comme il suit la mission de cette division :

Elle doit laisser défiler la brigade Vandamme puis la suivre sur *Preninghelst* ; là, elle tournera rapidement à droite, se portera sur Ypres, l'incendiera au moyen des 10 pièces de position qui lui sont adjointes ou l'enlèvera de vive force si l'occasion favorable se présente ; dans tous les cas, elle devra couper la communication de cette ville avec Poperingue.

Le général Dumesny dit un peu différemment :

Le général Houchard m'avait ordonné de contenir les forces de cette ville et celles qui pourraient venir du camp de Menin, et, en même temps, de la brûler.

2° Division d'Hédouville.

Cette division a l'ordre de se porter sur Poperinghe, de nettoyer les bois et de tenter à Rousbrugge le passage de l'Yser.

Mais, en somme, chacune de ses trois brigades a une mission distincte, savoir :

a) La brigade Colaud, rassemblée à Steenvoorde, enlèvera les détachements de Watou et d'Houtkerque, se portera sur Proven, et tournera ensuite à gauche pour enlever le détachement de Rousbrugge.

b) La brigade X rassemblée à Steenvoorde, se portera directement sur Poperinghe, l'enlèvera, tournera ensuite à gauche sur Proven et suivra la brigade Colaud.

c) La brigade Vandamme, rassemblée à Godewaersvelde, enlèvera les postes de Westoutre et de Reninghels, détachés de Poperinghe, tournera ensuite à gauche sur Poperinghe et suivra la brigade X.

Gay Vernon dit :

Le colonel Vandamme eut l'ordre de se porter sur Reninghelst, d'en chasser l'ennemi, de faciliter le passage à la division Dumesny, puis de tourner à gauche sur Poperinghe, pour aller rejoindre l'avant-garde.

(L'avant-garde, c'est la brigade Colaud).

Extrait des mémoires du général Vandamme

Je fus reçu, le 5 septembre 1793, à Godewaersvelde, chef du bataillon des chasseurs du Mont Cassel qui fut formé des 4 compagnies franches de Saulty, de l'Egalité, de l'Observatoire et de Vandamme.

Le même jour, je reçus l'ordre du général Houchard, Commandant en Chef de l'armée du Nord, de prendre le commandement d'une colonne de 4.800 hommes, qui devait arriver le soir à Godewarswelde pour l'attaque générale qui devait avoir lieu le lendemain, sur le front de Cassel et de Bergues, afin d'en chasser l'ennemi et de le forcer à lever le siège de Dunkerque.

Cette colonne était composée des 1er et 2e bataillons d'Ile-et-Vilaine, du 14e bataillon d'infanterie légère, des chasseurs du Mont Cassel, des 8e et 9e bataillons de fédérés, 2e bataillon du 22e régiment, 2e bataillon du 1er régiment, 4e bataillon du Nord, et du 2e régiment de hussards.

Les troupes bivouaquèrent dans les pâtures de Godewarswelde.

3° Division Jourdan.

Cette division, partant de Cassel, doit se porter sur Houtkerque pour nettoyer la rive droite de l'Yser et en effectuer décidément le passage au moyen d'un équipage de pontons qu'elle conduit avec elle.

Comme pour la division d'Hédouville, tout cela n'est pas absolument exact :

Le gros de la division Jourdan (moins la brigade Mengaud et la moitié des pièces de position) rassemblé entre le Moulin Standart et Hardifort, doit bien se porter, avec une batterie de position, et suivi de la réserve de cavalerie, sur Houtkerque.

Le général en chef et les représentants du peuple Levasseur et Delbrel marcheront avec cette colonne.

Mais la brigade Mengaud, rassemblée à Cassel, se portera, avec une batterie de position, à l'attaque directe d'Herzeele.

4° Division Landrin.

Cette division, rassemblée entre Hardifort et l'Haghedorn doit amuser pendant la première journée (6), par une fausse attaque, les troupes qui occupent Wormhout et l'enlever de vive force le 7 à la pointe du jour.

Je dirai de suite que les opérations de cette division menées suivant la grande route de Cassel à Dunkerque, ont été nulles. Chargé d'amuser l'ennemi, le général Landrin fut joué par lui.

La réflexion que j'ai faite à propos du général Dumesny peut s'appliquer à lui, à un degré un peu moindre toutefois, car on ne peut lui reprocher que d'avoir lambiné.

Quoi qu'il en soit, c'est un deuxième gros détachement.

5° Division Leclaire.

Le général Leclaire doit se rendre à Bergues et en sortir au moment voulu en se conformant à l'ordre particulier ci-après :

Le 3 Septembre, le général Houchard me donna l'ordre suivant :

INSTRUCTIONS DU GÉNÉRAL EN CHEF HOUCHARD AU GÉNÉRAL LECLAIRE LE 3 SEPTEMBRE, 2e ANNÉE

Le Général Leclaire prendra le commandement des troupes sur la Colme ; il laissera un bataillon pour garder le poste de Watten ; il rassemblera toutes les autres troupes pour en former un corps avec lequel il ira à Dunkerque ; il est ordonné au commandant de Dunkerque de donner de bons bataillons frais en remplacement de ceux du Général Leclaire, si ceux-ci sont trop fatigués pour se transporter à Bergues ; en outre, le commandant de Dunkerque jettera dans Bergues pour être aux ordres du général Leclaire, *deux bataillons et le 12e régiment de chasseurs à cheval.*

Le général Leclaire se portera à Bergues, avec son corps de troupes, dont il tirera toutes les troupes à l'exception de mille hommes qui resteront dans la place d'après l'ordre ci-joint :

Le général Leclaire, avec son corps d'environ 5.000 hommes, marchera avec audace sur les ennemis, en s'avançant en deux colonnes avec précaution sur West-Cappel et Ost-Cappel ; il aura soin de se tenir bien en force sur sa droite du côté de Wormhout, qui sera tenu en échec par des forces considérables.

Il sortira demain, 6 courant, de Bergues, au moment où il verra que les attaques de Rousbrugge et de Wormhout seront en pleine vigueur ; le but principal de cette marche doit être de prendre l'ennemi entre deux feux, en faisant une jonction qui nous mettra à portée de le détruire par la supériorité de nos forces.

Comme le général Leclaire pourra avoir affaire à un corps considérable de nos ennemis que nous mènerons en queue, il aura soin de présenter un grand front de bataille dès qu'il aura connaissance de la proximité de l'ennemi, afin d'attaquer sur plus de points et lui faire illusion sur ses forces. Si l'ennemi le poussait, il se portera dans les haies et attendra ainsi que nous venions à son secours.

Le général en chef, Houchard.

Un ordre en conséquence fut envoyé par un courrier que l'on eut soin de faire passer par Saint-Omer au Commandant de Dunkerque, qui reçut aussi une instruction pour faire une sortie vers midi, le 6.

Le général Leclaire ajoute :

Je me rendis de suite à Watten, risquant d'être pris, car l'ennemi était tout près du chemin ; j'en avais fait l'observation, mais on n'y fit point d'attention.

Le général Jourdan, que je rencontrai et qui avait avec lui des troupes, voulut me donner un régiment de hussards, mais mes ordres ne les portant point, je ne l'acceptai point.

Arrivé à Watten, je donnai les instructions nécessaires au

commandant du bataillon qui y restait. J'arrivai vers les 5 heures du soir à Bourbourg d'où je dépêchai des ordres aux troupes sur la Colme de se rendre les unes à Bergues, les autres à Dunkerque, en détruisant les ponts sur le canal ; les habitants remplacèrent les troupes.

J'envoyai un adjoint à Dunkerque au général Souham. A minuit, je passai à la barrière de Dunkerque, j'y trouvai ainsi que je l'avais demandé, un adjoint qui me rendit compte de l'exécution de tout ce que j'avais demandé, et je ne puis assez louer la promptitude qui fut mise dans cette exécution.

L'emploi, dans un pays coupé, de différentes colonnes mixtes peut se discuter, mais encore faut-il que chacune d'elles ait une mission bien définie et autant que possible unique.

Quant à l'appui que les différentes colonnes peuvent avoir à se prêter, il est de principe général.

Au lieu de cela, que de bizarreries, une véritable permutation tournante ! La brigade Vandamme, de la division d'Hédouville, sert d'avant-garde à la division Dumesny, la brigade Colaud, de cette même division, sert à son tour d'avant-garde à la division Jourdan !

Enfin, tous ces ordres sont à longue portée. Aussi il arrivera fatalement que les exécutants exécuteront suivant leur tempérament. Deux d'entre eux (Dumesny, et Landrin) trouveront des échappatoires, un seul (Leclaire) montrera de l'initiative et de l'énergie.

B. — *ALLIÉS*

L'attaque générale du 5 ne semble avoir eu aucune conséquence sur les dispositions primitives, puisque rien n'y fut modifié pour le 6.

Le général Calvert dit, au sujet de l'attaque du 5 :

Le maréchal Freytag ordonna de prononcer une attaque sur le camp français, entre les villages de Zermezeele et de Arnèke, près de Cassel. Le camp fut enlevé, mais non sans pertes considérables qui tombèrent principalement sur la colonne de gauche, conduite par le général Fabri qui fut grièvement blessé. Il n'avait avec lui que 1 bataillon et à peu 80 hussards. La colonne de droite rencontra des obstacles inattendus sur sa route, et la colonne de gauche eut ainsi à supporter sans être soutenue l'effort de toutes les forces françaises.

Il était extrêmement imprudent de prononcer une attaque avec si peu de force contre un camp qui pouvait recevoir des renforts de Cassel.

On lit dans le rapport officiel anglais du 7 Septembre :

Le maréchal Freytag a attaqué dans la matinée du 5, un poste français au village d'Arnèke. Un nombre considérable d'hommes furent tués, et 5 officiers et plus de 60 hommes pris.

§ IV. Etude des Opérations

On se lève tôt à l'armée du Nord :

Le 6, dès les 3 heures du matin, toutes les colonnes s'ébranlèrent et entrèrent sur le pays occupé par l'ennemi.

1° *Division Dumesny* (Récit de Gay Vernon).

L'inaction de la division Dumesnil, pendant la journée du 6, est une des fautes qu'on a le plus souvent reprochées à Houchard. J'entrerai à ce sujet dans quelques explications particulières.

Voici les faits tels qu'ils se sont passés ; ce sera une preuve ajoutée à tant d'autres, qu'à la guerre les officiers d'Etat-major ne doivent s'en tenir aux ordres verbaux que lorsqu'il y a impossibilité de les envoyer autrement.

J'avais été chargé du détail pour la marche des diverses colonnes. D'après les dispositions de Houchard, Vandamme et Dumesnil étaient destinés à se porter, sur notre droite, un mutuel appui. Mais la division du camp de Bailleul devait attendre, pour commencer son mouvement, que les chasseurs de Mont-Cassel eussent défilé devant elle.

Le 5 au soir, avant de quitter Cassel, je fis venir à l'Etat-Major le colonel Vandamme, et nous combinâmes ensemble, sur la carte, l'ordre de marche qu'il suivrait.

Le Corps qu'il commandait passait à Reninghelst, et j'engageai cet officier à prendre les devants pour aller prévenir Dumesnil des intentions de Houchard.

Je crus que l'ordre serait ainsi mieux expliqué et mieux compris verbalement que par écrit ; et je ne doutai pas qu'il fût aussitôt exécuté, puisqu'il était porté par un militaire du grade élevé et de l'habileté reconnue de Vandamme. Cependant Dumesnil ne s'en contenta pas et ne suivit pas la colonne des chasseurs de Mont-Cassel.

2° *Division d'Hédouville.*

C'est surtout dans la division d'Hédouville que l'imprévu vient modifier les prévisions trop laborieusement accumulées du commandement.

a Brigade X

La brigade X (avec laquelle marche le général d'Hédouville) enleva Poperinghe plus vite qu'on ne s'y attendait (parce que la garnison apprenant la marche de la brigade Vandamme et craignant d'être coupée, se rejeta d'elle-même sur Ypres). Sans perdre de temps, cette brigade tourne à gauche sur Proven, se porte sur Rousbrugge, y passe l'Yser et vient bivouaquer à 9 heures du soir à Oost-Cappel.

Le général Houchard dit :

Le général d'Hédouville avec son avant-garde se porta sur Poperinghe qu'il enleva ; il fit beaucoup de prisonniers et prit beaucoup d'équipages à l'ennemi. De là, l'avant-garde se porta à Rousbrugge qu'elle prit. Là, elle passa le pont d'Yser et, à 9 heures du soir se trouva à Oost-Cappel ; jamais marche de colonne n'a été plus rapide et plus triomphante.

Le 6ᵉ chasseurs se trouva à l'affaire de Poperinghe (Historique).

Le 1ᵉʳ bataillon du 89ᵉ placé sous les ordres du général d'Hédouville se signala en coopérant vaillamment à l'enlèvement des villages *(sic)* de Poperinghe et Rousbrugge (Historique).

Le 9ᵉ bataillon d'infanterie légère se distingua particulièrement à l'attaque de Poperinghe et y fit de nombreux prisonniers (Historique).

D'après Ditfurth :

La colonne sous le général d'Hédouville attaqua la garnison hanovrienne de Poperinghe, lui enleva cette localité et poussa les Hanovriens jusqu'à Vlamertinghe, d'où une partie se retira sur Ypres et le restant sur Rousbrugge.

Dans la réalité, tout le détachement Linsingen paraît s'être retiré sur Ypres.

J'ai trouvé la pièce intéressante ci-après relative à l'affaire de Poperinghe :

Plainte que porte le citoyen Laval, Lieutenant Colonel ci devant commandant le bataillon des grenadiers qui vient d'être dissous, contres les citoyens Longuet, Lieutenant des grenadiers du 2e Bataillon de la Somme maintenant à Arras, et Gosselin, Sous Lieutenant du 9e Bataillon de la Seine Inférieure, Arnaud Caporal fourrier du même Bataillon et de la même Compagnie, ces deux derniers détenus maintenant dans les prison militaire de Cassel et dit :

Que ces trois individus à l'affaire de Popringhe le six septembre courant au premier coup de feu se sont sauvé, ont abandonné leur compagnie et ont fuit jusqu'à Steenvoorde les deux officiers ayant prétendu, savoir : Longuet d'être malade et Gosselin d'être blessés et le Caporal fourrier a prit prétexte qu'il venoit chercher des voitures pour conduire les blessés. On observe que ces individu ont été visité par des cherugien pour constaté leur maladie, il a été reconnu qu'il n'avoit aucun mal puisqu'il y a Longuet Lieutenant qui ses retiré chez lui où il est actuellement. Le nom de l'endroit où il fixe sa résidence est à Mondidier.

Des faute de cette espèces méritent une exempte. En conséquence, le citoyen Laval demande qu'il soient jugé comme fuyards et la loy soit exécuté.

Fait à Arras, ce 29 7re 1793
L'an deux de la République une et indivisible
J. C. LAVAL.

J'observe que ces deux plainte ont été donné au général Débedouville.

b BRIGADE COLAUD

La brigade Colaud ayant enlevé Watou puis Houtkerque, arrive donc à Proven après la brigade X et la suit au lieu de la précéder, sur Rousbrugge et Oost-Cappel.

En enlevant Houtkerque, elle a servi d'avant-garde au gros de la division Jourdan.

On lit dans Gay Vernon :

A 7 heures le général Colaud reconnut la position de Houtkerque, elle était occupée par 2.000 Autrichiens Hollandais soutenus par un régiment anglais ; après un feu vif d'artillerie et de mousqueterie, la position fut enlevée à la baïonnette. Les Autrichiens se retirèrent sur Ypres, au travers des bois de Poperinghe, et les Anglais et Hollandais se retirèrent sur Herzeele et Bambecque.

D'après le plan général, nous devions nous diriger sur Rousbrugge par Proven, l'avant-garde du général Colaud avait déjà pris cette direction.

En se portant à Proven, la brigade Colaud coupa à la garnison de Poperinghe la retraite sur Rousbrugge. Enfin, par cela même, elle rejoignait sa division.

c. Brigade Vandamme

La brigade Vandamme enlève Westoutre, puis Reninghelst, va contourner à l'Est, Poperinghe enlevé par la brigade X, et vient bivouaquer à Proven.

Le général Houchard dit dans son rapport :

Un détachement de l'avant-garde, commandé par Vandamme, attaquait le château de Reninghelst où l'ennemi fut écrasé et obligé de l'évacuer.

Voici maintenant le récit du commandant Vandamme :

A minuit, elles se mirent en marche, étant dirigées sur les villages de Westoutre et Reninghelst qui étaient occupés, le premier par un détachement de 50 Anglais, et le deuxième par 800 Anglais et Hanovriens et 2 pièces de canons.

L'ennemi fut bientôt repoussé dans deux endroits ; on lui fit plusieurs prisonniers et il eut une douzaine de morts ; nous n'eûmes que trois ou quatre blessés.

La colonne continua sa route, passa entre Poperinghe et Vlamertenghe, vint bivouaquer à Proven, où elle passa la nuit du 6 au 7.

Il est à remarquer que d'après les instructions que j'avais reçues, une colonne de 10.000 hommes devait partir de Steenvorde la nuit du 5 au 6 pour aller attaquer Poperinghe, et qu'une autre colonne devait partir de Bailleul, pour se porter entre Vlamertenghe et Ypres, et y tenir en échec la garnison de cette ville composée de 6 ou 7.000 hommes, tandis que la colonne que je commandais attaquerait Westoutre et Reninghelst, couperait la garnison de Poperinghe et ferait ensuite sa jonction avec la colonne partie de Steenvorde. Celle de Steenvorde attaqua bien Poperinghe, mais ne fit pas sa jonction. Celle de Bailleul ne marcha pas, en sorte que les troupes dont je dirigeais la marche, furent très exposées, en passant entre Ypres et Poperinghe, en ce qu'elles auraient pu être prises en flanc et à dos par la garnison d'Ypres que rien n'empêchait de sortir.

D'après Ditfurth :

La colonne sous le Général Vandamme attaqua les avant-postes hanovriens à Reninghelst et les rejeta sur Ypres.

Une patrouille de flanc du régiment des gendarmes hessois en marche pour rejoindre de Menin sur Furnes, conduite par le lieutenant v. Wolf, fit, à Reninghelst, 21 prisonniers et captura 4 voitures à bagages.

3° *Division Jourdan*

Le gros de la division Jourdan se porte sur Houtkerque enlevé par la brigade Colaud, et se dispose à gagner Oostcappel lorsque, cédant à l'avis de l'Adjudant Général Ernouf, le Général Houchard le dirige sur Herzeele, où la brigade Mengaud est maintenue en respect par le détachement Pruschenk.

Le Général Houchard dit :

Je voulais que la colonne du centre prît cette direction pour, de là, nous porter sur Proven, où les colonnes devaient se réunir pour marcher sur Hondschoote. Le Général Ernouf, qui connaissait parfaitement le pays, en qui j'avais de la confiance pour ces mouvements, me dit que si je prenais cette direction, je laissais derrière moi, sur mon flanc gauche, un poste considérable des ennemis et qu'il était de la prudence d'attaquer ce poste.

Il fut résolu que le général Jourdan marcherait sur Herzeele — il avait avec lui environ 7.000 hommes — et le Général Colaud sur Proven. Je suivis ce dernier. L'ennemi s'étant jeté dans la grande forêt de Saint-Six, alors je dis au Général Colaud d'occuper la tête du village de Proven, que j'allais me rendre à Herzeele, pour voir où en étaient les choses.

Gay Vernon ajoute :

Le Général Houchard, cédant peut-être à tort aux représentations d'Ernouf, donna ordre à Jourdan de se porter sur Herzeele. En conséquence, nous marchâmes par le flanc gauche sur le camp d'Herzeele.

La division reconstituée va livrer maintenant les combats d'Herzeele, de Bambecque et de Rexpoëde.

Combat d'Herzeele

A. — *FRANÇAIS*

Nous avons vu que la brigade Mengaud avait été dirigée dès le matin, sur Herzeele.

Il ressort clairement des récits allemands, en même temps qu'implicitement du mutisme des récits français, que le colonel Pruschenk a effectivement tenu en échec la brigade Mengaud et qu'il a même pris l'offensive. Il est arrivé avec ses chasseurs hessois jusque dans le bois de Winnezeele et a pris un canon.

C'est à ce moment qu'arrive le gros de la division Jourdan, venant d'Houtkerque.

Gay Vernon dit que l'ennemi occupait en force le camp d'Herzeele et qu'il s'y était retranché.

Premier récit du Général Houchard :

L'attaque du camp d'Herzeele fut vive, ainsi que celle du village qui fut pris et repris deux fois à la baïonnette. Une charge à la baïonnette décida.

Deuxième récit du Général Houchard :

Le général Jourdan enleva les premiers retranchements l'épée à la main et chassa les ennemis du village après un combat de feux assez vifs ; néanmoins les ennemis revinrent à la charge et repoussèrent les troupes de la République hors du village.

Le Général Houchard ordonna dans ce moment qu'une charge à la baïonnette fût faite sur toutes les rues du village, et cette charge s'exécuta avec la plus grande impétuosité en criant : Vive la République !

Le Corps ennemi, composé de 4.000 Anglais et Hollandais *(sic)* se retira en bon ordre sur Bambecque.

Le 9e bataillon de la Seine-Inférieure participe au combat.

D'après un certificat des officiers, sous-officiers et soldats du 7e bataillon du Jura, fait à Nantes le 20 nivose an II à l'attaque d'Herzeele, Lecourbe, par les observations qu'il fit au général Jourdan qui était à la tête de la division, fit couper la retraite de l'ennemi.

B. — *ALLIÉS*

Herzeele est occupé par le détachement du Colonel von Pruschenk. Malgré sa grande infériorité numérique, il prend l'offensive, arrive avec son bataillon de chasseurs hessois jusque dans le bois situé entre Herzeele et Winnezeele et enlève un canon. Mais au bout d'un certain temps, il voit arriver de la direction de Houtkerque une colonne française. Pour ne pas être coupé, le colonel Pruschenk est obligé de donner le signal de la retraite.

Tandis que les 2 compagnies de Laudonvert sont envoyées à la rencontre de la colonne, arrivant d'Houtkerque, le bataillon de chasseurs hessois se retire lentement et toujours en combattant, du bois de Winnezeele, jusqu'à la hauteur des Moulins à vent en avant d'Herzeele.

Les Français renouvellent bientôt leurs attaques, mais les chasseurs hessois défendent la lisière sud de Herzeele jusqu'au soir.

Ce n'est que lorsque le village est enveloppé de tous côtés, que le Colonel v. Prüschenk ordonne la retraite. Les chasseurs se retirent le long du talus qui conduit sur Bambecque sans subir de pertes.

Mais les compagnies de Laudonvert sont poussées hors du chemin, vers le terrain boisé, situé en amont et perdent beaucoup d'hommes, et une pièce de canon. La cavalerie se voit forcée, au prix de grandes pertes, de se frayer un passage vers le pont de Bambecque.

Le détachement de Herzeele est recueilli à Bambecque par le détachement Dachenhausen.

Combat de Bambecque

A. — *FRANÇAIS.*

Profitant de la belle disposition où se trouvaient les troupes, je me disposai à suivre les ennemis qui s'étaient retirés à Bambecque, où ils occupaient un poste très avantageux, la rivière devant eux, avec le pont gardé. (Général Houchard).

Le pont de pierre qui conduit à ce village était couvert par une bonne flèche, enveloppée d'abatis et armée de 3 pièces de 3.

Il était flanqué à l'autre rive par 2 batteries de petit calibre, établies sur les flancs de la colline.

Tout annonçait que l'ennemi avait l'intention de nous disputer vivement le passage de la rivière. (Gay Vernon.)

Le terrain se prête d'ailleurs à merveille, tant à la défense avancée, qu'au flanquement arrière.

L'adjudant général Coquebert de Monbret monta sur un arbre très élevé, pour juger de la position des ennemis.

Nous fîmes vivement replier les avant-postes.

En arrivant à portée, l'attaque commençait par une canonnade très vive et pendant une heure, elle fut excessivement chaude.

Suivant sa tactique, le général Jourdan fit alors avancer 2 pièces de 8 qui canonnèrent la tête de pont à distance rapprochée.

Mais à ce moment survint une grosse pluie d'orage qui dura deux heures.

Cette pluie nuisit infiniment aux progrès de l'attaque, dit le général Houchard et il ajoute que les soldats manquaient de cartouches. L'ennemi s'opiniâtrant à défendre la tête du pont, je me décidai, dit-il, d'après les avis du général Berthelmy et des représentants du peuple, à enlever ce poste au bout de la baïonnette. Les troupes passeront l'Yser, partie sur le pont, partie par des gués. Je donnai l'ordre, les colonnes se formèrent, je fis battre la charge et on marcha.

A ce moment, la pluie avait cessé de tomber par torrents; un bataillon du 36e de ligne passa le gué en amont de Bambecque et, chargeant vigoureusement la droite des ennemis, joignit son attaque de flanc à une charge impétueuse qui fut faite sur la tête du pont.

Ceux-ci, pressés en tête et en flanc, et surtout étonnés (suivant une expression qui deviendra courante), abandonnèrent leur position et reculèrent en désordre jusqu'à Rexpoede.

Lettre de l'adjudant général Berthelmy, le 3 octobre 1793.

A l'affaire de Bambecque, l'aide de camp du général Jourdan étant venu dire que la pluie empêchait de combattre, que les soldats avaient usé leurs cartouches et que la résistance de l'ennemi avait assuré notre retraite, je dis que rien ne devait nous empêcher de vaincre, que s'il n'y avait plus de cartouches, il fallait battre la charge et aussitôt après l'approbation du Général en Chef, je m'y portai, je pris des tambours avec moi et le poste fut forcé et pris dans un instant.

Il était 6 heures du soir lorsque nous entrâmes dans Bambecque. Là, nous apprîmes que le général d'Hédouville n'avait rencontré partout qu'une faible résistance et qu'après avoir franchi l'Yser à Rousbrugge il se dirigeait sur Oostcappel pour lier ses avant-postes à ceux de Jourdan.

B. — *ALLIÉS.*

D'après Ditfurth et Sichart.

Les détachements Pruschenk et Dachenhausen tiennent Bambecque jusqu'au soir, résultat auquel contribue essentiellement le capitaine Casten du 6ᵉ d'infanterie qui, avec sa compagnie, a à défendre le pont de l'Yser. Il en est de même de Kruystraete.

Mais le soir, sous la pression des colonnes françaises venant de gauche, le détachement de Kruystraete, puis celui de Bambecque se retirent sur Rexpoede, tandis que tout le dispositif des détachements du centre se rabat sur Wylder.

Le bataillon de chasseurs a eu plus de 40 hommes tués ou blessés ; parmi ces derniers, le colonel von Pruschenk, le capitaine Ochs et le lieutenant-adjudant Lentulus.

Combat de Rexpoëde

A. — *FRANÇAIS*

La pluie continuant à grande force, les chemins étaient devenus affreux, je voulais rester à Bambecque pour laisser reposer les troupes qui étaient extrêmement fatiguées, il était 5 heures 1/2, on me dit que l'ennemi était en déroute et se retirait en désordre.

J'observai qu'il était dangereux d'arriver dans Rexpoëde à la nuit, qu'on ne pouvait faire que de mauvaises dispositions à cause de l'obscurité, que d'ailleurs, nous nous trouverions placés entre les deux camps des ennemis (Wilder et Hondschoote) qui viendraient, à coup sûr, nous attaquer, que l'avantage était pour eux, connaissant parfaitement la position, et nous pas — on ne s'est pas rendu à ces considérations, je croyais devoir les faire.

Le général en chef (dit d'autre part, le général Houchard) aurait désiré borner les succès de cette journée à la possession du village de Bambecque, mais il se laissa aller à l'ardeur que montraient les troupes, ainsi que les officiers de son État-Major, et au désir des représentants du peuple Levasseur et Delbrel qui avaient vaillamment combattu pendant toute la journée au milieu des troupes de la République.

Il fut décidé de marcher à Rexpoëde.

Les troupes se mirent donc en marche et la colonne fut dirigée sur Rexpoëde ; ce village est au milieu des bois et les ennemis n'y firent aucune résistance.

La nuit étant survenue et le temps affreux, il fallut rester dans le village dont la défense était facile.

Les soldats se débandèrent dans les maisons pour s'abriter et manger.

Je fus avec le général Ernouf faire les dispositions pour passer la nuit.

Les dispositions étant faites, je me rendis à la Maison où étaient les représentants du peuple, je leur témoignai mes inquiétudes.

Dès les 10 heures, l'ennemi, venant par la gauche et sur le devant du village, du côté de Killem, attaqua brusquement tous les postes.

La terreur s'empara de beaucoup de troupes.

Le Général Houchard, les représentants du peuple et tout l'état-major manquèrent d'être faits prisonniers.

Avant de continuer ce récit, il est nécessaire que j'intercale ici quelques explications.

a) Les dispositions furent les suivantes :

Tandis que le gros bivouaque ou est supposé bivouaqué à 300 pas au sud du village (en réalité abrité dans les maisons), plus ou moins gardé de trois côtés par la cavalerie disséminée par détachements autour des bivouacs, 3 bataillons, en réserve desquels se trouvent probablement 2 escadrons, gardent Rexpoëde, — ce qui consiste à bivouaquer autour de grands feux, dans le cimetière et sur les places vides.

b) La maison du potier dont il est question dans divers récits existe encore. Cette maison qui appartient à M. Vandaele, se trouve à la bifurcation de la route de Bergues (grande rue de Rexpoëde) et du chemin de Rexpoëde à Westcappel. Elle mériterait d'être photographiée.

c) Les 3 bataillons bivouaqués dans Rexpoëde ne se gardaient pas en avant, ce qui explique la surprise. La plupart des fuyards s'échappèrent naturellement du côté opposé à l'attaque, c'est-à-dire vers Ostcappel où ils furent recueillis.

Malgré cela, il fut remédié à tout ce premier désordre.

Je fis porter en avant deux pièces de 8, d'une batterie d'artillerie légère, je fis battre la charge, je portai une partie des troupes à l'appui des points attaqués et je mis le reste en bataille derrière le village, pour ne pas être tourné par l'ennemi.

Nous restâmes dans cette position, j'envoyai au général Hédouville une ordonnance, ainsi que l'adjudant général Coquebert, pour que ce Général vînt me renforcer; les deux émissaires furent pris par les ennemis.

L'attaque se ralentit vers 1 heure et l'ennemi se retira.

On me dit que les deux pièces de 8 étaient démontées à la tête du village, j'envoyai 2 compagnies de grenadiers avec l'adjudant général Ernouf pour aller relever ces pièces, les braves grenadiers exécutèrent leur mission avec le plus grand courage et me ramenèrent les 2 pièces malgré le feu de l'ennemi.

Je fis alors porter tous les caissons et canons derrière le village, sur le chemin de Bambecque, étant très persuadé que les ennemis viendraient attaquer une heure avant le jour, ce qui arriva. Vers les 3 heures du matin, l'ennemi attaqua avec plus de vivacité, ils percèrent dans le village et mirent les troupes en déroute.

La retraite se fit sur le village de Bambecque, l'ennemi ne nous poursuivit pas, à mon grand étonnement.

Récits combinés de Gay Vernon

Nos soldats qui marchaient et combattaient depuis 13 heures, avaient besoin de nourriture et de repos.

Nous pensions qu'en rentrant à Bambecque au soleil couchant, le général bornerait là les succès de la journée.

Chacun pensait que nous emploierions les 3/4 d'heure de jour qui restaient à bien établir nos postes et nos bivouacs et à nous affermir sur le terrain que nous avions conquis. C'était l'intention de Houchard. Quel fut donc notre étonnement lorsque nous vîmes l'armée défiler et les soldats répéter qu'on allait à Bergues.

Nous témoignâmes au général notre surprise sur une marche qui n'avait aucun objet et qui nous éloignait de la véritable direction que nous devions tenir. Le général fut de notre avis.

Mais dans notre armée la volonté du général en chef n'était pas le dernier mot du commandement supérieur ; par delà il fallait encore en appeler aux décisions des représentants du peuple. Or, le conventionnel Hentz venait de dire que les hommes libres n'étaient jamais fatigués de combattre les esclaves des tyrans, qu'ainsi l'armée devait continuer son mouvement, Houchard craignit que les représentants du peuple ne blâmassent sa conduite s'il n'attaquait pas Rexpoëde avant la nuit, il donna aussitôt l'ordre de marcher sur Rexpoëde.

Nos troupes, animées par le désir de terminer cette longue journée, enlevèrent ce village avec ardeur.

La nuit vint, elle était sombre et pluvieuse, et nos soldats se débandèrent dans les maisons pour s'abriter et prendre leur repas. 3 des bataillons de Jourdan et 1 régiment de cavalerie occupèrent Rexpoëde, l'adjudant général Ernouf qui connaissait bien le pays, se chargea de démêler au milieu de la plus profonde obscurité quelques bons emplacements pour établir nos postes.

Extrait des mémoires de Levasseur

Nous couchâmes à Rexpoëde ; ce village était presque désert ; la plupart des habitants s'étaient retirés en emportant leurs effets. Je logeai dans la même auberge qu'Houchard ; ce Général, qui avait la bravoure d'un soldat, était, comme commandant en chef, d'une incurable nullité. Il me parut fort agité et fort effrayé de la responsabilité qui pesait sur sa tête.

Je crains bien, me dit-il, d'être surpris cette nuit, dans cette position peu forte. Il ne fallait donc pas nous y amener, lui répondis-je.

Le bruit du canon commença, en effet, à se faire entendre à 10 heures du soir et la nuit se passa en escarmouches, sans résultat. Cependant à 4 heures du matin, Houchard donna ordre à son corps d'armée de se retirer sur Bambecque.

Je ne comprenais point le but de ce mouvement rétrograde dans un moment où aucune attaque ne pouvait nous inspirer de crainte et lorsque nous n'avions pas disputé le terrain. J'en fis la réflexion au Général qui balbutia et ne sut que répondre, accablé qu'il était par des fonctions au-dessus de ses forces.

A une 1/2 lieue environ, je lui fis sentir de nouveau ce qu'il y avait d'étrange dans sa retraite. Cette côte, lui dis-je, est, il me semble, une excellente position militaire ; arrêtons-nous ici. Faites placer quelques pièces de canon pour assurer notre retraite en cas de besoin ; mais sachons au moins à quel ennemi nous avons affaire. Un petit nombre d'hommes, forts de la connaissance du terrain peuvent risquer, pendant la nuit, une attaque qu'ils ne soutiendraient pas en plein jour. Mais Houchard ne voulut rien entendre, il paraissait même si effrayé qu'il voulait fuir jusqu'à Herzeele. Une telle conduite devait nécessairement m'inspirer des soupçons. D'autres circonstances plus graves vinrent bientôt les fortifier. Houchard parlait d'attendre l'ennemi et de rester sur la défensive. Quelques escarmouches, dans lesquelles nous avions toujours eu un avantage marqué, semblaient l'avoir rempli de terreur.

Cette hésitation révélait au moins une incomplète (*sic*) incapacité (*sic*), si elle n'était pas une preuve certaine de trahison, mais d'autres circonstances durent me faire croire qu'Houchard n'agissait pas de bonne foi. Malgré sa terreur panique, nous étions arrivés à Bambecque sans être poursuivis par l'ennemi.

Extrait des notes historiques de Delbrel

Notre colonne, celle du centre, après un combat opiniâtre, s'était emparée de Rexpoëde, à 7 heures du soir. Il était déjà presque nuit, nous ne pûmes pas reconnaître parfaitement le terrain pour disposer convenablement nos postes autour du village. Cependant, nous plaçâmes des gardes sur toutes les avenues et, pour éviter toute surprise, nous eûmes la précaution de tenir toute la division sous les armes.

Après avoir fait toutes les dispositions que les circonstances paraissaient exiger, le général Houchard et moi, ainsi que quelques Officiers de l'Etat-Major, entrâmes dans une baraque, où nous trouvâmes quelques pots de bière et quelques pains de munition abandonnés par l'ennemi.

C'était une trouvaille précieuse pour nous, car nous avions été toute la journée à cheval, sans avoir le temps de nous rafraîchir. Nous buvions, nous nous entretenions des succès que nous avions obtenus et des divers faits dont nous avions été les témoins ou les acteurs, lorsque tout à coup, à minuit, une fusillade terrible et le cri général « Aux Armes !! » vinrent troubler notre délicieux repas et notre glorieuse conversation.

L'attaque de la part des Anglais fut si rapide qu'ils eurent pénétré dans le village avant que nous fussions à cheval. Mais, favorisés par la confusion presque inséparable d'un combat de nuit, nous sautâmes en selle, nous traversâmes la mêlée et nous vînmes hors du village rejoindre le gros de la division. Un officier du génie qui était avec nous n'eut pas le même avantage ; il fut pris au moment où il mettait le pied à l'étrier.

Le combat dura encore plus d'une heure. On peut en voir de plus sanglants mais non de plus affreux. Dans l'obscurité la plus profonde, les bataillons se heurtaient avant de s'être aperçus. La mousqueterie et l'artillerie n'avaient pour point de mire que la mousqueterie et l'artillerie ennemies. Heureux si, dans ce tumulte, le fer et le plomb français n'avaient atteint que des corps anglais ! Il est facile de prévoir que dans un combat au milieu des ténèbres, l'avantage est pour les assaillants.

Les Anglais avaient de plus sur nous, celui de connaître le terrain et une position qu'ils avaient occupée pendant plusieurs jours.

Tous nos efforts furent donc inutiles ; il fallut abandonner Rexpoëde. Le désordre se mit dans quelques bataillons, en vain nous fîmes tout pour les retenir ; ils entendaient notre voix ; mais sûrs de n'être pas connus, ils fuyèrent avec toute la précipitation que permettaient un temps de pluie et des chemins bourbeux. Je courus toute la nuit autour de cette longue traînée de fuyards, je flattais les uns, je menaçais les autres. Enfin, après bien des fatigues, je parvins à rallier une partie de la division qui se réunit enfin toute entière à Bambecque, le 7 au matin.

Je fus particulièrement secondé par le Général Berthelmy, chef de l'Etat-Major.

B. — *ALLIÉS.*

Vers le soir, les nouvelles qui arrivent au maréchal Freytag lui apprennent que, non seulement les détachements de l'aile gauche de sa vaste chaîne d'observation ont été refoulés par des forces supérieures, mais que ceux de l'aile droite, postés face à Bergues, ont été vivement attaqués.

Il décide, en conséquence, la retraite générale sur Hondschoote pour y résister avec ses forces réunies, jusqu'à l'arrivée des secours du Corps de siège.

Les détachements de gauche s'y sont déjà retirés (suivant leurs instructions pour le cas de retraite), l'ordre est envoyé à ceux de droite de se retirer sans délai sur Hondschoote.

Quant à lui, il attend la nuit pour s'y diriger lui-même avec les troupes sous sa main, par Rexpoëde, qu'il ne sait pas aux mains des Français. Pourtant ceux-ci ont vite coupé la liaison entre ce village et les détachements restés sur l'Yser.

A 11 heures du soir, le mouvement commence, en 2 colonnes. (Ditfurth dit : une colonne, mais il n'y était pas) :

1re colonne (1 bataillon, le 11e des gardes, artillerie, cavalerie) chemin direct Wilder, Rexpoëde.

2e colonne (infanterie), sous les ordres du Lieutenant Général von dem Busche, par Westcappel.

Le maréchal part en tête de la 1re colonne avec le prince Adolphe (plus tard duc de Cambridge) et une petite escorte et charge le général Walmoden (qui, par suite d'une indisposition, se trouvait au Quartier Général) de rester à Wylder pour presser le départ des troupes, suivant une version, jusqu'à l'entier écoulement de la colonne, suivant une autre version.

Quoi qu'il en soit, le général Walmoden ne reste à Wylder que le temps de s'assurer que les dispositions d'arrière-garde prévues au pont de Wylder sont prises et suit alors la 1re colonne : c'est ce qui lui permet d'arriver à Rexpoëde à point nommé.

Ici survient un de ces incidents qui se produit fatalement chaque fois qu'un commandant de colonne n'est pas à sa place, plus fréquemment chez nous que dans les armées à sang-froid, mais avec ce point commun que partout les explications sont du même genre.

D'après les « Kriege in Europa », le maréchal marchait en avant de la colonne, sans avant-garde, avec son escorte seulement.

D'après Ditfurth, il y avait bien eu une faible avant-garde envoyée en avant, mais elle s'était trompée de chemin (cette version est d'ailleurs celle du rapport officiel ci-après).

D'après Gassmann qui se rapproche de Sichart, il y avait une avant-garde de 6 dragons et 1 officier, le maréchal et le prince Adolphe suivaient avec leur escorte.

Enfin, d'après Sichart, l'avant-garde était sur le bon chemin et le maréchal la suivait avec son escorte sans prendre aucune précaution. Mais il pouvait le faire, d'autant mieux qu'il venait de recevoir du Général major von Dachenhausen, un avis apporté par le cornette Pape, disant que lui (Dachenhausen) tenait Rexpoëde avec 1 bataillon et 2 escadrons et qu'il allait chercher à soutenir (sic) la localité.

Cet avis était évidemment parti depuis des heures. Quant aux officiers envoyés plus tard par le général Dachenhausen pour rendre compte de l'occupation de Rexpoëde par les Français, aucun n'avait pu joindre le maréchal.

Quoi qu'il en soit, en arrivant à Rexpoëde, la brillante tête de colonne est brusquement chargée par un piquet de cavalerie française.

Ici encore, il y a quelques variantes dans les récits, suivant qu'on admet qu'il y avait ou qu'il n'y avait pas d'avant-garde.

Suivant les uns, tout à coup un détachement de hussards français fond sur la petite avant-garde, la culbute et enveloppe du même coup le maréchal, le prince et leur état-major.

D'après les autres, il y aurait eu une mêlée à laquelle prit part le prince Adolphe.

En fin de compte, qu'il y ait eu ou non une mêlée, la petite escorte fut dispersée en un clin d'œil ; le maréchal et le prince sont blessés et faits prisonniers, toutefois sans être reconnus.

Le premier est amené à Rexpoëde, le second est délivré par le bataillon qui marche en tête, dans les circonstances suivantes :

Le maréchal déjà étourdi par une blessure à la tête, est précipité avec son cheval tué sous lui dans un fossé. Il y reste sans connaissance et est emmené à Rexpoëde.

Le prince Adolphe, deux fois blessé, deux fois pris, est dégagé presque aussitôt, par le dévouement de ses aides de camp, le capitaine von Uslar qui est tué à cette occasion et le lieutenant von Wangenheim, qui est grièvement blessé, aidés de quelques braves, et délivré définitivement par l'attaque rapide du bataillon des gardes sous le colonel Mylius qui marchait en tête de colonne.

Mais ensuite, ce bataillon, en voulant continuer son mouvement, est accueilli par un tir à mitraille des plus meurtriers et se rejette en arrière.

Prise de panique, la colonne déjà décimée par la fusillade des hussards français, s'enfuit à travers champs.

A ce moment, arrive le général Walmoden, déjà au courant de l'incident.

Ayant rempli sa mission, il était arrivé à peu près au milieu de la colonne, lorsque l'adjudant général von Sporken et le quartier maître général Lieutenant-Colonel Kuntze, accourant vers lui de la tête de la colonne, lui avaient rendu compte que cette tête avait été attaquée non loin de Rexpoëde par la cavalerie française et que, dans cette circonstance, le maréchal avait été fait prisonnier.

Reconnaissant l'impossibilité de percer avec le peu d'infanterie de la 1re colonne (sur ce chemin étroit qui était tellement encombré par l'artillerie et la cavalerie que celles-ci ne pouvaient se mouvoir ni vers l'arrière, ni vers les côtés), il prend rapidement une résolution :

Il laisse là la 1re colonne, rejoint la 2e, lui fait gagner la route de Bergues, aussi rapidement que le permettent l'obscurité, les mauvais chemins et le mauvais temps (averses continuelles), et la ramène sur Rexpoëde, par cette route.

Arrivé à portée, comme la seule façon de tirer d'affaire la 1re colonne, est de chasser les Français de Rexpoëde que cette colonne doit nécessairement traverser, il donne au lieutenant-général von dem Busche, l'ordre d'attaquer le village.

Le Lieutenant Général von dem Busche prend ses dispositions d'attaque avec le 2e Bataillon de grenadiers, un escadron du 7e de Cavalerie, une division de Brentano et une fraction de Laudonvert.

A quelque distance de Rexpoëde, il fait arrêter, fait charger les canons et les fait braquer sur le cimetière où, autour d'un grand feu, se discerne un bataillon français.

Cela fait, il harangue les grenadiers, leur faisant sentir d'un mot leur devoir et la nécessité de sauver leurs camarades de la 1re colonne.

Bien qu'ils se soient déjà trouvés toute la journée sous un feu violent, aient fait une très forte marche et viennent à peine à ce moment de traverser des chemins effroyables, enfin qu'il ne reste plus que 8 cartouches, les grenadiers marchent bravement à l'attaque.

Après quelques coups de fusil et quelques salves à mitrailles, les braves grenadiers, soutenus par les autres troupes, se lancent à la baïonnette et prennent d'assaut Rexpoëde.

Les Français qui font face à la 1re colonne qui attend toujours à l'entrée sud du village, surpris et se voyant pris par derrière, ne font qu'une courte résistance et se sauvent vers Oostcappel.

Le passage est ainsi ouvert à la 1re colonne, qui passe alors avec ses canons et ses bagages, et le maréchal est délivré dans les conditions que je vais raconter :

Le sang qui ruisselait à flots de son front sur son visage avait insensiblement réveillé la vie dans ses sens engourdis.

Il s'était relevé et s'était traîné sur ses mains et sur ses pieds défaillants vers des feux allumés qu'il apercevait dans les ténèbres. Mais, entendant parler français, il s'était enfui et avait pénétré dans une tente rencontrée plus loin et qu'il croyait amie.

Tombé au pouvoir des Français il fut, sous escorte, conduit à Rexpoëde (dans la maison du potier). Les soldats de l'escorte étaient des soldats imberbes, qui baissaient les yeux, saisis de respect, devant la tête blanche et ensanglantée de l'héroïque vieillard.

L'un d'eux s'enhardit bientôt à lui demander sa bourse. Le maréchal lui jeta un paquet d'or. — Monsieur, c'est trop ! s'écria cet homme et il lui rendit incontinent cet argent. Le maréchal les pria de se partager cette richesse dont il n'avait que faire.

L'on arriva. Un peloton de hussards campa devant la maison où fut enfermé le maréchal. Une garde entoura le fauteuil où s'assit le vieillard ; on venait les relever d'heure en heure.

Dans l'assaut de Rexpoëde, un lieutenant-colonel, un aide de camp et 50 hommes, furent faits prisonniers.

Le lieutenant von dem Busche (adjoint de son père) et l'enseigne von Arentschildt du 11ᵉ Bataillon de grenadiers, apprirent alors de l'aide de camp qu'un général hanovrien s'était trouvé prisonnier dans le village.

Tous deux eurent l'espoir que ce pouvait être le maréchal, cherchèrent la maison dans laquelle le général français Houchard s'était trouvé, y pénétrèrent et trouvèrent le maréchal couvert de blessures sous la garde de 6 soldats français. Ils se précipitèrent sur eux, mais le maréchal défendit de leur faire du mal et admit qu'ils se rendissent prisonniers à lui-même.

Le général Walmoden prend le commandement des 2 colonnes dont il a assuré la réunion, fait sonner le départ et se dirige sur Hondschoote, emmenant le Général blessé et endolori sur un caisson. Il était resté maître de Rexpoëde pendant 3 heures.

Toutes les troupes de l'aile droite et devant Bergues se portent également sur Hondschoote.

Une fraction de ces troupes coopéra à l'échauffourée de Rexpoëde, en arrivant, certainement sans le vouloir, et, sans doute après coup, à la rescousse de la colonne von dem Busche.

Bulletin de la « London Gazette » du 10 septembre 1793

Whitehall, 10 septembre 1793.

La dépêche suivante a été reçue ce matin du Colonel sir James Murray, adjudant-général :

Lefferinckoucke, 7 septembre.

Monsieur,

Le 6 septembre, l'ennemi attaqua tous les postes du maréchal, aussi bien de la ville de Bergues que du camp de Cassel. Les troupes se conduisirent avec la plus grande bravoure et l'ennemi fut repoussé à Warmouthe, Esckelbeck, et en plusieurs autres points ; mais grâce à sa supériorité numérique considérable, il put s'emparer de Bambecke, Rousbrugghe et Poperinghe.

Par la perte de ces postes, le maréchal se vit dans la nécessité de se retirer pendant la nuit sur Hondschoote, où il compte camper aujourd'hui. J'ai l'honneur de vous communiquer de nouveaux renseignements, dès qu'ils me parviendront.

Dans la retraite pendant la nuit du 6, son Altesse Royale, le prince Adolphe et le maréchal furent, un court instant, entre les mains de l'ennemi. Une patrouille de cavalerie qui aurait dû être en avant d'eux, ayant pris une autre route, ils arrivèrent au village de Rexpoëde, où une des colonnes devait passer, mais qui était encore occupé par l'ennemi. Son Altesse Royale fut légèrement blessée d'un coup de sabre à la tête et au bras ; mais j'ai le plaisir de vous dire que ce sera sans conséquences. Le maréchal fut blessé à la tête, mais, heureusement, aussi légèrement. Il a cependant été depuis, hors d'état de reprendre le commandement de l'armée : le capitaine Ouslar, un des aides de camp de son Altesse Royale, fut tué, et un autre, le capitaine Vangenheim, grièvement blessé. Son Altesse Royale et le maréchal furent tirés d'embarras par l'intrépidité et la présence d'esprit du général Walmoden, qui, constatant que Rexpoëde était en possession de l'ennemi, rassembla immédiatement quelques troupes, l'attaqua sans hésitation et le défit avec un grand carnage.

....

Les prisonniers disent (mais il ne faut y accorder qu'une foi limitée) que le général Houchard a été mortellement blessé à Rexpoëde.

4° *Division Landrin.*

Le général Landrin, qui a son monde rassemblé à la tête des 4 chemins conduisant à Kruystraete, Wormhout,

Esquelbecq et La Cloche, n'a que quelques kilomètres à faire pour arriver sur les avant-postes du général Walmoden, qu'il est chargé d'amuser.

Il est amené à livrer les combats de Wormhout et d'Esquelbecq.

Combat de Wormhout

A. — *FRANÇAIS*.

D'après la tradition, il y aurait eu un vif engagement au Moulin Clyte, d'où l'ennemi se serait retiré sur Rietveld. Je crois qu'il doit y avoir là une confusion avec une des précédentes tentatives sur Wormhout.

Arrivé devant Wormhout, le général Landrin croit faire assez en canonnant les Hanovriens.

Enfin, il les observe si mal que, laissant devant lui un rideau, ils se dérobent dans la nuit sans qu'il s'en aperçoive.

Le 14e bataillon de Paris a 3 hommes blessés dans l'attaque de Wormhout.

J'ai trouvé un document concernant un capitaine du 2e bataillon de fédérés, accusé de s'être lâchement comporté à Wormhout ce jour-là.

B. — *ALLIÉS*.

D'après Sichart, le détachement de Wormhout se défendit opiniâtrement. Le capitaine Sympher, de l'artillerie volante hanovrienne, est tué dans le combat.

Combat d'Esquelbecq

A. — *FRANÇAIS*.

On ne trouve pas grand'chose sur ce combat, du côté français.

Le 2ᵉ bataillon du 5ᵉ de ligne était de l'affaire officiellement dénommée combat d'Esquelbecq et qui lui coûta des pertes sérieuses. Du nombre des blessés était le lieutenant Césard, l'adjudant Léon, le sergent........plus tard officier au 33ᵉ.

B. — *ALLIÉS.*

Le détachement d'Esquelbecq est attaqué par une forte colonne. Les Français s'emparent, dès le début, du pont de Bonaventure *(sic)*, situé à 1/8 de mille à l'ouest d'Esquelbecq mais le général Diepenbroik prend aussitôt l'offensive avec le 2ᵉ bataillon de grenadiers, 2 compagnies du 3ᵉ bataillon de grenadiers, et, soutenu par le 2ᵉ bataillon du 5ᵉ d'infanterie, 1 escadron du 1ᵉʳ de cavalerie et quelques fractions des dragons hessois et anglais, ainsi que 2 pièces de gros calibre, il réussit, non seulement à arrêter l'attaque, mais encore à reconquérir le pont et même à poursuivre les assaillants une heure durant : après quoi, les troupes reprennent leur position.

Au sujet de la contre-attaque du pont, on lit dans Sichart :

Le terrain était si coupé, qu'il n'y avait pas à songer à employer la cavalerie. C'est alors que le capitaine commandant Lueder, du 4ᵉ régiment de cavalerie avec le cornette Baring et 40 hommes, voulut faire du combat à pied, ce que Diepenbroik admit.

Cet exemple fut suivi non seulement par une partie des dragons du régiment hessois Prince Frédéric, mais encore le général Harcourt fit mettre pied à terre dans ce but, à une partie de la cavalerie anglaise.

Avec les deux bataillons de grenadiers et la cavalerie combattant à pied, le général von Diepenbroik réussit à arrêter l'attaque pendant plusieurs heures, jusqu'à ce que le renfort précité fût arrivé et qu'il fût alors en état de reprendre le pont et même de poursuivre les assaillants, comme il a été dit ci-dessus.

5° *Division Leclaire.*

A. — *FRANÇAIS*

Récit du général Leclaire

Le 6 septembre, j'arrivai vers 2 heures du matin à Bergues ; je trouvai toutes mes troupes arrivées et tous les renseignements que j'avais demandé que l'on me tînt prêts, ainsi que les guides.

Je donnai ordre que, vers 6 heures du matin, les troupes fussent sous les armes.

Voici l'état (voir ci-dessus).

A midi, on n'avait encore rien vu, rien entendu qui pût indiquer que les attaques sur Rousbrugge et sur Wormhout fussent effectuées ; dans cette incertitude, je pris mon parti ; je commençai sur le champ à déployer mes troupes avec bien de la peine sur le glacis de la place, le canon de l'ennemi m'y tuait du monde ; je donnai le commandement de la colonne de gauche au chef du 4e bataillon de Bergues, le citoyen Lemaire, le commandement de la colonne de droite au chef du 2e bataillon de la Meurthe ; j'envoyai ordre de faire tirer les grosses pièces de la place, ce qui fit un peu taire le feu des ennemis.

Le chef de bataillon Lemaire attaqua à la gauche le poste bien retranché de Beenties-Meullen, l'ennemi y tint ferme ; il y avait des pièces de 7, on ne put ni le tourner, ni le débusquer. J'attaquai à la droite, dans la direction de la Maison-Blanche. L'ennemi faisait jouer beaucoup d'artillerie et sur un front considérable. Les inondations couvraient ma droite jusqu'à peu près un quart de lieue de la place, ce qui me donnait beaucoup de tranquillité. Je ne pus entendre un seul coup de canon de Rousbrugge et Wormhout, mais, à 3 heures, j'entendis celui de Dunkerque.

J'avais repoussé l'ennemi à ma droite, où il cédait peu à peu avec assez d'opiniâtreté, jusque vers la Maison Blanche, mais alors mon flanc droit était absolument découvert ; je fis prendre une bonne position au 56ᵉ bataillon et sur sa gauche, je plaçai quelques pièces de 4. Je craignais les progrès que je faisais, surtout voyant la droite de l'ennemi tenir aussi ferme.

Vers les 5 heures du soir, une colonne ennemie venant du camp de Socx se porta sur ma droite. Je fis retirer mes troupes dans le plus grand ordre ; je mis plus de deux heures et demie à parcourir cette demi-lieue ou trois quarts de lieue au plus, pour rentrer dans Bergues ; je perdais beaucoup de monde par la nombreuse artillerie de l'ennemi et leur gros calibre. Je n'avais que du 4 à leur opposer. Le 56ᵉ bataillon fit des prodiges : il soutint lui seul la retraite dans la position où je l'avais placé et cela pendant plus d'une heure, par les feux de demi-bataillon, de peloton et de file les plus réguliers. Je ne puis assez louer la bravoure et la discipline de ce bataillon. Le capitaine Fuzier qui le commandait mérite, à juste titre, l'estime de tout militaire. Je l'ai en vain recommandé au Représentant Duquesnoy, mais c'était alors un crime d'être dans les troupes de ligne.

Je rentrai vers 8 heures du soir à Bergues. Je fis partir à l'instant même le 56ᵉ bataillon, le 2ᵉ de la Meurthe et le 12ᵉ régiment de chasseurs à cheval pour Dunkerque où je présumais que l'on en aurait plus besoin que moi.

Les troupes eurent ordre d'être prêtes au premier signal.

Le chef de bataillon Lemaire fut dangereusement blessé d'un coup de biscaïen ; il fut nommé général de brigade.

B. — *ALLIÉS.*

Les troupes devant Bergues, faiblement attaquées, se rassemblèrent dans la soirée à la Maison Blanche, d'où elles firent leur retraite sur Hondschoote.

Je crois que c'est ce mouvement de rassemblement qui fit prendre peur au général Leclaire pour sa droite. D'après la tradition, il ne se serait pas avancé au delà de la Maison Rouge, ce qui correspond assez avec son récit.

Situation à la fin de la journée

En résumé, la situation est la suivante :

1° La division Dumesny n'a pas bougé de Bailleul,
2° La brigade Vandamme est à Proven,
 le gros de la division d'Hédouville à Oostcappel,
3° La division Jourdan à Herzeele,
4° La division Landrin, devant Wormhout (au sud),
5° La division Leclaire, dans Bergues.

La petite armée d'observation est à Hondschoote, avec une arrière-garde à Killem.

Deuxième journée : Samedi 7 Septembre

A. — *FRANÇAIS.*

Le Général en chef continue à commander la division Jourdan.

Il est à peu près sans communications avec les autres et ne cherche pas à en avoir.

En fait d'ordres, le général Leclaire est le seul Commandant de colonne qui en reçoive un, parce que cet ordre était parti avant l'échauffourée de Rexpoëde.

Les autres commandants de colonnes exécutent, chacun avec son tempérament comme je l'ai dit, les ordres à longue portée reçus le 5.

Je ne critique d'ailleurs pas tant le défaut de nouveaux ordres (puisque les ordres primitifs pouvaient avoir le caractère d'instructions pour plusieurs jours), que l'absence à peu près totale de communications entre le Général en Chef et ses différentes colonnes et de liaison entre la plupart de ces colonnes; le général Leclaire, seul, paraît avoir agi conformément aux principes.

1º *Division Dumesny* (Récit de Gay Vernon).

L'occasion de surprendre Ypres était perdue, il ne fallait plus songer à s'en emparer, puisque cette ville avait reçu, pour surcroît de défenseurs, les 2.000 Autrichiens coupés à Poperinghe : néanmoins, comme elle était un point menaçant sur le flanc droit de nos opérations, Houchard envoya de nouveau à Dumesnil l'ordre de remplir sur le champ les instructions transmises, la veille, par Vandamme.

2º *Division d'Hédouville*

La division d'Hédouville, maintenant complète, se porte sur Rexpoëde, d'où elle chasse les troupes de l'aile droite ennemie, faiblement poursuivie par le général Leclaire.

Vers 4 heures, la brigade Vandamme, seule, attaque l'arrière-garde ennemie à Killem. Celle-ci, pour se dégager, charge à la baïonnette, et enlève même 3 canons, ce dont Vandamme ne se vante pas. Il dit ensuite qu'il a attaqué Hondschoote ; c'est fort possible, mais ce qu'il y a de certain, c'est qu'il fut repoussé.

Dans son récit que je reproduis ci-après, ce qui est étonnant à première vue, mais ne l'est plus quand on connaît son caractère, c'est qu'il ne souffle pas mot de la division d'Hédouville, avec laquelle il a fait sa jonction ce jour là.

Le 9º bataillon d'infanterie légère prit part à cette affaire ; son lieutenant-colonel (La Bassée) y fut blessé.

Rapport du général Vandamme

A 5 heures du matin, les troupes que je commandais se mirent en marche, passèrent par Rousbrugge, d'où l'ennemi avait été chassé par la colonne de Steenworde, marchèrent ensuite sur Rexpoëde où je fis faire un instant halte à fin de les rassembler ; je me remis alors en marche sur Westcappel, où l'on prit 23 voitures de bagages à l'ennemi avec plusieurs prisonniers.

A 4 heures après-midi, je fis avancer les troupes en colonne sur Hondschoote qui était occupé par 1500 Anglais Hanovriens, elles se déployèrent hors la portée du canon de redoutes que l'ennemi avait construites, s'approchèrent et le feu commença de toutes parts : on a peu d'exemple d'un feu d'artillerie et de mousqueterie aussi vif et aussi soutenu, c'était une grêle continuelle de balles de biscaïens et de boulets, elle dura pendant trois heures. L'ennemi voulut sortir, nous repousser, mais ce fut en vain et si le jour ne fût pas tout à fait tombé, nous eussions pu entrer dans la ville, malgré la supériorité des forces de l'ennemi, puisque déjà nos tirailleurs étaient dans la première rue.

La nuit arrivée, les troupes se retirèrent en bon ordre à Killem où elles se reposèrent pendant la nuit.

On fit cuire dans ce village le pain pour le soldat qui en manquait et on fit tuer des bestiaux.

Récits combinés de Gay Vernon

Tandis que nous reculions derrière l'Yser, d'Hédouville et Vandamme qui s'étaient réunis le 6 au soir, avaient couché à Oostcappel et marchèrent sur Rexpoëde après la retraite du corps de bataille.

Ils reprirent ce village à 3 heures de l'après-midi. Le combat fut des plus vifs et longs et Walmoden se replia sur Hondschoote par Killem.

Rapport et exposé du général Houchard

Dans l'après-midi, à Herzeele, nous entendîmes une canonnade en avant de nous : j'envoyai voir ce que c'était : on me dit que c'était le général Hédouville qui attaquait l'ennemi du côté de Rexpoëde et les força à la retraite après un vif combat. Dès le soir, il me donna avis de ses succès et il envoya le brave Vandamme affronter l'ennemi jusque sous Hondschoote, qui était le lieu dans lequel l'ennemi devait se retirer.

Extrait des mémoires de Levasseur

Cependant, j'entendais du côté de Rexpoëde, que nous venions de quitter, une forte canonnade qui indiquait assez que là encore, les Français étaient aux mains avec l'ennemi. Je demandais sur ce fait des explications à Houchard qui voulut me faire prendre le change et me persuader que le bruit du canon venait du côté de la Lys dont l'ennemi, disait-il, voulait tenter le passage. Je n'en crus rien, mais bientôt un officier d'Etat-Major, vint changer mes doutes en certitude : il m'apprit que la division du général Hédouville était rentrée dans Rexpoëde, malgré les efforts de l'ennemi.

Ainsi, il était bien évident qu'Houchard avait au moins négligé les plus simples précautions militaires et qu'Hédouville dont la jonction avec nos forces eût pu décider la délivrance de Dunkerque, avait été laissé sans ordres pendant 24 heures.

J'assistai au Conseil de Guerre qui se tint chez Houchard. L'avis unanime des officiers était de marcher en avant, Houchard seul persistait à rester sur la défensive. Une telle hésitation compromettait la délivrance de Dunkerque et, par conséquent, les plus graves intérêts de la République ; aussi, appuyai-je vivement l'avis de tout l'état-major. Saisissant une carte géographique qui se trouvait sur la table du conseil : Voilà Dunkerque, dis-je, et c'est Dunkerque que nous devons délivrer. Nous serions aujourd'hui à Hondschoote ou bien près, si nous n'avions pas été rétrogradé cette nuit sur notre route ; nous n'avions que le village de Killem à redouter et nous l'eussions aisément emporté au pas de charge. Le général Hédouville a entendu la canonnade, il a pensé que nous avions été surpris, sa division a passé la nuit sous les armes et dès le point du jour, il s'est porté sur Rexpoëde et en a chassé l'ennemi.— Qui vous l'a dit?— Le ton avec lequel vous me le demandez n'est pas décent, je n'ai pas de compte à vous rendre, et si j'ai le pouvoir de destituer un général, j'ai bien aussi le droit de vous faire des observations. Je ne vous donne point d'ordres, je vous laisse agir sous votre responsabilité. Revenons à notre affaire. Avant d'arriver à Bambecque, je vous proposai de faire halte, vous ne le voulûtes pas ; peu de temps après, je vous demandai ce que signifiait cette canonnade que nous entendions sur notre droite, vous me dites que c'était l'ennemi qui voulait passer la Lys, que vous aviez donné des ordres pour qu'il fût mal reçu. Vous voyez que vous étiez dans l'erreur ! Si vous aviez voulu me croire, nous eussions bientôt su de quoi il s'agissait. Vos communications avec le général Hédouville étaient assurées et de votre côté, vous pouviez envoyer à la découverte.

Réunis à 10.000 hommes, nous pouvions porter un grand coup, engager peut-être une affaire décisive, ou au moins l'ennemi aurait battu en retraite, nous laissant maîtres d'avancer dans la journée vers Hondschoote, et de nous y porter ; l'ennemi n'aurait pas eu le temps de s'y fortifier.

Extrait des notes de Delbrel

L'ennemi qui venait de nous chasser de Rexpoede, n'eut pas longtemps à jouir du théâtre de sa victoire ; il en fut chassé à son tour deux heures après par une autre de nos colonnes commandée par le général Hédouville, venant du côté d'Oostcappel.

B. — *ALLIÉS.*

Les détachements Wangenheim et Dachenhausen étaient arrivés pendant la nuit à Hondschoote.

Les têtes des deux colonnes de Rexpoëde y arrivèrent vers 6 heures du matin.

Le détachement Diepenbroik n'arriva que vers midi.

Enfin, le détachement Hammerstein dans l'après-midi seulement.

Ils avaient été poursuivis et attaqués par les Français, et durent même, en partie, se faire jour à travers Rexpoëde, où les Français étaient rentrés, dès que le général von dem Busche avait évacué le village à la pointe du jour.

Vers 4 heures du soir, le Général Major von Diepenbroik qui avec les IIe et IIIe bataillons de grenadiers, les 5e et 10e régiments d'infanterie, était posté vers Killem, fut attaqué avec la plus grande violence.

Bien que beaucoup d'hommes fussent déjà blessés, aucun ne voulut céder ; le Général Major von Diepenbroik employa le moyen qui lui avait déjà maintefois réussi devant la tactique de feux supérieure des Français.

Il se porte à leur rencontre avec 3 bataillons (les IIe et IIIe de grenadiers et le IIe du 10e Régiment) à la baïonnette, et les repoussa complètement avec des pertes importantes en tués et blessés ; il prit même trois canons, dont 2 furent emmenés de suite ; le 3e, resté sur place, on alla le chercher le lendemain de bonne heure.

Le général Walmoden envoya encore le même jour tous les bagages, sous l'escorte du Régiment Prince Frédéric à Furnes.

Les Français inquiétèrent très vivement ce convoi, coupèrent un détachement de 24 dragons et le firent prisonnier.

3° *Division Jourdan*

Il faut toute la journée pour la rassembler à Herzeele, la ravitailler en munitions et en vivres, et lui faire reprendre enfin une position militaire, comme on disait alors.

C'est ce que dit Delbrel :

La journée du 7 fut employée à rallier et à laisser reposer les troupes.

Levasseur qui est absolument de mauvaise foi et qui raconte en deux pages la discussion qu'il eut dans la matinée avec le général Houchard, ne souffle pas mot de cette question.

Rapport et exposé du général Houchard

J'examinerai s'il était possible de faire remarcher les troupes au combat. Jamais chose n'a été plus impossible.

Le soldat était sans pain, sans eau de vie, par la négligence et des commissaires des guerres et des commandants particuliers qui n'avaient pas exécuté les ordres. (1re version : rapport).

Les soldats manquaient de pain, quoiqu'ils en eussent eu pour deux jours, mais dans un temps de pluie et ayant passé la nuit sur pied, le soldat avait consommé son pain ; l'eau-de-vie n'était point arrivée, le soldat était mécontent et je partageai ses peines. (2e version : exposé).

Une multitude de soldats était débandée et portée vers Cassel et les chemins étaient si affreux qu'on pouvait à peine s'y tenir. Dans cet état de choses, j'ordonnai la retraite sur Herzeele.

A la hauteur de Herzeele (entre Herzeele et Houtkerque), je fis arrêter et bivouaquer les troupes en attendant qu'on leur fît conduire des subsistances.

Une partie des troupes qui étaient à droite, se mirent en marche malgré moi, en disant qu'ils étaient poursuivis par l'ennemi, ce qui était faux ; mais ils se servirent de ce moyen pour exécuter leur retraite. Plusieurs bataillons étaient déjà partis ; j'envoyai le général Berthelmy après. Le représentant Delbrel le voulut suivre ; on peut leur demander l'incroyable peine qu'ils avaient de ramener les troupes ; ils y parvinrent cependant.

Le pain arriva tard l'après-midi et l'eau-de-vie.

Je me disposai à laisser reposer les troupes et à partir avant le jour pour attaquer Hondschoote.

Récit de Gay Vernon :

Nous nous occupâmes à rassembler des vins, des munitions, et à les distribuer aux bataillons qui tous avaient épuisé leurs sacs et leurs gibernes. Pendant cette journée de repos, nos soldats raccomodèrent leurs chaussures ruinées par les mauvais chemins et nettoyèrent leurs armes qui en avaient grand besoin, après les pluies battantes de la veille la nuit. Nos soldats n'avaient pas d'expérience et le service intérieur des Corps se faisait avec une excessive incurie. On négligeait de prendre les plus simples précautions, les Chefs de Corps et les Officiers ne tenaient pas la main à ce que les soldats eussent leurs sacs et leurs gibernes garnis ; on laissait inutilement gaspiller une quantité énorme de munitions de tous genres ; et c'est ainsi que, dans la matinée du 7, les divisions de Jourdan se trouvaient sans pain, sans eau-de-vie et presque sans cartouches. Cependant, les ordres les plus sévères avaient été donnés par ce général et par Houchard pour que les chefs eussent le soin de faire prendre à chaque homme des vivres pour 2 jours et 150 cartouches.

4° *Division Landrin.*

Le général Landrin s'empare enfin de Wormhout et d'Esquelbecq. D'après la tradition, il y eut ce jour-là à Wormhout des dégâts considérables, les vitraux de l'église, notamment, du côté sud, furent démolis.

8ᵉ Régiment de cavalerie (Historique)

Le 8ᵉ de cavalerie entra le premier dans le camp de Warmouth *(sic)* au moment où il effectuait sa retraite. Plusieurs détachements furent mis à la poursuite de l'arrière-garde de l'armée et par plusieurs charges exécutées à temps et à propos, la mirent en fuite et s'emparèrent de plusieurs chevaux de main, de 60 voitures d'équipage et de fusils avec quelques prisonniers anglais du 4ᵉ régiment de dragons. Cette affaire valut au commandant du régiment un compliment bien flatteur du général Houchard, et la vente des objets pris à l'ennemi procure à chaque cuirassier une gratification de 50 francs.

5° *Division Leclaire.*

Le 7, la journée se passa en reconnaissances. Il y eut quelques engagements partiels ; ils nous firent voir que les Anglais s'étaient solidement établis dans Hondschoote (Souvenirs du général Lahure).

Voici ce que dit le général Leclaire :

A 7 heures du matin, des canonniers me rendirent compte que plusieurs avaient entendu de la mousqueterie pendant la nuit ; je me rendis sur les remparts, mais je ne pus avoir que des renseignements vagues et incertains. A 10 heures, n'ayant aucune nouvelle, je pris le parti de sortir et d'attaquer de nouveau.

Je donnai le commandement de la colonne de gauche au Lieut‑Colonel Préval, du 1ᵉʳ bataillon du Calvados, et celui de la colonne de droite à l'adjudant-général Bailleul. Je pris les mêmes dispositions que la veille. Nous n'éprouvâmes qu'une très faible résistance, ce qui nous surprit un peu.

Nous avançâmes au camp ennemi au dessus de la Maison Blanche, avec beaucoup de prudence. Nous n'y trouvâmes que des signes d'une retraite précipitée : quantité de foin, de fourrage, y avait été abandonnée.

Je pressai la marche de ma colonne ; j'envoyai ordre à celle de gauche d'en faire autant. A peine eus-je fait un quart de lieue ou une demi-lieue que j'entendis une mousqueterie assez vive.

Je me portai en avant, je trouvai une colonne d'équipages, la cavalerie qui l'escortait mise en déroute, beaucoup de chevaux et d'hommes blessés, des femmes, etc.....

Je détachai à la droite et sur la gauche un renfort de tirailleurs. Sur tous les passages où la cavalerie ennemie se présentait, elle était accueillie par une fusillade.

Ce manège dura assez longtemps, pendant lequel ma colonne de gauche canonnait une colonne ennemie filant sur Hondschoote ; je fis filer les voitures sur Bergues ; j'eus beaucoup de peine à maintenir l'ordre et à empêcher le pillage.

A quelque temps de là, on me rendit compte qu'un de nos régiments de chasseurs dépendant d'une colonne commandée par le général de division Landrin....... (Le sens de cette phrase est rétabli par une autre note du général Leclaire indiquant qu'il s'agit des chasseurs du Languedoc).

J'avais à ma sortie de Bergues, envoyé 4 chasseurs du 5ᵉ Régiment sur la route de Bergues à Wormhout, avec ordre de pousser jusqu'à Cassel s'ils ne rencontraient point d'obstacles. Au moment après que j'eus fait filer une grande partie des voitures, nous aperçumes une tête de colonne sur la chaussée de

Rexpoede ; j'eus beaucoup de peine à empêcher les canonniers de l'avant-garde de tirer. Je fus reconnaître. C'était la colonne aux ordres du général d'Hédouville. Je me rendis au village de Rexpoede où je trouvai ce général. Nous convînmes de tomber sur l'ennemi tout de suite, que nous supposions gagner Hondschoote, mais la nuit nous surprit ; il fallut bivouaquer, le centre à Rexpoëde, ma colonne de droite à la Maison Blanche, celle de gauche sur le canal.

Au moment où je venais de m'emparer des équipages des ennemis, je reçus un billet de l'adjudant général Sernon ainsi conçu et daté de Rexpoëde, le 6, à 10 heures du soir :

« Le Général en Chef est à Rexpoëde. Il attaquera l'ennemi demain matin. Le général Leclaire sortira de Bergues avec la garnison et attaquera vivement l'ennemi suivant les ordres donnés. » (Vernon).

Situation à la fin de la journée

A. — *FRANÇAIS.*

1° La division Dumesny, toujours à Bailleul,
2° la brigade Colaud, à Rousbrugge,
 la brigade Vandamme à Killem,
 le général d'Hédouville avec la brigade X à Rexpoëde,
3° la division Jourdan, entre Herzeele et Houtkerque,
4° la division Landrin, à Wormhout et Esquelbecq,
5° la division Leclaire, entre la Maison Blanche et Bentiesmeulen.

B. — *ALLIÉS.*

L'armée d'observation occupe la position d'Hondschoote, c'est-à-dire le front : Pont de la Croix, Hondschoote, Leyseele.

Troisième journée : Dimanche 8 Septembre

§ 1. Forces engagées

A. — *FRANÇAIS.*

La division Dumesny, toujours à Bailleul, est hors d'état d'intervenir dans la bataille; elle se décide enfin à marcher sur Ypres, son mouvement fera l'objet du § IX ci-après.

Les troupes qui pourraient entrer en ligne occupent le 7 au soir sont :

Brigade Colaud : Rousbrugge,
Brigade X : Rexpoëde,
Brigade Vandamme : Killem,
Division Jourdan et réserve de cavalerie : Herzeele,
Division Landrin : Wormhout,
Division Leclaire : Maison Blanche-Bentiesmeulen.

Mais le Général en Chef s'étant bénévolement privé de la brigade X et de la division Landrin, ne disposera plus, sur le champ de bataille, que des unités suivantes :

Brigade Colaud, division Jourdan et réserve de cavalerie, brigade Vandamme, division Leclaire, soit une quarantaine de bataillons à 450 hommes en moyenne et une vingtaine d'escadrons à 120 sabres.

Un certain nombre de bataillons n'ont pas leurs deux pièces de 4 ou n'en ont qu'une.

La division Jourdan a une batterie légère et une division de position, soit en tout seize pièces.

La réserve de cavalerie, qui marche avec elle, a une batterie légère de six pièces.

En tout, 21.600 hommes, dont 18.000 environ d'infanterie et environ 90 pièces.

Delbrel dit : 22.000 hommes.

Gay Vernon : moins de 21.000 hommes, mais il semble bien qu'il ne connaît pas exactement la force de la division Leclaire.

Le général Berthelmy dit 18.000 hommes.

Le général Houchard enfin dit qu'il attaqua avec 16.000 hommes.

Les deux derniers ne semblent compter que la brigade Colaud, la division Jourdan et la brigade Vandamme soit, d'après mes estimations, 17.600 hommes.

Ce n'était vraiment pas la peine de faire venir du fond de la Moselle et de concentrer 50.000 hommes pour aboutir à ce résultat ! Or, avec des jeunes troupes, avec lesquelles précisément, on a une tendance à faire des détachements, il faut s'assurer la plus grande supériorité numérique qu'il soit possible, autrement on est à la merci d'un incident, exemples : deux batailles de jeunes troupes, Coulmiers et Bapaume.

B. — *ALLIÉS*.

Le petit corps d'armée du général Walmoden n'a qu'un petit détachement, celui du colonel von Salis à Ypres, qui va tenir contre la division Dumesny. Tout le reste du corps d'observation est concentré autour d'Hondschoote.

Sans entrer davantage dans le détail de la composition organique des troupes alliées, voici exactement l'organisation de celles qui ont pris part à la bataille :

		E	B	P
1°	Avant-garde légère autrichienne Fabry :	3	2	4
2°	Brigade hessoise détachée du siège Cochenhausen :	5	2	4
3°	Division hanovrienne Busche :	16	15	30
4°	Réserve de cavalerie hanovrienne Biela :	10	—	—
5°	Réserve d'artillerie de position hanovrienne :	—	—	38
		34	19	76

L'avant-garde Fabry comprend 3 escadrons de hussards de Blankenstein, 1 bataillon de Grün Laudon et 1 bataillon de Brentano avec leurs 4 pièces.

La brigade Cochenhausen, partie de la division Wurmb, comprend les 5 escadrons du prince Frédéric et les deux bataillons du prince héritier avec leurs 4 pièces.

La division Busche comprend :

  a le corps des grenadiers : 3 bataillons et 6 pièces ;

  b la brigade Diepenbroik formée des 3 régiments, des gardes, 5e et 10e d'infanterie, soit 6 bataillons et 12 pièces ;

  c la brigade Hammerstein formée des 3 régiments, 4e, 6e et 11e d'infanterie, soit 6 bataillons et 12 pièces ;

  d la brigade Oynhausen, formée des 3 régiments, 1er, 4e et 7e de cavalerie, soit 6 escadrons.

La réserve d'artillerie comprend 1 division volante à 6 pièces et 2 divisions lourdes à 16 pièces, soit 38 pièces.

Les escadrons sont à 100 sabres, les bataillons à 500 hommes, chaque bataillon a 2 pièces de 3.

En tout 13.000 hommes, dont 9.000 d'infanterie, et 76 pièces.

§ II. Ordres donnés

A. — *FRANÇAIS*.

Levasseur termine comme il suit le récit de son apostrophe au Général en chef :

Je ne cesse de vous dire que nous n'avons pas un instant à perdre pour aller au secours de Dunkerque. J'espère que vous allez prendre des mesures promptes et bien calculées. — Je me retirai. J'ignore ce que les officiers dirent et résolurent ; je pouvais demander un conseil de guerre pour y arrêter un plan ; j'avais le droit d'y assister, mais le général Houchard était au moins peu communicatif et d'ailleurs je n'étais pas militaire et je voulais lui laisser toute liberté. Déjà on accusait les conventionnels de régler les plans d'attaque et de forcer les généraux à les exécuter. Cela n'était pas vrai, mais on voulait rejeter sur nous les non succès. Houchard se décida enfin à attaquer.

Delbrel dit plus posément, comme toujours :

Notre projet était de nous porter sur Furnes, le seul point de retraite de l'armée du duc d'York, mais avant tout il fallait attaquer et battre son corps d'observation campé à Hondschoote. Il fut résolu dans le conseil du général que, le 8, on repasserait l'Yser au-dessous de Bambecque pour se porter sur la position principale de Hondschoote : elle couvrait le quartier général de Furnes et le flanc gauche de la grande armée ennemie campée entre la grande Moere et la mer.

En s'emparant de cette clef, il était évident que l'armée anglaise serait forcée de se retirer derrière Furnes pour nous opposer son front et que tout l'attirail de siège tomberait au pouvoir de la garnison de Dunkerque.

Le général de l'avant-garde fait savoir que la division de l'aile gauche avait forcé Wormhout et Wylder, que les flanqueurs de gauche avaient débouché de Bergues et forcé plusieurs postes ennemis, et qu'il avait détaché le colonel Vandamme du côté de Hondschoote.

En résumé, les représentants du peuple obligent le général à attaquer.

En conséquence, il donne le 7 à 6 heures du soir les ordres ci-après pour le 8 :

1° Brigade Colaud : se portera de Rousbrugge sur Hondschoote, avec mission de reconnaître la position ;

2° Division Jourdan : se portera de Bambecque sur Hondschoote par la chaussée ;

3° Brigade Vandamme : se portera de Killem sur la gauche d'Hondschoote, pour donner la main à :

4° Colonne Leclaire : qui se portera des positions qu'elle occupe aux abords Est de Bergues, le long du canal, sur Hondschoote ;

5° Brigade X de la division d'Hédouville : se portera de Rexpoëde vers Bergues ;

6° Division Landrin : se portera de Wormhout au secours de Dunkerque.

Les ordres donnés à la colonne Leclaire, à la brigade X et à la division Landrin méritent quelques développements.

Colonne Leclaire

La colonne Leclaire continuera sa mission : elle reçoit, en outre, les 2 ordres ci-après, sous forme de billets.

1ᵉʳ ordre, signé Berthelmy, envoyé d'Herzeele le 7 et reçu le 7 au soir :

Une circonstance m'a empêché d'agir aujourd'hui sur l'ennemi, citoyen général, j'ai pris mes mesures pour faire l'attaque générale et l'espère décisive, demain matin. Dès les 7 heures du matin, vous commencerez sûrement à entendre le bruit du canon qui ne sera pas loin de vous.

En conséquence, je vous ordonne de répéter l'attaque que vous avez faite hier et qui aura j'espère plus de succès, car l'ennemi se jettera en force sur moi.

Je dirigerai 2 colonnes : l'une directement sur Bergues, l'autre sur Wilder. Si le général Landrin peut, après avoir repoussé l'ennemi, se joindre à vous, les ennemis seront entre plusieurs feux.

Il faut, comme moi, agir beaucoup à l'arme blanche, c'est le seul moyen de réussir et de perdre peu de monde.

Je crois que le moment à faire notre attaque sera entre 9 et 10 heures ; le général Landrin les inquiétera d'un peu meilleure heure.

P. S. Le général Landrin étant maître de Wormhout et Wilder, fera aisément sa jonction avec vous.

2ᵉ ordre, signé Houchard, rapporté dans la nuit par un officier qui avait été envoyé par le général Leclaire pour chercher le général Houchard partout où il se trouverait :

Continuez, général. Je marche demain, j'ai du monde devant Ypres, je fais occuper Rousbrugge ou au moins j'y envoie un renfort. Je marche sur Hondschoote. Tapez dur, nous ferons de même : il faut que la journée de demain honore la République.

Brigade X

La division d'Hédouville, partant de Rexpoëde, doit, en somme, se porter conditionnellement sur Bergues par la route.

Voici ce que dit Gay Vernon :

Le mouvement de cette division sur Bergues, qui nous privait de 5.000 combattants, fut la plus grave des fautes commises pendant les trois journées. En effet, le général d'Hédouville avait été informé dans la soirée du 7 :

Que l'intention d'Houchard était de marcher le lendemain matin sur Hondschoote ;

Qu'ainsi, c'était à lui, d'Hédouville, à bien reconnaître ce qui se passait dans la direction de Bergues ;

Que lui seul pouvait savoir si de ce côté il se trouvait quelque corps ennemi à craindre ;

Que la chose ne semblait pas probable, et que d'ailleurs Vandamme et Leclaire étaient là pour le maintenir ;

Que Houchard laissait Hédouville maître de choisir le parti le plus convenable, et lui recommandait de ne prendre conseil que des circonstances ;

Mais que, dans le cas où il se déciderait à ne pas se porter du côté de Bergues, il devait, le 8, à la pointe du jour, venir prendre position entre Oostcappel et Leyseele.

Gay Vernon ajoute :

Si d'Hédouville eût préféré ce dernier parti, il aurait rencontré le général en chef, se serait concerté avec lui, et sa division, au lieu d'aller inutilement battre l'estrade dans la direction de Bergues, aurait pu, pendant l'attaque d'Hondschoote, déborder la gauche des Anglais et tomber sur leur principale ligne de retraite qui était le chemin de Houthem à Bulscamp.

S'il est vrai que le général d'Hédouville n'a pas montré beaucoup d'initiative, il n'en est pas moins vrai que l'ordre qu'il avait reçu, ressemble étrangement à ceux que recevait, à l'armée du Nord, le fameux général Robin.

Division Landrin

La division Landrin est envoyée au secours de Dunkerque qui en avait si peu besoin que le général Leclaire en avait tiré des troupes ; mais enfin, il paraît qu'on ne le savait pas, et tout le monde était hypnotisé par le danger que courait Dunkerque.

Il est vrai aussi que la mission du général Landrin n'était pas si simple : il devait faire son mouvement en 2 colonnes, l'une directement sur Bergues, l'autre par Wilder, et il devait, le cas échéant, se réunir au général Leclaire.

Le général Landrin simplifia sa mission en se portant tout bêtement sur Dunkerque.

Comme idée, c'est vraiment le jeu des petits détachements. Comme ordres, c'est d'une incohérence qui n'échappera à personne.

Quoi qu'il en soit, on devait (et on aurait dû) attaquer l'aile gauche ennemie ; toute l'erreur roule sur ce qu'on a attaqué le centre gauche.

Les ordres étant donnés, les troupes de la droite font les mouvements préparatoires ci-après qu'on ne peut qu'approuver sans réserve :

La brigade Colaud passe toute entière sur la rive nord de l'Yser, à Rousbrugge.

La division Jourdan passe l'Yser au pont et au bac de Bambecque.

B. — ALLIÉS.

Le duc d'York envoie, de Leffrinckoucke, au général Walmoden, l'ordre d'accepter la bataille ; il le renforce d'une brigade mixte hessoise, comme on l'a vu. C'est là l'unique renfort qu'ait reçu le général Walmoden ; son arrivée ne manqua pas d'être annoncée au général Houchard par les habitants qui, suivant leur habitude, le grossirent à l'effectif de 5.000 hommes.

Toutefois, lorsque le 8 au matin, le général Houchard interrogea les habitants des 5 chemins, ceux-ci répondirent qu'ils avaient lieu de croire qu'Hondschoote était occupé par l'ennemi, mais qu'ils ne pouvaient donner aucun renseignement sur le nombre de troupes, attendu que personne ne pouvait approcher de leur camp.

Le général Walmoden établit ses forces sur le front : Pont de la Croix, Hondschoote, Leyseele, retranchées sur une ligne unique, sans avant-postes ni postes avancés d'aucune sorte, ainsi que le constatent :

a) Gay Vernon « Walmoden n'avait établi ni avant-postes « ni défenses extérieures. »

b) Houchard « une grande faute que les ennemis avaient « commise et qui a tourné à notre avantage, c'est de n'avoir « pas occupé le poste des 5 chemins ».

Ce peut être une tactique, si l'on a d'excellentes vigies, et ce n'est pas moi qui l'en blâmerai, pourvu que ce soit voulu !

Quoi qu'il en soit, le général Walmoden donne les ordres suivants :

1° La brigade Diepenbroik, diminuée du II/gardes et augmentée du I/6e et du I/11e de la brigade Hammerstein, soit en tout 7 bataillons et leurs 14 pièces, occupera la droite ;

2° La brigade Cochenhausen, avec 6 bataillons et leurs 12 pièces accrues de 20 pièces de position, soit en tout 6 bataillons et 32 pièces, occupera le centre ;

3° La brigade Hammerstein, diminuée de deux bataillons passés au général Diepenbroik, et du I/4ᵉ laissé en réserve, augmentée du II/gardes de la brigade Diepenbroik et de 2 pièces de position, soit en tout 4 bataillons et 10 pièces, occupera la gauche ;

4° La réserve, composée de la cavalerie, des 16 pièces de position restantes, du bataillon de Laudonvert et du I/4ᵉ, avec leurs 4 pièces, soit en tout 2 bataillons, 20 pièces et 24 escadrons, sera répartie.

§ III. Reconnaissance du champ de bataille

1° Choix de la position

1° La position s'appuyait à droite au canal de la basse Colme, et à gauche aux jardins sud du village belge de Leyseele ; elle ressort très nettement sur le terrain.

La ville d'Hondschoote, située en arrière du centre de la position et presqu'entièrement démantelée, n'était pas par elle-même, en état de résister ; il y avait toutefois des restes d'anciens retranchements, voire même des vestiges d'anciennes portes. Malgré les affirmations hanovriennes, ce dernier point est contesté ; en tout cas, il y avait des barrières (voir le récit du général Leclaire).

Le plan séculaire de Sanderus rend fort bien l'aspect général de la vieille ville drapière, assise sur une légère éminence, dominant le terrain entre la dépression de la Colme et l'ancienne chaussée gauloise, dite Looweg (allant de Looberghe à Loo).

La carte ne rend pas bien la physionomie du port d'Hondschoote, (c'est un point à voir sur le terrain).

La lisière sud (ou plutôt sud-sud-est) d'Hondschoote, maisons du côté sud de la rue des Arbres (la plus au sud des deux rues parallèles est-ouest), était alors formée par les murs des jardins des trois couvents des Trinitaires, des Récollets et des sœurs grises, qui ont disparu depuis.

Une bèque assez profonde, partant du port d'Hondschoote, longeait à l'est le couvent des Trinitaires et gagnait le Looweg, à l'endroit que certaines cartes appellent la Trinité; elle délimitait nettement à l'Est, le centre de la position.

Trois moulins, aujourd'hui détruits, ont joué un rôle dans la bataille :

Le 1er, dont on voit encore la butte, se trouvait près et à gauche du chemin des Anguilles, dans l'angle de ce chemin et du chemin de Bergues ;

Le 2e, le fameux moulin, se trouvait à l'est du chemin des 5 chemins, dans l'angle de ce chemin et de la rue des Arbres ; il formait la charnière, entre la lisière ouest et la lisière sud, et servait d'observatoire et de poste de signaux ;

Le 3e se trouvait à 300 mètres à l'est de l'abreuvoir actuel, c'était le moulin Ronckier.

2° La position prise autour d'Hondschoote était, en elle-même, très favorable à la défense (Ditfurth).

3° A la gauche et au centre, le terrain monte en pente douce jusqu'à Hondschoote (Gay Vernon).

Delbrel dit (en parlant du centre :

La plaine est dominée par le plateau d'Hondschoote, assez élevé pour la battre avec avantage, mais assez pour être battu.

A la droite, c'est une plaine basse.

4° A la gauche, l'ennemi était tellement couvert par des haies, des fossés et des bois, qu'on ne pouvait guère espérer pénétrer par ce point (Gay Vernon).

Ce pays est coupé de haies, de bois et de fossés. On ne voit pas à 4 pas devant soi (Berthelmy).

Au centre, le terrain en avant du front était coupé d'une quantité innombrable de fossés et de haies, parsemé de nombreuses fermes isolées, et accessible seulement par un unique débouché, la chaussée pavée, dite de Killem (Ditfurth).

C'était la seule alors pavée.

Delbrel dit, à peu près dans les mêmes termes :

La plaine qui nous séparait d'Hondschoote, est coupée par une infinité de haies, de fossés qui en rendent l'accès très difficile, et couverte d'arbres qui masquent le plateau.

A droite, la plaine du côté des Moëres et du canal, était était entièrement inondée ; il fallait donc pour attaquer de ce côté, traverser un terrain d'une demi-lieue avec de l'eau jusqu'à la ceinture (Levasseur).

Il est très important de remarquer que toutes les descriptions, sauf celle du général Berthelmy qui, seul, est allé à l'aile gauche ennemie, s'appliquent au centre de la position et que, quand il est question de la gauche, c'est de la gauche du centre, autrement dit du centre gauche, que les auteurs ont voulu parler.

5° La description topographique fait voir qu'il était impossible de cerner Hondschoote, aussi Walmoden conserve-t-il, sur ses derrières, deux communications convergentes : l'une à droite de la Colme, passant par Houthem, l'autre à gauche, longeait la Moere (Gay Vernon).

La ligne de retraite, en raison de la configuration du terrain, en arrière de la position, se trouvait, pour une partie de l'aile presque dans le prolongement de celle-ci (Ditfurth).

6° Berthelmy conclut :

Ce pays est abominable pour faire la guerre. On ne se bat pas, on se poignarde......... Tout l'avantage dans un tel pays est pour celui qui attend.

Ditfurth dit au contraire :

Etant donné le mécanisme de combat en usage chez les alliés, le terrain coupé leur était d'autant plus désavantageux, qu'il rendait absolument impossible l'emploi de leur principale force, la cavalerie, alors qu'il répondait fort bien à la manière de combattre des Français.

2° Mise en état de défense

1° L'aile droite, le long du petit canal, n'avait pas besoin de travaux.

2° Je passe maintenant au centre, constitué par l'agglomération d'Hondschoote :

La droite (du centre) s'appuyait au port d'Hondschoote en avant duquel on avait construit derrière une flaque d'eau, une redoute avancée, armée de 2 canons de position. Cette redoute se trouvait sur la butte du moulin, entre le chemin des Anguilles et le chemin de Bergues ; elle balayait, dit Levasseur, toute la route de Warhem.

Au centre (du centre), on avait creusé de larges coupures et élevé en travers de la route, un épaulement et une batterie de 12 pièces de position (8 canons et 4 obusiers) qui enfilait la chaussée de Killem.

Elle balayait la clairière où se croisent les chemins venant de Bergues, de Killem et d'Oostcappel.

Cette redoute forte de 11 pièces de canon, était destinée à battre à la fois le chemin de Bergues, qui se partageait (ou se prolongeait) en 2 branches divergentes et les 3 chemins qui conduisent à Blanheim (*sic*).

Il est à remarquer que, du côté de l'attaque, où l'on a pourtant bien vu, tous les documents évaluent à 11 pièces seulement la force de la grande batterie hanovrienne.

L'épaulement se trouvait dans la gare actuelle d'Hondschoote ; la grande batterie se trouvait au fameux moulin.

Derrière et auprès de la grande batterie du centre, l'ennemi avait négligé d'abattre quelques maisons (Gay Vernon).

Il dit par ailleurs : une maison.

A droite et à gauche de la route, il y avait des bois accessibles, des haies et des fossés (Gay Vernon).

Une faute, c'est d'avoir coupé et élagué toutes les haies devant leurs retranchements à environ 100 toises (Houchard).

A gauche (du centre) se trouvait une batterie armée de 6 pièces de position. Cette batterie se trouvait probablement au moulin Ronckier.

Partout les points accessibles étaient fraisés d'abatis, barricadés ou défendus par des ouvrages en terre (Gay Vernon).

Des retranchements creusés dans les pâturages reliaient entre eux les divers points d'appui. (Traditions locales).

3° Sur son aile gauche, la défense se sentait de même difficilement abordable.

4° Contrairement à ce que pensait le général Houchard, Il n'y avait pas de réduit.

Les Alliés avaient élevé tant de retranchements autour de Hondschoote que le général Houchard voulait, d'après certains rapports, faire tirer sur le château qui est à l'extrémité de la rue de Furnes, à un quart de lieue de la frontière. Le quartier général des Alliés s'y était tenu pendant six semaines (*sic*), on savait que le duc d'York avait tracé là ses plans d'attaque sur Dunkerque, de concert avec quelques émigrés qui servaient de garde de sécurité au château et dont quelques-uns étaient de Dunkerque. Le vieux général Walmoden qui commandait les Hanovriens n'avait presque pas cessé de l'habiter.

Le chef de bataillon Ruffin, commandant le bataillon de la Seine Inférieure dissuada Houchard de ce parti violent. Ce château bâti à la moderne, qui était une simple maison seigneuriale, était habité par trois sœurs dont les maris étaient occupés à défendre les remparts gazonnés de Dunkerque ; aucun retranchement n'avait été élevé autour de cette maison de plaisance qui étais un simple carré sans fortifications naturelles.

Il n'était pas supposable, malgré l'acharnement des Alliés à défendre le poste important d'Hondschoote qu'ils voulussent se tenir dans ce château comme dans une citadelle, ce qui aurait été sans aucune utilité.

3º Détail de la répartition des forces

1º Aile droite, en arrière du canal d'Hondschoote, la droite au pont de la Croix, la gauche au port d'Hondschoote, général Diepenbroik :

7 bataillons (I/Gardes, 5ᵉ, 10ᵉ, I/6ᵉ, I/11ᵉ), avec leurs 14 pièces.

2º Centre, en avant d'Hondschoote, général Cochenhausen :

6 bataillons (3 des Grenadiers, Prince héritier, I/Brentano), avec leurs 12 pièces et 20 pièces de position, formant 3 secteurs :

a) Secteur de droite, entre le canal d'Hondschoote et le

chemin de Warhem, face à la plaine de Warhem, couvrant la petite redoute de 2 pièces de position :

1/2 II/Prince héritier avec ses 2 pièces et les 2 pièces de position, soit en tout un demi bataillon et 4 pièces, sous les ordres du colonel von Biesenrodt ;

b) Secteur du centre, entre le chemin de Warhem et la bèque de la Trinité, face :

aux 6 chemins (carrefour marqué sur les cartes),

et aux 5 chemins (carrefour rajouté sur la carte rectifiée), couvrant la grande redoute de 12 pièces de position :

les 3 bataillons de grenadiers hanovriens, ayant derrière eux sur les 2 buttes de moulins, la grande batterie de 12 pièces de position.

Près de cette batterie qui tire par dessus les grenadiers, se tient comme soutien spécial, l'autre 1/2 II/Prince héritier, sous les ordres du major Mallet,

soit en tout 3 bataillons 1/2 et 18 pièces.

c) Secteur de gauche, entre la bèque de la Trinité et l'Etoile, couvrant la redoute moyenne de 6 pièces de position :

le I/Prince héritier et 1/2 1/Brentano, ayant derrière eux la batterie de 6 pièces de position,

soit en tout 1 bataillon 1/2 et 10 pièces.

3° Aile gauche, entre l'Etoile et les jardins de Leysecle, parallèlement au Looweg, général Hammerstein, avec II/Gardes, I/4, II/6, II/11), et leurs 8 pièces, plus 2 pièces de position — soit en tout 4 bataillons et 10 pièces.

4° Réserve, en trois groupes : aux 3 Rois, à la Chapelle de Straband et en arrière de Leyseele, II/Laudonvert et II/4e avec leurs 4 pièces, 3 escadrons de Blankenstein, les 5 escadrons du Prince Frédéric, la brigade Oynhausen

6 escadrons, et la brigade Biela 10 escadrons, enfin 16 pièces de position, soit en tout :

2 bataillons, 24 escadrons et 20 pièces.

5° Services (munitions, bagages).

Les munitions de complément arrivent de Furnes le 8 au matin, au moment où le combat commence.

Les bagages ont été renvoyés le 7 au soir à Furnes, comme on l'a vu.

§ IV. Préliminaires

A. — *FRANÇAIS*

Comme l'avant-veille, dès 3 heures du matin, les colonnes se mettent en marche.

Rapport et exposé du Général en chef Houchard

Les troupes se mirent en marche à 3 heures du matin.

Le général Colaud tenait la droite, il se dirigeait sur Hondschoote par un autre chemin ;

Le général Jourdan le centre et se dirigeait sur Hondschoote.

Le commandant Vandamme couvrait mon flanc gauche et marchait par Killem.

Dès les premiers coups de canon, le général Leclaire sortit de Bergues et se dirigea sur Hondschoote, le long du canal avec la plus grande intelligence.

Détail des Mouvements

1° La brigade de Colaud gagne d'abord Beveren, puis se dirige sur Hondschoote en longeant la frontière ; mais elle se laisse attirer et retarder, du côté de Leyseele, par l'apparition de la cavalerie ennemie qui, elle, remplit son rôle.

D'après la tradition, il y eut un violent combat au moulin Moncarey, à Beveren, où il y aurait eu beaucoup de morts ; je n'ai pas encore pu vérifier le fait.

2° La division Jourdan se met en marche à 3 heures du matin, passe par les 5 chemins à l'ouest d'Oostcappel par Killemlinde, et arrive à 7 heures du matin aux 5 chemins au sud d'Hondschoote (et non aux 6 chemins).

Le général en chef marche avec cette colonne.

3° La brigade Vandamme se met en marche à 4 heures du matin, s'étend à gauche de Killem jusque vers les Moeres et débouche en vue d'Hondschoote, à gauche de la division Jourdan ;

4° La division Leclaire attend le signal du canon pour se diriger sur Hondschoote, le long du canal de la basse Colme.

4° Le général d'Hédouville avec la brigade X, tournant le dos au combat, se dirige sur Bergues et sur la route d'Ypres.

6° La division Landrin se dirige sur Bergues et sur la Maison Blanche.

En résumé, deux colonnes seulement se présentent devant Hondschoote : Jourdan (10.000) et Vandamme (3.600 ou 4.300).

B. — *ALLIÉS.*

A l'approche des Français, les troupes du général Walmoden occupent leurs positions ; quelque peu démoralisées, quoique braves et aguerries, elles s'exagèrent le nombre des assaillants, alors qu'elles n'ont guère devant elles, à ce moment-là, que 14.000 hommes environ.

§ V. Orientation (de 7 à 9 heures)

A. — FRANÇAIS.

A 7 heures, la colonne du centre arrivée aux 5 chemins (et non aux 6 chemins) s'arrête :

1° pour ne pas s'engager avant l'arrivée de la brigade Colaud ;

2° parce que, ne voyant rien, on craint un piège.

Le sous-chef d'Etat-major, puis le général en chef lui-même, étonnés, vont successivement reconnaître les retranchements ennemis ; le chef d'Etat-major va chercher la brigade Colaud.

Voici, à ce sujet, les témoignages du général Houchard, de Gay Vernon et de Delbrel :

Exposé et rapport du général en chef Houchard

La colonne du centre arrivée à un endroit qu'on appelle les 5 chemins (et non les 6 chemins) qui n'était plus qu'à un quart de lieue de Hondschoote, je crus que les ennemis s'étaient retirés, voyant que ce poste n'était pas occupé.

En arrivant près de Hondschoote, les ennemis étaient en bataille derrière leurs retranchements. Je fus les reconnaître. J'avais fait arrêter la colonne pendant que je faisais ma reconnaissance ; je fis mes dispositions d'attaque ; j'envoyai le général Berthelmy pour diriger la colonne du général Colaud et je ne voulais attaquer que quand ce général serait arrivé.

Récit de Gay Vernon

Le 8 vers 7 heures du matin, la colonne du centre parut à la vue d'Hondschoote, et s'arrêta pour ne pas s'engager avant l'arrivée des troupes de Colaud.

Houchard envoya l'adjudant général Gay de Vernon faire la reconnaissance de la position ennemie.

Les espions et gens du pays assuraient qu'elle n'était occupée que par 5.000 Anglais et 15 pièces d'artillerie. Ils se trompaient et nous trompaient.

Walmoden n'avait établi ni avant-postes ni défenses extérieures. Néanmoins il était bien sur ses gardes quoique, au premier abord, on eût été tenté de le taxer d'imprudence.

L'adjudant général eut donc la facilité de voir de très près la position ennemie et s'approcha des retranchements de manière à compter jusqu'aux bouches à feu que renfermaient les batteries.

Récit de Delbrel

J'étais avec mon collègue Levasseur, les généraux Houchard, Jourdan et Berthelmy, à la tête de la division du centre. Nous arrivâmes sans résistance au hameau appelé les 5 chemins (et non les 6 chemins), à un quart d'heure de la ville d'Hondschoote. Ce poste était extrêmement important, et nous fûmes bien étonnés de ne pas le trouver occupé par l'ennemi. Le général Houchard interrogea les habitants pour savoir d'eux si les ennemis étaient encore à Hondschoote et quelles étaient à peu près leurs forces. Ces paysans répondirent qu'ils avaient lieu de croire que Hondschoote était occupé par l'ennemi, mais qu'ils ne pouvaient donner aucun renseignement sur le nombre de troupes, attendu que personne ne pouvait approcher de leur camp.

Pendant ce temps, les colonnes se déploient si l'on peut s'exprimer ainsi ; en réalité, on commence bien un déploiement plus ou moins régulier, successif et fort long ; les premiers coups de fusil de la brigade Vandamme font véritablement la traînée de poudre et toute la division Jourdan, de la gauche vers la droite, s'égaille au gré des fossés et des haies.

Le général en chef se décide à donner ses ordres définitifs :

1° Le général Colaud attaquera à droite (centre droit).

2° Le général Jourdan attaquera au centre (centre).

3° Le commandant Vandamme continuera son attaque à gauche.

En résumé, c'est 18.000 hommes environ qui vont attaquer directement Hondschoote.

Quel déchet, quand on pense à l'effort si laborieusement fourni par le Comité de Salut Public !

C'est, de plus, la renonciation de toute idée de manœuvre sur notre droite.

La manœuvre viendra de notre gauche.

B. — *ALLIÉS*.

A 8 heures du matin, l'état-major du général Walmoden compta 20 bataillons français qui arrivaient sur le front de la position.

En même temps, une colonne était annoncée, se dirigeant contre l'aile droite, le long de la rive sud du canal de la basse Colme.

L'attaque principale, sous la direction personnelle du général en chef Houchard était dirigée le long de la chaussée de Killem.

§ VI. Préparation (de 9 heures à midi)

Il faut remarquer que les premiers coups de fusil du côté de la brigade Vandamme furent tirés avant 7 heures, peut-être même dès 6 heures — le gros s'engagea à 8 heures.

La division Jourdan eut certains de ses éléments engagés peu après 8 heures.

Enfin, la brigade Colaud ne s'engagea qu'à 9 heures, un peu après le gros de la division Jourdan.

Exposé du général Houchard

Je ne voulais attaquer que lorsque le général Colaud serait arrivé. Mais les troupes sur notre gauche commencèrent l'attaque et successivement toutes les troupes y prirent part à mesure qu'elles furent mises en bataille.

Une grande faute que les ennemis avaient commise et qui a tourné à notre avantage, c'est de n'avoir pas occupé le poste des 5 chemins ; une autre d'avoir coupé et élagué toutes les haies devant leurs retranchements à environ 100 toises, de manière que nos troupes sont arrivées à couvert jusqu'à cette distance ; ils se sont emparés des haies et fossés et ont combattu dans cette position.

Le combat durait déjà depuis près de *deux heures*, lorsque la colonne du général Colaud arriva : je fus à ce général lui donner les ordres de se mettre en bataille à la droite du chemin, de manière à pouvoir prendre la position à revers, et je portai *sa* cavalerie tout à fait sur la droite, dans une position où elle *aurait pu agir*.

Le combat devint toujours plus rude ; une redoute fut prise 2 fois par nos troupes et reprise par les ennemis.

Dans son rapport, le général Houchard ajoute les détails ci-après :

Le général Jourdan a été blessé à la poitrine d'un coup de biscaïen au moment où il allait monter dans un retranchement : sa blessure n'est pas dangereuse.

Le général Colaud a eu un biscaïen à travers la cuisse au moment où il forçait les Volontaires du Doubs à charger à la baïonnette ; sa blessure est dangereuse et il ne sera pas en état de servir de longtemps.

Le citoyen Mengaud, commandant la 36ᵉ brigade (*sic*) a été blessé aussi.

Au milieu de ces actes héroïques de valeur, il est une chose qui fait ombre au tableau : une quantité assez considérable de mauvais soldats quittent le combat, se cachent dans les fossés et s'en vont au travers des haies ; on est obligé de mettre sur tous les chemins de la cavalerie pour les arrêter, qui même ne peut les ramener au combat.

Brigade Vandamme

On a vu que le général en chef dit dans son exposé :

Les troupes sur notre gauche commencèrent l'attaque.

En effet, le commandant Vandamme, avec son mordant, son ardeur et sa ténacité habituelles, prit l'initiative de l'attaque.

Lors donc que le général en chef lui envoya l'ordre de continuer son attaque, il ne faisait que sanctionner le fait accompli.

Gay Vernon donne cette variante :

Vandamme reçut l'ordre de se réunir à Leclaire et de continuer ensemble leurs attaques le long de la basse Colme.

Comme toujours, lorsqu'il ne réussit pas, le commandant Vandamme donne très peu de détails :

On attaque l'ennemi qui est très retranché. Le feu est terrible de part et d'autre et dure plus de six heures.

Autrement dit, la brigade Vandamme fut tenue en échec ; ce qui n'a rien que de très normal, elle n'en jouait pas moins sa partie.

On lit dans l'historique du 2ᵉ hussards cette réflexion typique :

Le pays coupé de haies et de marais ne se prêtait pas à l'action de la cavalerie. On lui donna un rôle qui peint bien l'état de l'armée à cette époque extraordinaire ; elle fut disséminée sur toutes les routes pour empêcher les lâches de fuir à la faveur des haies pendant qu'à côté d'eux s'accomplissaient des actes merveilleux de bravoure individuelle.

Brigade Colaud

Le général Colaud envoie sa cavalerie sur la droite de Leyseele (variante : vers Leyseele) et, avec son infanterie, engage le combat à droite (centre gauche ennemi).

On a vu que le général Houchard dit :

Une redoute fut prise deux fois par nos troupes et reprise par les ennemis.

Il s'agit de la redoute de gauche qui fut attaquée par la brigade Colaud.

On a vu aussi que le général Colaud fut blessé au moment où il forçait les Volontaires du Doubs à charger.

Levasseur dit :

Bientôt je vis revenir le général Colaud grièvement blessé, répétant comme toute l'armée : le succès de la journée est compromis, et cependant, nous avons été partout vainqueurs, mais qu'est devenu Houchard ? Pourquoi n'avons-nous pas reçu d'ordre depuis plus de 5 heures ?

Je visitai le Corps d'Armée de Colaud : il se maintenait en ses positions et continuait à soutenir avec intrépidité le feu de l'armée anglo-hollandaise.

Autrement dit, et comme il a été dit pour la brigade Vandamme, la brigade Colaud fut tenue en échec.

Division Jourdan

Le général Jourdan arrive, sans coup férir, jusqu'à 200 mètres des retranchements. C'est à cette distance que le combat devient sérieux.

Le général Jourdan (suivant le procédé qui lui est familier) fait passer en tête de sa colonne sa batterie de 10 pièces de position pour combattre la grande batterie de 12 pièces qui lui était opposée.

La position de notre artillerie n'était pas avantageuse, dit Gay Vernon.

Elle était, en effet, toute entière en contre-bas, ce qu'on n'aimait pas à cette époque.

Il y avait un déploiement d'artillerie à la chapelle Saint-Donat (à voir sur place). Mais la batterie qui produit des effets destructeurs, se trouvait au coin de la haie actuelle au nord des 5 chemins (et non des 6 chemins), encore plus en contre-bas. Les grands effets qu'elle produit, sont dus à ce qu'elle fait sauter des pièces de bois de moulin et de la maison du meunier.

Le résultat obtenu, l'infanterie se porte à l'attaque; elle est repoussée par le général Cochenhausen qui s'avance bravement avec ses hessois en avant de ses retranchements; mais ce général est blessé mortellement, ses troupes cèdent et se retirent derrrière leurs retranchements.

Le général Jourdan veut en profiter pour enlever la grande batterie à la baïonnette, mais il est blessé, ainsi que le général Mengaud.

Il y a, à ce moment, un mouvement de recul très acccentué sur toute la ligne de la division Jourdan (et qui fut bien remarqué par Leclaire et par Lahure).

Bien que ses détracteurs lui en refusent l'honneur, je n'ai aucune raison de penser que ce n'est pas le général Houchard qui y a paré, et je crois, jusqu'à preuve du contraire, qu'en s'avançant à la tête du 17ᵉ de cavalerie, superbe régiment, non seulement son geste fut beau, mais encore efficace, sinon décisif.

Quoiqu'il en soit, ainsi que je le fais chaque fois que les divers documents ne sont pas absolument probants, je vais les reproduire l'un après l'autre.

Récits combinés de Gay Vernon

Jourdan fit passer en tête de sa colonne 10 pièces de canon pour répondre à la batterie de 12 pièces qui lui était opposée. La position de notre artillerie n'était pas avantageuse ; cependant, son feu bien dirigé fit un effet étonnant et causa de grands ravages parmi les canonniers anglais, dont un nombre considérable fut blessé par les éclats de bois que nos boulets enlevaient des maisons voisines et qu'ils jetaient dans la batterie.

Dès lors nos feux d'artillerie eurent un peu ralenti la vivacité de ceux de la batterie ennemie ; mais, en entrant dans les bois, elles rencontrèrent la division *(sic)* du général Cochenhausen, sortie de Hondschoote pour défendre les bois et approches des retranchements et les attaquèrent.

Là, se livra un furieux combat d'infanterie. L'ennemi résista pendant plus de deux heures sans perdre un pouce de terrain ; enfin nos soldats l'emportèrent : Cochenhausen reçut une blessure mortelle, et ses troupes furent poussées si vivement qu'elles se retirèrent derrière leurs retranchements. Jourdan voulut poursuivre ce succès et tenter d'enlever à la baïonnette la grande batterie, il donna ordre à sa division de marcher vite et sans tirer ; à ce moment, un boulet lui rasa la poitrine et l'obligea à quitter le champ de bataille ; Maingaud aussi tomba blessé (ainsi que Colaud). Ce fut un grand malheur que ces trois généraux eussent été atteints presqu'au même instant et lorsqu'ils avaient donné à leurs soldats l'élan de la victoire.

Nos troupes, qui avaient besoin d'être encouragées et soutenues par l'exemple de leurs principaux chefs, s'arrêtèrent, reculèrent, et furent promptement éparpillées derrière les haies, les fossés et dans les bois, pour se dérober aux coups de l'ennemi. En peu de temps, la route et la clairière se dégarnirent, et les divisions de Jourdan se dispersèrent en tirailleurs. Ce n'était plus un combat régulier, mais une mêlée, une foule d'engagements singuliers et de duels où, suivant l'expression pittoresque du chef d'état-major Barthelmy, *on se poignardait*.

Notre position devint critique ; l'infanterie anglaise gagnait du terrain sur nous ; notre principale batterie pouvait être compromise en ne bougeant pas, et compromettait infailliblement le sort de la journée en se retirant, car le moindre mouvement rétrograde de cette artillerie aurait été le signal de la déroute la plus complète.

Houchard crut un moment que la bataille serait perdue. Dans cette extrémité, il fit tout ce qu'on devait attendre de sa vaillance ; il mit le sabre à la main, ordonna à son nombreux état-major d'imiter cet exemple, et s'avança à la tête du 17e de cavalerie qu'il tenait en réserve.

Ce régiment était superbe, et comptait plus de 500 chevaux ; il arriva au grand trot et se déploya dans le meilleur ordre.

A son approche, les Anglais s'arrêtèrent, nos canonniers reprirent courage, et 4 bataillons, environ 2.000 hommes (il dit par ailleurs : 2.000 tirailleurs) rassurés par la belle contenance du 17e de cavalerie et par la présence du général en chef, se reformèrent en ligne derrière nos batteries.

D'après la légende, le capitaine Drouot, qui commandait la 14e batterie légère, aurait établi de lui-même une batterie qui assura le succès.

Houchard avait invité les représentant du peuple Levasseur et Delbrel de se porter, l'un à la tête de la division Jourdan, l'autre à la tête de la brigade de Colaud ; ils acceptèrent cette dangereuse mission, et l'accomplirent avec un dévouement digne d'éloges.

Le brillant courage de ces députés, la vue des panaches et des écharpes tricolores qui flottaient à leurs chapeaux, produisirent, comme toujours, un effet électrique.

Bientôt les soldats s'animèrent les uns les autres par les cris mille fois répétés de Vive la nation ! Vive la République ! De la gauche à la droite, ils s'excitaient mutuellement et chantaient à tue-tête la Marseillaise et la Carmagnole.

Récit de Delbrel

Le général Houchard détacha quelque tirailleurs.

A peine furent-ils sortis du village que la fusillade commença.

Nous avançâmes avec la colonne. Le général, voyant que nos tirailleurs ne gagnaient pas de terrain, en détacha encore plusieurs centaines et fit faire halte à la colonne. Nous étions dans ce moment à *demi portée de canon* d'Hondschoote. Le feu des tirailleurs allait toujours croissant et les nôtres n'avaient pas l'avantage. Le général Houchard laissa cette fusillade se prolonger pendant près de deux heures, tandis que nos troupes en colonne, sous le feu et la mitraille des batteries ennemies, frémissaient d'impatience en attendant le signal du combat. Ce signal avait été trop longtemps différé, presque tous nos bataillons se dispersèrent en tirailleurs.

Dans le premier choc, rien ne put résister à leur impétuosité, ils emportèrent même quelques retranchements ; mais bientôt, l'ennemi fit mouvoir ses réserves et vint avec des troupes en bon ordre et en masse attaquer nos tirailleurs ou plutôt notre division dispersée. Nos troupes furent donc repoussées et vivement poursuivies.

Avant que nos bataillons se fussent débandés pour courir en tirailleurs contre les retranchements d'Hondschoote, j'avais déjà fait plusieurs fois des observations au général Houchard sur le danger qu'il y avait de tenir si longtemps dans l'inaction et sous le feu des batteries ennemies des troupes qui ne demandaient qu'à combattre.

Je lui dis que le feu que nous entendions à notre gauche et à notre droite annonçait que nos divisions de droite et de gauche arrivaient déjà, chacune de son côté, sur les avant-postes de l'armée ennemie, qu'il n'y avait donc plus de raisons pour différer l'attaque.

Lorsque je vis que mes appréhensions n'étaient que trop fondées et que le centre de notre armée était entièrement en déroute, mes observations devinrent encore plus pressantes et même impératives, je témoignais vivement au général le mécontentement que j'éprouvais de toutes ces lenteurs.

Houchard, ayant l'air très embarrassé, me répondit que les ennemis étaient plus forts et que l'affaire serait plus chaude qu'il ne l'avait cru. Il voulait, sans doute, par cet aveu, me disposer à recevoir la proposition qu'il vint me faire quelques minutes après de battre en retraite. Je lui observais que nous étions trop engagés pour reculer ; que nous avions tout à craindre d'un mouvement rétrograde ; que nos troupes, la plupart de nouvelle levée, n'étaient pas encore assez exercées pour l'exécuter en bon ordre ; qu'un signal de retraite serait un signal de sauve qui peut ; que nous n'avions d'espoir de salut que dans une marche en avant et que nous devions tout attendre de la valeur et de l'impétuosité françaises. Je fus fortement appuyé dans mon opinion par mon collègue Levasseur (de la Sarthe) et par le général Jourdan commandant la division du centre.

Alors le général Houchard fit avancer une demi brigade qui restait encore en bon ordre. Il ordonna au général Jourdan de rallier sa division le mieux qu'il serait possible.

Il envoya un officier à la division de gauche pour lui ordonner de charger vigoureusement au moment où elle entendrait battre la charge au centre.

Il donna également au général Jourdan l'ordre d'attaquer au moment où il entendrait battre la charge à la division de droite commandée par le général Colaud, et il se rendait lui-même à cette division pour la mettre en mouvement. Mon collègue Levasseur l'y suivit. Je restai avec le général Jourdan à la tête de la division du centre. Nous attendions avec impatience que la droite donnât le signal de l'attaque générale. Le général Houchard devait y être arrivé depuis longtemps et cependant la charge ne se faisait pas entendre. Les troupes que le général Jourdan et moi avions ralliées s'étaient de nouveau dispersées et, après avoir gagné un peu de terrain, avaient été une seconde fois repoussées.

Bientôt, Jourdan et moi, nous nous trouvâmes seuls en avant de nos tirailleurs, faisant d'inutiles efforts pour les retenir.

C'est dans ce moment critique, qu'abandonnés de tout le monde, cernés de tous côtés par les tirailleurs anglais, le général Jourdan et moi délibérions ensemble sur les moyens de rallier une troisième fois la division et de tenter une attaque particulière sans attendre plus longtemps celle de droite.

Il nous reste, dit-il, 600 ou 700 hommes à la garde des drapeaux (les troupes s'étant débandées, nous avions réuni et renvoyé tous les drapeaux sur les derrières sous la garde d'un bataillon) et quelques escadrons de cavalerie.

Il faut mettre notre cavalerie aux trousses de nos fuyards pour les arrêter et les faire avancer.

Il faut prendre le bataillon qui est à la garde des drapeaux et monter au pas de charge, nous formerons ainsi une tête de colonne qui en imposera aux tirailleurs ennemis ; les nôtres, pressés par notre cavalerie, encouragés d'ailleurs par la présence de ce bataillon en bon ordre, viendront sans doute se rallier à nous. Notre colonne, comme une boule de neige grossira en avançant, nous serons secondés dans notre attaque par la division de gauche qui a l'ordre de charger de son côté, aussitôt que nous battrons la charge. Voilà, me dit le général Jourdan, le seul moyen qui nous reste.

Cette idée me parut bonne ; elle réveilla dans mon cœur l'espoir de la victoire. — Mais, ajouta le général, j'ai les bras liés par les ordres du général Houchard, qui m'a recommandé de ne rien entreprendre au centre jusqu'à ce que la droite eût commencé l'attaque. Si la tentative que je propose venait à échouer, on ne manquerait pas de m'imputer le revers que nous pourrions éprouver et de m'accuser d'avoir compromis, par mon insubordination, le sort et la gloire de l'armée.

Les observations du général Jourdan étaient justes. — Vous craignez, lui dis-je, la responsabilité ? Eh bien, je vous en décharge ; je la prends sur moi et je vous donne l'ordre formel de tout disposer dans votre division pour attaquer le plus tôt possible. Mon autorité est supérieure à celle du général en chef, et ne vous permet pas de balancer.

Après avoir ainsi donné très impérativement au général Jourdan, l'ordre d'attaquer, je pris un autre langage. Vous m'avez mis, lui dis-je, dans la nécessité de vous parler en supérieur, j'offre maintenant d'agir en subordonné. Vous n'avez ni aide de camp, ni adjudant, je vous en servirai. J'allai d'abord chercher le peu de cavalerie que nous avions et je la mis aux trousses des fuyards pour les ramener. Je courus ensuite prendre le bataillon qui gardait les drapeaux. Je me mis à sa tête. Lorsque nous fûmes au lieu où j'avais laissé le général Jourdan, je ne l'y trouvai plus ; il avait été blessé et obligé de se retirer.

Récit de Levasseur

En revenant au milieu de la division Jourdan, je trouvai ce général qui se dirigeait vers l'ambulance. Blessé, et perdant beaucoup de sang, il répétait comme Colaud, que le général Houchard avait tout compromis par son incroyable inaction et que, faute d'ordres, il avait été impossible de rien entreprendre. Pendant ce temps, nous aperçûmes Houchard derrière une haie, au milieu de quelques officiers, paraissant incertain et tout à fait inapte à remplir les hautes fonctions dont il était chargé.

Qu'allons-nous devenir avec un pareil chef ? s'écria Jourdan, il y a deux fois plus de monde pour défendre Hondschoote que nous n'en avons pour l'attaquer. Nous sommes perdus.

Ce mot n'est pas français, lui dis-je, ne comptons pas le nombre des ennemis, dites-moi ce qu'il faut faire. — Vous pouvez encore remporter la victoire, mais faites cesser le feu, battre la charge, que les Français se précipitent sur l'ennemi, la baïonnette en avant, gagnez la tête de la colonne ; les soldats ont la plus grande confiance en vous, ils vous suivront...

Je fis, en effet, battre la charge.

Au même instant, j'aperçus de loin mon collègue Delbrel et je courus vers lui. — Mon ami, lui dis-je, si nous sommes battus ici, Dunkerque est pris, je ne pourrai survivre à un aussi grand malheur, ici sera mon tombeau, ou nous remporterons la victoire. Cours à la division du général Colaud, fais battre la charge et précipitons-nous sur Hondschoote. Je réponds de la division. — Je n'en doute pas, je te connais pour un homme brave......

En gagnant la tête de la colonne, je tâchais, par mes discours, d'animer le courage des soldats. Ayant vu un bataillon immobile derrière une haie, j'y courus. — Que faites-vous derrière cette haie, m'écriai-je ; n'entendez-vous pas battre la charge, suivez le mouvement de la colonne ; en avant, marche. Je prononçais ces derniers mots lorsqu'un boulet de canon brisa les reins de mon cheval. J'entendis, en tombant, quelques soldats dire d'un ton moqueur : va donc en avant, tu vois s'il y fait bon.

La colonne marchait toujours dans un chemin creux et j'étais sur un terrain plus élevé. Les soldats s'arrêtèrent à l'instant où on me vit tomber. Marchez toujours, dis-je en me relevant, je vais chercher un autre cheval. Mon domestique, qui était fort brave, et qui me suivait toujours de près, se trouvait heureusement peu éloigné de moi ; je montai à cheval......

B. — *ALLIÉS.*

Récit de Ditfurth et de Sichart :

Les Français s'avancèrent avec de nombreux piquets de tirailleurs contre les bataillons des Alliés déployés en longues lignes et qui les saluèrent par des salves de peloton.

Les premiers surent, ce faisant, utiliser admirablement les fossés, haies et bosquets qui se rencontrent en grand nombre, tandis que, du côté des Alliés, il semble qu'on n'ait pas su en faire un usage aussi judicieux.

Comme l'ennemi s'était de la sorte très approché du front, surtout en face de l'aile gauche, le général-major Cochenhausen, posté comme on l'a vu, reçoit l'ordre de le rejeter.

Cela réussit complètement pour commencer, mais un fossé, fortement occupé par les Français, le long duquel se trouvait, en outre, une haie épaisse, arrêta net toute progression ultérieure.

Le feu de tirailleurs violent, dirigé, à distance décisive, contre la contre-attaque, occasionna d'abord un mouvement de recul dans quelques bataillons hanovriens postés plus à droite.

Par suite, le flanc droit du régiment autrichien Brentano se trouva découvert, ce dont un détachement de cavalerie française profita pour charger brusquement.

Comme celui-ci avait encore employé la ruse de s'attacher autour du bras un brassard blanc à l'instar des Alliés, il fut d'abord pris pour une troupe amie, ce qui lui permit de surprendre complètement les Autrichiens et de faire prisonnier le colonel von Wolf avec 100 hommes, mettant le reste en fuite.

Par suite de cette circonstance, l'ennemi, continuant son mouvement, était arrivé en plein dans le flanc droit du 1er bataillon du régiment Erbprinz, en même temps qu'il tournait son flanc gauche, ce qui força ce bataillon après un violent combat avec de grosses pertes en hommes et en abandonnant un de ses canons de bataillon dont les attelages avaient été tués, de se retirer dans les jardins d'Hondschoote, situés en arrière.

C'est dans cette circonstance que le général Cochenhausen eut les deux jambes brisées par un coup de mitraille.

Après que ce bataillon, ainsi que le détachement du régiment Brentano, eut été rallié, sous la protection de plusieurs bataillon hanovriens, réapprovisionné en munitions et renforcé par 2 nouvelles compagnies de Brentano, ils se reportèrent plusieurs fois à la contre-attaque, réussissant ainsi à rentrer en possession de la pièce qui avait été perdue.

C'est dans cette circonstance que fut tué le capitaine hanovrien von Marschall, aide-de-camp du duc d'York, qui s'était mis à la tête des contre-attaques.

Cependant ces contre-attaques ne menèrent à aucun succès durable, mais furent chaque fois rejetées par l'ennemi en masse supérieure et toute la ligne, de plus en plus pressée, lorsque les généraux Hédouville *(sic)* et Colaud, venant de Rousbrugge, attaquèrent de plus en plus l'aile gauche des Alliés passablement en l'air vers Leyseele, tandis que le général Houchard faisait de grands efforts pour forcer la chaussée de Killem.

Par suite du feu violent et continu, le manque de munitions se fait bientôt sentir, les grenadiers hanovriens notamment ont complètement épuisé leurs munitions.

Par suite, le IIe bataillon du régiment Erbprinz reçut l'ordre de se rassembler et de relever les grenadiers sur la ligne de feu en ne laissant, près de la grande batterie sur le plateau des Moulins, qu'un officier et 20 hommes.

Comme le feu de ce côté-ci n'empêchait pas la poussée continue des tirailleurs français, le major Mallet s'avança à la baïonnette à la rencontre des Français, avec le bataillon auquel s'étaient joints 40 grenadiers hanovriens.

Toute la ligne suivit le mouvement et les Français furent, par suite, rejetées à une distance assez importante.

Dans cette contre-attaque, le major hanovrien von Düring, complètement entouré et fait prisonnier avec son détachement fut délivré par le capitaine Schraidt du régiment Erbprinz. Cependant les Français, non seulement mirent en batterie une nombreuse artillerie, mais recommencèrent le combat avec des troupes fraîches.

Pendant quatre longues heures, les bataillons hanovriens, avec un véritable héroïsme, avait soutenu un combat des plus meurtriers et avaient complètement épuisé leurs munitions, bien que celles-ci eussent été renouvelées jusqu'à 2 et 3 fois. A l'aile droite de la position, les bataillons, dont la plupart avaient été journellement engagés depuis le 5, non seulement firent la plus valeureuse résistance, mais, à plusieurs endroits se jetèrent sur les Français à la baïonnette, les forçant chaque fois à la retraite.

Le IIIe bataillon de grenadiers hanovriens se distingua particulièrement, il prit 2 pièces.

Le IIe bataillon d'Erbprinz se distingua là aussi.

§ VII. — Décision (de midi à 2 heures)

1re PHASE : Enlèvement de la ligne de défense

A. — *FRANÇAIS*.

Au moment où le feu des Alliés commence à se ralentir, on entend le feu du général Leclaire.

Le général Leclaire débouche sur la redoute en avant du port d'Hondschoote, ayant en tête les gendarmes de Paris (anciennes gardes françaises).

Ce que voyant, les troupes du général Vandamme, ayant en tête les chasseurs du Mont-Cassel, reprennent courage. La redoute est enlevée par les gendarmes de Paris. Cela fait, la grande batterie est attaquée sur 3 points à la fois, par les têtes de colonne de la division Leclaire, de la brigade Vandamme et de la division Jourdan.

Le tableautin du musée de Dunkerque représente surtout le mouvement de la division Leclaire (gendarmes de Paris. etc...) il est sans valeur.

Le tableau de l'Hôtel-de-Ville d'Hondschoote représente un peu ce mouvement (gendarmes) et surtout celui de la brigade Vandamme et en particulier du bataillon du 1er de ligne (Picardie), qui essayait alors un casque ; ce qui fait que, dans le pays, on croit encore que c'était des dragons à pied, des dragons blancs, me disait une bonne vieille.

Le tableau du Musée de Lille forme, pour ainsi dire, le prolongement du précédent. J'en ai fait faire une jolie reproduction photographique.

Je crois, du reste, qu'il y a, dans ce dernier tableau, d'ailleurs très exact comme topographie et comme ensemble, une petite erreur d'uniforme ; il n'y avait pas, que je sache, de cuirassiers à Hondschoote ; le seul régiment de cavalerie, alors cuirassé (le 8e) était à la division Landrin.

Vo ci d'abord les divers récits d'ensemble :

Exposé du général Houchard

Le feu avertit le général Leclaire qui était à Bergues ; il sortit avec 3.000 hommes, descendit le canal et attaqua dans cette partie ; c'est ce qui décida le combat à notre avantage. Je donnai l'ordre à toutes les attaques de marcher à la baïonnette, ce qui fut exécuté.

Récit de Delbrel

Dans ce moment, la charge se fit entendre à la droite, nous la battîmes au centre, on la battit à gauche.

Nos 3 colonnes attaquèrent à la fois, les redoutes et les retranchements.

Pressés de tous côtés, les ennemis prirent la fuite...

Récits de Gay Vernon

Houchard ordonna de marcher au pas de course et d'aborder, sans tirer, les retranchements ennemis.

Le général en chef allait charger à la tête du 17e de cavalerie, lorsque nous nous aperçûmes que l'ennemi faisait les dispositifs de sa retraite....

Le bataillon des grenadiers nationaux du Pas-de-Calais pénétra dans la grande batterie, en même temps que les gendarmes à pied de Paris et les chasseurs du Mont-Cassel entraient par la gauche.

J'examinerai maintenant successivement l'action de chacune des colonnes.

Brigade Colaud

D'après Levasseur :

La division du général Colaud fit des prodiges de valeur, l'ennemi avait opposé encore plus de résistance de son côté qu'au centre où je me trouvais.

Autrement dit, la brigade Colaud fit peu de progrès. Elle n'entra que partiellement dans Hondschoote, à la suite de la division Jourdan.

Ce qui n'empêche pas qu'il y eut, de son côté comme ailleurs, des actes individuels de bravoure (voir *Actions d'éclat*).

Division Jourdan

C'est le récit de Levasseur qui rend le mieux ce qui s'est passé :

On battait la charge sur tous les points ; le feu était terrible, surtout du côté de la division de droite où se trouvait mon collègue Delbrel.

La garnison de Bergues avançait sur notre gauche 300 gendarmes à pied en faisaient l'avant-garde ; *nous sortîmes alors du chemin creux* : oh ! braves Français ! prendre la redoute d'assaut, pénétrer dans la ville en passant sur le corps des morts et des mourants, ce ne fut pour vous que l'affaire d'un instant ! Nous poursuivîmes l'ennemi, la baïonnette au canon ; rien ne put nous résister.....

Dans le 2ᵉ volume de « *Victoires et Conquêtes* » on lit l'épisode du cavalier Mandement du 6ᵉ de cavalerie, qui a été illustré par la gravure et qui eut l'honneur d'être cité par M. le général Loizillon, lors de l'inauguration du monument d'Hondschoote (voir *Actions d'éclat*).

Brigade Vandamme et Division Leclaire

On dut en grande partie le succès aux attaques vigoureuses de Vandamme et Leclaire.

Le commandant Vandamme dit simplement :

Enfin, nos soldats avancèrent avec tant de courage, que l'ennemi fut forcé à la retraite.

On entra dans les rues en battant la charge impétueusement et il fut mis en pleine déroute.

Récit de Gay Vernon

Leclaire était sorti de Bergues et avait marché droit sur Hondschoote.

D'abord, il eut à combattre le corps autrichien mis en observation à Warhem. Ce détachement, après une faible résistance, se replia derrière la petite Moëre.

Lorsque Leclaire déboucha sur la redoute, en avant du port d'Hondschoote, les volontaire de l'Orne, qui formaient sa tête de colonne, s'effrayèrent et se rompirent.

Mais derrière ces soldats novices, marchaient les gendarmes à pied de Paris et le 1ᵉʳ (*sic*) bataillon d'un de nos plus vieux et de nos meilleurs régiments, le 24ᵉ de ligne, autrefois **régiment de Brie.**

A la vue de ce désordre, les soldats du 24ᵉ et les gendarmes se précipitent, traversent la flaque d'eau où ils enfoncent jusqu'à la poitrine, arrivent au pied de la redoute qu'ils entourent et qu'ils escaladent en montant sur les épaules les uns des autres, ou en faisant des échelons avec leurs sabres et leurs baïonnettes qu'ils..........dans l'escarpe.

Là, un bataillon anglais de 800 hommes est pris ou tué ; là, Leclaire s'est réuni à Vandamme, et tous deux ont refoulé l'ennemi, *l'ont chassé de poste en poste*, et l'ont enfin acculé sur la batterie du centre ; elle fut aussitôt envahie par nos soldats. Alors le combat cessa sur les avenues d'Hondschoote.

Récits combinés du général Leclaire

Je dirigeai ma colonne de droite par Warhem et la joignis à celle de droite sur le canal.

Ayant réuni mes deux colonnes, je longeai le canal d'Hondschoote et sur une digue de 12 pieds de large.

L'ingénieur Noel (Ruel ?), de Bergues, qui, dès la veille, avait suivi ma colonne avec des travailleurs, me rendit les services les plus enssentiels pour me faciliter le passage ; il a montré une bravoure et un sang-froid à toute épreuve.

Je trouvai ma seconde colonne, non seulement rebutée mais intimidée par les obstacles, prétextant l'impossibilité d'avancer sur cette digue, coupée de trous pratiqués par l'ennemi et, en quelques endroits, couverte d'un pied et demi d'eau ; dans d'autres endroits, elle était obstruée par des avant-trains, par des caisssons, etc...... Je ranimai cette troupe et fis débarrasser tous les obstacles.

J'arrivai à la portée de canon d'un moulin, où la digue fait un coude. J'entendis le feu de la colonne du général Houchard. Je vis, au bout de quelques moments, pendant lesquels je haranguais et parcourais ma colonne, la direction du feu qui me fit juger que ces colonnes se repliaient, car le feu rétrogradait du côté de Rexpoëde. Je vis qu'il n'y avait plus à balancer. Je fis fouiller assez en avant vers le moulin où j'étais bien persuadé que la droite des ennemis devait être retranchée.

Effectivement, ils lâchèrent quelques coups de carabine.

Je fis mettre en batterie sur un petit pont les 2 pièces de la 32e division de gendarmerie que j'avais fait porter à la tête de la colonne.

J'ordonnai le feu le plus vif, bien persuadé que l'ennemi serait intimidé de se voir attaqué inopinément de ce côté et que cela ranimerait les colonnes de droite, qui sûrement ne s'attendaient pas à ce que je fusse arrivé à ce point.

Lorsque je fus certain que les colonnes de droite devaient avoir entendu le feu que je faisais sur cette partie, je dis deux mots aux gendarmes, au moment où une des deux pièces venait d'être démontée.

Ils me crurent et se jetèrent à corps perdu, la baïonnette en avant, sur le premier retranchement ennemi ayant de l'eau jusqu'aux genoux ; ils y furent guidés par le fils cadet (21 ans) du chef de bataillon Lemaire, qui me suivait comme aide de camp, et par l'adjoint Warenghien (20 ans).

Rien ne put résister au courage de ces républicains ; leur chef, le citoyen Gourry, est bien digne de les commander.

Le retranchement fut emporté, les pièces prises sans hésiter un seul instant ; sur 400 gendarmes, j'en perdis 117 tués ou blessés.

Dans ce moment, le 1er bataillon de l'Orne, qui suivait les gendarmes et les soutenait, le 1er du Calvados de même, souffrirent beaucoup ; le chef de ce dernier bataillon, qui commandait cette colonne, fut blessé.

On fit une boucherie horrible des ennemis.

La position ne me laissait plus de choix ; il fallait pousser avec vigueur, pénétrer ou périr dans le canal, car une retraite devenait impossible.

Je fis battre la charge, j'animai mes troupes et je puis dire que, dès ce moment, l'attaque se fit à la course, car j'étais toujours au trot de mon cheval.

Je n'eus pas fait trois cents pas que quelques tirailleurs ennemis qui se trouvaient à droite et à gauche du canal intimidèrent un bataillon dans le centre de la colonne, qui se mit à fuir. Les autres se serrèrent et le laissèrent filer. Un seul chasseur à cheval du 6ᵉ régiment, que j'envoyai au pont où j'avais commencé l'attaque, l'arrêta et se rallia. C'était certainement la faute des officiers qui donnaient l'exemple. Je pris encore une pièce de 8 attelée de ses 4 chevaux, le caisson de même. J'avais peine souvent à passer, à cause de la quantité des morts et des Anglais qui se jetaient à genoux devant mon cheval et me demandaient grâce.

Je dirigeai la seconde colonne par un chemin qui prend à droite, lorsque l'on quitte le canal. Je lui donnai du canon en tête. On n'entendit que les cris de : Vive la République ! En avant ! A la charge !

3ᵉ bataillon belge (Mémoires du général baron Lahure)

Deux fois nos divisions sont repoussées et l'une d'elles recule en désordre.

A ce moment, le général Leclaire, ayant quitté Bergues, nous fait déboucher sur le champ de bataille.

J'étais en train de traverser un marais, pour tourner un poste ennemi, lorsque j'aperçus le mouvement rétrograde qui prenait l'allure d'une panique. La division entière se sauvait, croyant l'armée repoussées.

Je cours aux fuyards, je leur montre mon bataillon qui marche en avant et leur crie qu'il formera l'avant-garde s'ils veulent le suivre.

Ils reprennent courage, reviennnent à la charge, et, du même élan, nous pénétrons dans Hondschoote.

La ligne des Anglais est rompue ; ceux qui résistent encore sont massacrés dans les retranchements ; on en tue un grand nombre.

5ᵉ *bataillon de la Somme* (Général Berthelmy)

Le 5ᵉ de la Somme avait perdu son drapeau et ses canons dans une surprise de l'ennemi ; il a réparé ses torts à l'affaire d'Hondschoote, et racheté, par son courage, la faute qu'on avait à lui reprocher.

Un soldat de ce bataillon, Modeste Digeon, vint porter à la Convention 2 drapeaux que ses camarades avaient pris.

5ᵉ *régiment de chasseurs à cheval* (Historique)

Le maréchal-des-logis Riston franchit le premier un pont à moitié rompu sous le feu de l'ennemi et s'empare de plusieurs canons. Il est blessé d'un coup de sabre en accomplissant cette action d'éclat.

2ᵉ PHASE : Enlèvement de la Ville

Le général Houchard dit simplement :

A 3 heures 1/2, les troupes étaient à Hondschoote.

Levasseur dit :

On se battit avec acharnement jusqu'au milieu du bourg ; plusieurs boulets traversèrent l'église.

On se battit au milieu des jardins du château qui furent dévastés. Quelques boulets traversèrent et endommagèrent la

LES TROIS JOURNÉES D'HONDSCHOOTE 521

toiture. On trouva plusieurs soldats et, entre autres des Kaiserliques, noyés dans la pièce d'eau.

Récit de Gay Vernon :

Le combat recommença dans la ville. Les régiments hanovriens qui fermaient la retraite, s'y étaient retranchés ; ils s'opiniâtrèrent à défendre sur la place du marché, un grand corps de garde et les maisons environnantes ; là, nous éprouvâmes une vigoureuse résistance qui arrêta court la poursuite de Leclaire ; il fallut soutenir un combat à l'arme blanche, et ce ne fut qu'à 3 heures du soir qu'enfin l'armée de Walmoden fut entièrement chassée de la position d'Hondschoote.

Récit du général Leclaire

Arrivé près de la barrière, le feu de l'ennemi redoubla de vivacité et force coups à mitraille ; je fis abattre cette barrière à coups de canon ; alors ma tête de colonne fut un peu intimidée, voyant la cavalerie anglaise en bataille sur la place et prête à s'ébranler. Je n'avais que 25 (ou 15) chasseurs du 5e régiment avec moi en ce moment, ce qui jusque-là m'avait furieusement gêné sur le canal. Je dis à l'officier qui les commandait et qui heureusement avait un trompette avec lui : « Faites sonner la charge, tombez au galop sur cette cavalerie, le chemin est étroit, ils croiront avoir affaire à un gros corps de cavalerie. » Aussitôt dit, aussitôt fait : aux cris de : « Vive la République ! » ils débouchèrent. La cavalerie ennemie ne les attendit pas, elle se mit en déroute, se culbutant les uns sur les autres ; je déployai avec promptitude sur la place et fis entourer un corps de 311 hanovriens en bataille avec un drapeau : les désarmer, les mettre en marche par un à droite, tout cela fut l'ouvrage d'un moment. Je les envoyai tout de suite à Bergues, escortés par quelques gendarmes.

Les 120 chasseurs du 5e régiment à cheval, commandés par le capitaine Dessault, se sont conduits comme des héros : 15 de ces chasseurs, avec un trompette sonnant la charge, n'ont point hésité à tomber sur la cavalerie anglaise et la font fuir.

Outre le citoyen Lemaire, le cadet et l'adjoint Warenghien qui accompagnaient le détachement, l'adjudant général Bailleul et mon aide de camp, Lautour, ont contribué beaucoup par leurs soins, leur activité, à soutenir l'attaque avec la seconde colonne qui est arrivée à toutes jambes, à plus de trois quarts de lieue, pour foncer sur l'ennemi en même temps que la première colonne.

Le citoyen Dupont, capitaine du 1er Calvados, a par son enthousiasme et sa valeur contribué à la prise d'une pièce de canon attelée de ses 4 chevaux.

J'ai les plus grandes obligations au commissaire des guerres Vilain, on ne peut réunir plus de talent, d'activité et de bravoure.

Le citoyen Bonnet du 1er bataillon de l'Orne, a été blessé grièvement en suivant avec son bataillon les gendarmes, son chef de bataillon ayant été blessé avant lui.

Récit du général Lahure

Leclaire nous ordonna aussitôt de poursuivre notre succès en chassant l'arrière-garde qui tenait dans les maisons.

La besogne fut rude : on se battit corps à corps pour déloger les derniers défenseurs luttant pied à pied afin de protéger la retraite.

Nous ne fûmes complètement maîtres de Hondschoote que vers le soir. Cette bataille fut gagnée par la valeur des soldats plutôt que par les dispositions du commandement.

Chaque chef opéra suivant sa propre initiative, procédant aux attaques par des masses de tirailleurs, si bien qu'à la fin du combat tous les bataillons se mélangèrent.

La division Vandamme s'était réunie à la nôtre quand nous entrâmes pêle-mêle dans Hondschoote.

Le général Leclaire conclut :

Si les braves républicains peuvent parvenir à extirper de leur sein quelques soldats qui déshonorent nos armées par le plus affreux brigandage, je suis certain que rien ne résistera aux armes de la République. C'est aux braves soldats à dénoncer sur-le-champ et à arrêter les monstres qui exercent sur leurs compatriotes des vexations dont l'ennemi même rougirait. Et, dois-je l'avouer, à la honte de l'armée ? c'est que des officiers voient ces horreurs de sang-froid et n'emploient pas la sévérité de la loi pour réprimer ces désordres.

B. — *ALLIÉS*.

La colonne Leclaire fut annoncée et retardée par la cavalerie hanovrienne.

Le lieutenant Wedemeyer, du 4e régiment de cavalerie hanovrienne, qui, avec 40 hommes, avait été détaché à droite contre un détachement de cavalerie française, s'était heurté à un détachement d'infanterie, l'avait chargé, en avait sabré un bon nombre et avait pris 2 pièces.

Craignant en même temps pour son aile gauche où la cavalerie du général Colaud se montrait menaçante, le général Walmoden ordonne la retraite.

D'après la tradition, il y eut un combat de cavalerie entre l'Etoile et Clachoire.

Les anciennes portes de la ville furent vaillamment défendues (voir la réserve faite à ce sujet dans la Reconnaissance).

Vers midi, le général Walmoden ordonna de commencer la retraite, au moment même où la colonne du général Leclaire pressait vivement le flanc droit et où les Français paraissaient prendre des dispositions pour tourner l'aile gauche à Leyseele, ce qui menaçait la ligne de retraite sur Furnes, et exposait tout le Corps, si on tardait, à être jeté dans la Grande Moëre.

L'armée commença donc la retraite en 2 colonnes. Pour assurer la sortie et permettre de gagner la route de Furnes, on commence par occuper fortement les portes de la ville du côté de l'attaque.

Le IIe bataillon du régiment Erbprinz reçut l'ordre de défendre Hondschoote et le débouché de la chaussée de Killem jusqu'au moment où l'aile droite aurait dépassé Hondschoote.

Bien que la brigade de Vandamme, soutenue par des batteries placées à droite et à gauche, réussit enfin à forcer la chaussée de Killem, le bataillon en question n'en tint pas moins Hondschoote, jusqu'à ce que l'armée eût gagné les routes de Furnes par Bulscamp et Hoogstaede, et suivit alors l'arrière-garde, mais subit, ce faisant, des pertes extraordinaires, en franchissant un passage dans le prolongement de la chaussée de Killem, qui était enfilé par un tir à mitraille des plus meurtriers.

Le Ier bataillon du régiment Erbprinz, s'était retiré un peu avant le IIe bataillon, à travers Hondschoote.

L'arrière-garde du Ier bataillon, sous les ordres du capitaine Rothe, s'étant attardée, trouva la localité occupée par les Français, pourtant elle réussit à percer, bien qu'avec pertes, et à rejoindre le IIe bataillon.

Tous les grands blessés du Ier bataillon (1 officier et 24 hommes) étaient tombés entre les mains des Français.

Le capitaine von Losecke, du 6e régiment d'infanterie, est détaché avec 2 compagnies et 1 pièce à la porte conduisant au canal et arrêta l'irruption des Français, lorsque ceux-ci tirèrent violemment à mitraille.

Malgré les mesures prises, l'évacuation d'Hondschoote ne s'opéra pas sans qu'il y eut beaucoup de prisonniers.

Le Ier bataillon du 5e d'infanterie notamment, fut en grande partie coupé dans la rue d'Hondschoote et pris.

De même, une compagnie du III⁰ bataillon de grenadiers fut coupée et eut beaucoup de prisonniers.

Souvenirs de M. Vandenberghe :

Mon arrière grand'mère prise de peur pendant qu'on se battait sur la place d'Hondschoote, s'était réfugiée dans le poulailler ; peu après, on enfonça la porte de la boulangerie et une quantité de soldats se précipitèrent dans la maison et s'enfuirent par le jardin qui donne sur la campagne vers la Belgique, la rue de Furnes et la rue des Pénitentes étant insuffisantes aux fuyards. C'est alors que ma grand'mère, voyant tout ce monde se sauver, sortit du poulailler, s'adressa à un soldat et lui demanda ce qui arrivait ; ce soldat lui répondit textuellement :

« *Ach Moeder, het zyn zoo veel Francozen als gazen op de Aerde* ».

§ VIII. — Achèvement (de 2 heures à la nuit)

A. — *FRANÇAIS*

1° Remise en ordre

a - Je fis tout mon possible pour rallier les bataillons en avant d'Hondschoote (Rapport du général Houchard).

b - Nos troupes étaient presque désorganisées par une bataille qu'elles avaient livrée et soutenue en tirailleurs.

On perdit plus de deux heures à débrouiller leur pêle-mêle.

Les commissaires de la Convention s'occupèrent, de concert avec le chef d'état-major Berthelmy, à presser la recomposition des bataillons (Récit de Gay Vernon).

c - Je me rendis des premiers dans le bourg pour m'opposer autant qu'il serait en mon pouvoir, au désordre qui accompagne ordinairement l'entrée d'une armée dans une ville prise d'assaut (Récit de Levasseur).

Récit du général Leclaire

Je trouvai le général Houchard qui arrivait ; il courut à moi, m'embrassa en me disant que je l'avais tiré d'un grand embarras. Je lui répondis qu'il fallait, sur le champ, mettre de l'ordre dans les colonnes, car tout se trouvait pêle-mêle. Je crois qu'il n'en tînt pas compte ou qu'il ne m'entendît point. Je le dis au représentant Levasseur, mais on ne put guère en venir à bout. Tous les volontaires me demandaient leurs bataillons ; j'en formai des pelotons au fur et à mesure. C'est bien dans ce moment que je sentis la nécessité de la diversité des uniformes.

Je crus et je m'attendais qu'on allait poursuivre l'ennemi, mais il n'en fut point question ; j'attendais patiemment rassemblant le plus tôt possible mes troupes qui n'en pouvaient plus de faim et de fatigue, lorsque je reçus l'ordre de les établir à l'entour du village. Les prisonniers et les blessés ont été traités avec le plus d'humanité possible.

Récit du général Lahure

Après la cessation du feu, les soldats rallièrent leurs corps, mais ils étaient tellement dispersés que toute la soirée se passa en allées et venues, pour se reformer.

Le général Houchard donna des éloges publics à mon bataillon et lui fit distribuer les sabres des prisonniers.

Nous eûmes encore d'autres trophées, moins honorables à coup sûr, mais dont mes soldats apprécièrent l'utilité. Je m'étais emparé des équipages d'une colonne anglaise qui se retirait de Wormhout. Ils contenaient, entre autres effets d'habillement, des culottes. Elles furent les bienvenues pour mes hommes dans l'état de délabrement où ils se trouvaient.

2° Arrivée du général d'Hédouville avec la brigade X

On ne sait vraiment pas grand'chose sur l'aventure de cette brigade.

Le général Leclaire dit :

J'étais convenu avec le général Hédouville qu'il attaquerait Hondschoote par la grande route de Rexpoëde.

Gay Vernon dit :

Sur ces entrefaites, arriva la division d'Hédouville. Ce général, auquel Houchard témoigne quelque mécontentement, avait marché près de la moitié de la journée sur le chemin de Bergues, sans rencontrer d'ennemis, et s'était enfin décidé, mais un peu tard, à se rabattre du côté où, depuis le matin, il entendait une vive canonnade.

3° Poursuite

Le général Houchard hésite ; on le presse de piquer droit sur Ghyvelde par les Moëres, mais il a peu de confiance dans ses jeunes troupes, et comme il est l'homme des demi-mesures, il envoie le commandant Vandamme faire en petit avec 1 bataillon et 2 escadrons, ce qu'on lui demandait de faire en grand.

Dans les griefs produits contre le général Houchard, on confond toujours trois choses : la poursuite directe; le mouvement possible à travers la grande Moëre, et l'inaction du 9.

La 1re ne pouvait pas donner grand'chose. Elle fut esquissée par d'Hédouville, dont les troupes, bien que n'ayant fait que se promener, étaient éreintées, et fut arrêtée dès Houthem.

Par contre, c'est à juste titre qu'on a reproché au général en chef (et tout son entourage le lui répéta vingt mille fois pour une) de n'avoir pas soutenu le mouvement de Vandamme.

En effet, celui-ci aurait pu avoir des résultats plus considérables sur l'arrière-garde du corps de siège, et se rabattre sur le gros de la colonne en retraite.

On peut toutefois se demander ce qu'il aurait fait la nuit.

Quant à l'inaction du 9 septembre, dans les deux directions, elle ne se justifie que par des considérations de remise en ordre. — Qu'est-ce que vous avez donc fait hier toute la journée ? dit un officier de Dunkerque à Levasseur, le 10.

Enfin, on oublie trop que la première idée du général Houchard avait bien été de faire sa principale attaque sur Leyseele. C'était la bonne, la seule qui aurait donné des résultats décisifs, quoiqu'on puisse observer que, ce faisant, on n'aurait certainement pas *usé* l'ennemi aussi complètement que dans ce long combat de préparation d'Hondschoote, et qu'il aurait peut-être fallu livrer une deuxième bataille, de front, aux corps d'observation et de siège réunis.

Quoi qu'il en soit, il aurait fallu, dans ce cas, *pousser* le premier mouvement du général Colaud et ne pas *détacher* le général d'Hédouville.

Il n'est pas jusqu'au mouvement du général Landrin où il n'y eût une idée (il en est souvent ainsi des plus mauvaises choses) : s'il avait pu ou voulu arriver à Dunkerque *avant* 3 heures du soir, déboucher aussitôt, la retraite du duc d'York aurait été compromise.

Mais le général Landrin n'était pas l'homme de la situation. Au lieu de *brûler* la route de Wormhout à Dunkerque, il traîna, et entra dans Dunkerque à 5 heures du soir, alors qu'il ne pouvait plus être d'une utilité immédiate.

Le général Leclaire dit excellemment, à son sujet :

Le général Landrin m'envoya son adjudant général, le citoyen Durutte, pour se concerter avec moi sur les dispositions à faire. Mon avis était qu'il se joignit à moi, conformément à l'ordre qu'il devait en avoir, pour attaquer Hondschoote sur la gauche ; il ne fut pas apparemment de la même opinion, car il marcha sur Dunkerque où il n'y avait pas besoin de renfort.

Récit de Levasseur

Après un long espace de temps, je trouvai le général Houchard, seul près de la redoute qui était à l'entrée de la ville. Nous voilà pourtant maîtres d'Hondschoote, me dit-il. — Il y a une demi heure que j'y suis, général, mais notre journée n'est pas finie, il faut aller nous placer sur la chaussée de Furnes, nous prendrons 40.000 Anglais et le duc d'York. — Après une bataille aussi sanglante, comment voulez-vous rassembler l'armée ? — Un coup de tambour et chacun sera près de son drapeau, je m'en charge. — Les chemins sont mauvais, on ne peut y conduire de l'artillerie. — S'ils sont mauvais pour nous, ils le sont aussi pour les Anglais, et nous les aurons plutôt joints.

Vous n'êtes pas militaire, représentant ! Comment puis-je, avec 15.000 hommes en arrêter 40.000 ?

Quand vous auriez 50.000 hommes, vous ne pourriez pas vous en servir, c'est l'affaire du canon ; nous placerons 6 pièces par échelons sur la chaussée près de laquelle nous établirons quelques batteries pour la foudroyer en flanc ; avec notre artillerie, nous remplacerons nos pièces démontées ; il faut envoyer un officier dire au commandant de la place de faire une sortie vigoureuse au moment où il saura que nous sommes aux prises avec l'ennemi.

Représentant, on ne fait pas ainsi la guerre.

Je gardai le silence, je n'étais pas militaire.

....

A 5 heures, j'entrai chez le général Houchard ; il était avec tout son état-major et beaucoup d'officiers. Je m'écriai en entrant : Les Français savent vaincre, mais ils ne savent pas profiter de la victoire. Nous étions maîtres du duc d'York et de son armée, ajoutai-je en élevant la voix, mais j'espère que, demain de grand matin, nous serons où nous devrions être ce soir : malheur à ceux qui ne feront pas leur devoir !

Le chef de l'état-major me dit que l'on allait faire partir un courrier pour annoncer au Ministre la victoire que nous venions de remporter et que, si je voulais écrire au Comité de Salut Public, le même courrier porterait ma lettre. Je ferai partir demain un autre courrier, lui répondis-je, et j'espère donner au Comité de Salut Public de plus grandes nouvelles. Le duc d'York ne m'entendit pas, mais il se trouva sans doute un témoin officieux qui lui rendit compte de mon projet, car, à 10 heures, il leva son camp, se sauva du côté de Furnes, laissant toute son artillerie de siège, ses fourgons, ses caissons, etc.

Le lendemain de grand matin je vins trouver le général Houchard, il était encore au lit : Eh bien ! partons-nous ? lui dis-je, nos gens sont sans doute déjà bien en avant ? Hier, me répondit-il, nous avons coupé 8.000 hommes de l'armée anglaise, je ne puis me porter sur la chaussée de Furnes, laissant sur mes derrières des forces aussi considérables. J'ai envoyé des ordres à différents corps, j'espère cerner et prendre ces 8.000 hommes.

Que dire ? que faire ? je n'avais aucun rapport particulier. Il fallait bien croire le général, et la journée se passa sans que je pusse être informé exactement de ce que l'on faisait de part et d'autre.

Rapport du général en chef

Je me portai aussitôt en avant de la ville, avec quelques bataillons et 4 pièces de canon ; j'envoyai un bataillon avec les hussards du 2ᵉ, à la poursuite des ennemis, ils le poursuivirent jusqu'au delà du village de Houthem.

Il dit par ailleurs :

L'avant-garde du général Colaud poursuivit l'ennemi et le harcela jusqu'à Houthem.

L'avant-garde du général Hédouville qui arrivait à Hondschoote, défila par Hondschoote et fut portée à Houthem, du côté de Furnes.

Il était 5 heures du soir : les troupes extrèmement fatiguées du long combat, avaient besoin de repos pour pouvoir manger. J'aurais bien désiré pouvoir me porter entre Furnes et la grande Moëre, je n'y serais arrivé que de nuit, et la triste expérience que j'avais faite de la nuit de Rexpoëde me détermina à rester dans la position de Hondschoote, et de marcher le matin à 2 heures avant le jour pour prendre cette position.

Une autre considération majeure, c'est que le général Dumesny ne put prendre la ville d'Ypres ; il me manda que les ennemis étaient plus nombreux que lui et qu'il avait été forcé à la retraite sur Bailleul.

Si je me fusse porté sur Furnes, je risquais de me faire prendre à revers par les ennemis d'Ypres.

L'armée des Anglais était le double plus forte que la nôtre.

Lettre du général Berthelmy, du 3 Octobre

J'étais d'avis qu'on suivît les ennemis à Furnes, et peut-être c'est un bien que je n'aie pas été écouté.

La nuit approchait et l'affaire de Rexpoëde nous avait appris deux jours avant que les combats de nuit ne nous convenaient pas. Le courage pendant une nuit obscure fait moins de victoires que le silence, et autant nous sommes violents dans l'attaque de jour, autant nous sommes peu silencieux et serrés dans nos rangs lorsque nous marchons de nuit.

Récit de Gay Vernon

On mit aussitôt la division d'Hédouville et les troupes légères de la droite à la poursuite de Walmoden, qui se retirait sur Furnes par Houthem et le long de la grande Moëre. Pendant ce temps, Houchard alla reconnaître les bords de la grande Moëre. Nous y découvrîmes le débouché de la ligne de correspondance ennemie. Le général en chef reçut quelques rapports de l'autre rive, et jugea avec raison que le duc d'York devait être en pleine retraite. Cette supposition s'accordait avec les nouvelles qui arrivaient de l'avant-garde.

D'Hédouville mandait qu'il s'était arrêté à Houthem ; que, devant lui, Walmoden prenait position à Bulscamps, et s'y renforçait de manière à prouver que la principale armée anglaise approchait et défilait sur Furnes. On proposa alors à Houchard de faire passer sur la rive maritime de la grande Moëre, par le gué qu'avaient suivi les Hanovriens, un corps de 4.000 hommes de cavalerie et de chasseurs à pied, et de confier cette opération à Vandamme qui connaissait bien le pays.

Mais, dans les circonstances importantes, il fallait, pour que Houchard se décidât à donner un ordre, que la présence des commissaires de la Convention autorisât, soutînt ou excitât ses résolutions......

Houchard n'eut pas la force de s'arracher à ses habitudes de tâtonnement ; il courut aux renseignements, questionna les habitants : les uns dirent que la traversée était facile ; les autres que la grande Moëre avait tellement enflé, depuis deux jours, que le passage serait presque impossible à tenir. Houchard craignit de se compromettre et de compromettre sa cavalerie ; néanmoins, comme il adoptait assez aisément les demi moyens, il donna ordre à Vandamme de passer la Moëre avec 60 cuirassiers *(sic)* et d'aller reconnaître et inquiéter les mouvements du duc d'York.

Variante de Gay Vernon

Le général fut, aux abords de la nuit, reconnaître les bords de la Moëre ; il jugea, avec raison, que le duc d'York devait être en pleine retraite, et qu'il était impossible de contrarier son mouvement, puisqu'il n'avait qu'une ligne très courte à parcourir.

Le général de l'avant-garde établie à Houthem confirmait cette opinion par ses rapports et la manière dont l'ennemi se renforçait devant lui.

Nous découvrîmes le débouché de la ligne de communication de l'ennemi au travers de la Moëre ; nous proposâmes au général d'envoyer toute la cavalerie avec de l'infanterie en croupe pour tomber pendant la nuit sur le flanc gauche de l'armée ennemie et de confier cette brillante opération au colonel Vandamme qui connaissait le pays. Mais le général ne jugea pas prudent de compromettre le peu de cavalerie qu'il avait ; il consentit seulement à ce que le colonel Vandamme traversait la Moëre avec 60 cuirassiers pour reconnaître les mouvements des ennemis et les inquiéter.

4° Faits de la Poursuite

Brigade X (Général d'Hédouville)

Le 4ᵉ hussards fait, à l'ennemi battu, une poursuite acharnée *(sic)* pendant laquelle le fourrier Azotte tue, de sa main, un général Anglais *(sic)*. (Historique).

Le 9ᵉ bataillon d'infanterie légère prit part à la poursuite qui ne fut pas poussée plus loin que Houthem (Historique).

Division Jourdan

Le sous-lieutenant Duru, du 2ᵉ des Vosges, passe le village et poursuit l'ennemi à une lieue de là, où il lui prend encore un caisson de cartouches. Le caporal François Marathon, du 36ᵉ, attaque seul 12 hanovriens escortant un caisson, en tue 3, met les autres en fuite, prend le caisson et 3 chevaux.

Brigade Vandamme

A minuit, Vandamme déboucha près de Ghyvelde et se réunit à Hoche. Ensemble, ils attaquèrent l'arrière-garde anglaise et s'emparèrent d'une grande quantité de bagages.

Variante de Gay Vernon

Cet officier traversa la Moëre, déboucha dans la plaine et rencontra les bagages de l'armée anglaise : soutenu par des détachements de la garnison de Dunkerque, il fondit sur l'escorte et prit la plus grande partie des bagages.

Récit de Vandamme

Je marchai à leur poursuite avec 3 régiments de cavalerie, traversant les Moëres, et, ayant débusqué vers Adinkerque, une grande partie de leurs bagages fut enlevée et 100 hommes à peu près furent pris.

2ᵉ hussards (Historique)

Le 2ᵉ hussards prit quantité d'équipages, plusieurs canons, 2 drapeaux et 400 prisonniers (*sic*) dans la poursuite vive (*sic*) et fructueuse qui suivit la victoire.

Il est probable que ce fait d'armes n'en forme qu'un avec le suivant, qui lui-même fait peut-être double emploi avec un autre :

Quantité d'équipages, plusieurs canons, 5 caissons dont plusieurs chargés de munitions, furent enlevés par le sous-lieutenant Schonbrenner et 2 de ses hommes, à la portes de Bergues.

5° Service de santé

D'après la tradition, une ambulance se trouvait à la boulangerie du Tilleul « Bakkerie Vanden Lynde Boom » appartenant à M. Monstreul, situé au fond de la place d'Hondschoote, à l'entrée de la rue des Pénitentes.

Voici un épisode qui dépeint les mœurs du temps :

Un officier français grièvement blessé fut porté à l'ambulance par des soldats qui, au lieu de lui donner des soins commencèrent par prendre son argent, sa montre et tout ce qu'il possédait et se le partagèrent ; on lui donna des soins après ; il mourut dans le lit même du boulanger où on l'avait déposé.

Le général Leclaire dit, à propos de son attaque du 6 :

Je dois les plus grands éloges aux chirurgiens de l'ambulance et aux chirurgiens majors des différents bataillons je les ai toujours vu au milieu du danger, soignant et transportant les blessés.

Levasseur dit, à la suite de l'assaut du 8 :

Je sortis avec le maire d'Hondschoote pour m'occuper des blessés des deux partis. Je me concertai avec lui et avec les officiers de santé. Un grand nombre de ces blessés furent portés chez les habitants de la ville qui les reçurent et les traitèrent avec humanité, aussi bien les anglais que les français, car j'avais donné ordre qu'on eut soin des ennemis et qu'on les traitât comme les nôtres.

L'exposé de la conduite révolutionnaire du citoyen Schadet confirme le récit de Levasseur :

> Toujours opprimés, poursuivis et vexés de toute manière, continuellement inquiétés et contraints sous ce joug despotique, nous arrivâmes peu à peu à notre délivrance tant désirée; nos braves républicains commencèrent déja au loin d'attaquer et de poursuivre ces hordes d'esclaves ennemis ; jour et nuit des voitures passèrent à Hontschoote chargées de leurs blessés, alors les chevaux et voitures de cultivateurs et autres de la commune furent pris et enlevés pour la conduite de leurs blessés dans la Belgique. Nos fiers républicains commencèrent l'attaque d'Hontschoote, alors, les ci-devant prêtres fanatiques, et ceux de la commune qui avec l'ennemi avoient levé leur tête hydeuse pour nous vexer à cause de notre patriotisme et attachement à la République, prirent la fuite : à mesure que les soldats français avancèrent les soldats ennemis dont la petite ville regorgeoit firent un pillage affreux partout et arachèrent plusieurs des meilleurs patriotes de chez eux pour les traîner dans la Belgique ; instruit de ce nouveau désastre, je me suis caché dans un trou chez moi, difficile à trouver, recommandant à tous ceux de la maison de dire que j'étois sorti ; à chaque instant l'on venoit pour m'enlever. Les ennemis ne crurent point aux dires de ma femme, de ma fille et autres, ils entrèrent par bandes chez moi, firent des recherches ; enfin, forcés de reculer à mesure que les français avançoient, ils n'osèrent rester longtemps chez moi, et je fus ainsi préservé de la déportation ou l'enlèvement dont plusieurs de mes concitoyens ont été la malheureuse victime.
>
> Nos braves défenseurs, à qui rien ne résiste, terminèrent nos maux en mettant en fuite la horde ennemie ; sur cette heureuse nouvelle, je reparus tandis qu'on se battoit encore

dans la rue que j'habitois et dans cet instant je fus témoin d'un trait de bravoure : un gendarme à pied tue à coup de fusil devant ma porte un soldat hanovrien, coure à un second, lui fend la tête à coup de sabre ; recharge son arme et reçoit lui-même une balle qui lui traverse le bras droit, il tombe, je cours le rammasser dans la rue, je le porte dans ma maison, d'autres républicains blessés surviennent, je les invite d'entrer chez moi, je fais chercher bien vite un chirurgien de l'endroit pour faire les pansements aux blessés, je leur fais donner de mes chemises et pendant que ma femme et ma fille donnoient des secours à nos frères blessés, je me rendis sur la place au devant de la maison commune pour inviter tous mes concitoyens à procurer à nos intrépides soldats, nos délibérateurs, toutes choses nécessaires et convenables. Voiez l'attestation du chirurgien.

La victoire remportée par nos frères d'armes, notre liberté rendue, l'heureuse circonstance de nous trouver ensemble, tout ranimoit mon zèle et celui de mes alors collègues pour faire fournir et délivrer aux troupes républicaines ce dont elles avoient besoin ; j'en étois occupé jour et nuit sans pouvoir satisfaire à tout par la raison que les hordes d'esclaves avaient tout pris, volé et pillé, tellement qu'il ne restait aux habitans ni pain, ni farine, ni boisson nulle part ; une disette de cette nature jointe à la grande quantité de troupes que le général d'alors, le traître d'Houchard, tenait à Hontschoote, occasionnèrent à la municipalité une besogne extraordinaire et continuelle. La maison commune, aussi vaste et spacieuse qu'elle est, se trouvoit alors encore remplie de soldats ennemis blessés qui n'avoient pu être emmenés, faute de voiture, ce qui nous empêchoit d'y tenir nos séances ; journellement il falloit avoir recours à Bergues pour fournir le pain aux habitans.

. . . .

Schadet.

Une grande partie des blessés fut transportée à Saint-Omer, dans les églises de Saint-Bertin et de Saint-Denis et au collège anglais (le nombre total aurait été de 1200).

Délibération du Conseil Général du district de Bergues du 19 Septembre

Plusieurs bateliers chargés de conduire des blessés à Saint-Omer par ordre du général, demandent au district de Bergues, paiement de leurs salaires qu'ils évaluent à 1.560 fr. à raison de 120 fr. par batteau au nombre de 13. La demande mise en délibération, il a été arrêté de leur accorder 1300 fr. pour le tout, mandat leur a en conséquence été délivré.

Je n'ai rien trouvé, pour l'hospitalisation à Saint-Omer, en ce qui concerne l'église Saint-Bertin.

Le collège anglais, devenu Hôpital Militaire, porte, entre autres prescriptions au-dessus de la porte d'entrée, la suivante :

Hôpital Militaire après la bataille d'Hondschoote, 1793.

Enfin, M. Hermant m'a envoyé les deux pièces ci-après relatives à l'église Saint-Denis et à l'intervention des particuliers :

Extrait du Registre des délibérations du Conseil Général de Saint-Omer

L'an 1793 second de la République Française et indivisible le 10 septembre avant midi le Conseil Général de la commune de Saint-Omer en France, en séance permanente et publique a fait lecture d'une réquisition du Directoire du district motivée par celle du citoyen Aucas, directeur de l'Hôpital de Saint-Denis, tendant à nommer quatre commissaires dans la commune qui se transporteraient sur-le-champ à l'Hôpital établi pendant la nuit dans l'église Saint-Denis et qui se concerteraient avec le directeur d'icelui pour lui fournir les différents objets que nécessitaient les circonstances et qui pourraient apporter quelques soulagements aux malades. A l'instant le Conseil a nommé pour commissaires à l'effet susdit les citoyens Marigna et Delespine, officiers municipaux, et Leroy père et François, notables, qui s'y transporteront sur-le-champ.

(Suivent les signatures des membres du Conseil).

L'an 1793 second de la République Française une et indivisible le 10 septembre après-midi, le Conseil Général de la commune de Saint-Omer, en séance permanente et publique, un membre ayant fait rapport qu'il s'était commis cette nuit et ce matin plusieurs vexations à l'égard des citoyens, que des femmes sous le prétexte officieux de soulager les blessés s'étaient transportées chez différents citoyens, leur avaient même fait violence pour avoir du vin, du linge et autres objets semblables dont elles avaient abusé, le Conseil Général de la commune voulant mettre fin à de pareilles vexations et porter à nos frères d'armes blessés les secours prompts et efficaces, a délibéré qu'il serait fait de suite une proclamation par laquelle on inviterait tous les citoyens de cette ville à faire de la charpie et à procurer des linges, pots, assiettes, et autres objets qui sur le rapport du chef des hôpitaux étaient des plus urgents, que les dits objets seraient déposés à la maison commune, qu'ils seraient reçus par les citoyens Butay, Bailly, Masse et Defrance et que la dite proclamation serait à l'instant publiée et de suite imprimée et affichée au nombre de cent exemplaires.

. . . .

(Suivent les signatures).

6° Actions d'éclat

1ᵉʳ bataillon du 36ᵉ

Le capitaine Darnaud, chargé du commandement du 1ᵉʳ bataillon, s'empare d'une redoute armée de 7 pièces de canon et y fait prisonniers 500 Hanovriens *(sic)*.

Le nommé Georges, grenadier au 36ᵉ, ayant eu un bras emporté d'un boulet de canon, suivait les rangs, et, d'une voix de tonnerre, chantait la Carmagnole et, d'un ton plus ferme encore, criait : Vive la République ! Il offrait son autre bras à la Patrie.

François Marathon, caporal de la 3ᵉ compagnie du 36ᵉ régiment d'infanterie, a attaqué lui seul, à l'affaire de Hondscotte, 12 hommes qui conduisaient un caisson ; il en a tué plusieurs, chassé les autres, pris le caisson et 3 chevaux. Les représentants du peuple lui ayant demandé quelle récompense il désirait, il a répondu qu'il ne voulait qu'un poste d'honneur.

1ᵉʳ bataillon du 49ᵉ

Les grenadiers Martin et Villemain précédant leurs camarades à l'assaut d'une redoute armée de 4 pièces tirant à mitraille, payèrent de leur vie leur intrépidité ; le grenadier Fridelance, percé de trois blessures et pressé par ses chefs de se retirer, répondit fièrement : Me retirer, jamais, je me battrai tant qu'il me restera un souffle de vie. Achevé par un nouveau coup, il avait tenu parole.

2ᵉ bataillon du 67ᵉ — Compagnie d'Huc

Le citoyen Julien Chaussat, natif de Clermont-Ferrant, département du Puy-de-Dome, ayant été fait prisonnier le 6 soir à Marnchoust par deux Hanovriens, ces derniers le fouillèrent et, pendant ce temps, il aperçut un officier supérieur ou ayde de camp qui étoit aux prises avec un autre ennemy. Il se débarrassa aussitôt des deux Hanovriens et tomba sur l'ennemy qui étoit aux prises avec l'officier le tua, dégagea et sauva conséquemment cet officier supérieur ou ayde de camp qui le remercia en se retirant, et lui promit de l'obliger à son tour si l'occasion se présentoit.

Le même soir et à la même affaire à Rexpoëde, les citoyens Favié, natif de Bourg, département de l'Ain, Etienne Richard, natif de Saintes, département de la Charente Inférieure, et le citoyen Laurent Lyons, apointé natif de Digne, département du Var, furent, en deux fois différentes et courageusement au milieu du feu le plus vif, relever et retirer le citoyen Demars, leur général de brigade qui avoit été renversé et étoit tombé avec son cheval dans des fossés remplis d'eau et de boue et qui, sans ce secours, périssoit ou étoit au moins exposé d'être fait prisonnier.

Certifié le présent état par nous, Capitaine, commandant le 2ᵉ Bataillon du 67ᵉ régiment d'infanterie.

A Hondscotte, le 10 septembre, l'an 2ᵉ de la République françoise.

Dutour.

Pour copie conforme, le Général de Brigade,

D...

2ᵉ bataillon des Vosges

Jean-Baptiste Duru, sous-lieutenant de la 3ᵉ compagnie, commandant une trentaine de tirailleurs, le 8 septembre dernier, a emporté d'assaut avec ses braves compagnons d'armes, la redoute près du moulin à vent ; et, sans s'arrêter à cette belle action, il entre de suite dans le village. Sa troupe se trouvant alors renforcée de quelques autres soldats tirailleurs, ils s'emparent de trois pièces de canon avec trois chevaux et font une quinzaine de prisonniers ; ils passent le village et poursuivent l'ennemi à une lieue de là, où il lui ont encore pris un caisson de cartouches.

Ledit officier est né à Plombières, district de Remiremont, département des Vosges.

Les témoins de cette action sont : les citoyens Derayac, sergent au 67e, Duboc, id., Etienne, du 2e des Vosges, Plombières, id., Fremiot, id., Astoin, id., Didier, id., Thomas, id., Baptiste Thomas, id.

Joseph Drapier, fusilier de la 4e compagnie, natif d'Aigles, district de Mirecourt, département des Vosges, après avoir reçu à l'estomach un boulet qui lui a causé la plus forte contusion, n'écoutant que son courage sans s'arrêter à la douleur qu'il éprouvoit, retourna promptement à son poste, malgré les représentations de ses supérieurs, qui l'engageoient à se retirer pour se faire donner les secours dont il pouvoit avoir besoin.

Au bivouac de Hondschoote, le 10 septembre 1793, l'an 2e de la République françoise, une et indivisible.

Je soussigné, certifie avoir copié ledit état comme il m'a été présenté par les officiers du Bataillon dont j'ai l'honneur d'être le chef.

ALBA.

2e bataillon de la Corrèze

Un nommé Soulier, du canton de Messac, département de la Corrèze, volontaire arrivé à l'armée depuis 2 mois, ayant aperçu un drapeau ennemi, gardé encore par une douzaine de soldats, s'est précipité dessus et a rapporté le drapeau.

9e bataillon de la Seine-Inférieure

Le bataillon prit part à l'action ; son chef, le commandant Ruffin, est nominativement désigné dans le récit de Levasseur.

Gendarmerie Nationale

Lettre des représentants du peuple, de Dunkerque,
le 12 Septembre.

Nous avons oublié de vous parler dans nos précédentes de l'excellente et intrépide conduite qu'a tenue la gendarmerie nationale à pied tant à Honscotte que devant Dunkerque. C'est en se battant en héros que ces braves gens répondent aux inculpations qui leur ont été faites autrefois.

F. Berlier.   Hentz.

9ᵉ bataillon de Paris

Le lieutenant de grenadiers Chaillot, à la tête de 15 hommes, force une redoute, enlève 2 canons, et fait 20 prisonniers.

A puissamment contribué au gain de la bataille.

6ᵉ régiment de cavalerie

Un cavalier du 6ᵉ régiment nommé Mandement, avait été chargé de porter des cartouches à l'infanterie qui attaquait le village d'Hondschoote. Il aperçoit, dans un pré, un groupe de soldats qui gardait un drapeau.

Trompé par les apparences, il les prend pour des Français, s'avance vers eux et, à travers la haie qui environnait le pré, il leur crie : Camarades, voilà des cartouches — On lui répond : Apportez. — Mandement franchit la haie. Il était entouré, quand il reconnut son erreur. On saisit son cheval par la bride et on lui dit de se rendre. Mandement laisse échapper son sac de cartouches ; et, tandis que ceux qui l'entourent s'occupent à ramasser ces munitions, il tire son sabre, s'empare du drapeau, se fait jour à travers les soldats et franchit la haie. A peu de distance, il trouve le bataillon dont il venait de saisir le drapeau, aux prises avec les Français. Il traverse cette troupe au milieu des baïonnettes et d'une grêle de balles. Barré dans sa course, il se retrouve encore dans la mêlée, et entouré de soldats ennemis. Il distingue le chef qui commandait, et se précipite sur lui en s'écriant d'une voix formidable : C'est la cavalerie française qui accourt pour vous charger ! et profitant avec adresse du premier effet que produisent ces paroles sur des soldats déjà étonnés de son audace, pour se dégager d'entre eux, il jette son drapeau et entraîne le commandant qui devient son prisonnier.

7° Pertes françaises

Comme toujours, on a très peu de données :

Gay Vernon dit : 1800 tués ou blessés.

Le général Houchard : 700 blessés.

Levasseur et Delbrel : peu de tués, 400 ou 500 blessés, ce qui est manifestement inexact.

Voici quelques détails :

Le 2e du 67e eut, dans les 3 journées, 4 officiers blessés dont 3 le 6 et 1 le 8, et perdit 122 hommes (10 tués, 80 blessés, 32 disparus).

Le 2e des Vosges : 2 officiers blessés et 50 hommes (7 tués, 43 blessés).

Le 2e du 22e : 1 officier blessé et 10 hommes tués (blessés inconnus).

Le 2e du 24e ne subit que des pertes insignifiantes.

Le 9e de Paris : 1 tué et 18 blessés.

Les gendarmes : 117 tués ou blessés.

Plaideau, capitaine au 1er d'infanterie, reçut à Hondschoote un coup de boulet au pied droit.

67ᵉ Régiment d'Infanterie
2ᵉ BATAILLON

ÉTAT des officiers, sous-officiers et soldats qui ont été tués, blessés, prisonniers ou égarés du 6 au 8 septembre inclus.

NOMS DES COMPAGNIES	TUÉS	BLESSÉS	ÉGARÉS (desquels on n'a aucunes nouvelles)
OFFICIERS :			
Sauveterre, capitaine		blessé le 6	
Bourcet, lieutenant		blessé le 6	
Imbert, capitaine		blessé le 8	4
Lefebvre, lieutenant		blessé le 6	
Grenadiers	Fleur d'orange, Vincent — 2	Poslet, Deflaux, Bardou, Cœur de Lion, Prêt à boire, La réjouissance, Périeux, Regnard — 8	Bertrand, La tulipe, Gaze, Mathieu, Simonier, Cador — 6
	2	12	6

NOMS DES COMPAGNIES	TUÉS		BLESSÉS		ÉGARÉS desquels on n'a aucunes nouvelles	
De l'autre part		2		12		6
Sauveterre	Delfalses	1	Delbord, Duquesne, Broia, Gairal, Douce	10	Lacroix, Rabolt, Artaud, Waiment, Trinquer, Kuntz	6
Sardé	Joanni, Sabot	2	Terme, Antoine, Raimond, La liberté, Vortou, Calvet, Fabre, Pontus, Imbert, Helliot, Fraysse, La lune, Thiers, Letambartz, Véridié, Gagne, Alizou	12		
		5		34		12

LES TROIS JOURNÉES D'HONDSCHOOTE 547

NOMS DES COMPAGNIES	TUÉS	BLESSÉS		ÉGARÉS (lesquels on n'a aucunes nouvelles)	
De l'autre part			34		12
Polet	Bastrale	Saint-André La Guillotière La Gaven Pantam Lanqié Perinet Izard Baptiste Lecomple Sans regret Laffeucet	11	Bomboit Brunot	2
Seyriès		Dubois Lagloire Joseph Royé Robinet Faisher	6	Maige Gillet Sarret	3
Imbert		Gaston Charbonnel Esterne	3	Deschamps La fortune Cluvaille Bon La liberté Joseph	6
	5		54		23

548 LA DÉFENSE NATIONALE DANS LE NORD EN 1793

NOMS DES COMPAGNIES	TUÉS		BLESSÉS		ÉGARÉS desquels on n'a aucunes nouvelles	
De l'autre part		6	Dubourq Barrière Bérard Plage Vernoit Denis Domas La ramée Nismes	34		23
Huc	Maniat	1	Saint-Chaumont	6	Monié Allié	2
Eguémir			Baudin Robin La forge Ballet Sous-la-croix Arrand Lesure Destaing La Roze Clavierre François	10	Leroy Danglas Girard Disalis	4
Isabée	Tripo Gassou Gay	3	Coulet Maubert Lacombe Benet Tourangeau	10	Gabriel Audibert Laripe	3
Totaux		10		80		32

TOTAL.............. 122

Armée du Nord

67ᵉ Régiment d'Infanterie

2ᵉ Bataillon

Deffunt Nicolas Pinchard, dit Lafforge sert audit régiment du 12 janvier 1767.....

Capporal en Mars 1774.

Campagnes

A fait la Campagne de Corse en 1768 et 1769........... 2

La traversée de Corse en France, et de France en Corse. 1

Embarqué à Toulon sur le Chebec le Renard pour aller croiser dans le Levant en 1770........................ 1

Embarqué à Brest sur le vaisseau Le Conquerrant dans l'escadre du citoyen d'Orviller en 1779............... 1

A fait les campagnes de l'armée du Rhin en 1792 et 1793. 2

Blaissé grièvement le 8 septembre mois courant à la cuisse à l'attaque du village de Honschotte, mort de sa blessure à Cassel le 12 du présent mois.

Le deffunt laisse au corps, une femme et deux enfants, l'un âgé de 8 ans, et l'autre à la mamelle, âgé de 6 mois, sans fortune ny aucune ressource, que le bienfait de la Nation ; en conséquence le Conseil d'Administration du 67ᵉ régiment prie les représentans du peuple près de cette armée de vouloir bien accorder (en vertu du décret du 4 juin 1793, en faveur des veuves des militaires décédés au service de la République) une pension alimentaire à la veuve et aux enfants du deffunt qui a toujours servy avec distinction et bravoure.

Au pays de la Magdelaine, le 20 septembre 1793, l'an 2 de la République Française une et indivisible.

Eymenier   Setic

Bousignac   Charvet

Dutour

Vu par le Général de Brigade

Demar

Vu par nous Commissaire du Gouvernement

Cuignier.

Armée du Nord

Brigade du 67ᵉ — 2ᵉ Bataillon des Vosges

Etat des morts et des blessés dudit bataillon aux deux dernières affaires.

Morts :

Pierre Renaudoux, tué sur le champ de bataille	
François Favre,	dº
Jean Francon,	dº
Gérard,	dº
Bertrand,	dº
Augustin Jacquet, caporal	dº
François Couty,	dº

Total : 7.

Blessés :

Nicolas Egal, lieutenant ; Antoine Nancey, lieutenant ; Nicolas Villemain, fusilier ; Joseph Gabillot, fusilier ; Claude Boidot, fusilier ; Louis Laroche, fusilier ; Duhamel, fusilier ; Perrin, sergent ; Chassard, fusilier ; Larivoire, sergent ; Gonot, fusilier ; Carbillier, tambour ; Nicolas Perrot, François Giard, Georges Remillot, Mauclaire, Mougeot, Gremillot, Berdowet, Lomba, Souvait, Blande, Thevenot, Vincent, Aubertin, Jacques

Paulre, Joseph Petit, Thomas, Marie Cerue, Phulpin, Léopold Mercier, Madurand, Gaudel, Beausequiere, Galland, Richard, Duchevet, Drouin, Ducart, Pierre Martial, Morisal, Nicolas Souvais, Leger, Vauthier, Alexis Laumont, fusiliers.

Total : quarante cinq.

Certifié sincère et véritable par moi, chef du dit bataillon, faisant les fonctions de Chef de brigade.

ALBA.

Au bivouac de Hondscotte, le 10 septembre 1793, l'an 2 de la République françoise, une et indivisible.

B. — *ALLIÉS.*

1° Retraite

La retraite se fait en 2 colonnes :
l'une par Houthem et Bulscamp,
l'autre par Hoogstaede.

Hessois

Les Français suivirent encore le bataillon d'arrière-garde (II/Erbprinz) pendant plus d'une demi-heure, le serrant de près.

La retraite se fit avec tant d'ordre et une attitude si héroïque que, en dehors des blessés (1 officier et 22 hommes) le bataillon ne laissa que 8 prisonniers.

Un caisson de munitions du I/Erbprinz était resté dans le chemin défoncé ; renversé par l'artillerie hanovrienne qui suivait, il fut perdu.

Hanovriens

L'arrière-garde fut faite par 2 pièces escortée par une partie du II/Gardes.

Le capitaine Scharnhorst (qui devint le célèbre Scharnhorst) et le lieutenant von Behr étaient restés volontairement près de cette batterie et leurs efforts réunis ne contribuèrent pas peu à l'ordre avec lequel la retraite s'effectua, bien qu'au début les Français poursuivisssent très chaudement.

2° Pertes des Alliés

D'après Witzleben : 2500 hommes.

D'après les Kriege in Europa : 85 officiers et 2500 hommes.

D'après Ditfurth : 85 officiers, 2500 troupes, 3 pièces (pour l'infanterie seulement).

D'après la biographie du général Ochs : 90 officiers (10 tués, 45 blessés, 35 prisonniers) 1980 troupe (180 tués, 900 blessés, 900 prisonniers).

Cette dernière donnée a l'avantage de ne s'appliquer qu'à la journée du 8 et d'être d'accord avec la décomposition ci-après qu'on a aucune raison de suspecter d'inexactitude.

Hessois

Erbprinz............	13 officiers	152 troupe

Hanovriens

Gardes...........	1 officier	140 troupe	
Grenadiers........	—	266 troupe	1 canon
4ᵉ d'infanterie.....	—	80 troupe	
5ᵉ...............	1 officier	472 troupe	2 canons
6ᵉ...............	2 officiers	203 troupe	2 canons
10ᵉ..............	1 officier	69 troupe	1 canon
11ᵉ..............	1 officier	153 troupe	
2ᵉ de cavalerie.....	1 officier	12 troupe	

4ᵉ de cavalerie.....	—	7 troupe	
5ᵉ	—	19 troupe	*2 drapeaux*
7ᵉ	—	19 troupe	
9ᵉ	—	4 troupe	
10ᵉ	1 officier	10 troupe	
Parc d'artillerie....	2 officiers	52 troupe	
En tout :	10 officiers	1506 troupe	—

Autrichiens

Ensemble.........	67 officiers	322 troupe
(le détail n'est pas connu)		
Total général......	90 officiers	1980 troupe
	6 canons	2 drapeaux.

On connaît les pertes des Hanovriens pour les 3 jours :

95 officiers (15 tués, 52 blessés, 28 disparus).

2236 troupes (211 tués, 1092 blessés, 933 disparus).

En résumé, pour le 8 septembre, les pertes paraissent s'élever à 2,000 hommes dont 900 prisonniers, qui furent évacués sur Saint-Omer et, de là, sur Abbeville.

Au sujet du nombre des prisonniers, on a les données suivantes :

Le 8, un officier, qui entre à Dunkerque, rapporte avoir vu à Bergues, 5 à 600 Anglais avec leurs officiers arrivant en ordre sur 3 rangs, mouillés jusqu'à la ceinture.

Je n'admets pas qu'il soit possible que 1000 morts aient été enterrés près du fameux moulin (à un endroit où fut élevée plus tard une grange), comme le veut la tradition locale, pas plus que je n'accepte les chiffres donnés par les documents dithyrambiques qui ont suivi la bataille.

Là encore il fallut déchanter et l'on peut dire que l'accusation du général en chef Houchard fut étayée d'un *tas de déceptions accumulées*.

Les seuls chiffres qui se rapprochent un peu de la vérité sont ceux de Levasseur et Delbrel (600 à 700 prisonniers, 1200 à 1500 tués ou blessés). Vandamme (600 tués, 1500 blessés).

Toutefois, plusieurs recoupements permettent de porter à 8 le nombre de canons capturés.

Quant au nombre de drapeaux pris, tous les documents français le portent à 3. Mais c'est là un des points les plus sujets à chicane ; ainsi, en 1870, les Allemands ont pris maintes fois nos fanions d'alignement pour des drapeaux. Un jour, à l'Armée du Nord, ils ont compté comme trophée la bannière d'une compagnie d'archers découverte au fond d'une armoire de la mairie.

Levasseur dit :

On trouva dans une des salles du château, 3 drapeaux dont un d'émigrés ; il était noir, on y lisait en lettres d'or : *Noblesse française*.

Et il ajoute ces détails, où il y a à prendre et à laisser, comme toujours :

J'étais logé au château que l'état-major anglais avait habité dans les journées précédentes. Ce qu'avaient entendu et vu pendant ce temps les propriétaires de cette résidence avait donné les plus vives inquiétudes.

Le comte de Bouillé, émigré français disait, selon eux : Nous allons leur faire danser une carmagnole comme ils n'en ont jamais dansé. — Tous les officiers anglais paraissaient très gais et n'émettaient aucun doute sur le succès de la bataille. Vers 11 heures (sans doute le 7) on avait vu arriver 5.000 hommes (*sic*) venant du camp de Dunkerque, pour soutenir les 10.000 qui étaient déjà retranchés à Hondschoote.

A l'arrivée de ce renfort, un grand mouvement s'était opéré dans l'état-major et les 5.000 hommes avaient été divisés en plusieurs corps. Les officiers criaient hautement : la victoire est à nous !

Vers midi, plusieurs aides de camp étant arrivés avec un air inquiet, disant que les français battaient la charge de tous les côtés, qu'on pouvait craindre d'être coupé sur la gauche, un officier vint donner l'ordre d'enlever tous les *papiers*.

Tout l'état-major monta à cheval, on fit avancer un fort détachement pour arrêter les Français, pendant qu'on emporterait une foule de papiers auxquels on semblait attacher beaucoup d'importance ; c'est ce corps, ajoutait-on, qui vous a résisté près du château et qui a laissé dans la rue tant de morts et de blessés.

Le comte de Bouillé dont il est question ci-dessus est le fameux marquis de Bouillé :

Le duc d'York l'avait engagé à venir l'aider de ses conseils et il y avait consenti par dévouement à la cause qu'il avait embrassée, mais il se lassa bientôt de suivre un jeune prince qui, confiant dans le succès, ne l'appelait jamais que pour réparer des fautes.

A ce sujet, je dirai qu'il est difficile de trouver des preuves de l'intervention dans la bataille de la fraction Loyal émigrant (une compagnie peut-être) qui se trouvait à Hondschoote. Quelques émigrés s'y distinguèrent isolément. Je ne crois pas devoir les citer ici.

Dans la retraite, la compagnie aurait dégagé par une vigoureuse offensive qui lui coûta 3 hommes, l'arrière-garde cernée par les cavaliers de Vandamme.

J'ai pu suivre les prisonniers d'Hondschoote dans leurs pérégrinations.

1° *A Saint-Omer* (Tradition locale)

Le 17 septembre 1793, arrivent à Saint-Omer les prisonniers d'Hondschoote.

Ces hommes, la plupart anglais (*sic*) eurent provisoirement pour prison, une des salles inachevées de l'arsenal.

Le maire de la ville, M. Delattre de Balzaert, les fit transférer le 20, dans des locaux plus commodes, savoir :

l'église des Jésuites pour les soldats non gradés et chefs subalternes, et la salle au-dessus de la presse aux draps, dans la rue haute, alors appelée rue de la fraternité, pour les officiers supérieurs.

La garde des prisonniers fut confiée au général Canolle.

2° *Transfert de Saint-Omer à Abbeville*
(Souvenirs du capitaine Duthilt)

Immédiatement après l'organisation de ce premier bataillon formé de huit compagnies de fusiliers et d'une compagnie de canonniers desservant deux pièces de quatre, quelques compagnies, dont était la mienne, furent escorter jusqu'à Abbeville des prisonniers de guerre hanovriens pris à la bataille d'Hondschoote le 8 septembre, après quoi, ces compagnies rentrèrent à Saint-Omer et se réunirent à leur bataillon déjà caserné au grand quartier.

3° *Embarquement à Dunkerque* (Tradition locale)

Le 3 septembre 1799, 500 Anglais, soldats et marins, s'embarquent à Dunkerque, à bord de deux parlementaires ; il y avait parmi eux un colonel et quatre officiers ; la majeure partie des soldats était en France depuis la bataille d'Hondschoote.

Extrait des procès-verbaux du Conseil général de Bergues

Du 7 Septembre :

Plusieurs volontaires apportent des effets et amènent des chevaux pris sur l'ennemi :

Le citoyen Pressoir du 2ᵉ bataillon des fédérés apporte une grande marmite, un petit chaudron de cuivre et une cannette d'étain ;

François Letable du 1ᵉʳ bataillon du Calvados, Louis Procureur attaché à l'ambulance, amènent un cheval gris, d'autres volontaires amènent des chevaux qu'ils disent pris sur l'ennemi ; réquisition a été donnée à la municipalité de Bergues de fournir écuries et magazins et nommer surveillant pour la garde de ces objets.

Le citoyen Michel Rochefort, volontaire du 24ᵉ bataillon de Brie, déclare avoir désarmé un charretier d'artillerie anglaise, lui a pris son sabre et son cheval de trait qu'il représente ; on a fait mettre le cheval au dépôt.

Les citoyens Gabriel Diry, chasseur au 15ᵉ régiment des chasseurs belges et Joseph Roels, soldat au 14ᵉ régiment d'infanterie déclarent qu'en fonçant sur l'ennemi, ils étaient parvenus à leur enlever en coupant à coups de sabre les traits, deux chevaux et des caissons d'équipages anglais qu'ils ont amenés dans cette ville, lesquels ont été remis au dépôt, ces chevaux étaient garnis de leur collier.

Du 9 Septembre :

Le citoyen commissaire des guerres est venu proposer de nommer des commissaires pour faire le triage des effets pris sur l'ennemi, pour distinguer ceux appartenant à des habitants de la campagne d'avec les effets militaires, arrêté d'autoriser la municipalité de Bergues à nommer des commissaires et des habitants des campagnes pour faire cette distinction.

Du 12 septembre :

Le citoyen Debil a fait rapport que le long du chemin et canal d'Hondschoote à Bergue et des chemins de Rexpoëde à Warhem il se trouvoit quantité de chevaux morts écorchés qui produisoient beaucoup d'infection et qu'il est urgent qu'il soit envoyé des ouvriers pour faire enterrer ces chevaux.

Du 13 septembre :

Le citoyen François Vanderberghe de Warhem, est venu déclarer à l'administration qu'il avoit chez lui un baril de poudre pesant environ 200 l., abandonné par l'ennemi, il demande à l'apporter à l'administration, mais il observe qu'il n'a ni chevaux, ni voitures à sa disposition pour le transport, il demande au surplus une récompense ; il a été délibéré, le substitut du procureur syndic entendu, de requérir la municipalité de Warhem de fournir un cheval et une charrette pour effectuer ledit transport qu'elle fera escorter par un détachement de sa garde nationale ; quant à la récompense, délibéré d'y statuer lors que la poudre sera présentée.

Du 18 septembre :

L'Administration a été invitée d'assister à une messe qui se célébrera demain à 9 heures du matin dans l'église de S‍t Martin pour le repos de l'âme de nos frères d'armes morts dans les combats qui ont eu lieu sur notre territoire, délibéré d'y assister.

3º Prise de position

A 3 heures, le général Walmoden prit un camp derrière le canal, depuis Bulscamp jusque vers Furnes. Il reçut 5 bataillons envoyés par le duc d'York.

Il resta sur place, sans être inquiété, jusqu'au 10 septembre.

Il couvrait ainsi le corps de siège, qui ayant rompu dès 4 heures du soir, prit position à 2 heures du matin, derrière le canal qui descend de Loo à Furnes.

Le 10 septembre, il quitta Bulscamp et fit sa jonction avec le corps de siège à Furnes.

Le 11 septembre, il fit séjour.

Le 12 enfin, le duc d'York, avec son armée, de nouveau groupée, se porta à Dixmude, où il était en liaison par Ypres avec les Hollandais de Menin.

Rapport officiel, de Furnes le 9 septembre

Monsieur,

C'est avec le plus grand regret que je dois vous informer du malheureux résultat d'une attaque exécutée par l'armée Française contre celle du Maréchal Freytag, le 8 septembre. Le Maréchal était, comme j'ai eu l'honneur de vous en informer, en position à Hondschoote, la droite au canal, la gauche s'étendant vers Leyrel. L'ennemi avait prononcé la veille au soir une attaque qui avait été repoussée ; mais, le 8, attaquant sur tous les points, il réussit, malgré les plus grands efforts de nos troupes et l'habileté du général Walmoden, qui commandait, à forcer le centre de notre ligne. Le Général se retira derrière le petit canal qui va de Bulsam (Bulscamp ?) à Steenkerque.

Les pertes ont été sérieuses. Son Altesse Royale n'a encore reçu aucun rapport ni aucun compte-rendu détaillé. Beaucoup de braves officiers sont tombés. L'ensemble des pertes dans les différentes actions est supposé voisin de 1300 tués, blessés ou disparus ; celles de l'ennemi sont certainement plus considérables. 3 pièces de canon et environ 2 ou 300 hommes ont été pris. On m'a dit que les Hanovriens avaient perdu le même nombre de canons.

La cavalerie, vu la nature du pays, a été très peu engagée.

§ IX. Mouvement de la Division Dumesny sur Ypres

Bailleul, le 10 septembre 1793
l'an 2 de la République une et indivisible

*Le Commissaire des Guerres Chivalle, au citoyen Bentabole,
Représentant du peuple*

Citoyen Représentant,

Lorsque je me suis chargé de vous donner des nouvelles de l'armée à laquelle je suis attaché, je n'ai pas dû croire que je n'aurais jamais que des victoires à vous raconter : historien fidèle je vous dirai ce qui est, parce que je ne vous dirai plus que ce que j'aurais vu.

Ma dernière lettre vous a instruit du mouvement de la division aux ordres du général Dumesny : elle s'est portée sur Poperingue qu'elle a pris, et de là sur Ypres qu'elle a foudroyé pendant cinq heures.

Avant d'attaquer la place, le général Duquesnoy avait envoyé son aide de camp avec un trompette pour sommer le gouverneur de se rendre ; et l'ennemi, toujours semblable à luy-même, a fait tirer à mitraille sur les deux envoyés.

Nous n'avons pas pris Ypres parce que le général a été informé que l'ennemi arrivait en très grand nombre pour luy couper la retraite, mais en revanche nous lui avons enlevé assez de bestiaux pour nourrir l'armée pendant longtemps. Je fais partir pour Lille 600 bêtes à cornes dont je ne sais que faire à Bailleul, et environ 300 moutons que je ne puis nourrir. Nous gardons icy ce qui nous est strictement nécessaire.

Je vous dirai avec douleur que le soldat s'est beaucoup trop occupé de pillage et que les chefs n'ont pas toujours été écoutés quand ils ont voulu l'arrêter. Si l'on ne fait pas un exemple éclatant sur les pillards, je ne sais ce que nous deviendrons quand nous entrerons dans la Belgique. On s'est bien battu, il y a eu beaucoup de blessés dont une partie a été évacuée sur Lille, l'autre sur Aire et la troisième est restée icy. Je donne tous mes soins pour qu'il ne manque rien aux malades français ou ennemis.

Nous partons demain avec 50 maitres pour faire un fourrage qui, j'espère, sera très copieux. Presque dans tous les villages, depuis Bailleul jusqu'à Ypres, sont déserts, et le bled est prêt à être chargé sur nos voitures.

Sous peu de jours, je compte que nous recommencerons et que nous aurons un succès plus éclatant. Dans ce cas là, vous en serés le premier instruit.

L'armée vient de rentrer et de prendre son ancienne position qu'elle ne gardera pas longtemps.

On débite que le général Houchard a été blessé légèrement à la cuisse.

Un lieutenant-colonel belge a été tué dans notre division et un autre a eu la cuisse emportée. J'ignore le nombre de nos morts, mais il n'est pas considérable.

Agréés, je vous prie, Citoyen Représentant, l'hommage de mon respectueux dévouement.

Le Commissaire des Guerres,
Joseph CHIVAILLE.

A Bailleul, le 11 septembre 1793,
2ᵉ de la République française une et indivisible;

CITOYENS REPRÉSENTANS,

J'ai l'honneur de vous adresser la relation de la marche que j'ai eu ordre de faire sur la ville d'Ipres. Le général Houchard m'avait ordonné de contenir les forces de cette ville et celles qui pourraient venir du camp de Menin et, en même temps, de de la brûler.

Vous verrés par cette relation que j'ai rempli avec zèle une partie des intentions de ce général. Les troupes se sont conduites avec infiniment de valeur, mais aussi j'ai bien à me plaindre du pillage et de leur indiscipline.

Le général de brigade,
Dumesny.

Notes des Opérations de l'expédition d'Ipres commandée par le général Dumesny

Dimanche huit septembre, à cinq heures du matin, le général Dumesny s'est mis en marche pour se porter sur Ypres, en vertu des ordres du général Houchard. Comme le pays est couvert, la marche fut obligé de prendre des mesures pour éviter les embuscades. Il détacha le général Duquesnoy, à la hauteur de Lookeren pour le porter sur sa droite à Dieckebuck. Le général Dumesny marcha en même tems sur Reningelts et Poperinghes. Les ennemis ont abandonné précipitamment ces deux endroits à l'approche de nos troupes.

Le village de Vlamertingen, situé à une lieue d'Ipres, qui contenait un détachement de cavalerie mêlée d'infanterie, fut enlevé dans notre marche avec beaucoup de vivacité, par des tirailleurs et une vingtaine de hussards du 5e régiment ; l'ennemi fut vivement débusqué de tous ses points jusqu'à un quart de lieue d'Ipres où nous arrivâmes dans le plus grand ordre ; le terrain est généralement très couvert et ne permet d'autre espèce de combat que celui de tirailleurs ; c'est par ces détachements que nous réussîmes à les chasser jusque sur Ipres. Les troupes ayant besoin de nourriture et de repos, le général leur fit prendre la position la plus avantageuse que le terrain put permettre ; dans ce même tems, le général Duquénoy avoit repoussé les tirailleurs ennemis jusqu'à une courte distance du rempart, appuyant sa gauche à notre droite.

A sept heures du soir, deux officiers, l'un du génie, l'autre de l'artillerie firent la reconnaissance des fronts rendus accessibles par la retraite des tirailleurs ennemis. La reconnaissance fut poussée, à la faveur des hayes, à moins de cent toises du corps de la place.

La nuit, nous conservâmes nos avantages ; et, le lendemain matin, les pièces de siège étant arrivées, on commença l'établissement de trois batteries, l'une de pièces de seize et de douze, la deuxième de 8, de l'artillerie légère et la troisième d'obusiers. L'on fit aussitôt chauffer les boulets.

Toute la journée de lundy, nos tirailleurs firent un feu vif et continu et conservèrent toujours leurs avantages ; la droite essuya, sans s'émouvoir, le feu des remparts et les attaques répétées des Laudonvert qui se présentoient avec deux pièces de canon de petit calibre. On envoya deux pièces de quatre, l'une après l'autre, pour contrebalancer ces forces ; l'une a été démontée, un canonnier tué, et le brave commandant du 4e bataillon belge a eu le bras gauche emporté ; l'autre pièce a eu deux chevaux tués.

Avant de commencer à brûler cette ville, on envoya successivement deux trompettes pour sommer le commandant de la rendre aux armes françoises. Les avant postes ennemis refusèrent de les laisser passer et eurent même l'audace de tirer dessus.

Le général donna ordre de faire agir les batteries et un feu vif et soutenu fit taire celui de l'ennemi et porta l'incendie dans quelques cantons de la ville ; on ignore le dommage causé par les boulets rouges et la roche à feu des obus.

La disposition de nos batteries les empêchant d'être aperçues du rempart, les ennemis dirigeoient mal leur feu, mais, vers les six heures, le jour commençant à baisser, ils aperçurent le feu du gril aux boulets qui leur servit de point de direction; ils tirèrent alors avec beaucoup de justesse, mais sans succès, puisque, malgré un feu continuel de cinq heures nous ne perdîmes à ces batteries qu'un canonnier et deux chevaux d'artillerie. La perte des ennemis est considérable. Le feu a pris à différentes fois dans la ville, mais on l'a éteint.

Le général Dumesny n'ayant point de certitude sur la force de la garnison d'Ipres et prévenu que des forces considérables arrivant du camp de Menin, étoient déjà entrées et devoient se porter sur sa droite, fit ses dispositions de retraite ; le même rapport lui fut fait qu'une colonne se dirigeoit sur sa gauche par le village de Elverdinghe ; il n'hésita plus alors d'ordonner sa retraite. Les mauvais chemins, la pluie et une forte artillerie présentant des obstacles à vaincre, il se mit en marche à huit heures du soir et se retira dans l'ordre le plus parfait quoiqu'inquiété par le feu de l'ennemi qui jetoit des pots à feu pour éclairer nos mouvements.

Le général Duquénoy fit également sa retraite et éprouva qu'il étoit tems de l'opérer puisque l'ennemi se montra à sa suite avec de la cavalerie, de l'artillerie et de l'infanterie. Nous avons occasionné beaucoup de pertes à l'ennemi et nous n'avons perdu que quarante hommes tués et cent blessés.

L'armée en se retirant, a amené beaucoup de bestiaux.

Le général Duquénoy avait établi une batterie de deux pièces de huit et deux obusiers qui a fait un feu bien considérable. L'ennemi y a jetté des obus qui ont fait sauté deux caissons et tué un canonnier.

Certifié véritable par nous, général de brigade,
DUMESNY.

B. — *ALLIÉS.*

Le colonel autrichien Salis, avec la garnison renforcée de celle de Poperinghe coupée le 6, fit une valeureuse résistance.

On avait placé sur les remparts les canons de bataillon et ainsi soutenu les troupes dans les faubourgs qui entretinrent jusqu'au soir, un vif feu d'infanterie, sur quoi les Français se retirèrent.

Le 9 septembre, l'attaque fut renouvelée, une batterie de canons lourds et de mortiers fut établie, d'où, dans l'après-midi, la ville et les ouvrages furent bombardés et quelques maisons endommagées. Mais les pièces de la garnison les réduisirent vers le soir au silence et, dans la nuit, les assaillants se retirèrent sur Vlamertinghe laissant sur le terrain leurs morts et un certain nombre de boulets qui avaient été destinés à être rougis.

Rapport du 8 et 9 septembre 1793, l'an 2ᵉ de la République au général Lavalette

Mon Général,

L'ordre du général Dumesny portant que je devois inquiéter l'ennemi à Messines et cantonnements, nous sommes partis le 8 avec toute ma garnison et celle de Nieppe et d'Houplines composée de près de 2700 hommes, compris 30 hussards du 7ᵉ régiment ; j'ai donné au citoyen Collinet, commandant temporaire de Nieppe, environ 900 hommes. Notre rendez-vous a été à Ploegsteert. Je lui ai ordonné de partir pour prendre le poste de Neuve-église et de Vulverghem ; et moi je suis parti avec ma colonne et me suis rendu directement sur la montagne de Rosenbergh, en chassant 3 avant postes, fait 10 à 12 prisonniers, le reste tué. Nous sommes arrivés à 7 heures du matin, le 8, sous le canon de Messines, et inquiétant l'ennemi avec nos tirailleurs et le canon pendant toute la journée ; Collinet étoit composé de 2ᵉ bataillon de chasseurs françois, du 15ᵉ bataillon, de 150 hommes de Sainte Marguerite, du 2ᵉ bataillon de Cambray. Le 1ᵉʳ bataillon de Paris s'est très bien comporté : il a chargé 5 ou 6 fois l'ennemi jusque dans ses retranchements, ainsi que les autres bataillons. Dans la journée du 8, dans les 2 colonnes, nous avons perdu 7 hommes tués ou blessés, du nombre desquels est le courageux Van Rossem, chef en second du 2ᵉ bataillon belge ; son cheval, trop fougueux, l'a emporté et a fait son malheur. La colonne de gauche s'est retirée à Neuve église et la droite a la Prévoté et environs. Nous avons sçu qu'ils ont perdu, tant tués que blessés, près de 60 hommes, un officier de tué.

Dans la journée du 9, nous sommes arrivés sur le canon en chassant les avant-postes et les hussards ; nous étions très près de leur canon à 10 heures du matin ; ils n'ont pas osé envoyer des tirailleurs, mais ils ont envoyé une patrouille de 200 hussards et cavaliers que j'ai chargés avec mes 22 hussards du 7ᵉ et mis en déroute ; et suivi de mes tirailleurs nous les avons inquiétés dans les environs de la ville depuis 10 heures jusqu'à 4 heures que je me suis retiré à Neuve-église où j'ai laissé les bataillons, 15ᵉ Nationaux, 2ᵉ belge, la Butte des Moulins et 150 de Sainte Marguerite. Nous ne leur avons pas fait de prisonniers aujourd'hui, mais nous avons trouvé 3 hussards tués et nous leur en avons blessé un grand nombre.

Il m'est impossible de vous exprimer l'ardeur du soldat ; ce ne sont pas des hommes que je commande, mais des diables ; hier ils se sont un peu livrés au pillage mais aujourd'hui je leur ai fait un sermon rempli de quelques sacrédieu et ils se sont très bien comportés. J'ai même demandé au général Duményque s'il vouloit que je charge la bayonnette en avant, je chargeois et je suis sûr que je ferois avec mes soldats tout ce que je voudrois. Mon artillerie composée de 4 pièces de 4, m'a bien servi mais c'est trop peu pour les deux colonnes ; l'ennemi a du 17, du 6, du 3 en grande quantité et des obuziers.

Il seroit bien essentiel que vous puissiez envoyer une pièce de 8 et un obuzier ; celà me rendroit grand service, et de m'envoyer de la cavalerie. Celle que j'ai eue est trop peu nombreuse ; elle ne se monte qu'à 40 ; et elle est exténuée de fatigue.

A l'égard de ce que vous me parliez hier, j'ai tout de suite demandé aux chefs des bataillons que je commande, l'état effectif et nominatif des officiers.

Joslet.

§ X. Résultats de la journée

1° Levée du Siège de Dunkerque.

Ce résultat immédiat était pleinement acquis, par le seul fait de la bataille ; il n'y a pas de discussion possible sur ce point.

La victoire que nous avions gagnée amena le résultat prévu de la levée du siège de Dunkerque (général Lahure).

2° Effet moral considérable, retentissement immense que la Convention sut habilement faire mousser.

Ce résultat n'est pas plus discutable que le premier au point de vue immédiat ; mais l'effet produit ne fut que momentané et il se perdit bien vite pour faire place à une immense déception.

Victoire complette, dit le même soir, le procès-verbal du district de Bergues.

L'ennemi a été attaqué sur tous les points de notre territoires, nos troupes ont été partout victorieuses, elles ont enlevé de vive force ses retranchements, l'ont chassé des postes qu'il occupait sur la frontière ; il a été poursuivi la bayonnette dans les reins, et une prise d'effets, d'armes et de munitions sur ces esclaves a couronné cette glorieuse année.

Extrait de la lettre du citoyen Barthelemi, général de brigade, chef de l'Etat-major de l'Armée du Nord, au Ministre de la Guerre.

Du quartier général, à Hondtschoote, 8 septembre

Les troupes de la République ont battu l'ennemi avant-hier et aujourd'hui. Une colonne, formant le corps d'armée, est partie de Cassel, une autre est partie de Steinvoorde, une autre de Bailleul, et une autre encore sur Warmouth. Toutes, jusqu'à présent, ont rempli leur objet. Avec 18 mille hommes, nous avons forcé Hondtschoote, défendu par 15 mille ennemis, la plupart Anglois et bien retranchés. Ce pays-ci est abominable pour la guerre, en ce qu'il est coupé de haies, de bois et de fossés. On ne voit pas à quatre pas de soi. On ne se bat pas, on se poignarde, c'est le mot. En pareil cas, l'avantage est toujours pour celui qui attend. Nous avons pris à l'ennemi 3 ou 4 drapeaux, 5 pièces de canon, des caissons, des bagages, tué beaucoup de monde et fait des prisonniers dont plusieurs de marque, entr'autres un général hanovrien. L'affaire a été longue et chaude. Elle a été terminée avec la bayonnette. Toutes les troupes ont bien donné. Nous avons eu des blessés mais peu de tués.

Les citoyens Delbrel et Le Vasseur se sont trouvés à toutes les affaires ; ils ont couru les plus grands dangers.

Je dois faire connoître à la Convention un trait de courage d'un grenadier qui, ayant eu un bras emporté d'un boulet de canon, suivoit les rangs et offroit son autre bras à la patrie.

La garnison de Bergues a fait des sorties brillantes. Cette ville est libre à présent, et une partie de la garnison s'est réunie à nous ; celle de Dunkerque continue de se défendre avec courage ; on assuré que le meilleur général anglois a été tué.

Malheureusement, le siège de Dunkerque est sans doute levé ; je dis malheureusement, parce que s'il ne l'étoit pas, les

Anglois le paieroient cher ; ils seroient obligés de mettre bas les armes, sans quoi ils seroient hachés, ou mourroient d'eau salée.

Le camp de la Magdeleine, devant Lille, a agi aussi ; et quoiqu'il n'eut à faire que de fausses attaques, il a enlevé des postes ennemis et faits des prisonniers.

Plusieurs partis ennemis ont eu leur retraite coupée, et sans doute nous les aurons.

Encore quelques affaires comme celle d'aujourd'hui, et la république aura triomphé des tyrans.

*Les Représentans du peuple près
l'armée du Nord
aux Représentans du peuple à Lille.*

*Du 8 7bre l'an 2e
de la République française*

Citoyens nos Collègues,

Depuis le six de ce mois, l'armée réunie aux environs de Cassel bat les ennemis. Le six et le sept nos troupes ont emporté plusieurs postes de vive force malgré les obstacles multipliés qui s'opposent à la marche d'une armée, dans un pays aussi difficile que celui-ci. Aujourd'hui huit, les troupes de la république se sont emparés de la ville de Hondscoote. Ce poste étoit occupés par quinze mille hommes, il a été vigoureusement deffendu, mais rien n'a pu résister à la valeur de nos soldats. Après cinq à six heures de combat, le poste a été emporté à la bayonnette. Cette affaire que nous avions d'abord considérée comme de peu de conséquence est devenue très conséquente, par le nombre des ennemis qui y étoient renfermés et retranchés et par la résistance qu'ils y ont faite. L'ennemi a perdu douze à quinze cens hommes, blessés ou tués ; le nombre des prisonniers se porte à six ou sept cens. Nous avons de notre côté quatre ou cinq cens de blessés et peu de tués, nos soldats ont pris des drapeaux et des canons, nous vous ferons connaître les détails de cette expédition et bientôt aussi les nouveaux avantages que nous promettent la valeur de nos troupes et les dispositions faites par le général. Bergues est dégagé. Si Dunkerque ne l'est pas encore, l'ennemy pourrait bien s'en repentir.

Nous regrettons que la nécessité de pourvoir aux besoins de l'armée ne nous laissent pas le temps de retracer ici toutes les actions d'éclats et d'héroïsme dont nous avons été témoins depuis trois jours. C'est un devoir dont nous nous acquitterons au premier moment.

Nous avons plusieurs corps et plusieurs individus à désigner à la reconnaissance publique.

DELBREL. LEVASSEUR.

P. S. Nous vous prions de nous envoyer trois bons chevaux; le cheval gris de Levasseur a été tué sous lui à l'affaire du 8 7bre. Veillez à ce que les départemens fassent fournir sans delay et mettent à la disposition du Commissaire ordonnateur en chef les bleds et farines que nous avons requis pour la subsistance des armées, que le citoyen d'Oisy, directeur des fourrages ne néglige pas les approvisionnemens en avoine. Il est important que l'eau-de-vie ne nous manque pas.

Répondu le 10 7bre.

LIBERTÉ RÉPUBLIQUE FRANÇOISE UNE ET INDIVISIBLE ÉGALITÉ

Lille, le 9 septembre 1793   *L'an 2º de la République*

*Nous Représentans du Peuple
envoyés près l'armée du Nord
à leurs Collègues au quartier général*

Nous recevons, chers collègues, votre lettre du 8 de ce mois. Nous sous comblés de joie des bonnes nouvelles que vous nous apprenés, nous espérons bien qu'elles seront suivies de succès plus importants encore et que vous ne vous arrêterés pas en si beau chemin.

Nous apprenons avec non moins de plaisir la gloire que s'est acquise notre collègue Le Vasseur, puis, qu'ayant eu un cheval tué sous lui, il a exposé aussi fort sa vie pour la République ; cet exemple aura certainement influé sur nos avantages.

Nous faisons partir à l'instant 3 chevaux pour vous. Nous avons également fait part sur le champ de nos besoins à Olivier. Il va vous envoïer de l'avoine, ce qu'il peut faire, car d'après notre réquisition chés les particuliers, le district vient de nous en fournir 14.000 sacs. Il va vous envoïer également de l'eau-de-vie. Le garde magasin fournit tous les jours 24.000 rations de pain pour l'armée, il est nécessaire de savoir si il faut qu'il continue cette fourniture extraordinaire qui épuise nos magasins ici, vous devés trouver d'autres ressources, ainsi faites nous parvenir là dessus de promptes instructions.

Vous avés vu par la lettre que nous vous avons expédiée aujourd'hui que les attaques du g^{al} Beru ont réussi hier. Aujourd'hui, l'ennemi nous attaque au poste d'Helemme, on se bat aux avant postes, on vient de nous amener 12 prisonniers. Nous vous instruirons de ce qui se passera d'important et nous vous prions d'en faire de même.

Bentabole.

Nous ignorons les réquisitions en grains et farines que vous avés faites aux départements, faites nous les connoître, nous en presserons l'exécution, en attendant faites le vous même par la voie de couriers extraordinaires s'il est nécessaire.

Nous vous scavons un gré infini, chers Collègues, de votre empressement à nous annoncer les succès des braves défenseurs de la Liberté, un courrier arrivé ce soir de Cassel, assure que l'armée anglaise et hollandaise a été battue à plate couture, que 1800 prisonniers ont déjà été embarqués, que l'ennemi est coupé et bloqué de manière à ne pouvoir s'évader, que le général Houchard a fait répondre au général anglais qui lui demandait grâce et la permission de repasser en Angleterre avec promesse de ne plus nous faire la guerre : *Nous ne sommes pas ici au camp de la lune, je vous tiens et vous ne m'échapperez pas* : Nous venons d'improuver un arrêté des administrateurs du département du Nord dont nous vous envoyons copie ; il nous a paru dangereux pour la chose publique et nous aimons à croire que vous partagerez notre opinion sur cette production au moins très feuillantine.

Nous avons écrit au département de la Somme pour presser le versement de son contingent en grains et en farine, Quotte nous ayant prévenu qu'on mettoit beaucoup de lenteur dans cette opération. Donnez nous toujours d'aussy bonnes nouvelles et comptez sur le dévouement fraternel de vos collègues.

Elie Lacoste   Peyssard.

La Convention Nationale, après avoir entendu son comité de salut public, sur les journées mémorables qui ont délivré Bergues et Dunkerque des attaques des tyrans coalisés, décrète dans sa séance du mardi 17 septembre :

Art. I. — L'armée du Nord a bien mérité de la patrie.

II. — Il sera écrit, par le président de la Convention nationale une lettre de satisfaction aux citoyens de Bergues et de Dunkerque à l'armée du Nord, aux généraux Jourdan et Colaud, qui ont été grièvement blessés après avoir contribué à la victoire ; au soldat qui, après avoir eu un bras emporté par un boulet de canon, s'est écrié : J'en ai encore un pour la République ; ainsi qu'au volontaire national qui a remporté un drapeau défendu par douze esclaves des tyrans.

III. — Les représentans du peuple près les armées sont chargés de recueillir et transmettre à la convention nationale, les traits de bravoure et les actions héroïques des défenseurs de la république.

Le citoyen Delbret, représentant du peuple près l'armée du Nord, écrit d'Armentières le 13 septembre, et annonce la nouvelle de la victoire remportée devant Dunkerque. Un nommé Soulier, ajoute-t-il, du canton de Messac, département de la Corrèze, volontaire arrivé à l'armée depuis 2 mois, ayant apperçu un drapeau ennemi, gardé encore par une douzaine de soldats du roi d'Angleterre, s'est précipité dessus, et a rapporté le drapeau. Nous ignorons encore les noms des autres militaires qui ont pris des drapeaux ; mais le général, pour vous les faire connoître, vous les enverra avec les trophées dont ils iront vous faire hommage.

Les généraux Jourdan et Colaud furent blessés dans l'action du 8 ; le premier sera bientôt en état de se battre encore : la blessure du second est plus grave, mais elle n'est pas mortelle. Ces deux généraux méritent de vous être recommandés.

Le général Hédouville, qui commandoit une division s'est conduit avec une valeur et une activité peu ordinaires. Une de nos colonnes avoit été attaquée et repoussée dans la nuit, dans le village de Rexpoëde ; à peine l'ennemi fut entré dans le village, que la division de d'Hédouville arrive et l'en chasse à son tour.

Les actions d'état commises tant à Hondscotte qu'à Menin et Wervick, sont nombreuses. Nous vous envoyons la note de quelques-unes. François Marathon, caporal de la troisième compagnie du trente-sixième régiment d'infanterie, a attaqué lui seul, à l'affaire de Hondscotte, douze hommes qui conduisoient un caisson ; il en a tué plusieurs, chassé les autres, pris le caisson et trois chevaux. Nous lui avons demandé quelle récompense il désirait : il a répondu qu'il ne vouloit qu'un poste d'honneur. — Applaudissements. (Séance de la Convention du samedi 28 septembre).

Paris, le 17 7bre 1793
l'an 2 de la République.

Les Représentans du Peuple membres du
Comité de Salut Public

aux citoyens Delbret et Levasseur, Représentans du peuple près l'armée du Nord.

Citoyens Collègues,

Nous avons eu autant de plaisir à lire les détails des journées des 6, 7 et 8 de ce mois que vous en avez eu à nous les annoncer.

Les Membres du Comité de
Salut Public chargés de la correspondance

Carnot   Prieur, de la M^{ne}
St-Just.

Paris, le 17 7bre 1793,
l'an 2e de la République Française

Les Représentans du peuple membres du
Comité de Salut Public

aux citoyens Delbret, Châles et Letourneur
Représentans du peuple près l'armée du Nord.

Citoyens Collègues,

Nous avons reconnu dans vos observations sur la lettre au ministre de l'adjudant-général Barthelemy, le zèle qui vous anime pour le salut de la République. Vous devez croire que les choses de cette importance sont prises en considération.

Les Membres du Comité de
Salut public chargés de la correspondance

Carnot   Prieur, de la M^{ne}
St-Just.

3e MOUVEMENTS DE L'ARMÉE.

Tandis que le général Vandamme (chef de bataillon la veille), sous les ordres supérieurs du général Leclaire, occupe Hondschoote et les environs (voir la 5e partie ci-dessus) le gros de l'armée continue la série de ses mouvements décousus.

Exposé du général Houchard

Après avoir réfléchi sur tous ces moyens, je me suis déterminé à renforcer la division Dumesny par celle du général Hédouville, avec ordre de marcher conjointement avec le général Béru, sur Menin, et d'écraser les 10.000 Hollandais qui y étaient.

Cette division partit le 9 ; je restai avec le reste des troupes, 2 jours de plus à Hondschoote pour que les Anglais ne pussent pas porter secours aux Hollandais.

J'arrivai le 12 au soir à Lille, et le 13 le reste de l'armée, pour aller attaquer le camp de Cysoing.

Dans la nuit du 12 au 13, je reçus un courrier de la municipalité de Cambrai qui m'annonça la malheureuse affaire de la sortie de cette garnison ; elle me peignait sa malheureuse position et le danger qu'elle courait, de sorte que je renonçai à mon projet et me déterminai à aller au secours de ces deux places qui étaient menacées : j'y fis jeter sur le champ 4 bataillons, je voulais aussi en faire entrer à Bouchain, mais les ennemis s'étaient emparés de la communication. Je parvins pourtant à faire entrer de nuit deux bataillons dans cette dernière place.

On a su le résultat de l'expédition de Menin.

J'avais donné ordre que l'avant garde se portât sur Courtrai. Ce mouvement a été retardé, je ne sais comment, et cela a donné le temps au général Beaulieu de s'y porter dans la nuit du 13. Le 14, le maréchal Cobourg est accouru avec 50.000 hommes, la ville du Quesnoy s'étant rendue le 11.

....

Ici, on m'attribue les fautes et aux autres les succès :

Si le général Landrin n'a pas exécuté les ordres que je lui ai donnés de faire une sortie vigoureuse de Dunkerque, ce n'est pas de ma faute. Si le général Hédouville n'a pas fait ce qu'il devait à Menin, ce n'est pas encore de ma faute.

Récit de Gay Vernon

Houchard fit répandre le bruit qu'il se préparait à attaquer Furnes avec toute son armée. En conséquence, on envoya de l'artillerie à l'avant-garde ; et les généraux Leclaire et Vandamme eurent ordre d'occuper les approches de cette ville et d'en couvrir les débouchés.

Dans la matinée du 11, la division d'Hédouville et les chasseurs à pied de Colaud quittèrent Houthem, revinrent à Rousbrugge et se portèrent par Poperingue sur Bailleul, où ils se réunirent à Dumesny.

Un corps de 12.000 hommes se mit en marche pour retourner prendre position à Gavrelle.

Dumesny, d'Hédouville et Béru perdirent du temps à concerter leurs mouvements..

Ce n'était peut être pas à Hondschoote, à Armentières et à Lille que Houchard aurait dû passer les journées du 11, du 12 et du 13 septembre. On le pressa, mais en vain, de se rendre auprès de Dumesny ou de Béru pour donner à l'attaque combinée sur Menin une seule et même direction.

Le rôle et la responsabilité du commandement en chef excédaient ses forces et l'effrayaient chaque jour davantage.

Extrait des mémoires du général Lahure

On était en droit d'espérer que notre victoire aurait d'autres conséquences plus importantes encore si le général Houchard avait su en profiter.

Il n'était pas l'homme des résolutions promptes et hardies ; au lieu de se mettre vigoureusement à la poursuite des Alliés, il perdit son temps et usa ses forces dans des opérations inutiles sur Ypres et Menin et finalement essuya une déroute près de cette dernière ville.

4° Conséquences de la victoire d'Hondschoote.

Il en est de la victoire d'Hondschoote comme de toutes celles qui ont précédé Fleurus, elle fut stérile dans ses conséquences, et les Alliés réoccupèrent presque aussitôt, pour les conserver jusque vers la fin du printemps de 1794, à peu de choses près, les mêmes positions qu'avant la bataille.

Le fait est démontré par les détails que j'ai donnés dans la 5ᵉ partie.

Les combattants de l'armée du Nord ne manquèrent pas d'en faire la remarque :

A la fin de septembre, dit le général Lahure, nous étions rejetés sous les murs de Lille, et le fruit de nos efforts était perdu.

5° Sanctions prononcées.

Il y eut quelques sanctions justement prononcées, telles que la suspension des généraux Landrin, d'Hédouville et Dumesny. On trouvera ci-après quelques documents intéressants à ce sujet.

> *Dunkerque 13 7bre*
> *l'an 2 de la République française*
>
> *Les Représentans du peuple envoyés*
> *près l'armée du Nord*
>
> *à leurs collègues, au quartier général*
> *de l'armée du Nord.*

CITOYENS NOS COLLÈGUES,

Comme nous vous l'avons annoncé, le général Landrin ne commande plus le camp devant Dunkerque, les renseignemens qui nous avoient été donnés et la scenne scandaleuse dont nous avons été témoins nous ont amené à prendre cette mesure. Certes le danger de la patrie doit bien nous rendre surveillans sur ce qui nous environne ; nous vous faisons donc part des craintes que l'on nous donne sur l'adjudant général Vernon, de l'armée d'Houchard, nous savons qu'il a la confiance de ce général, qu'il la mérite de plus par ses talens militaires, mais aussi on nous l'a peint comme un des plus zélés partisans de Custines, qu'il a plusieurs fois manifesté son opinion à cette occasion. Un homme à talens, quand il n'est pas sur, est bien dangereux dans l'exécution de ses projets de trahison. Nous le recommandons donc à votre surveillance. Nous tenons cette dénonciation d'un militaire témoin de ses propos, son grade, sa réputation de Civisme lui donne à nos yeux bien du poids. C'est à vous qui êtes sur les yeux (sic) à l'évaluer suivant son mérite.

Salut et Fraternité.
F. BERLIER   TRULLARD.

Les Représentans du peuple envoyés près l'armée du Nord à Dunkerque, aux citoyens Le Vasseur et Delbret, le 13 septembre 1793, l'an 2ᵉ de la République une et indivisible.

CITOYENS NOS COLLÈGUES,

En apprenant la nouvelle de la suspension du général divisionnaire Landrin, vous devez aussi apprendre nos motifs.

Ils sont en partie exprimés dans la lettre au Comité de Salut public dont nous vous envoyons copie.

De nouveaux rapports qui nous ont été faits aujourd'hui sur le désordre qui régnoit dans la division de ce général nous ont engagés à prendre nous mêmes directement la mesure que nous comptions attendre du Comité de Salut Public.

Trullard   F. Berlier.

Copie de la lettre écrite au Comité de Salut Public le 13 7bre

Nous vous invitons de porter sérieusement votre attention sur l'événement dont nous allons vous entretenir.

Le lendemain de la déroute de l'ennemi nous allions dans le camp qu'il venoit d'abandonner, nous occupant du soien de faire transporter dans la ville les canons, caissons, etc.

Le citoyen Deschamps était envoyé comme Commissaire du Comité de Salut public ainsi que le général Landrin ses aides de camp et l'escorte militaire sans laquelle quelques généraux affectent de ne jamais sortir.

Nous fûmes fort étonnés au milieu du chemin de voir un groupe tumultueux venir à nous, c'étoit le général Landrin qui faisoit trainer devant lui comme un criminel le citoyen Deschamps qu'il avoit fait désarmer et démonter, quoique ce dernier lui eut dit qu'il étoit un envoyé du Comité de Salut public et que sa mission avoit pour objet des renseignements à donner sur les armées. Vous verrez par la pétition que nous a adressée le citoyen Deschamps les détails de sa querelle.

Mais, quoiqu'en soit le principe et en supposant même que le jeune homme ait rempli sa mission avec morgue ou inconsidérément ce qui est possible, nous ne pensons pas moins qu'il est dangereux de laisser une division entre les mains de Landrin.

Nous voyons dans sa conduite et dans celle de ses aides de camp une inquiétude, une aversion bien manifeste à l'occasion de la surveillance de leurs actions, l'homme qui fait (bien ?) aime à avoir des témoins, l'intrigant se soustrait aux regards.

Nous y voyons une disposition bien caractérisée ; car au lieu de se plaindre à nous puisque nous étions à une centaine de pas, il a commencé par se faire justice en faisant arrêter lui-même l'homme dont il se prétendoit insulté, l'homme revêtu d'un caractère qui ne le mettoit pas dans sa dépendance.

Nous avons reconnu dans son langage, l'animosité, la passion, il nous a dit que si nous ne punissions pas le jeune homme qu'il voulait faire traîner en prison, il donneroit sa démission. Nous n'avons pas cru devoir statuer au milieu du chemin pour ne pas retarder l'opération plus importante qui nous occupoit, nous avons fait rendre les armes et le cheval au jeune homme qui est retourné à la ville et voici notre détermination.

Nous n'hésiterions pas d'ôter le commandement de la division à ce général, mais nous ne savons qu'en faire, et puis nous ne connaissons pas assez les généraux de cette armée pour être sûr du choix d'un successeur, enfin les nominations provisoires des représentans du peuple font un très mauvais effet quand elles ne sont pas confirmées ; nous aimons mieux que vous fassiez nommer par le Ministre. Dans les tems ordinaires nous ne verrions pas des motifs suffisans pour destitution de ce général ; mais on nous a dit que cet homme étoit une âme damnée de Morton et de Bournonville, l'un de nous l'a vu dans l'État-Major de Custine dans l'armée du Rhin ; il s'est conduit avec beaucoup de morgue. Tout cela doit nous faire craindre de rencontrer encore un de ces hommes audacieux qui ont tant abusé de l'autorité. Il vaut mieux sacrifier un homme à des soupçons, que d'exposer la chose publique.

C'est à vous à faire vérifier la conduite politique de cet homme jusqu'à présent, nous vous indiquons pour généraux de cette armée qui nous paroissent distingués, le général Carrion Commandant à Bergues est un général vraiment sans culottes. Il a supérieurement monté l'esprit public dans la garnison de cette ville qui s'est signalé dans l'attaque d'Onschootte et devant les murs de la place. Il est général de brigade. Le citoyen Le Maire Commandant d'un Bataillon de volontaires s'est montré dans les attaques avec une bravoure et un sang froid que tout le monde a admiré et qui n'a pas peu contribué à nos succès. Le général Souham qui est ici, ne mérite que des éloges sur son civisme et sa bravoure, quand votre première lettre l'avoit destitué de sa fonction de Commandant à Dunkerque, il ne s'est pas moins dévoué à la défense de la place en sous-ordre, et a bien laissé voir qu'il n'a devant les yeux que la chose publique.

LIBERTÉ ÉGALITÉ

RÉPUBLIQUE FRANÇAISE UNE ET INDIVISIBLE

Lille, le 23 7bre 1793   *L'an 2ᵉ de la République*

NOUS Représentans du peuple envoyés près l'armée du Nord

Suspendons de toutes fonctions militaires le citoyen d'Hédouville, général de division, pour n'avoir pas, en ce qui le concernoit, exécuté le plan d'attaque de Wervick, concerté à Commines entre les généraux, et en présence des Représentans du peuple ; pour avoir refusé de charger l'arrière-garde des ennemis au moment où ils se retiroient de Wervick ; pour avoir changé par ses mauvaises dispoositions en une déroute, la retraite de Menin, affaire où il a osé dire aux représentans du peuple que son arrière garde étoit en sûreté à l'instant où elle étoit attaquée vigoureusement par l'ennemi qui la canonoit vivement, canonade que le citoyen d'Hédouville assura aux

Représentans du peuple, se faire à Lincelles ; pour avoir, dans la retraite de Menin, abandonné son arrière garde et s'être retiré à la tête de sa colonne ; les représentans du peuple l'ayant envoyé chercher, on le trouva assis tranquillement sur le bord d'un fossé.

Signé : Le Vasseur et Bentabole.

Pour copie conforme.

6° Arrestation du général Houchard.

Arras, le 26 7bre 1793
L'an 2e de la République

Les Représentans du Peuple
à leurs Collègues à Lille.

Citoyens nos Collègues,

Vous sçavez aujourd'hui que ce n'est point par nos ordres, mais par ceux du Comité de Salut public que le général Houchard a été mis en arrestation ; pour les exécuter sans danger pour la chose publique, nous avons du, avec soin, éviter toute démarche tendante à divulguer et par conséquent à faire avorter nos mesures et c'est là l'unique motif du silence dont vous vous plaignez, et que nous étions prêts à rompre au moment où Levasseur a paru au milieu de nous.

Nous sentons comme vous combien il importe de procurer au plutôt à la place de Lille touts les secours que vous réclamez pour elle. Nous allons presser à cet égard les administrateurs des vivres et des fourrages et rappeler fortement à l'ordonnateur en chef la promesse qu'il avait faite d'y verser au premier jour 13.500 quintaux de farine.

Les commissaires destinés à porter notre arrêté sur les fourrages dans les cinq départemens de la frontière furent nommés et se rendirent à leur destination, immédiatement après votre départ d'Arras. Nous avons tout à espérer de leur activité et de leur intelligence. Lacoste est parti hier pour Douay, Isoré va l'y joindre.

Le général Jourdan, désigné pour remplacer Houchard, est à son poste.

Salut et Fraternité,
PEYSSARD, DUQUESNOY, HENTZ, ISORÉ.

Tout a été dit sur le général Houchard.

Je me garderai de reproduire l'un quelconque des nombreux jugements qui ont été portés sur lui, après coup, à part celui de Gay Vernon qui le déclare : probe, loyal et brave, mais indécis et sans caractère.

Il me semble, par contre, intéressant de faire connaître les notes qui lui avaient été données par son chef, le général en chef Custine, au moment de sa poussée à un haut commandement :

Lettre du 15 avril 1793

Excellent pour commander une avant-garde, je crains qu'il n'échoue dans le commandement d'une armée.

Lettre du 18 Mai 1793

Je dois vous dire avec franchise, citoyen ministre, que la conduite des deux armées que vous lui avez confiée est fort au dessus de ses forces, et je dis avec la même franchise, que la conduite d'une armée même serait au dessus de ses forces, s'il n'était dirigé. Il en était si persuadé lui-même qu'il a refusé le commandement, et qu'il ne l'a conservé sans m'en parler, que parce qu'étant mon ami et voulant bien me seconder, il avait appris qu'un intrigant faisait des démarches pour obtenir son commandement,

Pour la période d'Hondschoote, le grand reproche qu'il mérite, c'est d'avoir abusé des détachements.

Mais une remarque s'impose, que je crois pouvoir faire d'autant mieux que j'ai la certitude du rôle immense joué par les Représentants en mission ; les archives du Nord suffiraient, à elles seules, à le prouver : un seul fait tache, c'est Levasseur qui m'apparaît comme un agité, brave à coup sûr mais malfaisant, et ce ne devait pas être drôle, pour un hésitant comme le général Houchard, d'avoir constamment un pareil hanneton sur le dos (qu'on me permette l'expression).

Quant au sort terrible qui fut réservé à l'infortuné général, tactiquement vainqueur, je songe involontairement à cette boutade d'un de mes amis, à qui je faisais visiter le champ de bataille, l'automne dernier :

« Houchard, général en chef, guillotiné, avec le motif :

« N'a pas coupé les Anglais après en avoir reçu l'ordre. »

ADDITIONS

(Page 78)

D'après la tradition locale, les Anglais *(sic)* s'étant approchés d'Ekelsbeke *(sic)* dans la journée du 15 août *(sic)* les habitants du village enlevèrent au château deux petites pièces de canon en cuivre *(sic)* se portèrent sur la route de Bergues par où arrivait l'ennemi, et l'accueillirent par deux coups à mitraille.

La colonne anglaise qui ne s'attendait pas à trouver, en cet endroit, de l'artillerie, et qui ignorait qu'elle pouvait provenir du château, crut que le village renfermait quelque détachement de troupes régulières.

Les Anglais se replièrent pour faire le siège en règle du château et du village, et, les ayant investis complètement, des colonnes marchèrent sur Ekelsbèke par toutes les routes à la fois.

Contre une pareille attaque, les habitants d'Ekelsbèke ne pouvant résister, quelques-uns payèrent de leur vie les coups de canon tirés sur les Anglais ; ceux-ci se fortifièrent dans le château où ils furent attaqués le lendemain par l'armée française. L'on n'y pouvait résister longtemps ; aussi, après un combat assez vif et dont les traces sont encore apparentes aujourd'hui (grille en fer de la porte d'entrée criblée de balles et murs rayés par les biscaïens) ; les boulets avaient emporté une partie de la toiture et des murs situés au sud-est.

L'artillerie qui tirait sur le château était à l'emplacement de la briqueterie Derennemann.

(Page 206)

Bergues, le 25 Août 1793, l'an 2ᵉ de la République, une et indivisible, le 1ᵉʳ d'un Tiran et de leurs complices, 11 heures du soir.

Un chasseur du 5ᵉ régiment est arrivé avec le mot d'ordre à 8 heures du soir. Je l'ai conseillé sur ce qu'il se passait à Dunkerque. Il m'a répondu que les français s'y distinguaient, qu'il était arrivé un renfort d'un régiment de cavalerie, d'un bataillon de chasseurs à pied dit tirailleurs, qui faisaient des merveilles, et que tout allait autant qu'on pouvait le désirer dans les circonstances. Citoyens ! quel a été mon étonnement lorsque qu'elles que minutes après, deux membres du District sont venus me donner communication d'une lettre qu'ils avaient reçus de leur Collègues réfugiés dans Votre Ville (C'est ainsi que je m'exprime, car j'ai entendu dire qu'ils n'étaient pas chargé de Mission pour y aller) cette lettre inquiétante par son contenu m'a déterminé de vous expédier sur-le-champ un courrier pour vous engager à me donner connaissance de votre véritable position. Si le rapport des citoyens, membres du District est vrai, il est allarmant et critique, mais dans ce cas il ne faudrait pas encore désespérer de votre ville, tout au contraire, les habitans sont français, ils sont intéressés personnellement à la conserver à la République ; qu'ils se lèvent donc tous ensemble et je suis sûr qu'ils extermineront les Bourreaux de l'humanité. Dans le cas contraire cette lettre est dictée par la peur ou par de mauvaises intentions, alors la loi prononcera.

Le Général de Brigade Commandant à Bergues,
Signé : Carrion.

(Page 244)

Délibération du jour

*Dunkerque, le 2 7bre 1793 l'an 2e
de la République Faançaise.*

CITOYENS ET COLLÈGUES,

La canonnade que vous avez entendu hier avait pour objet d'abord de détruire une batterie ennemie construite dans les dunes et ensuite d'attirer le camp ennemi placé le long du canal de Furnes, afin que les eaux puissent gagner plus librement cette partie, du reste nous avons été tranquille toute la nuit ; les tirailleurs autrichiens n'ont même plus approcher de la place et nous ne doutons pas que sous peu de jours la horde ennemie ne se retire dans la Belgique, on nous assure même actuellement que le général Houchard aurait pénétré par Menin et qu'il se porte sur Furnes. Cette nouvelle paraît d'autant plus probable que ce général a annoncé il y a quelques jours que nous ne tarderions pas à entendre son canon.

Le Procureur Sindic du District de Bergues,
BRASSART.

On nous adresse copie de l'approbation des Représentans du Peuple par la conduite de nos collègues qui sont ici.

Au District de Bergues

ERRATAS

Page 34, ligne 13, lire *Odonel* au lieu de : Adonel.

Page 37, ligne 7, lire *Odonel* au lieu de : Adonel.

Page 69, ligne 17, lire *Bothmer* au lieu de : Bothwer.

Page 87, ligne 3, lire *Walmoden* au lieu de : Wamolden.

Page 183, ligne 13, lire et *même* les troupes avancées au lieu de : et mène.

Page 259, ligne 19, lire *8.000 hommes* au lieu de : 8.000 chevaux.

Page 430, ligne 20, lire *S'* Abshof au lieu de : D' Abshof.

Page 498, ligne 11, lire renonciation *à* au lieu de : renonciation de.

Page 510, ligne 17, lire *paquets* au lieu de : piquets.

TABLE DES MATIÈRES

	Page
Sources	3
1re Partie : Situation Générale	7
1° Camp d'Hecq	11
2° Camp de Gavrelle	12
3° Camps de Cassel et de Bailleul et cantonnements	13
2e Partie : Organisation Générale	17
Commandement	28
Administration	28
Tactique	30
3e Partie : Projets d'Opérations	41
4e Partie : Étude des premières Opérations	57
1re phase : Du 10 au 17 Août	59
Combat de Roubaix	63
2e phase : Journée du 18 Août	64
Combat de Linselles	64
3e phase : du 19 au 21 Août	68
Journée du 21 Août	70
1° Combat d'Oost-Cappel	71
2° Enlèvement de Rexpoëde	75
3° Enlèvement d'Hondschoote	76
Résultats de la journée	77
4e phase : du 22 au 25 Août	77
22 Août : Investissement de Bergues	77
23 Août : Combats de Wormhout et d'Esquelbecq	79

24 Août : Nouveau combat à Wormhout......... 85
25 Août : Troisième combat à Wormhout........ 85
5ᵉ *phase : Du 26 Août au 5 Septembre*.......... 86
Situation à la fin du mois..................... 88
Position le 4 Septembre....................... 89
Journée du 5 Septembre....................... 92

5ᵉ Partie : Siège de Dunkerque

§ I. Commandement............................. 97
§ II. Composition de la garnison................ 98
§ III. Défense mobile........................... 104
§ IV. Participation de la marine................. 106
§ V. Esprit de la population.................... 108
§ VI. Armement et munitions.................... 110
§ VII. Services................................. 111
§ VIII. Mesures de sécurité intérieure............ 125
§ IX. Dispositions prises par la défense.......... 129
§ X. Dispositions prises par l'attaque........... 141
§ XI. Événements du siège...................... 151
§ XII. Mesures prises après le siège.............. 299

6ᵉ Partie : Les Trois Journées d'Hondschoote

1ʳᵉ Journée : Vendredi 6 Septembre.
 § I. Situation de l'armée française................ 401
 § II. Renseignements sur l'ennemi................ 429
 § III. Ordres d'opérations....................... 432
 § IV. Étude des opérations..................... 438
  Combat d'Herzeele....................... 444
  Combat de Bambecque.................... 446
  Combat de Rexpoëde..................... 449
  Combat de Wormhout.................... 463
  Combat d'Esquelbecq.................... 463
  Combat sous Bergues.................... 465
2ᵉ Journée : Samedi 7 Septembre................... 467

3ᵉ Journée : Dimanche 8 Septembre................	478
§ I. Forces engagées...........................	478
§ II. Ordres donnés...........................	481
§ III. Reconnaissance du champ de bataille.......	487
§ IV. Préliminaires...........................	494
§ V. Orientation (de 7 à 9 heures)..............	496
§ VI. Préparation (de 9 heures à midi)..........	498
§ VII. Décision (de midi à 2 heures)............	513
§ VIII. Achèvement (de 2 heures à la nuit).......	525
§ IX. Mouvement de la division Dumesny sur Ypres.	560
§ X. Résultats de la journée...................	567
Additions..	585
Table des Matières	591

DUNKERQUE. — IMPRIMERIE PAUL MICHEL

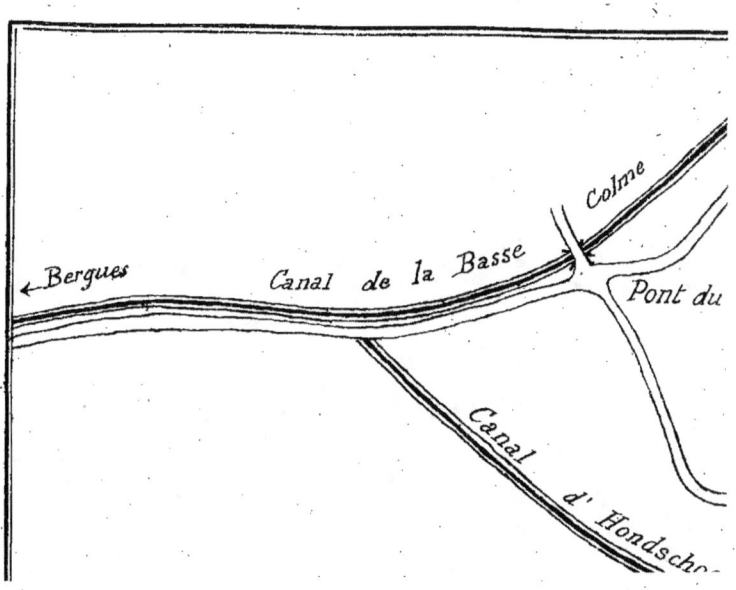

Le champ de bataille d'Hondschoote en 1793.

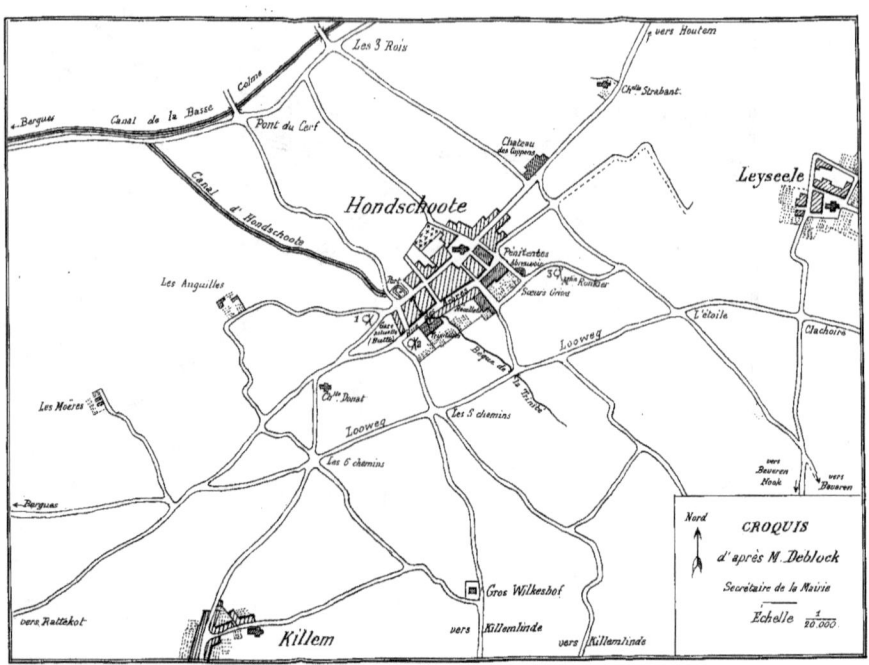

www.ingramcontent.com/pod-product-compliance
Lightning Source LLC
Chambersburg PA
CBHW060308230426
43663CB00009B/1627